普通高等教育"十二五"规划教材

材 料 力 学

主　编　张学科　李光范
副主编　吴维雄　薛晓峰　李晓飞
参　编　白俊英　刘海峰

中国水利水电出版社
www.waterpub.com.cn

内 容 提 要

本书是参照教育部高等学校力学教学指导委员会非力学类专业力学基础课程教学指导分委员会提出的材料力学课程教学基本要求进行编写的。全书内容包括：绪论，轴向拉伸与压缩，连接构件的强度计算，扭转，弯曲内力，弯曲应力，弯曲变形，应力状态和强度理论，组合变形，能量方法，压杆稳定，动载荷，考虑材料塑性的极限分析等13章，附录包括截面图形的几何性质和型钢表等。带有＊号的内容供教师和读者根据需要决定取舍。各章均附有小结、思考题和习题，并在附录中给出习题答案。

本书适合作为高等院校土木工程、水利水电工程、农业水利工程、交通工程、给水排水工程、环境工程及相关专业本科学生的教材和教学参考书，也可供相关工程技术人员学习参考。

图书在版编目（CIP）数据

材料力学 / 张学科, 李光范主编. -- 北京 : 中国水利水电出版社, 2015.1
普通高等教育"十二五"规划教材
ISBN 978-7-5170-2888-8

Ⅰ.①材… Ⅱ.①张… ②李… Ⅲ.①材料力学－高等学校－教材 Ⅳ.①TB301

中国版本图书馆CIP数据核字(2015)第017226号

书　　名	普通高等教育"十二五"规划教材 **材料力学**
作　　者	主　编　张学科　李光范 副主编　吴维雄　薛晓峰　李晓飞 参　编　白俊英　刘海峰
出版发行	中国水利水电出版社 （北京市海淀区玉渊潭南路1号D座　100038） 网址：www.waterpub.com.cn E-mail: sales@waterpub.com.cn 电话：（010）68367658（发行部）
经　　售	北京科水图书销售中心（零售） 电话：（010）88383994、63202643、68545874 全国各地新华书店和相关出版物销售网点
排　　版	中国水利水电出版社微机排版中心
印　　刷	北京瑞斯通印务发展有限公司
规　　格	184mm×260mm　16开本　21.25印张　504千字
版　　次	2015年1月第1版　2015年1月第1次印刷
印　　数	0001—3000册
定　　价	**42.00元**

凡购买我社图书，如有缺页、倒页、脱页的，本社发行部负责调换

版权所有·侵权必究

参加编写人员名单

主　编　张学科（宁夏大学）
　　　　　李光范（海南大学）

副主编　吴维雄（四川农业大学）
　　　　　薛晓峰（甘肃农业大学）
　　　　　李晓飞（甘肃农业大学）

参　编　白俊英（宁夏大学）
　　　　　刘海峰（宁夏大学）

前　言

本书是普通高等教育"十二五"规划教材之一,是根据教育部高等学校力学教学指导委员会非力学类专业力学基础课程教学指导分委员会提出的材料力学课程教学基本要求进行编写的,适合作为不同专业,教学为60~80学时的材料力学课程的教材。采用本教材时,可根据各专业的不同要求和学时数对内容酌情取舍。

本书在编写时充分吸取了各高校近年来"材料力学"课程教学改革的成果和经验,并针对目前课程理论教学时数逐渐减少的实际情况,在内容的选择上以必需和够用为原则,注重概念的更新与拓宽,以及教学内容的精选与体系的重组;在内容的编排上由浅入深,循序渐进,便于学生自学。

参加本书编写工作的有:海南大学李光范(第一、三章),宁夏大学白俊英(第二章),宁夏大学张学科(第四、十一、十二章),甘肃农业大学薛晓峰、李晓飞(第五、六、七章、附录),四川农业大学吴维雄(第八、十三章),宁夏大学刘海峰(第九、十章)。全书经大纲审定、初稿传阅、讨论、修改,最后由主编修改定稿。

本书的编写和出版得到了中国水利水电出版社、宁夏大学以及参编院校的大力支持和帮助,在此向他们表示衷心的感谢。

由于时间仓促,以及编者水平有限,书中难免存在疏漏和不妥之处,恳请广大读者提出宝贵意见和建议。

编者

2014 年 8 月

目 录

前言

第一章　绪论 ... 1
- 第一节　材料力学的任务与研究对象 ... 1
- 第二节　材料力学的基本假设 ... 3
- 第三节　外力与内力・截面法 ... 4
- 第四节　应力・应变・胡克定律 ... 6
- 第五节　杆件变形的基本形式 ... 8
- 小结 ... 9
- 思考题 ... 10
- 习题 ... 10

第二章　轴向拉伸与压缩 ... 11
- 第一节　轴向拉伸与压缩的概念及实例 ... 11
- 第二节　轴力・轴力图 ... 11
- 第三节　拉（压）杆的应力 ... 14
- 第四节　拉（压）杆的变形・胡克定律 ... 16
- 第五节　材料在拉伸和压缩时的力学性质 ... 19
- 第六节　拉（压）杆的强度计算 ... 25
- 第七节　应力集中的概念 ... 28
- 第八节　拉（压）杆的超静定问题 ... 29
- 小结 ... 34
- 思考题 ... 35
- 习题 ... 36

第三章　连接构件的强度计算 ... 41
- 第一节　剪切的概念及实例 ... 41
- 第二节　剪切的实用计算 ... 42
- 第三节　挤压的实用计算 ... 43
- 第四节　连接构件计算实例 ... 44
- 小结 ... 46
- 思考题 ... 47
- 习题 ... 47

第四章　扭转

第一节　扭转的概念 ····· 49
第二节　外力偶矩和扭矩 ····· 50
第三节　薄壁圆筒的扭转·纯剪切的概念 ····· 54
第四节　圆轴扭转时的应力与强度条件 ····· 56
第五节　圆轴扭转时的变形和刚度条件 ····· 63
第六节　非圆形截面杆扭转 ····· 67
小结 ····· 69
思考题 ····· 69
习题 ····· 70

第五章　弯曲内力

第一节　平面弯曲的概念与梁的计算简图 ····· 75
第二节　梁的内力—剪力和弯矩 ····· 77
第三节　梁的内力图—剪力图和弯矩图 ····· 80
第四节　剪力、弯矩和载荷集度之间的微分关系 ····· 85
第五节　按叠加原理作内力图 ····· 90
第六节　其他静定结构的内力图 ····· 92
小结 ····· 94
思考题 ····· 94
习题 ····· 95

第六章　弯曲应力

第一节　概述 ····· 102
第二节　梁横截面上的正应力·梁的正应力强度条件 ····· 102
第三节　梁横截面上的切应力·梁的切应力强度条件 ····· 111
第四节　梁的合理设计 ····· 122
第五节　开口薄壁截面梁的切应力·弯曲中心 ····· 126
小结 ····· 128
思考题 ····· 129
习题 ····· 130

第七章　弯曲变形

第一节　梁的位移—挠度及转角 ····· 136
第二节　梁的挠曲线近似微分方程及其积分 ····· 137
第三节　叠加法计算梁的变形 ····· 143
第四节　梁的刚度校核·提高梁的刚度措施 ····· 145
第五节　简单超静定梁的解法 ····· 147
小结 ····· 150
思考题 ····· 151

习题 ··· 152

第八章　应力状态和强度理论 ·· 156
第一节　应力状态的概念 ·· 156
第二节　平面应力状态分析 ··· 157
第三节　主应力迹线的概念及应用 ··· 166
第四节　空间应力状态 ·· 168
第五节　复杂应力状态下的应力和应变之间的关系 ·································· 170
第六节　复杂应力状态下的应变能密度 ·· 173
第七节　强度理论 ·· 175
第八节　莫尔强度理论 ·· 180
第九节　各种强度理论的应用 ··· 181
　小结 ··· 185
　思考题 ·· 186
　习题 ··· 186

第九章　组合变形 ·· 191
第一节　概述 ·· 191
第二节　斜弯曲 ·· 192
第三节　弯曲与拉压的组合变形 ··· 194
第四节　偏心拉伸（或压缩） ·· 196
第五节　扭转与弯曲的组合 ··· 199
　小结 ··· 201
　思考题 ·· 201
　习题 ··· 202

第十章　能量方法 ·· 205
第一节　概述 ·· 205
第二节　应变能·余能 ·· 205
第三节　莫尔定理 ·· 211
第四节　图形互乘法 ··· 213
　小结 ··· 216
　思考题 ·· 216
　习题 ··· 216

第十一章　压杆稳定 ··· 218
第一节　压杆稳定的概念 ·· 218
第二节　细长压杆的临界压力·欧拉公式 ·· 222
第三节　压杆的临界应力·临界应力总图 ··· 229
第四节　压杆的稳定计算 ·· 234
第五节　提高压杆稳定性的措施 ··· 240

- 小结 ... 242
- 思考题 ... 243
- 习题 ... 244

第十二章 动载荷 ... 247
- 第一节 概述 ... 247
- 第二节 构件作匀加速直线运动或匀速转动时的应力计算 ... 247
- 第三节 冲击时的应力计算 ... 252
- 第四节 交变应力和疲劳破坏 ... 257
- 第五节 疲劳极限和 $S-N$ 曲线 ... 260
- 第六节 影响构件疲劳极限的主要因素 ... 261
- 小结 ... 266
- 思考题 ... 267
- 习题 ... 267

第十三章 考虑材料塑性的极限分析 ... 271
- 第一节 塑性变形·塑性极限分析的假设 ... 271
- 第二节 拉压杆系的极限载荷 ... 274
- 第三节 等直圆杆扭转时的极限载荷 ... 276
- 第四节 梁的极限弯矩·塑性铰 ... 278
- 第五节 超静定梁的极限载荷 ... 284
- 小结 ... 286
- 思考题 ... 287
- 习题 ... 287

附录 I 截面的几何性质 ... 290
- 附录 I-1 截面的静矩和形心位置 ... 290
- 附录 I-2 极惯性矩·惯性矩·惯性积 ... 292
- 附录 I-3 惯性矩和惯性积的平行移轴公式·组合截面的惯性矩和惯性积 ... 294
- 附录 I-4 惯性矩和惯性积的转轴公式·截面的主惯性轴和主惯性矩 ... 296
- 附录 I-5 回转半径 ... 300
- 小结 ... 301
- 思考题 ... 301
- 习题 ... 302

附录 II 常用截面的几何性质计算公式 ... 305

附录 III 型钢表 ... 307

附录 IV 简单载荷作用下梁的挠度和转角 ... 318

部分习题参考答案 ... 321

参考文献 ... 330

第一章 绪 论

第一节 材料力学的任务与研究对象

一、材料力学的任务

材料力学是应用力学的一个分支，它研究的是各种载荷作用下固体构件的内力和变形特性。在此所说的固体构件内力包括受轴力、扭矩、剪力和弯矩，这些内力将使构件产生拉伸或压缩、扭转、剪切和弯曲等变形（图 1-1）。结构物的部件和机械设备的零部件通称为构件。作用在构件上的外力，如构件自重、吊车自重、吊物重量、人群重量、风力及地震惯性力等引起构件内力和变形的外力通称为作用在构件上的载荷。

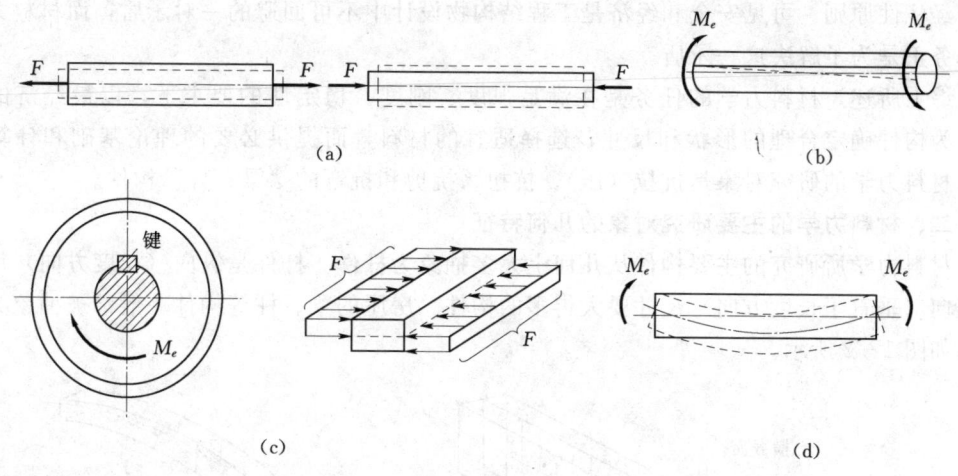

图 1-1 构件受力计算示意图
(a) 构件受拉和受压；(b) 构件受扭；(c) 构件受扭和受剪；(d) 构件受弯

材料力学是一门紧密结合工程实际的学科，它以工程构件或零部件为研究对象，工程构件都由固体制成，它们在载荷作用下都会产生微小的变形，因此，材料力学的研究对象为变形固体。

在结构物或机械零部件工作时，一般都承受一定的载荷，同时组成结构物或机械零部件的每一个部分也都受到一定载荷的作用。要使构件在受到载荷后能够正常工作，就必须具有足够承担载荷的能力（承载力）。在应用力学上，为了保证工程构件能够安全、可靠地工作，就应该满足如下 3 个方面的要求。

（1）具有足够的强度。强度是指材料或由材料所做成的构件抵抗破坏的能力。如果说某一工程构件的强度足够，是指该构件在一定载荷作用下不会发生破坏。在通常情况下，绝不允许构件的强度不够,如结构物的梁柱在受弯时不能折断,屋架的拉杆在屋面作用下或起重机的钢丝在起吊重物时不能拉断。

(2) 具有足够的刚度。刚度是指材料或由材料所做成的构件抵抗变形的能力。一切工程构件在正常使用时不应该发生过大的变形,影响结构物的正常使用。因此,在工程上要求构件的变形在一定的范围内要保证有足够的刚度。构件拉压变形时要有足够的轴向刚度;弯曲变形时要有足够的弯曲刚度;扭转变形时要有足够的抗扭刚度。

(3) 具有足够的稳定性。稳定性是指构件保持原有平衡状态的能力。细长直杆承受压力的能力远低于承受拉力的能力,这是由于直杆受压时,随着压力的增加,细长直杆(材料强度还没有达到强度)会突然受弯,将丧失进一步承受载荷的能力,这一现象称为丧失稳定或失稳。在相同工况下短杆要比细长杆承载能力高,其稳定性也好。

总之,要使工程构件安全可靠实用,必须满足强度、刚度和稳定性的要求。强度与材料相关,钢的强度＞混凝土的强度＞木材的强度;刚度与构件的横截面的布置与其尺寸有关;稳定性与构件的长细比有关。因此,高强、大刚度将使结构物安全可靠稳定,但随之也提高了工程造价,增加了材料的消耗和结构物的自重和地震时的惯性力,这又违背了工程的经济性原则。可见安全和经济是工程结构物设计中不可回避的一对矛盾,而材料力学的任务正是为了解决这一矛盾。

综上所述,材料力学的任务是在满足强度、刚度、稳定性的要求下,以最经济的代价,为构件确定合理的形状和尺寸,选择适宜的材料,而提供必要的理论基础和计算方法。材料力学的研究对象是抗拉(压)、抗扭、抗剪和抗弯的"梁、杆"构件。

二、材料力学的主要研究对象的几何特征

材料力学所研究的主要构件从几何上大多抽象为杆件。杆件是纵向(长度方向)尺寸比横向(垂直于长度方向)尺寸要大得多的构件。房屋的梁、柱等构件一般都被抽象为杆件,如图1-2所示。

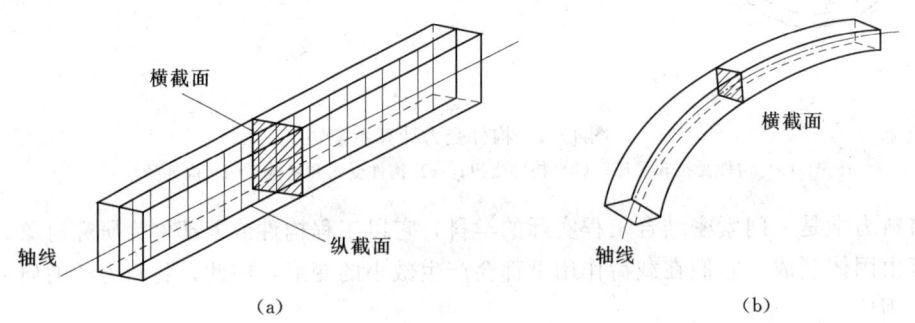

图1-2 杆件的轴线、横截面和纵截面
(a) 等截面直杆;(b) 变截面曲杆

杆件有两个主要几何因素,即横截面和轴线。与杆长方向垂直的截面称为横截面,而各横截面形心的连线称为轴线。显然横截面与轴线是互相垂直的。

杆件分为直杆和曲杆。直杆的特征是轴线为直线,如图1-2(a)所示,曲杆的特征

是轴线为曲线，如图 1-2（b）所示。在材料力学中所研究的直杆多数是等截面的，通常称为等截面直杆。横截面的大小沿轴线变化的杆件则称为变截面杆。

第二节　材料力学的基本假设

材料力学是研究杆件的强度、刚度和稳定性的问题，这些问题将与杆件的变形联系在一起。因此，材料力学所研究的对象不是刚体，而应该看作为外力作用下的变形固体。变形固体的变形有两类：弹性变形和塑性变形。在此，只产生弹性变形的固体称为完全弹性体。一般的变形固体既有弹性，也有塑性。但实验表明，一般的建筑材料，当外力不超过某一限值时，可以看成是完全弹性体，只产生弹性变形。

实际的变形固体的性质是很复杂的，为了使问题的研究变得简单、理想，有必要根据变形固体的实际工况，略去问题的次要性，保留问题的主要性质，并加以理想化，抽象成为一种理想的模型。为此，材料力学对变形固体做出了如下基本假设，作为材料力学理论分析的一般基础。

（1）连续性假设。所谓连续性假设，就是认为物体所占据的空间内不存在任何空隙。固体在整个体积内充满了物质，物质结构是密实的。实际可变形的固体，从其物质结构来说，均具有不同程度的空隙，然而，这些空隙的大小与物体的尺寸相比却极微小，以至于可以忽略不计，因而可认为物体的结构完全密实而没有空隙。根据这一假设，可认为物体内部的物理量如应力、应变等在物体内均是连续变化的，从而可用点的坐标之连续函数加以表达。

（2）均匀性假设。所谓均匀性假设，就是认为物体内各点处的材料都具有相同的性质。因此，从任何一点处取出的微小单元体，其性质均可作为整体的"代表"，对它进行分析后所得出的结论可应用于整个物体之中，其力学性质完全相同。实际的可变固体，其基本组成部分（质点）的性质会有所不同，即使金属的晶粒也是这样。根据均匀性假设，可以从物体中取出任一微小部分进行分析研究，并将其结果应用于整个物体。

显然，这种抽象后的模型与实际物体的构造特征是有差异的。众所周知，在客观世界中，不均匀、不连续是绝对的。然而，实践证明，只要物体的尺寸远远大于其中的颗粒（或晶粒）和空隙的尺寸，并且它们的分布比较均匀（亦即只要物体相对均匀、相对连续），那么，基于这种假设而得到的材料力学解答，其精度还是很高的，它的确能反映问题的主要方面。

（3）各向同性假设。这个假设认为物体在各个方向上力学性质均相同。具有这种性质的弹性体称为各向同性材料。实际上材料在一定程度上沿各方向的力学性质会有所不同，不过有些材料的这种各向异性比较显著，如木材、竹材显然是各向异性的，经过单向碾压或拉拔的钢材，在不同方向上其性质也所差异。一般说来，金属材料由于其晶粒的尺寸很小而数目极大，且排列又是随机的，所以尽管每个晶粒是各向异性体，然而如此构成的整体却具有宏观的各向同性的性质。具有这种性质的物体，在任何方向上均存在相同的应力—应变关系，并具有相同的弹性常数。

（4）小变形假设。由于在一般情况下固体构件（弹性体）的变形和位移都很小，建立平衡条件时是否考虑变形和位移，在实际上差别不大。因此为了简化数学分析，通常都略去变形和位移的影响，把固体构件视为"刚体"来列出平衡方程。同样，在分析变形或位移时，也在变形或位移微小的条件下，作几何上的简化，并略去高阶微量。故材料力学所研究的变形限于小变形范围。

变形固体连续性、均匀性、各向同性和小变形假设，说明物体的性质不是坐标位置、坐标方向的函数。虽然这与实际多少有点不符，但由此所得的材料力学的计算方法，似乎也只有近似的准确性，但对工程实际来说，其计算结果却已足够准确而被工程界所接纳。在此，把连续性、均匀性、各向同性假设称为物理假设，把小变形假设称为几何假设。

第三节　外力与内力·截面法

一、外力及其分类

材料力学的研究对象是构件，因此，对于所研究的对象来说，其他构件和物体作用于其上的力均为外力，包括作用在构件上的载荷以及构件所受约束的约束力，其类型如图1-3所示。

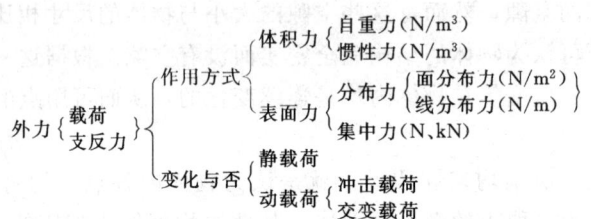

图1-3　载荷类型

外力按作用方式分为：体积力和表面力。

(1) 体积力：连续分布于构件内部各点上的力，如构件的自重和惯性力。

(2) 表面力：作用于构件表面上的力，又可分为分布力和集中力。分布力是连续作用于构件表面的力，如作用于水坝上的水压力等分布力；集中力是作用于一点的力，如火车轮对钢轨的压力等。

外力按性质分为：静载荷和动载荷。

(1) 静载荷：载荷缓慢地由零增加到某一定值后，不再随时间变化，保持不变或变动很不显著，称为静载荷。

(2) 动载荷：指随时间迅速变化的载荷，它引起结构振动，使结构产生不可忽视的加速度，因此必须考虑惯性力的影响。打桩机产生的冲击载荷，动力机械产生的振动载荷，风及地震产生的随机载荷等，都属于动载荷。

各种外力或载荷可能存在的形式如下：

载荷——作用于构件上的主动力；

体积力——连续分布在构件内各点的力；

表面力——作用于构件表面上的力；

面分布力——连续分布于构件表面某一面积上的力；
线分布力——沿着构件某一轴线上分布的力；
集中力——若作用面积远小于构件整体尺寸或线性分布长度远小于轴线长度；
静载荷——若载荷从零开始缓慢增加到某值后保持不变或变化很小；
动载荷——随时间而变化的载荷；
冲击载荷——由于构件运动状态瞬时发生突然变化而引起的载荷；
交变载荷——随时间而发生周期性变化的载荷。

二、内力

构件因受外力而变形，其内部各部分之间相对位置将发生改变而引起的相互作用就是内力。

当构件不受外力作用时，内部各质点之间存在着相互作用力，此为内力。但材料力学中所指的内力是与外力和变形有关的内力，即随着外力的作用而产生，随着外力的增加而增大，当达到一定数值时会引起构件破坏的内力，此力称为附加内力。为简便起见，本书统称为内力。

由于构件变形，其内部各部分材料之间因相对位置发生改变，从而引起相邻部分材料间因试图恢复原有形状而产生的相互作用力，称为内力。注意，材料力学中的内力，是指外力作用下材料反抗变形而引起的内力的变化量，也就是"附加内力"，它与构件所受外力密切相关。

构件的强度、刚度及稳定性，与内力的大小及其在构件内的分布情况密切相关。因此，内力分析是解决构件的强度、刚度与稳定性的基础。

三、截面法

如图 1-4（a）所示代表某一受力构件，欲求某一截面上的内力，可设想用一平面把构件截成两部分，取其中的任意部分为研究对象。将去掉部分对留下部分的作用以力的形式表示之，此力就是该截面上的内力。然后用静力平衡条件求出构件截开面上的内力，这种方法称为截面法。由于在基本假设中已假设构件是均匀、连续的变形体，所以内力在截面上也是连续分布的 [图 1-4（b）]。通常是将截面上的分布内力用位于该截面形心处的合力（简化为主矢和主矩）来代替 [图 1-4（c）]。因构件在外力作用下处于平衡状态，所以截开后的保留部分也应该是平衡的。

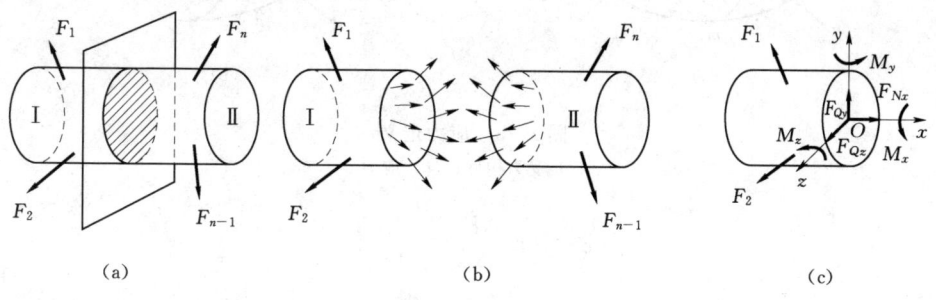

图 1-4 截面法
(a) 整体受力图；(b) 脱离体受力图；(c) 分布内力简化图

因此，用截面法求内力可归纳为4个字："截、取、代、平"。
(1) 截：欲求某一截面的内力，沿该截面将构件假想地截成两部分。
(2) 取：取其中任意部分为研究对象，而弃去另一部分。
(3) 代：用作用于截面上的内力，代替弃去部分对留下部分的作用力。
(4) 平：建立留下部分的平衡条件，由外力确定未知的内力。

第四节 应力·应变·胡克定律

一、应力

如上所述，内力是构件内部相连两部分之间的相互作用力，并沿截面连续分布。为了描写内力的分布情况，现引入内力分布集度即应力的概念。

如图 1-5 (a) 所示为任一受力构件，现研究 $m-m$ 截面上点 M 处的内力，在截面上取一微小面积 ΔA，设微小面积 ΔA 的分布内力的合力为 ΔF_P，则 $\dfrac{\Delta F_P}{\Delta A}$ 为这一微小面积 ΔA 范围内单位面积上的内力。我们称 $\dfrac{\Delta F_P}{\Delta A}$ 为微小面积 ΔA 的平均应力，用 p_m 表示，即

$$p_m = \frac{\Delta F_P}{\Delta A} \tag{1-1}$$

当所取的面积趋于无穷小时，上述平均应力趋于一极限值。这一极限值称为截面上一点处的应力，即

$$p = \lim_{\Delta A \to 0} \frac{\Delta F_P}{\Delta A} \tag{1-2}$$

显然，应力 p 的方向即 ΔF_P 的极限方向。为了分析方便，通常将合力 ΔF_P 沿截面的法向与切向分解，得到法向分量 ΔF_N 与切向分量 ΔF_Q。根据应力定义有

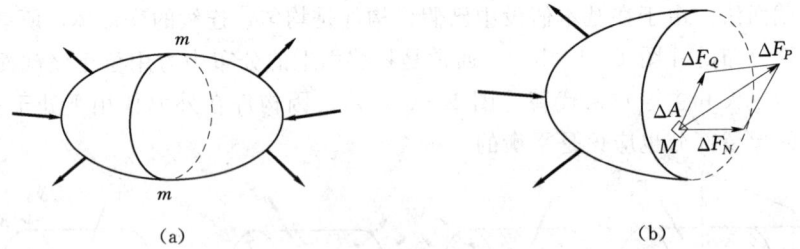

图 1-5 应力定义
(a) 受力构件；(b) 应力

$$\left. \begin{aligned} \sigma &= \lim_{\Delta A \to 0} \frac{\Delta F_N}{\Delta A} = \frac{\mathrm{d}F_N}{\mathrm{d}A} \\ \tau &= \lim_{\Delta A \to 0} \frac{\Delta F_Q}{\Delta A} = \frac{\mathrm{d}F_Q}{\mathrm{d}A} \end{aligned} \right\} \tag{1-3}$$

式中：σ 垂直于横截面，称为正应力，τ 与横截面相切，称为切应力。

应力的单位为 Pa（1Pa=1N/m²）。由于 Pa 的单位很小，材料力学中常采用 kPa 和 MPa（1MPa=1N/mm²）。

二、应变与胡克定律

由第二节知，材料力学是研究变形固体的，当构件受外力作用后，构件各质点的位置要发生相应的变化（图 1-6），即产生了变形。变形的大小是用位移和应变这两个量来度量的。

位移是指位置的改变，即构件发生变形后，构件中各质点及各截面在空间位置上的改变。位移可分为线位移和角位移。如图 1-6 中，AA' 为线位移，θ 为角位移。

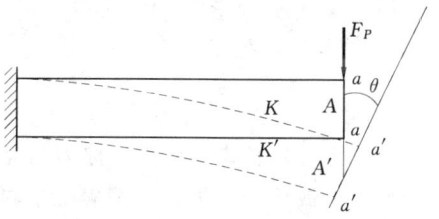

图 1-6 位移与变形

不同点的线位移以及不同截面的角位移一般都不相同，它们都是位置的函数。

为了说明应变，从图 1-6 所示的构件中，围绕某点 K 截取一微小六面体 [图 1-7 (a)] 来研究。

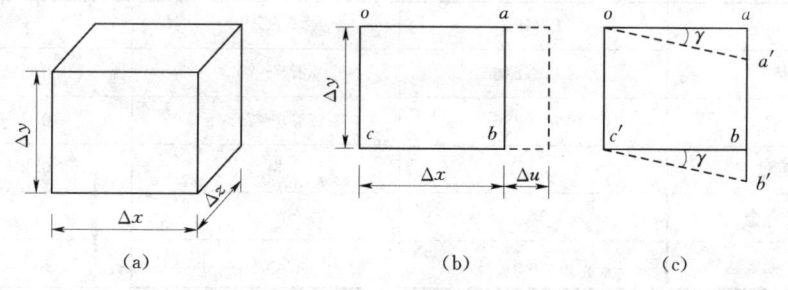

图 1-7 应变
(a) 微六面体；(b) 正应变；(c) 切应变

此微小六面体的变形如下：

(1) 沿棱边方向的伸长和缩短。如沿 x 方向原长为 Δx，变形后为 $\Delta x+\Delta u$ [图 1-7 (b)]，Δu 是沿 x 方向的伸长量，称为绝对伸长。但 Δu 还不足以说明沿 x 方向的伸长程度，因为 Δu 还与边长 Δx 的大小有关，因而取相对伸长 $\frac{\Delta u}{\Delta x}$ 来度量沿 x 方向的变形。$\frac{\Delta u}{\Delta x}$ 实际上是 Δx 范围内单位长度的平均伸长量，仍与所取的 Δx 的长短有关，为了消除尺寸的影响，取下列极限：

$$\varepsilon_x = \lim_{\Delta x \to 0} \frac{\Delta u}{\Delta x} \tag{1-4}$$

式中：ε_x 称为 k 点处沿 x 方向的线应变。

(2) 棱边夹角的改变。如棱边 oa 和 oc 间的夹角变形前为直角，变形后该直角减小 γ，角度的改变量 γ 称为切应变。

构件中不同点处的线应变及切应变一般也是各不相同的，它们也都是位置的函数。

应变与应力是相对应的，且存在着一定的关系。线应变与正应力相对应，切应变与切应力相对应。实验结果表明：若在弹性范围内加载（应力小于某一极限值），对于只受单向正应力或承受切应力的六面体，正应力与线应变以及切应力与切应变之间存在着线性关系：

$$\sigma_x = E\varepsilon_x \text{ 或 } \varepsilon_x = \frac{\sigma_x}{E} \tag{1-5}$$

$$\tau = G\gamma \text{ 或 } \gamma = \frac{\tau}{G} \tag{1-6}$$

式（1-5）和式（1-6）称为胡克定律。其中 E 称为弹性模量或杨氏模量；G 称为剪切弹性模量或切变模量，它们表征了材料抵抗弹性变形的能力，单位均为 MPa 或 GPa。

E、G、μ 是表征材料力学行为的 3 个弹性常数，对各向同性材料而言，实验和理论均可以证明三者之间满足如下关系：

$$G = \frac{E}{2(1+\mu)} \tag{1-7}$$

工程中几种常用材料的 E、G、μ 值见表 1-1。

表 1-1　　　　　　　几种常用材料的 E、G、μ 值

材　　料	E/GPa	G/GPa	μ
碳钢	196～216	78.5～79.4	0.24～0.28
合金钢	194～206	78.5～79.4	0.25～0.30
灰口铸铁	78.5～157	44.1	0.23～0.27
铜及其合金	72.6～128	41.2	0.31～0.42
铝合金	69.6	26.5	0.33

第五节　杆件变形的基本形式

杆件是土木工程结构系统中最基本的构件，作用在这些杆件上的外力又是多种多样的。因此，杆件的变形也是各种各样的。各种外力施加于杆件后将产生各式各样的变形，但可以把杆件的变形归纳为以下 4 种基本变形形式中的一种，或者某几种基本变形的组合。

一、轴向变形

在一对其作用线与直杆轴线重合的外力 P 作用下，直杆的主要变形是长度的改变。这种变形形式称为轴向拉伸［图 1-8 (a)］或轴向压缩［图 1-8 (b)］。简单桁架在载荷作用下，有些杆件发生轴向拉伸，有些杆件发生轴向压缩。

二、剪切变形

在一组相距很近的大小相同、方向相反的横向外力作用下，杆件的主要变形是横截面沿外力作用方向发生错动。这种变形形式称为剪切变形［图 1-8 (c)］。

三、扭转变形

在一对方向相反、位于垂直杆轴线的两平行面内的外力偶作用下，杆件的任意两截面

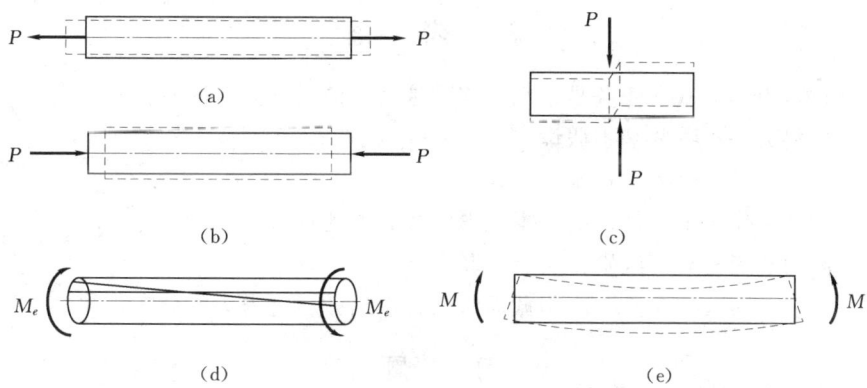

图 1-8 构件变形的基本形式
(a)轴向拉伸;(b)轴向压缩;(c)剪切;(d)扭矩;(e)弯曲

将绕轴线发生相对转动,而轴线仍维持直线,这种变形形式称为扭转[图 1-8 (d)]。

四、弯曲变形

在一对方向相反、位于杆的纵向平面内的外力偶作用下,杆件将在纵向平面内发生弯曲,这种变形形式称为纯弯曲[图 1-8 (e)]。

实际工程结构中作用在杆件上的外力很多情况下是以多种形式存在,而且杆件也会以组合方式存在。因此,此时的变形将是基本变形的组合

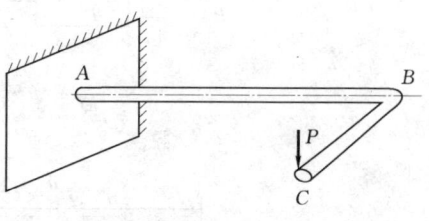

图 1-9 组合变形

形式。如图 1-9 所示是由杆件 AB 和杆件 BC 组成组合结构,杆件 BC 在 P 力作用下将产生弯曲变形和剪切变形,杆件 AB 将产生弯曲变形、剪切变形和扭转变形。

小 结

本章简述了材料力学研究的任务和对象,即其任务是构件应满足强度、刚度、稳定性 3 个方面的要求,其研究对象是抗压(拉)、抗扭、抗剪和抗弯的"梁、杆"构件。

为实施材料力学的研究提出了 4 个基本假设:连续性假设、均匀性假设、各向同性假设、小变形假设。

根据杆件所受到的力的性质把力分为外力和内力,内力是由于外力作用于杆件而产生的。外力按作用方式分为体积力和表面力,按性质分为静载荷和动载荷。内力是指外力作用下材料反抗变形而引起的内力的变化量。为进行杆件的强度、刚度计算必须由已知的外力确定未知的内力,而求内力必须采用截面法,即用截面把构件分成两部分,根据内力与外力相平衡条件求得内力。

正应力与切应力是杆件中内力存在的最基本形式,线应变与切应变是使杆件发生轴向拉伸(压缩)、剪切、扭转和弯曲变形最基本的变形。在材料力学中正应力与线应变成正比,切应力与切应变成正比,即胡克定律和剪切胡克定律。

杆件变形的基本形式有:轴向拉伸或压缩、剪切、扭转、弯曲 4 种。

思 考 题

1-1 材料力学的基本任务是什么？与理论力学的任务有何区别？

1-2 材料力学有哪些基本假设？

1-3 试述强度、刚度和稳定性的含义。

1-4 在外力作用下，杆件的基本变形形式有哪几种？

1-5 内力和应力有何区别？又有何联系？

1-6 试述截面法的含义。应用截面法能否求出截面上内力的分布规律？

习 题

1-1 试求习题1-1图所示杆件中指定截面上的内力分量，并指出相应的变形形式。

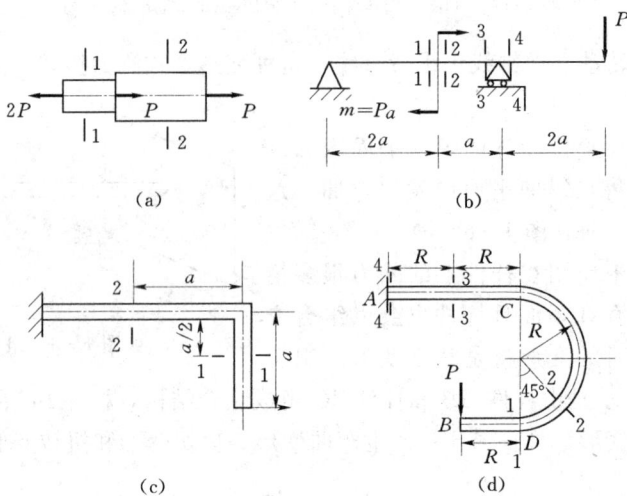

1-2 什么是内力？怎样求内力？

1-3 什么是应力？它与内力的关系是什么？你能测量出一点的应力吗？

第二章 轴向拉伸与压缩

第一节 轴向拉伸与压缩的概念及实例

在工程与机械结构中,经常使用受拉伸或压缩的构件。例如钢木组合桁架中的钢拉杆(图2-1),起重机吊装重物 W 时 [图2-2(a)],吊索 AB 受拉力 F_P 的作用 [图2-2(b)]。

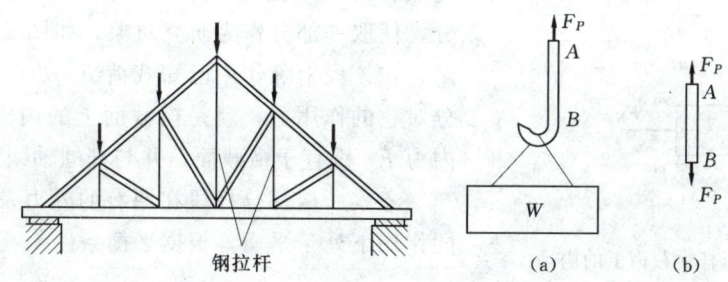

图2-1 轴向受力构件

图2-2 轴向受拉构件
(a) 吊索;(b) 受力简图

在工程中以拉伸或压缩为主要变形的构件,称为拉压杆。拉压杆的共同特点是:杆件是直杆,外力或外力合力作用线与杆轴线重合。在这种情况下,杆件的主要变形为轴向伸长或缩短,因此称为轴向拉伸或轴向压缩(图2-3和图2-4)。

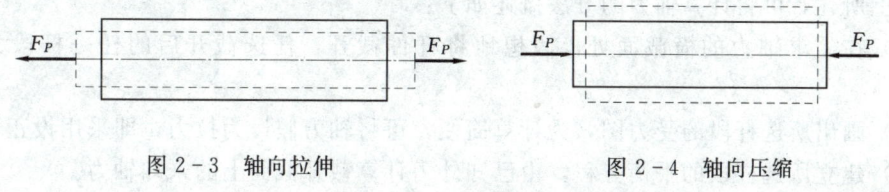

图2-3 轴向拉伸

图2-4 轴向压缩

第二节 轴力·轴力图

一、轴力

在外力作用下,构件内部相连两部分之间的相互作用力就是内力。在轴向载荷 F_P 作用下 [图2-5(a)],杆件横截面上的唯一内力分量为轴力,其作用线与杆的轴线重合,即垂直于横截面并通过其形心,这种内力称为轴力,并规定用符号 F_N 表示 [图2-5(b)],轴力或为拉力(图2-5),或为压力(图2-6)。

关于内力的计算方法,已在第一章中阐述。如图2-5(a)所示,一杆受轴向载荷 F_P

11

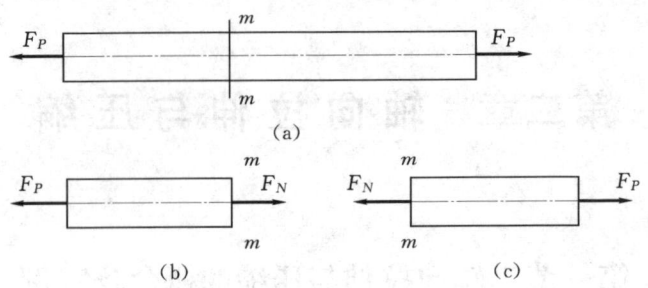

图 2-5 拉杆横截面上的内力
(a) 受力构件；(b) m—m 左半部分受力图；(c) m—m 右半部分受力图

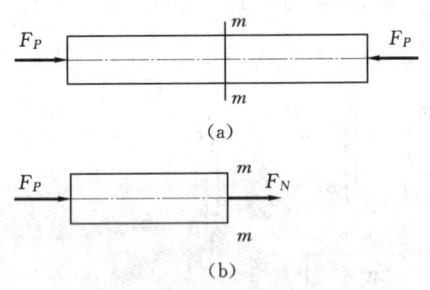

图 2-6 压杆横截面上的内力
(a) 受力构件；(b) m—m 左半部分受力图

作用，求其横截面 m—m 上的内力。应用截面法，先假想用一平面在 m—m 处将杆截开为左右两部分，任取一部分作为研究对象，如图 2-5（b）所示，在该段上除作用已知载荷 F_P 外，还有弃去部分对它的作用力，就是横截面上的内力 F_N。显然内力 F_N 垂直于横截面，并与杆的轴线重合。

考察所取部分杆段在原有的外力及内力 F_N 共同作用下处于平衡，根据平衡条件

$$\sum F_x = 0 \quad 有 \quad F_N = F_P$$

式中，F_N 即为轴力。如取右段杆为研究对象，如图 2-5（c）所示，也可求得横截面 m—m 上的轴力，其大小必与由左段杆求出的相同而指向相反。

轴力的正负号规定如下：当轴力的指向与横截面的外法线方向一致时为拉力，取正号；反之为压力，取负号。

综上所述，可将计算轴力的方法概述如下：

（1）在需求轴力的横截面处，假想地将杆件截开，任选截开后的任一杆段为研究对象；

（2）画出所选杆段的受力图，为计算简便，可将轴力假设为拉力，即采用设正法；

（3）建立所选杆段的平衡方程，由已知外力计算截开截面上的未知轴力。

二、轴力图

当杆件受到多个轴向外力作用时，在杆的不同横截面上的轴力将各不相同。为了表明横截面上的轴力随横截面位置而变化的情况，可用平行于杆轴线的横坐标表示横截面的位置，用垂直于杆轴线的纵坐标表示横截面上轴力的数值，从而绘出表示轴力与截面位置关系的图线，称为轴力图。从该图上即可确定最大轴力的数值及其所在横截面的位置。作轴力图时应注意以下几点：

（1）轴力图的位置应和杆件的位置相对应。轴力的大小按比例画在坐标上，并在图上标出轴力值。

(2) 通常将正值（拉力）的轴力图画在横坐标的上方，负值（压力）的轴力图画在横坐标的下方，并标明正负号。

现举例说明轴力图的作法。

【例 2-1】 求如图 2-7（a）所示杆的轴力并作其轴力图。

解：(1) 求轴力。

CD 段：假想沿横截面 1—1 处将杆截开。为计算方便，取右段杆为研究对象，如图 2-7（b）所示，假定 F_{N1} 为拉力，由平衡方程 $\sum F_x=0$ 求得

$$F_{N1}=20(\text{kN})$$

结果为正，说明原先假定 F_{N1} 为拉力是正确的。

BC 段：假想沿横截面 2—2 处将杆截开，取右段为研究对象，如图 2-7（c）所示。由平衡方程 $\sum F_x=0$ 求得

$$F_{N2}=20-70=-50(\text{kN})$$

结果为负，表示 F_{N2} 为压力。

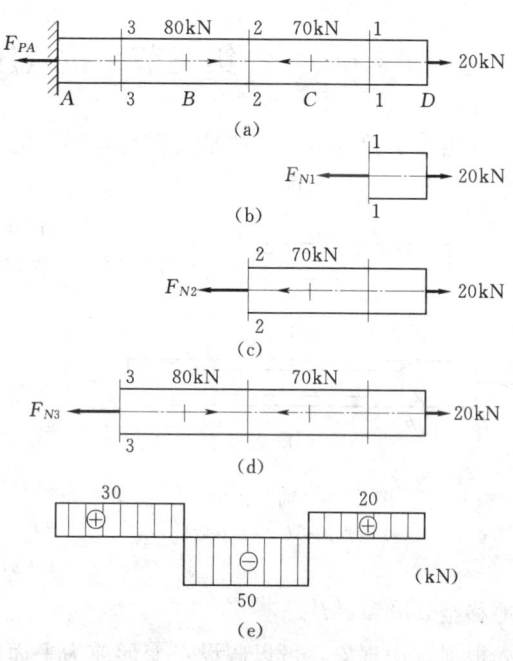

图 2-7 [例 2-1] 图
(a) 受力构件；(b) 截面 1—1 右半部分受力图；
(c) 截面 2—2 右半部分受力图；(d) 截面 3—3 右半部分受力图；(e) 轴力图

AB 段：假想沿横截面 3—3 处将杆截开，取右段为研究对象，如图 2-7（d）所示。由平衡方程 $\sum F_x=0$，求得

$$F_{N3}=20-70+80=30(\text{kN})$$

结果为正，说明 F_{N3} 是拉力。

在求上述各横截面的轴力时，也可取左段杆为研究对象，这时首先由全杆的平衡方程求出左端的约束反力 F_{PA}，再计算轴力。

(2) 画轴力图。

因 CD、BC、AB 三段上均无载荷作用，故各段内各横截面上的轴力分别与横截面 1—1、2—2、3—3 上的轴力相等。按轴力图的作法，画出轴力图如图 2-7（e）所示。由该图可见，最大轴力为 $|F_N|_{\max}=50\text{kN}$，产生在 BC 段内各横截面上。由轴力图还可看出，在杆集中力作用处的左右两侧横截面上，轴力有突变，且突变值等于集中力的大小。

通过以上计算可知，轴力的物理意义及其计算规则为：轴力是杆受轴向拉伸或压缩时横截面上的内力，是抵抗轴向拉伸或压缩变形的一种抗力；某一横截面上的轴力，在数值上等于该截面一侧杆上所有轴向外力的代数和；轴力以拉力为正，压力为负。

第三节 拉（压）杆的应力

在确定了拉（压）杆的轴力以后，还不能判断杆是否会因强度不足而破坏。因为轴力只是杆横截面上分布内力系的合力，而要判断杆是否会因强度不足而破坏，还必须知道度量分布内力大小的分布内力集度——应力。本节研究拉（压）杆的应力。

一、拉（压）杆横截面上的应力

首先观察杆的变形。如图 2-8（a）所示为一等截面直杆，试验前在其表面上画出两条横线 ab、cd，两条纵线 ef、gh。加载后杆件发生变形，如图 2-8（b）所示，变形后的 ab、cd、ef、gh 分别记作 $a'b'$、$c'd'$、$e'f'$、$g'h'$，发现 ab 和 cd 仍为直线，且垂直于轴线，只是分别平

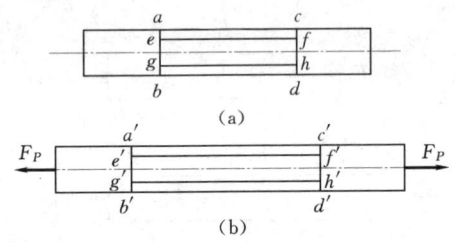

图 2-8 轴向拉伸
(a) 变形前；(b) 变形后

行地移至 $a'b'$ 和 $c'd'$。

根据这一现象，可以假设：变形前为平面的横截面，变形后仍保持为平面且仍垂直于轴线，这就是平面假设。如果设想杆件是由无数纵向"纤维"所组成，则由平面假设可知，任意两横截面间的所有纤维的变形均相同。对于均匀性材料，如果变形相同，则受力也相同。由此可见，横截面上各点处仅存在正应力，并沿横截面均匀分布。

在拉压杆的横截面上，与轴力 F_N 对应的应力是法向应力 σ（即正应力）。由连续性假设知，横截面上处处都有内力存在。若以 A 表示横截面面积，则微面积 dA 上的内力元素 σdA（微内力）则构成一个垂直于横截面的平行力系，其合力就是轴力 F_N。于是有如下关系：

$$F_N = \int_A \sigma \cdot dA \tag{a}$$

根据上述假设可知，横截面上各点处的正应力 σ 相等，即正应力均匀分布于横截面上，σ 等于常量。由式（a）得

$$F_N = \sigma \int_A dA = \sigma \cdot A \tag{b}$$

$$\sigma = \frac{F_N}{A} \tag{2-1}$$

式（2-1）同样可用于 F_N 为压力时的压应力计算。当受压杆为细长杆时容易被压弯，则属于稳定性问题。正应力的符号一般规定拉应力为正，压应力为负。

二、拉（压）杆斜截面上的应力

以上研究了拉压杆横截面上的应力，为了更全面地了解杆内的应力情况，现在进一步讨论斜截面上的应力。

设直杆的轴向拉力为 F_P [图 2-9（a）]，横截面面积为 A，由式（2-1），横截面上的正应力 σ 为

第三节 拉（压）杆的应力

$$\sigma = \frac{F_N}{A} = \frac{F_P}{A} \qquad (c)$$

设与横截面成 α 角的斜面 $k-k$ 的面积为 A_α，A_α 与 A 之间的关系应为

$$A_\alpha = \frac{A}{\cos\alpha} \qquad (d)$$

若沿截面 $k-k$ 假想地把构件截开，以 $F_{N\alpha}$ 表示斜截面 $k-k$ 上的内力，由左段的平衡 [图 2-9（b）] 可知 $F_{N\alpha} = F_P$。

仿照上求横截面上正应力均匀分布的方法，可知斜截面上的应力也是均匀分布的。若以 p_α 表示斜截面 $k-k$ 上的应力，于是有

$$p_\alpha = \frac{F_{N\alpha}}{A_\alpha} = \frac{F_P}{A_\alpha}$$

以式（d）代入上式，并注意到式（c）所表示的关系，得

$$p_\alpha = \frac{F_P}{A}\cos\alpha = \sigma\cos\alpha \qquad (e)$$

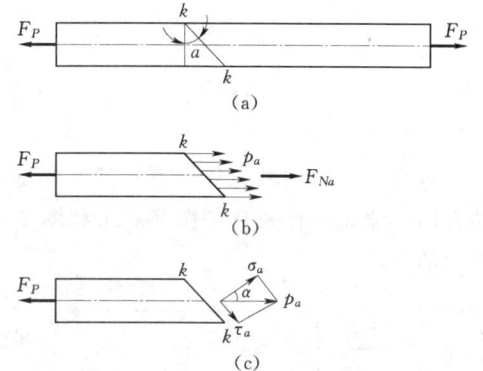

图 2-9 斜截面上的应力
(a) 受力构件；(b) 斜截 $k-k$ 上的应力分布；
(c) 斜截 $k-k$ 上 K 点的应力

把应力 p_α 分解成垂直于斜截面的正应力 σ_α 和相切于斜截面的切应力 τ_α [图 2-9（c）]，则有

$$\sigma_\alpha = p_\alpha\cos\alpha = \sigma\cos^2\alpha \qquad (2-2)$$

$$\tau_\alpha = p_\alpha\sin\alpha = \sigma\cos\alpha \cdot \sin\alpha = \frac{\sigma}{2}\sin2\alpha \qquad (2-3)$$

由式（2-2）及式（2-3）可知，σ_α 和 τ_α 都是 α 的函数，所以都随着斜截面方位角 α 的不同而变化。当 $\alpha = 0°$ 时，横截面上产生最大的正应力而切应力却为 0；最大切应力发生在与横截面成 45°角的斜截面上，数值等于最大正应力的一半，该面上的正应力和切应力相等；而在 $\alpha = 90°$（平行于杆轴线）的纵向截面上则没有任何应力。

由此可知，铸铁拉伸破坏时，断裂面之所以与轴线相垂直，是由于最大正应力所引起；而铸铁压缩破坏时，断裂面与轴线约成 45°，以及低碳钢拉伸到屈服时，出现与轴线成 45°的滑移线则是由于最大切应力所引起的。

三、圣维南原理

式（2-1）是根据正应力在杆横截面上各点处相等这一结论而导出的。应该指出，这一结论实际上只在杆上离外力作用点稍远的部分才正确，而在外力作用点附近，由于杆端连接方式的不同，其应力情况较为复杂。但圣维南（Saint-Venant，1797—1886）原理指出："杆端载荷的作用方式，将显著地影响作用区附近的应力分布规律，但距杆端较远处上述影响逐渐消失，应力趋于均匀，其影响范围和 1～2 倍的横向尺寸相当"。该原理表明拉压杆横截面上正应力均匀分布的结论，只在杆上离外力作用点稍远的部分才正确，如图 2-10 所示，当横截面距力作用点大于杆横向尺寸 1～2 倍时，正应力趋于均匀分布，可用式（2-1）来计算应力。

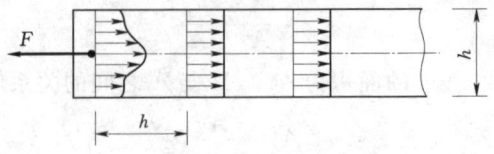

图 2-10 圣维南原理

第四节 拉（压）杆的变形·胡克定律

等直杆在轴向外力作用下，其主要变形为轴向伸长或缩短，同时，横向（与轴线垂直的方向）缩短或伸长。如图 2-11 和图 2-12 所示，图中实线为变形前的形状，虚线为变形后的形状。

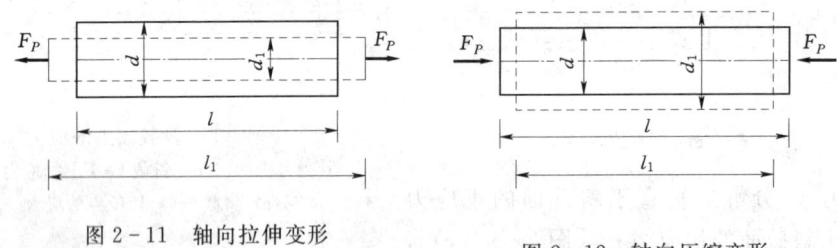

图 2-11 轴向拉伸变形   图 2-12 轴向压缩变形

一、轴向变形与胡克定律

设等直杆原长为 l（图 2-11），横截面的面积为 A，在轴向力 F_P 作用下，杆长变为 l_1，则杆的轴向变形与轴向线应变分别为

$$\Delta l = l_1 - l$$

$$\varepsilon = \frac{\Delta l}{l} \tag{2-4}$$

实验表明，在弹性变形范围内，杆件的伸长 Δl 与力 F_P 及杆长 l 成正比，与横截面面积 A 成反比，即

$$\Delta l \propto \frac{F_P l}{A}$$

引入比例常数 E，把上式写成

$$\Delta l = \frac{F_P l}{EA} \tag{2-5}$$

E 值与材料性质有关，由实验测定，称为弹性模量，其单位为帕（N/m^2），与应力单位相同。

式（2-5）表明，Δl 与乘积 EA 成反比，即该乘积越大，伸长 Δl 越小，所以 EA 代表构件抵抗拉伸（压缩）的能力，称为抗拉（压）刚度。对于给定长度的杆件，在一定轴向载荷作用下，拉压刚度愈大，杆的轴向变形愈小。

若以 F_N 换成 F_P，将式（2-5）写成

$$\Delta l = \frac{F_N l}{EA} \tag{2-6}$$

则更为确切,因为伸长的大小与内力 F_N 是直接联系着的。若将 $\varepsilon=\dfrac{\Delta l}{l}$,$\sigma=\dfrac{F_N}{A}$ 代入上式,可得

$$\varepsilon=\frac{\sigma}{E} \text{ 或 } \sigma=E\varepsilon \qquad (2-7)$$

此式表明,在弹性变形范围内,应力与应变成正比。

式(2-5)~式(2-7)均称为胡克定律。

二、横向变形与泊松比

如图 2-11 和图 2-12 所示,设等直杆的原直径为 d,在轴向力 F_P 下,杆件直径变为 d_1,则杆的横向变形与横向线应变分别为

$$\Delta d = d_1 - d$$

$$\varepsilon_1 = \frac{\Delta d}{d} \qquad (2-8)$$

实验表明,横向拉伸时,杆件沿轴向伸长,其横向尺寸减小;轴向压缩时,杆件沿轴向缩短,其横向尺寸则增大,即横向线应变和轴向线应变恒为异号。实验还证实,在弹性变形范围内,横向线应变与轴向线应变之间保持一定的比例关系,以 μ 代表它们的比值之绝对值:

$$\mu = \left|\frac{\varepsilon_1}{\varepsilon}\right| \qquad (2-9)$$

或写成

$$\varepsilon_1 = -\mu\varepsilon \qquad (2-10)$$

μ 值称为横向变形系数,或泊松比,是一个无量纲的量。在弹性变形范围内,每一种材料的 μ 值均为一常数,可由实验测得。E 和 μ 都是表征材料弹性的常量。

【**例 2-2**】 一等直钢杆如图 2-13(a)所示,材料的弹性模量 $E=210\text{GPa}$,试计算:(1)每段的伸长;(2)每段的线应变;(3)全杆总伸长。

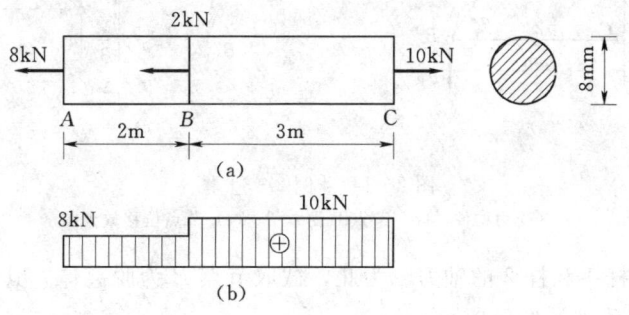

图 2-13 [例 2-2]图
(a) 受力构件;(b) 轴力图

解:先求出每段的轴力,并作轴力图[图 2-13(b)],然后求:

(1) AB 段的伸长 Δl_{AB}。根据式(2-6)

$$\Delta l_{AB} = \frac{F_{NAB} l_{AB}}{EA} = \frac{8\times10^3\times 2}{210\times10^9\times\dfrac{\pi\times8^2\times10^{-6}}{4}} = 0.00152(\text{m}) = 1.52\text{mm}$$

BC 段的伸长 Δl_{BC}：

$$\Delta l_{BC} = \frac{F_{NBC} l_{BC}}{EA} = \frac{10\times10^3\times 3}{210\times10^9\times\dfrac{\pi\times8^2\times10^{-6}}{4}} = 0.00284(\text{m}) = 2.84\text{mm}$$

（2）AB 段的线应变 ε_{AB}。根据式（2-4）

$$\varepsilon_{AB} = \frac{\Delta l_{AB}}{l_{AB}} = \frac{0.00152}{2} = 7.6\times10^{-4}$$

BC 段的线应变 ε_{BC}：

$$\varepsilon_{BC} = \frac{\Delta l_{BC}}{l_{BC}} = \frac{0.00284}{3} = 9.47\times10^{-4}$$

（3）全杆总伸长。

$$\Delta l_{AC} = \Delta l_{AB} + \Delta l_{BC} = 1.52 + 2.84 = 4.36(\text{mm})$$

【**例 2-3**】 如图 2-14（a）所示铰接杆系，在节点 B 受铅垂力 F_P 作用。已知：杆 1 为钢制圆截面杆，直径 $d_1=30\text{mm}$，杆 2 为钢制空心圆截面杆，外径 $D_2=50\text{mm}$，内径 $d_2=44\text{mm}$。$F_P=40\text{kN}$，$E=210\text{GPa}$。求节点 B 的位移值及其方向。

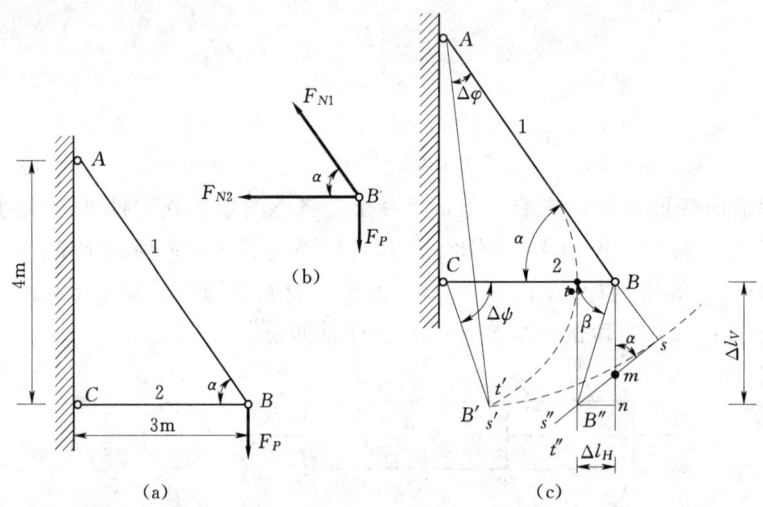

图 2-14 ［例 2-3］图
(a) 受力构件；(b) 节点 B 受力图；(c) 节点位移放大图

解：（1）先求杆 1 和杆 2 的轴力。为此，截取节点 B 为脱离体，其受力图如图 2-14（b）所示。由平衡条件 $\sum F_y=0$，有

$$F_{N1}\times\sin\alpha = F_P$$

$$F_{N1} = \frac{F_P}{\sin\alpha} = 40\times\frac{5}{4} = 50(\text{kN})$$

又由平衡条件 $\sum F_x=0$，得

$$F_{N2}=-F_{N1}\cdot\cos\alpha=-50\times\frac{3}{5}=-30(\text{kN})$$

(2) 然后分别求两杆的伸长。根据胡克定律 $\Delta l=\dfrac{F_N l}{EA}$，有

$$\Delta l_1=\frac{F_{N1}l_1}{EA_1}=\frac{50\times10^3\times5}{210\times10^9\times\dfrac{\pi}{4}\times0.03^2}=0.0017(\text{m})=1.7\text{mm}$$

$$\Delta l_2=\frac{F_{N2}l_2}{EA_2}=-\frac{30\times10^3\times3}{210\times10^9\times\dfrac{\pi}{4}\times(0.05^2-0.044^2)}=-0.001(\text{m})=-1\text{mm}$$

(3) 最后求节点 B 的位移。为了求节点 B 的位移，可假想将杆1和杆2在 B 点拆开 [图 2-14（c）]，并分别将杆1的长度 $\overline{AB}$ 增加 $\overline{Bs}=\Delta l_1$，成为 $\overline{As}$，杆2的长度 $\overline{CB}$ 减少（因杆2为缩短）$\overline{Bt}=\Delta l_2$，成为 $\overline{Ct}$，然后以 A 点为圆心，以 $\overline{As}$ 为半径作圆弧 ss'，以 C 点为圆心，以 $\overline{Ct}$ 为半径，作圆弧 tt'，两圆弧的交点 B' 应是节点 B 在变形后的位置。由于变形量是微小的，所以杆1和杆2在变形过程中所转动的角度 $\Delta\varphi$ 和 $\Delta\psi$ 与角 α 相比是微量，可忽略不计，于是可以从 s 点作 $\overline{As}$ 的垂线 ss''，在 t 点作 $\overline{CB}$ 的垂线 tt''，来代替上述两个圆弧，以其交点 B'' 的位置代替 B' 的位置，也就是以 $\overline{BB''}$ 作为 B 点的位移。

在求位移 $\overline{BB''}$ 值时，可先分别求其铅垂分量 Δl_V 和水平分量 Δl_H 值，得

$$\Delta l_V=\overline{Bn}=\overline{Bm}+\overline{mn}=\frac{\overline{Bs}}{\sin\alpha}+\overline{B''n}\cot\alpha$$

$$=\Delta l_1\times\frac{5}{4}+\Delta l_2\times\frac{3}{4}=0.0017\times\frac{5}{4}+|-0.001|\times\frac{3}{4}$$

$$=0.0028(\text{m})=2.8\text{mm}$$

$$\Delta l_H=\overline{Bt}=|\Delta l_2|=|-0.001|(\text{m})=1\text{mm}$$

以上两式中 Δl_2 取绝对值，因为这都是几何关系。然后可求得

$$\overline{BB''}=\sqrt{\Delta l_V^2+\Delta l_H^2}=\sqrt{0.0028^2+0.001^2}=0.003(\text{m})=3\text{mm}$$

为了求位移 $\overline{BB''}$ 的方向，设 $\overline{BB''}$ 与水平轴的夹角为 β，于是有

$$\beta=\arctan\frac{\overline{tB''}}{\overline{Bt}}=\arctan\frac{\overline{Bn}}{\overline{Bt}}=\arctan\frac{\Delta l_V}{\Delta l_H}=\arctan\frac{2.8}{1}=\arctan 2.8$$

由此得
$$\beta=70.35°=1.228(\text{rad})$$
即位移的方向为向左下方。

第五节 材料在拉伸和压缩时的力学性质

在计算构件的强度、刚度、稳定性时，为了保障其安全工作，应将计算值限定在一定的界限之内，界限值取决于材料的力学性质试验，材料的力学性质都要通过试验来测定。材料的力学性质也称为机械性质，是指材料在外力作用下表现出的变形、破坏等方面的特性。在室温下，以缓慢平稳的方式进行试验，称为常温静载试验，是测定材料力学性质的基本试验。本节主要介绍工程中常用材料在拉伸和压缩时的力学性能。

一、低碳钢拉伸时的力学性质

低碳钢是工程中广泛使用的金属材料,它在拉伸试验中表现出来的力学性质最为典型。低碳钢的拉伸试验是在万能材料试验机上进行。在进行拉伸试验时,应将材料做成标准的试件,使其几何形状和受力条件都符合轴向拉伸的要求。标准试件有圆形和矩形两种类型,如图 2-15 所示。试件上标记 A、B 两点之间的距离称为标距,记作 l_0。圆形试件标距 l_0 与直径 d_0 有两种比例,即 $l_0=10d_0$ 和 $l_0=5d_0$。矩形试件也有两种标准,即 $l_0=11.3\sqrt{A_0}$ 和 $l_0=5.65\sqrt{A_0}$。其中 A_0 为矩形试件的截面面积。

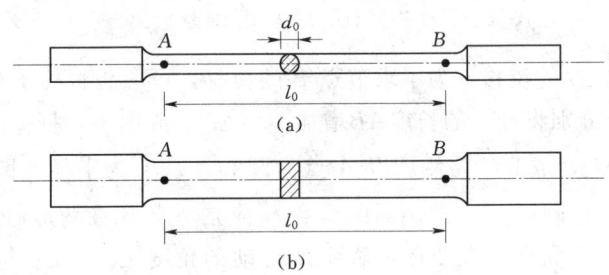

图 2-15 拉伸试件
(a) 圆形截面; (b) 矩形截面

试件装在试验机上,对试件缓慢加拉力 F_P,对应着每一个拉力 F_P,试件标距 l_0 有一个伸长量 Δl_0 表示 F_P 和 Δl 的关系曲线,称为拉伸图或 F_P-Δl 曲线。如图 2-16 (a) 所示,由于 F_P-Δl 曲线与试件的尺寸有关,为了消除试件尺寸的影响,把拉力 F_P 除以试件横截面的原始面积 A_0,得出正应力 $\sigma=\dfrac{F_P}{A_0}$ 为纵坐标;把伸长量 Δl 除以标距的原始长度 l_0,得出应变 $\varepsilon=\dfrac{\Delta l}{l_0}$ 为横坐标,做图表示 σ 与 ε 的关系 [图 2-16 (b)] 称为应力-应变图或 σ-ε 曲线。

从曲线中可以得到低碳钢的拉伸力学性质大致如下。

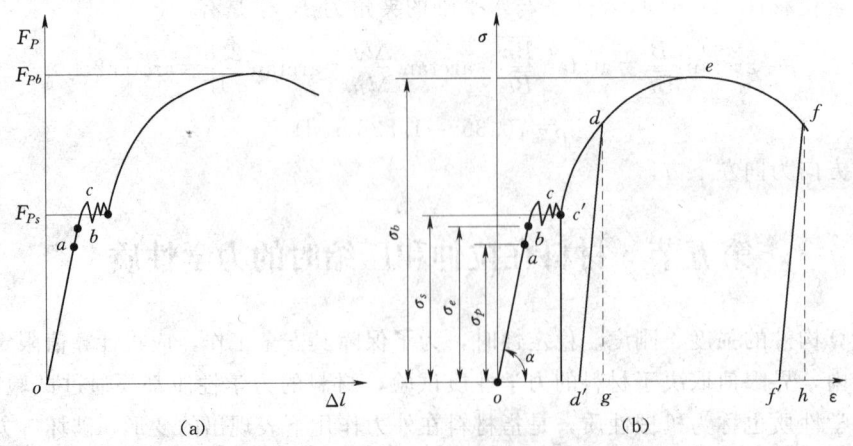

图 2-16 低碳钢拉伸时的拉伸图和应力-应变曲线
(a) 拉伸图; (b) 应力-应变曲线

第五节 材料在拉伸和压缩时的力学性质

1. 弹性阶段

在拉伸的初始阶段,应力-应变曲线为一斜直线 oa,说明在此阶段应力和应变成正比关系,即 $\sigma \propto \varepsilon$,直线的斜率即为材料的弹性模量 E,写成等式 $\sigma = E\varepsilon$,就是拉伸或压缩的胡克定律。与 a 点对应的应力 σ_p 称为比例极限。显然,只有应力低于比例极限时,应力才与应变成正比,材料才服从胡克定律。这时,称材料是线弹性的。

超过比例极限后,从 a 到 b,应力和应变之间不再服从线性关系,但解除拉力后变形仍可完全消失,这种变形称为弹性变形,b 点对应的应力 σ_e 是材料只出现弹性变形的极限值,称为弹性极限。由于 ab 阶段很短,σ_e 和 σ_p 相差很小,通常并不严格区分。

在应力大于弹性极限后,如再解除拉力,则试件产生的变形有一部分消失,这就是上面提到的弹性变形。但还遗留下一部分不能消失的变形,这种变形称为塑性变形或残余变形。

2. 屈服(流动)阶段

当应力超过 b 点增加到 c 点之后,应变有非常明显的增加,而应力先是下降,然后作微小的波动,在 σ-ε 曲线上出现接近水平线的小锯齿形线段。这种应力基本保持不变,而应变显著增加的现象,称为屈服或流动。在屈服阶段内的最高应力(c 点)和最低应力(c' 点)分别称为上屈服极限和下屈服极限。上屈服极限的数值与试件形状、加载速度等因素有关,一般是不稳定的。下屈服极限则相对较为稳定,能够反映材料的性质,通常就把下屈服极限称为屈服极限或屈服点,用 σ_s 来表示。对于粗糙度值很低的表面光滑试件,屈服之后在试件表面上隐约可见与轴线成 45° 的滑移线。

材料屈服表现为显著的塑性变形,而零件的塑性变形将影响机器的正常工作,所以屈服极限 σ_s 是衡量材料强度的重要指标。

3. 强化阶段

经过屈服阶段,要继续增加变形必须增加拉力,材料又恢复了抵抗变形的能力,这一阶段称为强化阶段。在图 2-16(b)中,强化阶段中的最高点 e 所对应的应力 σ_b 是材料所能承受的最大应力,称为强度极限或抗拉强度。它是衡量材料强度的另一重要指标。在强化阶段中试件的变形主要是塑性变形,所以要比在弹性阶段内试件的变形大很多。在此阶段中可比较明显地看到整个试件的横向尺寸在缩小。

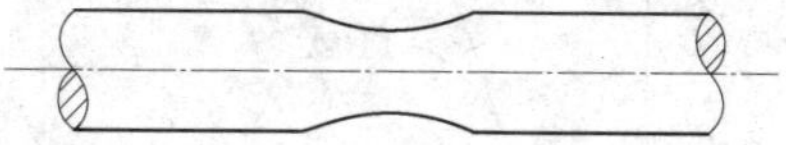

图 2-17 颈缩现象

4. 局部变形阶段

到达强度极限后,试件在某一局部范围内横向尺寸突然缩小,形成颈缩现象(图 2-17)。由于在颈缩部位横截面面积迅速减小,使试件继续伸长所需要的拉力也相应减少。在 σ-ε 图中,用横截面原始面积 A_0 算出的应力 $\sigma = F_P/A_0$ 随之下降,直到 f 点,试件被拉断。

5. 材料的塑性

试件拉断时的塑性变形最大。材料能经受较大塑性变形而不破坏的能力,称为材料的塑性或延性。材料的塑性用延伸率和断面收缩率度量。

设试件加载前的标距长度 l_0,拉断后变为 l_1,则用百分比表示的比值

$$\delta = \frac{l_1 - l_0}{l_0} \times 100\% \tag{2-11}$$

称为延伸率。试件的塑性变形($l_1 - l_0$)越大,δ 也就越大。低碳钢的延伸率很高,其平

均值为20%～30%，这说明低碳钢的塑性性能很好。工程上通常按延伸率的大小把材料分成两大类，$\delta>5\%$ 的材料称为塑性或延性材料，如碳钢、黄铜、铝合金等；而把 $\delta<5\%$ 的材料称为脆性材料，如铸铁、玻璃、陶瓷等。

如果原始横截面面积为 A_0 的试件，拉断后颈缩处的最小截面面积变为 A_1，用百分比表示的比值

$$\varphi = \frac{A_0 - A_1}{A_0} \times 100\% \tag{2-12}$$

称为断面收缩率。低碳钢的断面收缩率约为 50%～60%。

塑性好的材料，在扎制或冷压成型时不易断裂，并能承受较大的冲击载荷。

6. 卸载定律和冷作硬化现象

在上述的实验过程中，如果不是持续将试件拉断，而是加载至超过屈服极限后[如到达图 2-16 (b) 中的 d 点]，然后逐渐卸除拉力，应力应变关系将沿着斜直线 dd' 回到 d' 点，斜直线 dd' 近似地平行于 oa。这说明：在卸载过程中，应力和应变按直线规律变化。这就是卸载定律。拉力完全卸除后，应力-应变图中，$d'g$ 表示消失了的弹性变形，而 od' 表示保留下来的塑性变形。

卸载后，如在短期内再次加载，则应力和应变又重新沿着卸载直线 dd' 上升，直到 d 点后，又沿直线 def 变化。可见在再次加载时，直到 d 点以前材料的变形是弹性的，过 d 点后才开始出现塑性变形。比较图 2-16 (b) 中的 $oabcc'def$ 和 $d'def$ 两条曲线，可见在第 2 次加载时，其比例极限（亦即弹性阶段）得到了提高，但塑性变形和延伸率却有所降低。这种现象称为冷作硬化。

工程上经常利用冷作硬化来提高材料的弹性范围。如起重机用的钢索和建筑用的钢筋，常用冷作硬化来提高材料的比例极限。又如对某些零件进行喷丸处理，使其表面发生塑性变形，形成冷硬层，以提高零件表面层的强度。但材料经过冷作硬化后塑性降低，可以通过退火处理，以消除这一现象。

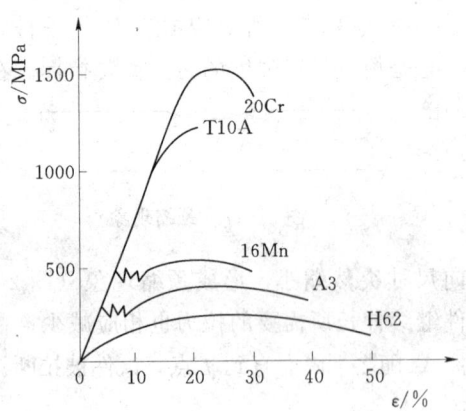

图 2-18 常见塑性材料应力应变曲线

二、其他塑性材料拉伸时的力学性质

工程上常用的塑性材料，除低碳钢外，还有中碳钢、某些高碳钢和合金钢、青铜、黄铜、硬铝和退火的球墨铸铁等。图 2-18 中是几种塑性材料的 σ-ε 曲线。其中有些材料，如 16Mn 钢和低碳钢一样，有明显的弹性阶段、屈服阶段、强化阶段和局部变形阶段。有些材料，如黄铜 H62，没有屈服阶段，但其他3个阶段却很明显。还有些材料，如高碳钢 T10A 没有屈服阶段和局部变形阶段，只有弹性阶段和强化阶段。应该指出的是，这些材料在拉伸的初始阶段都是弹性的，而且是线性的。

对于没有明显屈服极限的塑性材料，可以将产生 0.2% 塑性应变时的应力作为屈服指标，并用 $\sigma_{0.2}$ 来表示（图 2-19）。

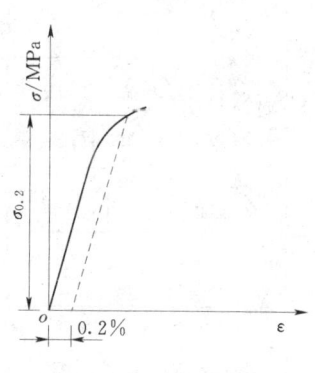
图 2-19 名义屈服极限

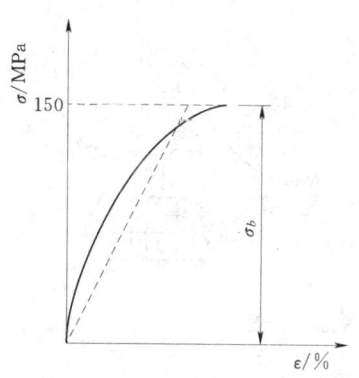
图 2-20 铸铁拉伸曲线

三、铸铁拉伸时的力学性质

铸铁拉伸时的应力应变关系是一条微弯曲线。如图 2-20 所示，没有明显的直线部分。但在工程中铸铁的拉应力不能很高，而在较低的拉应力下，则可近似认为服从胡克定律。通常取 σ-ε 曲线的割线代替曲线的开始部分，并以割线的斜率作为弹性模量，称为割线弹性模量。铸铁在较小的拉力下就被拉断，没有屈服和颈缩现象，试件断口平齐、粗糙，拉断前的应变很小，延伸率也很小，几乎没有塑性变形，所以只能测得拉伸时的强度极限 σ_b（拉断时的最大应力）。铸铁是典型的脆性材料，由于没有屈服现象，强度极限 σ_b 是衡量强度的唯一指标。

铸铁等脆性材料的抗拉强度很低，所以不宜作为受拉构件。但铸铁经球化处理成为球墨铸铁后，力学性能有显著变化，不但有较高的强度，还有较好的塑性性能。国内不少工厂成功地用球墨铸铁代替钢材制造曲轴、齿轮等零件。

四、低碳钢和铸铁压缩时的力学性质

材料受压时的力学性能由压缩试验测定。一般细长试件压缩时容易产生失稳现象，因此在金属的压缩试验中，常采用短粗圆柱形试件，一般试件的长度是直径的 1.5～3 倍。为了比较低碳钢和铸铁拉伸与压缩时的力学性质的异同，将 σ-ε 曲线画在同一个坐标内。

图 2-21 为低碳钢压缩与拉伸时的应力-应变曲线。试验表明：低碳钢拉伸与压缩时的弹性模量 E 和屈服极限 σ_s 相同。屈服阶段以后，低碳钢压缩试件会被越压越扁，横截面积不断增大，试件抗压能力也继续提高，因而得不到压缩时的强度极限。一般认为，低碳钢及其他塑性材料是拉、压力学性质相同的材料，在了解其拉伸性质之后，不一定再去做压缩试验。

图 2-22 为铸铁压缩与拉伸时的应力-应变曲线。铸铁是一种典型的脆性材料，压缩时的力学性质与拉伸时有较大差异，从图 2-22 可看出，此种材料拉伸与压缩时的弹性模量基本相同，但压缩时的强度极限 σ_b 是拉伸时的 4～5 倍，试件在变形不大的情形下突然破坏，破坏断面的法线与轴线约成 45°～55°的倾角，表明试件沿斜截面因相对错动而破坏。铸铁所反映出的拉伸与压缩力学性质有较大的差异，对于其他脆性材料也有同样情形。脆性材料抗压强度远比抗拉强度高，所以宜于制成受压构件，其压缩试验比抗拉试验更重要。

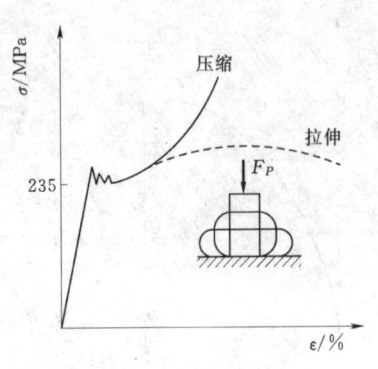
图 2-21 低碳钢压缩

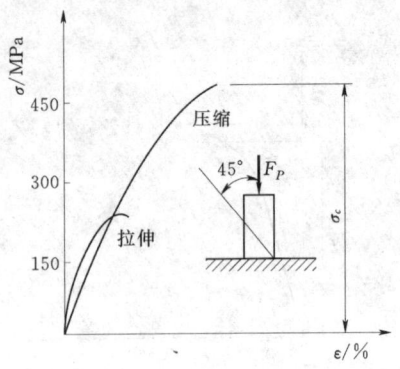
图 2-22 铸铁压缩

综上所述，衡量材料力学性能的指标主要有：比例极限（或弹性极限）σ_p（σ_e）、屈服极限 σ_s、强度极限 σ_b、弹性模量 E、延伸率 δ 和断面收缩率 φ 等。对很多金属来说，这些量往往受温度、热处理等条件的影响。表 2-1 中列出了几种常用材料在常温、静载下 σ_s、σ_b 和 δ 的数值。

表 2-1　　几种常用材料的力学性质

材料名称	牌号	σ_s 或 $\sigma_{0.2}$/MPa	σ_b/MPa	δ/%
普通碳素钢	Q215	186～216	333～412	26～31
	Q235	216～235	373～461	25～27
	Q275	255～274	490～608	19～21
优质碳素结构钢	15	225	373	27
	40	333	569	19
	45	353	598	16
普通低合金结构钢	12Mn	274～294	432～441	19～21
	16Mn	274～343	471～549	19～21
	15MnV	333～412	490～549	17～19
	18MnMoNb	441～510	588～637	16～17
合金结构钢	40Cr	785	981	9
	50Mn2	785	932	9
碳素铸钢	ZG15	196	392	25
	ZG35	274	490	16
可锻铸铁	KTZ45-5	274	441	5
	KTZ70-2	539	687	2
球墨铸铁	QT40-10	294	392	10
	QT45-5	324	441	5
	QT60-2	412	588	2
灰铸铁	HT15-33		拉 98.1～274	
	HT30-54		拉 255～294	

第六节 拉（压）杆的强度计算

一、安全系数和许用应力

由材料力学性质的研究可知，对于塑性材料，当应力达到屈服极限 σ_s 时，构件已发生明显的塑性变形（永久变形），影响其正常工作，即认为其失效；对于脆性材料，直到断裂也无明显的塑性变形，断裂是失效的唯一标志。因此，将塑性材料的屈服极限 σ_s 和脆性材料的强度极限 σ_b 分别定义为两类材料的极限应力。

根据分析计算所得构件之应力，称为工作应力。考虑到计算误差、材料的非均匀性与必要的强度储备等因素，构件工作应力的最大容许值必须低于材料的极限应力。对于一定材料制成的具体构件，工作应力的最大容许值称为材料的许用应力，用 $[\sigma]$ 表示，其值为：

对塑性材料 $\qquad [\sigma] = \dfrac{\sigma_s}{n_s}$

对脆性材料 $\qquad [\sigma] = \dfrac{\sigma_b}{n_b}$

式中，大于 1 的因素数 n_s 或 n_b 称为安全系数。

在工程中，安全系数所取的范围与以下条件有关：

(1) 工程的重要性。一般涉及人的工程均为重要工程，工程愈重要，安全系数取得愈高。

(2) 力学模型和工程实际间的差距。差距愈大，安全系数取得愈高。

(3) 载荷的类型。动载荷和静载荷相比，动载荷的安全系数取大值。

(4) 工作环境。包括环境污染、温度、湿度等变化，恶劣环境的安全系数应取大值。

(5) 制造构件材料的品质。品质高的取小值，品质低的取大值。

如上所述，安全系数是由多种因素决定的。各种材料在不同工作条件下的安全系数及许用应力数值，可从有关规范或设计手册中查到。

二、强度计算

根据以上分析，为了保证拉压杆在工作时不致因强度不够而破坏，杆内的最大工作应力 $\sigma_{\max}$ 不得超过材料的许用应力 $[\sigma]$，即要求

$$\sigma_{\max} = \left(\dfrac{F_N}{A}\right)_{\max} \leqslant [\sigma] \qquad (2-13)$$

称为拉压杆的强度条件。对于等截面拉压杆，上式则变为

$$\sigma_{\max} = \dfrac{F_{N,\max}}{A} \leqslant [\sigma] \qquad (2-14)$$

利用上述强度条件可以解决以下 3 类强度计算问题。

(1) 强度校核：当外力、构件各部分尺寸及材料的许用应力均为已知时，检验构件是否满足上述强度条件。

(2) 截面设计：当外力与材料的许用应力均为已知时，根据强度条件设计构件横截面尺寸，表达式为

$$A \geqslant \frac{F_{N,\max}}{[\sigma]} \qquad (2-15)$$

（3）确定许可载荷：当构件的横截面尺寸以及材料的许用应力为已知时，确定构件或结构所能承受的最大载荷，表达式为

$$F_{N,\max} \leqslant A[\sigma] \qquad (2-16)$$

以上三类问题，通常叫做强度设计，下面举例加以说明。

【例2-4】 结构尺寸及受力如图2-23（a）所示。设 AB、CD 视为刚体，BC 和 EF 为圆截面钢杆，截面面积相同，直径 $d=25\text{mm}$，两杆材料均为 Q235 钢，其许用应力 $[\sigma]=160\text{MPa}$，若已知载荷 $F_P=39\text{kN}$，试校核该结构的强度是否安全。

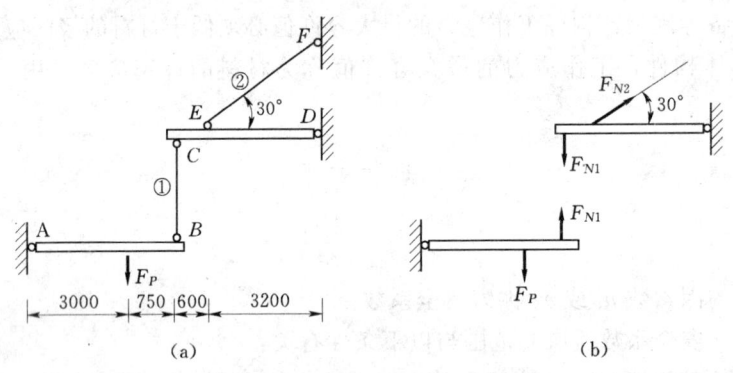

图2-23 ［例2-4］图
(a) 受力构件；(b) 受力分析图

解：（1）分析危险状态：该结构的强度与 BC 和 EF 两杆的强度有关，在强度校核之前，应先判断哪一根杆最危险。由于两杆直径及材料均相同，故受力大的杆最危险，受力分析如下：

取杆 AB 连同支座 A，杆 CD 连同支座 D 作为分离体，受力如图2-23（b）所示，由 $\sum M_A=0$，$\sum M_D=0$，得到

$$F_{N1} \times 3.75 - F_P \times 3 = 0$$
$$F_{N1} \times 3.8 - F_{N2} \times \sin 30° \times 3.2 = 0$$

解出 $\qquad F_{N1}=31.2\text{kN}, F_{N2}=74.1\text{kN}$

可见杆 EF 受力最大，故其为危险杆。

（2）计算应力：杆 EF 横截面上的应力为

$$\sigma = \frac{F_{N1}}{\dfrac{\pi d^2}{4}} = \frac{74.1 \times 10^3 \times 4}{\pi \times 25^2 \times 10^6} = 151 \times 10^6 (\text{Pa}) = 151\text{MPa}$$

（3）校核强度：因为 $[\sigma]=160\text{MPa}$，$\sigma=151\text{MPa}$，所以满足强度条件 $\sigma_{\max} \leqslant [\sigma]$。

可见杆 EF 的强度是安全的，亦即整个结构的强度是安全的。

【例2-5】 上例中若杆 BC 和 EF 的直径均为未知，其他条件不变，试设计两杆所需的直径。

解： 两杆材料相同，但受力不同，故所需直径不同。设杆 BC、EF 的直径分别为 d_1

和 d_2，则由强度条件可以得到

$$\sigma = \frac{F_{N1}}{\frac{\pi d_1^2}{4}} \leqslant [\sigma]$$

$$\sigma = \frac{F_{N2}}{\frac{\pi d_2^2}{4}} \leqslant [\sigma]$$

应用上例所得结果，得到

$$d_1 \geqslant \sqrt{\frac{4F_{N1}}{\pi [\sigma]}} = \sqrt{\frac{4 \times 31.2 \times 10^3}{3.14 \times 160 \times 10^6}} = 15.8 \text{(mm)}$$

$$d_2 \geqslant \sqrt{\frac{4F_{N2}}{\pi [\sigma]}} = \sqrt{\frac{4 \times 74.1 \times 10^3}{3.14 \times 160 \times 10^6}} = 24.3 \text{(mm)}$$

【例 2-6】 已知桁架如图 2-24（a）所示，在节点 A 受铅直力 F_P 作用。设 AB 杆直径 $d_1 = 20\text{mm}$，许用应力 $[\sigma]_{AB} = 140\text{MPa}$，$AC$ 杆直径 $d_2 = 18\text{mm}$，许用应力 $[\sigma]_{AC} = 160\text{MPa}$，$\alpha = 30°$，$\beta = 45°$，试求该桁架的许可载荷 $[F_P]$。

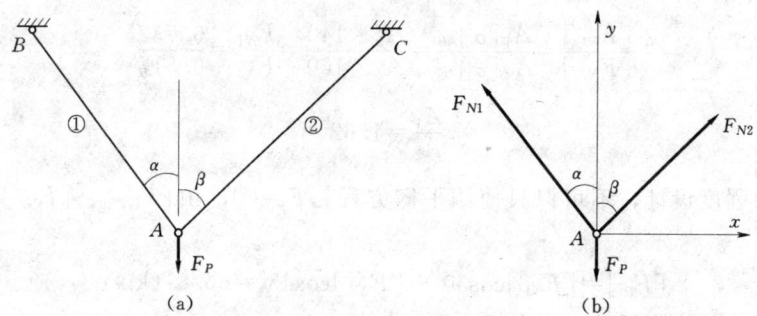

图 2-24 ［例 2-6］图
(a) 受力构件；(b) 节点 A 受力图

解：取节点 A 为研究对象，受力如图 2-24（b）所示，考虑该节点的静力平衡有

$$\sum F_x = 0, \quad -F_{N1}\sin 30° + F_{N2}\sin 45° = 0 \tag{1}$$

$$\sum F_y = 0, \quad F_{N1}\cos 30° + F_{N2}\cos 45° - F_P = 0 \tag{2}$$

解得

$$F_{N1} = 0.732 F_P, \quad F_{N2} = 0.517 F_P \tag{3}$$

按 AB 杆强度条件，有 $[F_{N1}] \leqslant A_1 [\sigma]_{AB} = \dfrac{\pi \times 20^2 \times 10^{-6}}{4} \times 140 \times 10^6 = 43.96 \text{(kN)}$

由式（3）第 1 式得

$$[F_P]_1 = \frac{[F_{N1}]}{0.732} = \frac{43.96}{0.732} = 60.05 \text{(kN)}$$

按 AC 杆强度条件有

$$[F_{N2}] \leqslant A_2 [\sigma]_{AC} = \frac{\pi \times 18^2 \times 10^{-6}}{4} \times 160 \times 10^6 = 40.96 \text{(kN)}$$

由式（3）第 2 式得

$$[F_P]_2 = \frac{[F_{N2}]}{0.517} = \frac{43.96}{0.5172} = 78.7(\text{kN})$$

许可载荷: $\quad [F_P] = \min([F_P]_1, [F_P]_2) = 60.05(\text{kN})$

本例也可以按如下方法计算:

求出 $[F_{P1}] = 60.05\text{kN}$ 后,将 $F_P = [F_{P1}]$ 代入式(3)中第2式,得

$$F_{N2} = 0.517 F_P = 31.05(\text{kN})$$

对 AC 杆作强度校核:

$$\sigma_{AC} = \frac{F_{N2}}{A_2} = \frac{31.05 \times 10^3}{\frac{\pi}{4} \times 18^2} = 122(\text{MPa}) < [\sigma]_{AC}$$

AC 杆强度条件满足,所以 $[F_P] = [F_{P1}] = 60.05(\text{kN})$。

[讨论]: 由上面计算可知,当 AB 杆工作应力达到许用应力时, AC 杆仍有一定强度储备,故可认为设计不尽合理。合理的设计应使构件的承载能力之比等于内力之比,即 $[F_{N1}]/[F_{N2}] = F_{N1}/F_{N2}$,这样的设计可使图 2-24 结构中的两杆工作应力同时达到许用应力,称为等强度设计。注意到

$$\frac{[F_{N1}]}{[F_{N2}]} = \frac{A_1[\sigma]_{AB}}{A_2[\sigma]_{AC}} = \frac{A_1 \times 140}{A_2 \times 160} = \frac{F_{N1}}{F_{N2}} = \frac{0.732}{0.517}$$

得出

$$\frac{A_1}{A_2} = 1.62$$

对于非等强度设计,不可以只使用平衡方程 $\sum F_y = 0$,由 $[F_{N1}]$、$[F_{N2}]$ 计算许可载荷 $[F_P]$,即

$$[F_P] = [F_{N1}]\cos 30° + [F_{N2}]\cos 45° = 66.81(\text{kN})$$

不成立;而对于等强度设计,则上式成立。

第七节 应力集中的概念

等截面直杆在轴向拉伸或压缩时,横截面上的应力是均匀分布的。由于工程实际的需要,有许多构件必须开有切口、切槽、油孔、螺纹、轴肩等,以致在这些部位上截面尺寸发生剧烈变化。实验结果和理论分析都表明,在尺寸剧烈变化处的横截面上,应力并不是均匀分布的。例如,开有圆孔和切口的板条(图 2-25)受拉时,在圆孔或切口附近的局部区域内,应力将剧烈增加,但在离开圆孔或切口稍远处,应力就迅速降低而趋于均匀。这种因构件外形突然变化引起的局部应力急剧增大的现象称为应力集中。

设发生应力集中的截面上的最大应力为 $\sigma_{\max}$,同一截面上的平均应力为 σ_m,则比值为

$$k = \frac{\sigma_{\max}}{\sigma_m} \tag{2-17}$$

称为理论应力集中系数。它反映了应力集中的程度,是一个大于1的系数。实验结果表明:截面尺寸改变得越急剧,角越尖,孔越小,应力集中的程度就越严重。因此,构件设计加工时应尽可能使截面的变化缓慢一点,如阶梯轴的轴肩要用圆弧过渡,而且尽量使圆

弧半径大一些。

材料不同，对应力集中的敏感程度也不同。塑性材料因为有屈服阶段，当应力达到屈服极限 σ_s 后该处材料的变形可以继续增加，而应力却暂时不再加大。如外力继续增加，增加的力由截面上尚未屈服的材料来承担，使该截面上的应力相继增大到屈服极限，如图 2-26 所示。应力分布逐渐趋于均匀，相应地限制了最大应力 σ_{max} 的数值，因此，塑性材料对应力集中并不敏感。而脆性材料由于没有屈服阶段，应力集中处的最大应力 σ_{max} 较快地达到材料的强度极限 σ_b，该处将首先产生裂纹，导致破坏。所以脆性材料对应力集中表现很敏感。用脆性材料制成的零件，即使在静载下，也应考虑应力集中对零件承载能力的削弱。至于灰铸铁，其内部的不均匀性和缺陷往往是产生应力集中的主要因素，而零件外形改变所引起的应力集中就可能成为次要因素，对零件的承载能力不一定造成明显的影响。

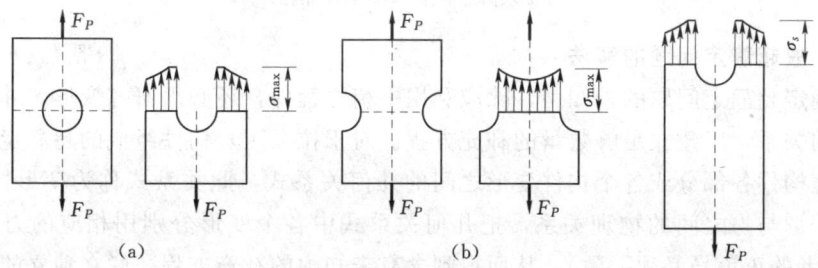

图 2-25　应力集中现象比较
(a) 开圆孔板条；(b) 开切口板条

图 2-26　应力集中

工程中许多构件由于工况的要求，经常存在切槽、螺纹、钻孔等，致使截面发生突然变化，因而应力集中是工作中常见的现象，应给予充分的注意。

*第八节　拉（压）杆的超静定问题

一、静定与超静定问题

对图 2-14 所示铰接杆系，两杆的轴力可以由静力学平衡方程确定，这类问题称为静定问题。未知力个数与独立的平衡方程个数相等，这种仅用平衡条件就可以确定其约束反力和内力的结构称为静定结构。

对图 2-27（a）所示两端固定的直杆 AB，取杆的轴线方向为 x 轴方向，沿着杆的轴线受到一个集中载荷 F_P 的作用，两端只有沿着杆轴的反力 R_A 和 R_B。两个未知反力与载荷 F_P 构成一个共线力系，独立的平衡方程只有一个，即仅用静力平衡方程不能确定全部未知力，这类问题称为超静定问题。该杆是一个超静定问题。未知力（内力或约束反力）个数超过独立静力学平衡方程个数，仅靠静力学的平衡条件不可能确定结构的全部未知力的结构称超静定结构。多余未知力的数目称为超静定次数。图 2-27（b）中所示的杆系，在节点 A 处作用向下载荷 F_P。在 F_P 的作用下，三杆的未知内力 F_{N1}、F_{N2}、F_{N3} 与 F_P 构成一个平面汇交力系，而独立的平衡方程只有两个。可见这也是一个超静定问题。

第二章 轴向拉伸与压缩

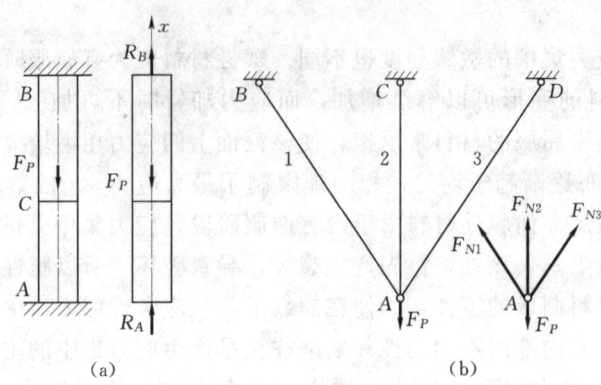

图 2-27 拉压超静定结构
(a) 双固定端杆；(b) 杆系结构

二、一般超静定问题的解法

为了确定超静定问题的未知力，除应利用平衡方程外，还必须研究变形，并借助变形与内力间的关系，以建立足够数量的补充方程。对于拉（压）构件组成的超静定结构，通常可先研究构件各部分或各个构件变形之间的几何关系式，此关系式称为变形协调方程。然后应用变形与力之间的物理关系，把几何关系式中各个变形分别用相应的力表示出来（注意：两者的正负号必须一致），从而得到含有未知力的补充方程，联立独立的静力平衡方程求解联立方程组，求出全部未知力。具体步骤可总结为如下：

（1）静力分析：列出有效的独立平衡方程。
（2）几何分析：列出变形协调方程。
（3）物理关系：利用物理关系，将变形协调方程中的各变形或位移用未知力表达。
（4）联立求解：各独立平衡方程与用未知力表达的变形协调方程即补充方程构成方程组，求解此方程组，得到全部未知力。

【例 2-7】 如图 2-27（a）所示的双固定端杆受轴向载荷结构。假设杆段 AC 材料弹性模量为 E_1；BC 材料弹性模量为 E_2，C 点轴向载荷 F_P 两段长度皆为 l，横截面积皆为 A。试求支反力 R_A 和 R_B。

解：（1）静力分析：拆除两端支座，假设两个支反力均向上，平衡方程

$$\sum F_x = 0: \quad R_A + R_B = F_P \tag{1}$$

（2）几何分析：由于杆端都是固定的，杆的总伸缩量为零，现分段表示为

$$\Delta l_{AB} = \Delta l_{AC} + \Delta l_{CB} = 0 \tag{2}$$

（3）物理关系：计算两段变形，注意内力 $F_{NAC} = -R_A$，$F_{NBC} = R_B$

$$\Delta l_{AC} = \frac{F_{NAC} l}{E_1 A} = -\frac{R_A l}{E_1 A}; \quad \Delta l_{CB} = \frac{F_{NBC} l}{E_2 A} = \frac{R_B l}{E_2 A}$$

代入式（2）得

$$-\frac{R_A l}{E_1 A} + \frac{R_B l}{E_2 A} = 0$$

即
$$R_A = \frac{E_1}{E_2} R_B \tag{2'}$$

这就是补充方程。

(4) 联立求解：解方程组（1）、（2'），可以得到
$$R_A = \frac{E_1}{E_1+E_2} F_P; \quad R_B = \frac{E_2}{E_1+E_2} F_P$$

解出的未知力均为正，说明两支反力的真实方向与假设相同。

【例 2-8】 如图 2-28（a）所示的杆系结构。假设杆 1、2、3 材料弹性模量均为 E；横截面积皆为 A。A 点有向下载荷 F_P，杆 2 长 l。试求各杆内力 F_{N1}、F_{N2} 和 F_{N3}。

解： (1) 静力分析：分析节点 A，假设 3 根杆的轴力 F_{N1}、F_{N2} 和 F_{N3} 均为拉伸，如图 2-28（b）所示，列平衡方程

$$\sum F_x = 0: \quad -F_{N1}\sin\alpha + F_{N3}\sin\alpha = 0$$
$$\sum F_y = 0: \quad F_{N1}\cos\alpha + F_{N2} + F_{N3}\cos\alpha = F_P$$

化简为
$$F_{N1} = F_{N3}$$
$$2F_{N1}\cos\alpha + F_{N2} = F_P \tag{1}$$

(2) 几何分析：由于各杆的轴力都已假设为正，各杆变形也必须假设为伸长，在小变形的假设下，使用切线代替圆弧的位移图进行分析，如图 2-28（c）所示。杆 1 和杆 2 的变形关系为

$$\Delta l_1 = \Delta l_2 \cos\alpha \tag{2}$$

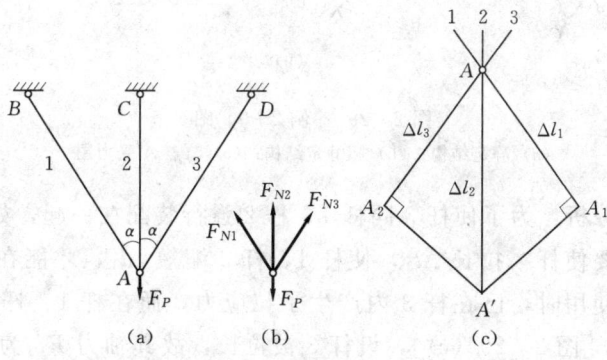

图 2-28 ［例 2-8］图
(a) 受力构件；(b) 节点 A 受力图；(c) 节点 A 位移图

(3) 物理关系：计算两杆变形
$$\Delta l_1 = \frac{F_{N1} l}{EA\cos\alpha}; \quad \Delta l_2 = \frac{F_{N2} l}{EA}$$

代入式（2）得
$$\frac{F_{N1} l}{EA\cos\alpha} = \frac{F_{N2} l}{EA} \cos\alpha$$

即

$$F_{N1}=F_{N2}\cos^2\alpha \qquad (2')$$

(4) 联立求解：解方程组（1）、（2'），可以得到

$$F_{N1}=F_{N3}=\frac{\cos^2\alpha}{2\cos^3\alpha+1}F_P; \qquad F_{N2}=\frac{1}{2\cos^3\alpha+1}F_P$$

解出的未知力均为正，说明 3 根构件的轴力均与假设（拉伸）一致。

三、装配应力

在工程中，构件几何尺寸制造误差是难免的，在静定结构中，这种误差只会引起结构几何形状的微小改变，不会引起应力。如图 2-29（a）实线所示为一静定结构，设 AC 杆比设计要求长了一些，于是把它与 BC 杆装配在一起后，对结构的几何形状会有微量的变化，如图中虚线所示，但这不会影响使用，也不会改变杆内的内力情况。因为组成静定结构的各杆变形时不会受到约束。但在超静定结构中，有这种尺寸误差的构件，当整个结构装配起来，未受载荷构件内就存在应力，这种应力称为装配应力或预应力。

【**例 2-9**】 设如图 2-29（b）所示的三杆由相同的钢圆管制成，设杆 3 在制造时比要求短了 $\delta=1\text{mm}$，$E=200\text{GPa}$，$A=200\text{mm}^2$，$l=1\text{m}$，$\alpha=\dfrac{\pi}{6}$，试求三杆的应力。

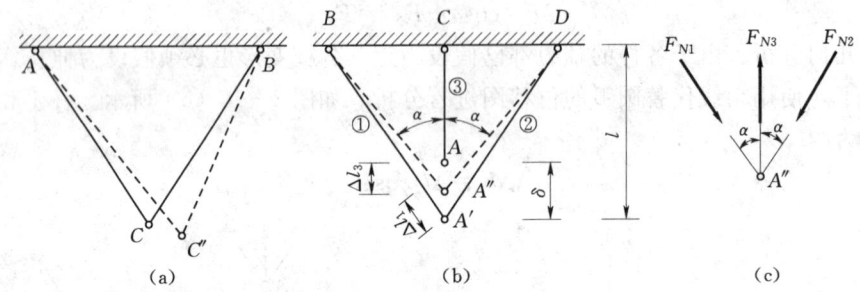

图 2-29 ［例 2-9］图
(a) 静定结构；(b) 超静定结构；(c) 节点 A'' 受力图

解：(1) 静力分析：为了使杆 3 同杆 1、杆 2 强行装配在一起，如图 2-29（b）中虚线所示，则势必要使杆 3 拉长 Δl_3，使杆 1、杆 2 缩短 Δl_1，才能在点 A'' 处联结。这样一来，结构在未使用时，已在杆 3 内产生了拉应力，而在杆 1、杆 2 内产生压应力。取节点 A'' 为脱离体［图 2-29（c）］，设杆 3 被拉长，故其轴力 F_{N3} 为拉力，杆 1、杆 2 被缩短，故其轴力 F_{N1} 和 F_{N2} 为压力。这里假定杆 1 和杆 2 的刚度相同。根据平衡条件有

$$\left.\begin{array}{l}\sum F_x=0,\ F_{N1}\sin\alpha-F_{N2}\sin\alpha=0\\ \sum F_y=0,\ F_{N3}-F_{N1}\cos\alpha-F_{N2}\cos\alpha=0\end{array}\right\} \qquad (1)$$

(2) 几何分析：由图 2-29（b）可知 Δl_1 和 Δl_3 有几何关系如下。

$$\Delta l_3+\left|\frac{\Delta l_1}{\cos\alpha}\right|=\delta \qquad (2)$$

此即变形条件。

(3) 物理关系：由胡克定律，有

$$\Delta l_3 = \frac{F_{N3}l}{E_3 A_3}, \quad \Delta l_1 = \frac{F_{N1}l}{E_1 A_1 \cos\alpha} \tag{3}$$

此即物理方程。

将式（3）代入式（2），得

$$\frac{F_{N3}l}{E_3 A_3} + \frac{F_{N1}l}{E_1 A_1 \cos^2\alpha} = \delta \tag{4}$$

此即补充方程。把它与平衡方程（1）联立求解，得

$$F_{N1} = F_{N2} = \frac{E_1 A_1 \cdot E_3 A_3 \cos^2\alpha}{l(2E_1 A_1 \cos^3\alpha + E_3 A_3)}\delta = \frac{EA\cos^2\alpha}{l(2\cos^3\alpha + 1)}\delta$$

$$= \frac{200 \times 10^9 \times 200 \times 10^{-6} \times \cos^2\frac{\pi}{6} \times 1 \times 10^{-3}}{1\left(2 \times \cos^3\frac{\pi}{6} + 1\right)}$$

$$= 13.05 (\text{kN})(\text{压})$$

$$F_{N3} = 2F_{N1}\cos\alpha = 22.6 (\text{kN})$$

相应的应力为

$$\sigma_1 = \sigma_2 = \frac{F_{N1}}{A} = \frac{13.05 \times 10^3}{200 \times 10^{-6}} = 65.25 (\text{MPa})$$

$$\sigma_3 = \frac{F_{N3}}{A} = \frac{22.6 \times 10^3}{200 \times 10^{-6}} = 113 (\text{MPa})$$

以上就是由于杆件制造尺寸不精确而引起的内力和应力，称为装配内力和装配应力。一般地说，装配应力的存在有时是不利的，而有时可以利用装配应力达到有益的目的。例如，上例中由三杆组成的结构，若使用时承受向下的节点载荷，如图 2-29（b）所示，那么，由此载荷所引起的三杆内力都是拉力。此时，若故意将杆 1、杆 2 制造得比要求短些，这样，把它们与杆 3 一起装配好后，杆 1、杆 2 内已有了压的初应力。然后当载荷作用上去后，产生的拉力就被已有的初压力抵消一部分，从而达到节省材料的目的。在钢筋混凝土结构里，装配应力的概念在预应力构件里得到广泛的应用，从而可节省大量的材料。

四、温度应力

构件由于温度变化会引起伸长或缩短变形，在静定结构中，这种变形不会产生内力和应力。但在超静定结构中，由于约束对构件温度变形的限制，相应地在构件内产生了内力和应力。这种因温度变化而产生的应力称为温度应力。在工程设计中，必须考虑到温度应力对结构的影响。建筑工程常用选材和留有伸缩缝等方法解决温度应力问题。

【例 2-10】 图 2-30（a）所示结构。材料弹性模量为 E，线膨胀系数为 α，杆长度为 l，横截面积为 A。结构在安装时温度为 T_0，无初始（装配）应力，在工作时温度为 $T_1 > T_0$。试求工作时的支反力 R_A 和 R_B。

解：（1）静力分析：A、B 两固定端限制 AB 杆因温度升高而产生的膨胀，所以必有

约束反力 R_A、R_B 作用在两端，如图 2-30（b）所示。
$$\sum F_x = 0: \quad R_A = R_B$$

（2）几何分析：假设解除两端支座，让构件 AB 因温度升高自由膨胀 Δl_T，然后在两端加上 R_A、R_B 约束反力，杆件缩短 Δl_{FN}。由于杆端都是固定的，杆的总伸缩量为 0，即

$$\Delta l_{FN} + \Delta l_T = 0 \tag{1}$$

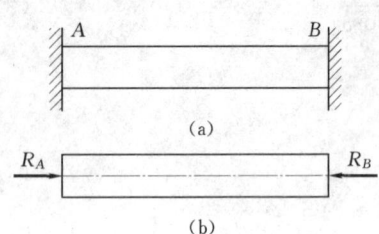

图 2-30 ［例 2-10］图
(a) 受力构件；(b) 受力图

（3）物理关系：温度的变化量为
$$\Delta T = T_1 - T_0 \quad (\Delta T > 0)$$

杆的膨胀为
$$\Delta l_T = \alpha l \Delta T \tag{2}$$

支反力引起的变形为
$$\Delta l_{FN} = \frac{-R_B l}{EA} \tag{3}$$

将式（2）、式（3）代入式（1）求解得
$$\frac{-R_B l}{EA} + \alpha \Delta T l = 0$$

故
$$R_A = R_B = \alpha E A \Delta T$$

然后，再利用一个平衡条件，即可解得杆的内力
$$F_N = R_A = \alpha E A \Delta T (\text{压}) \tag{4}$$

应力为
$$\sigma = \frac{F_N}{A} = \alpha E \Delta T (\text{压}) \tag{5}$$

此内力 F_N 称为温度内力，σ 称为温度应力。

小 结

本章需要正确理解内力、应力的基本概念，熟练掌握绘制轴力图的方法，认识和掌握分析拉（压）变形形式下横截面上应力的方法和分布规律，熟练应用正应力计算公式和强度条件解决杆件的强度问题，掌握杆件的变形分析及计算，掌握材料拉伸或压缩时的力学性质，了解分析超静定问题的方法。本章的基本知识点如下：

（1）当外力的合力作用线与杆轴线重合时，杆件产生轴向伸长或缩短变形，其内力是沿杆轴线的轴力，轴力以拉为正。

（2）计算杆件轴力的方法是截面法，用一假想截面将杆件分为两部分，取其任一部分为研究对象，根据平衡条件利用外力求出轴力并绘制轴力图。

（3）拉伸或压缩时横截面上的应力，根据平面假设，用 $\sigma = \frac{F_N}{A}$ 来计算，应力和应变的关系是胡克定律（$\sigma = E\varepsilon$）。

（4）对于金属材料在常温、静载荷条件下，若按照断裂时其塑性变形的大小来分类，可分为塑性材料和脆性材料，在它们中又分别选取低碳钢和铸铁作为典型。通过低碳钢拉

伸试验，可以测定出主要力学性质指标：

比例极限 σ_p，标志材料的线弹性范围内的强度上限值；

屈服极限 σ_s，标志材料的屈服（流动）阶段的强度下限值；

强度极限 σ_b，标志材料的最大强度值；

延伸率 δ 和截面收缩率 φ，标志材料的塑性性能；

弹性模量 E 和泊松比 μ，标志材料的弹性性能。

对于无明显屈服阶段的塑性材料，工程中规定产生塑性应变为 0.2％时的应力为名义屈服极限 $\sigma_{0.2}$。低碳钢具有强度较高，塑性性能较好，晶体组织较均匀等特点，这也是一般塑性材料具有的特点。铸铁与低碳钢相比较，其抗拉强度低，塑性性能差。但铸铁的抗压性能远大于它的抗拉性能，这也是一般脆性材料的特点。要注意材料的特点，合理选择和使用材料。

（5）拉伸或压缩时的强度条件为 $\sigma=\dfrac{F_N}{A}\leqslant[\sigma]$，可解决工程中 3 个方面的强度问题。

（6）计算拉压杆变形的理论依据是胡克定律。杆件伸长或缩短量用 $\Delta l=\dfrac{F_N l}{EA}$ 计算。EA 值越大，杆件抵抗变形的能力就越强，胡克定律是材料力学中最基本、最重要的定律之一。

（7）拉伸或压缩超静定问题

1）基本概念：静定结构的内力用静力平衡条件可以完全求解，而超静定结构仅靠静力平衡条件不能确定全部未知力。

2）为了确定超静定问题的未知力，除应利用平衡方程外，还必须研究变形，并借助变形与内力间的关系，以建立足够数量的补充方程。

思 考 题

2-1 如思考题 2-1 图所示一端固定的等截面平板，自由端作用均匀拉应力 σ，受载前在其表面画斜直线 AB，试问受载后斜直线 $A'B'$ 是否与 AB 保持平行，为什么？

2-2 试论证杆件横截面上各点处的正应力若相等，则截面上法向分布内力的合力必通过横截面的形心。反之，法向分布内力的合力虽通过横截面的形心，但正应力在横截面上各点处却不一定相等。

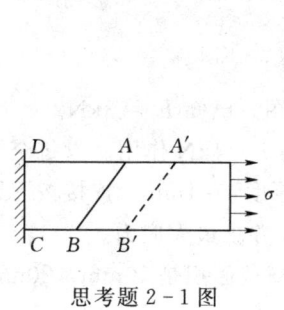

思考题 2-1 图

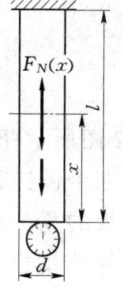

思考题 2-3 图

2-3 横截面直径 $d=2$cm 均质钢杆，如思考题 2-3 图所示。杆长 $l=1$m，材料的弹性模量 $E=200$GPa，用万倍变形测量仪测得杆在自重作用下的变形仪读数为 1.95mm。试求该杆的自重。

2-4 一根钢筋试样，其弹性模量 $E=210$GPa，比例极限 $\sigma_p=210$GPa；在轴向拉力 F 作用下，纵向线应变为 $\varepsilon=0.001$。试求钢筋横截面上的正应力。如果加大拉力 F，使试样的纵向线应变增加到 $\varepsilon=0.01$，问此时钢筋横截面上的正应力能否由胡克定律确定，为什么？

2-5 弹性模量 E 的物理意义是什么？如低碳钢的弹性模量 $E_s=210$GPa，混凝土的弹性模量 $E_c=28$GPa，试求下列各项：

(1) 在横截面上正应力 σ 相等的情况下，钢和混凝土杆的纵向线应变 ε 之比；

(2) 在纵向线应变 ε 相等的情况下，钢和混凝土杆横截面上的正应力 σ 之比；

(3) 在纵向线应变 $\varepsilon=0.00015$ 相等的情况下，钢和混凝土杆横截面上的正应力 σ 的值。

2-6 若在受力物体内某点处，已测得 x 和 y 两方向均有线应变，则在 x 和 y 两方向是否都必定有正应力？若测得仅 x 方向有线应变，则是否 y 方向必无正应力？若测得 x 和 y 方向均无线应变，则是否 x 和 y 方向都必无正应力？

2-7 在低碳钢试验的拉伸图上，低碳钢被拉断时的应力为什么反而比强度极限低？

2-8 由脆性材料制成的受轴向拉伸的矩形截面杆，若有平行于轴线方向的裂纹，杆的强度是否会降低？若裂纹的方向与杆的轴线相垂直，杆的强度是否受影响？

习 题

2-1 作习题 2-1 图所示杆件的轴力图。

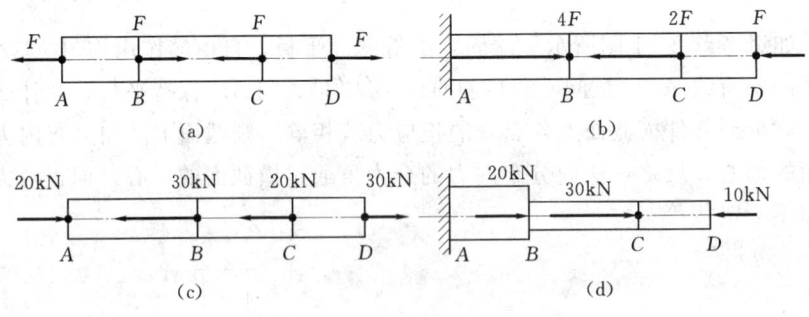

习题 2-1 图

2-2 作习题 2-2 图所示杆件的轴力图。已知 $F_P=3$kN。

2-3 两块钢板用四个铆钉联结，受力 $F=4$kN 作用。设每个铆钉承担 $F/4$ 的力。铆钉的直径 $d=5$mm，钢板的宽 $b=50$mm，厚度 $\delta=1$mm，连接按习题 2-3（a）、(b) 图所示两种形式进行，试分别作钢板的轴力图，并求最大应力。

2-4 设在习题 2-1 (a) 图中杆件的横截面积是 10mm×20mm 的矩形，试求杆件各截面上的应力。

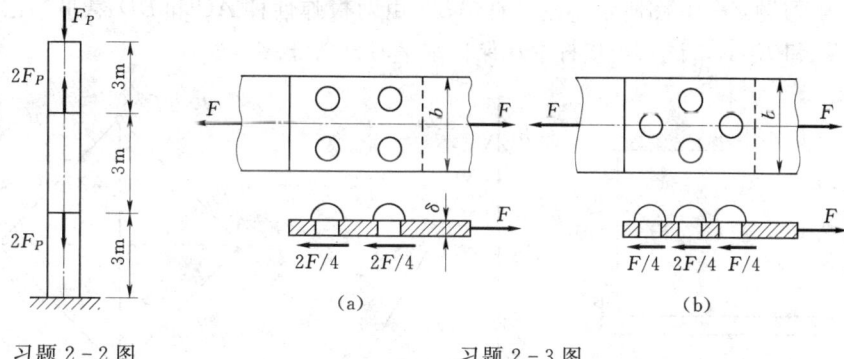

习题 2-2 图　　　　　　　　习题 2-3 图

2-5　在习题 2-5 图所示结构中，所有各杆都是钢制的，横截面面积均等于 3×10^{-3} m^2，力 $F_P=100kN$。试求各杆的应力。

2-6　习题 2-6 图所示两根截面为 100mm×100mm 的木柱，分别受到由横梁传来的外力作用，试求两柱上、中、下三段内的应力。

2-7　习题 2-7 图所示一三角架，由杆 AB 和 BC 组成，两杆材料相同，抗拉和抗压许用应力均为 $[\sigma]$，截面面积分别为 A_1 和 A_2。设杆 BC 的长度 l 保持不变，而杆 AB 的倾角 θ 可以改变。试问当 θ 等于多少度时，该三角架的重量最小。

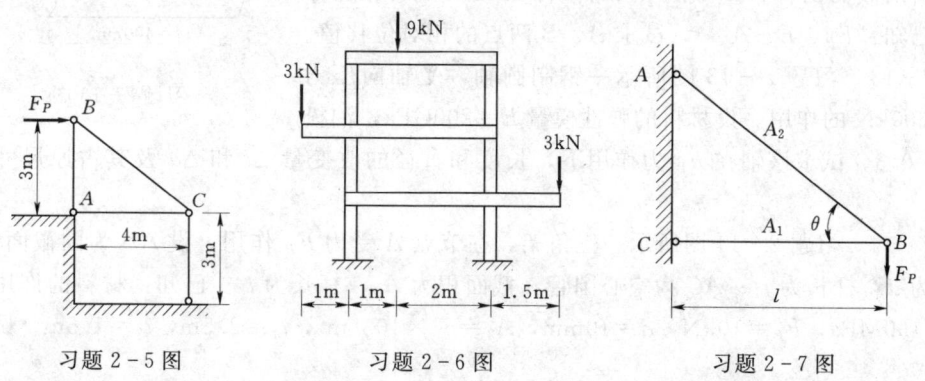

习题 2-5 图　　　　　　习题 2-6 图　　　　　　习题 2-7 图

2-8　习题 2-8 图所示一面积为 100mm×200mm 的矩形截面杆，受拉力 $F_P=20kN$ 的作用。试求：

（1）$\theta=\pi/6$ 的斜截面 m—m 上的应力；

（2）最大正应力 σ_{max} 和最大切应力 τ_{max} 的大小及其作用面的方位角。

2-9　习题 2-9 图所示钢杆的横截面面积为 $200mm^2$，钢的弹性模量 $E=200GPa$，求各段杆的应变、伸长及全杆的总伸长。

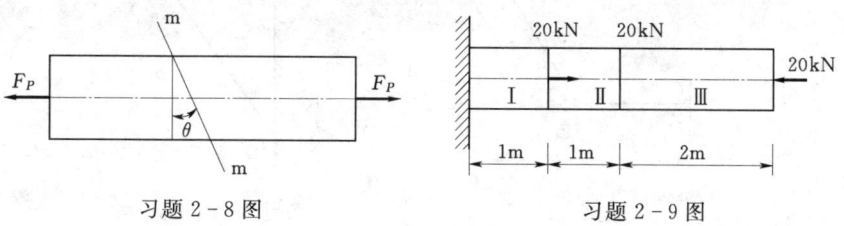

习题 2-8 图　　　　　　　　习题 2-9 图

2-10 习题 2-10 图所示一刚性杆 AB，由两根弹性杆 AC 和 BD 悬吊。已知：F_P、l、a、E_1A_1 和 E_2A_2，试求当横杆 AB 保持水平时 x 等于多少？

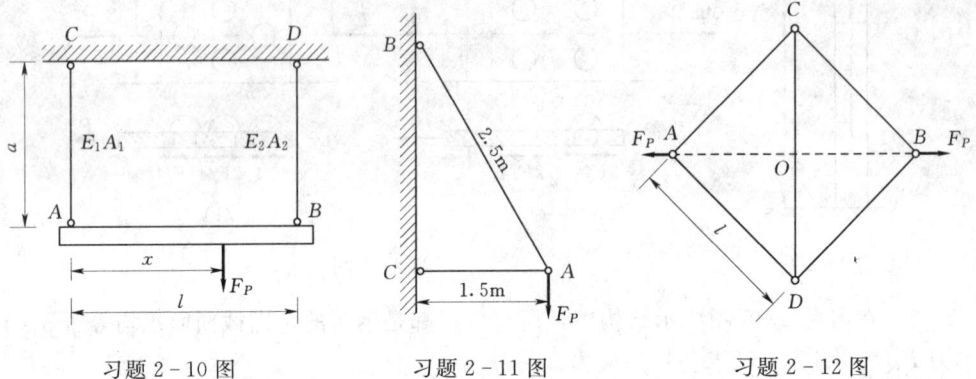

习题 2-10 图　　　　习题 2-11 图　　　　习题 2-12 图

2-11 习题 2-11 图所示一三角架，在节点 A 受铅垂力 $F_P=20\mathrm{kN}$ 的作用。设杆 AB 为圆截面钢杆，直径 $d=8\mathrm{mm}$，杆 AC 为空心圆管，面积 $A=40\times10^{-6}\mathrm{m}^2$，两杆的弹性模量 $E=200\mathrm{GPa}$。试求节点 A 的位移值及其方向。

2-12 习题 2-12 图所示一正方形铰接体系，由五根同材料同截面的杆件组成，在节点 A、B 受一对 F_P 力作用。已知：F_P、E、A、l，试求 A、B 两点的相对位移值。

2-13 习题 2-13 图所示一钢制圆轴，受轴向压力 $F_P=600\mathrm{kN}$ 的作用。设材料的弹性模量 $E=200\mathrm{GPa}$，泊松比 $\mu=0.3$。试求该轴在 F_P 力作用下，长度和直径的改变量 Δl 和 Δd 及其占原尺寸的百分数。

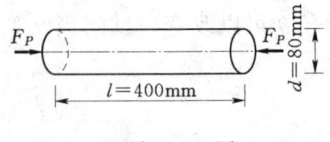

习题 2-13 图

2-14 习题 2-14 图所示一三角架，在节点 A 受力 F_P 作用。设 AB 为圆截面钢杆，直径为 d，杆长为 l_1；AC 为空心圆管，截面积为 A_2，杆长为 l_2。已知：材料的许用应力 $[\sigma]=160\mathrm{MPa}$，$F_P=10\mathrm{kN}$，$d=10\mathrm{mm}$，$A_2=50\times10^{-6}\mathrm{m}^2$，$l_1=2.5\mathrm{m}$，$l_2=1.5\mathrm{m}$。试作强度校核。

2-15 习题 2-15 图所示一三角架，在节点 A 受 F_P 力作用。设杆 AB 为钢制空心圆管，其外径 $D_{AB}=60\mathrm{mm}$，内径 $d_{AB}=0.8D_{AB}=48\mathrm{mm}$；杆 AC 也是空心圆管，其内、外径的比值也是 0.8；材料的许用应力 $[\sigma]=160\mathrm{MPa}$。试根据强度条件选择杆 AC 的截面尺寸，并求出 F_P 力的最大容许值。

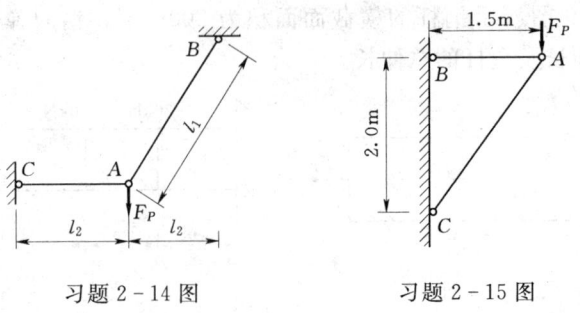

习题 2-14 图　　　　习题 2-15 图

2-16 习题 2-16（a）图所示一桁架，每杆长均为1m，并均由两根等边角钢焊接而成 [习题图 2-16（b）]。设 $F_P=400$kN，钢的许用应力 $[\sigma]=160$MPa。试对每杆选择以角钢型号（对受压杆不考虑压弯的因素）。

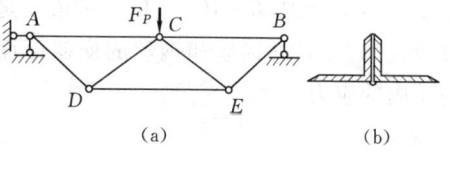

习题 2-16 图

2-17 习题 2-17 图所示为一正方形截面的阶形混凝土柱。设混凝土的容重为 $\rho=20$kN/m^3，$F_P=100$kN，许用应力 $[\sigma]=2$MPa。试根据强度条件选择截面宽度 a 和 b。

2-18 习题 2-18 图所示三角架 ABC 由 AC 和 BC 两杆组成。杆 AC 由两根 12b 号槽钢组成，许用应力为 $[\sigma]=160$MPa；杆 BC 为一根 22a 号工字钢，许用应力为 $[\sigma]=100$MPa。求载荷 F_P 的许可值 $[F_P]$。

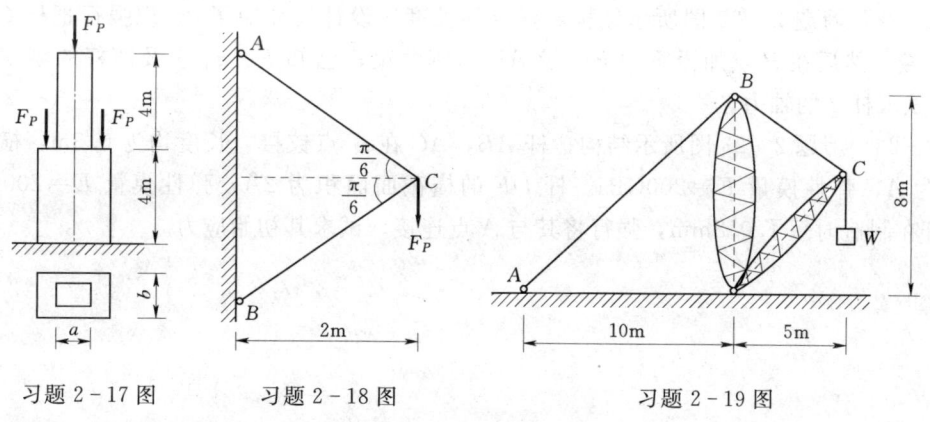

习题 2-17 图 习题 2-18 图 习题 2-19 图

2-19 习题 2-19 图所示为一起重设备的简图。设拉索 AB 的截面积 $A=400$mm^2，许用应力 $[\sigma]=60$MPa。试由拉索的强度条件确定该起重机能起吊的最大重量 W。

2-20 习题 2-20 图所示一阶梯形钢杆，上部的截面积为 $A_上=500$mm^2，下部的截面积 $A_下=1000$mm^2。在温度 $t_1=+5$℃时被固定于两刚性平面之间。试求当温度升高至 $t_2=+25$℃时，在杆的两部分内引起的应力值。钢的线膨胀系数为 $\alpha=12\times10^{-6}$/℃，$E=200$GPa。

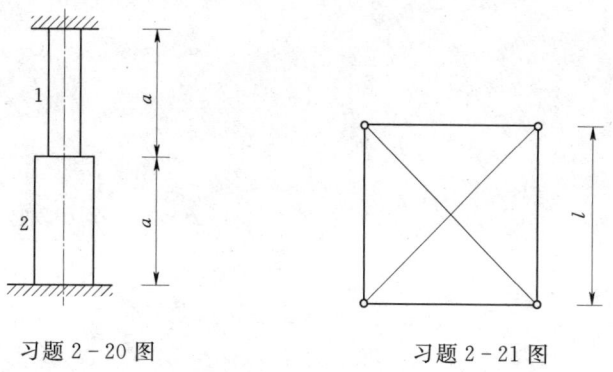

习题 2-20 图 习题 2-21 图

2-21 习题 2-21 图所示正方形结构，四周边是铝杆，弹性模量 $E_1=70$GPa，线膨

胀系数为 $\alpha_1=21.6\times10^{-6}/℃$。对角线是钢丝,弹性模量 $E_2=200\text{GPa}$,线膨胀系数为 $\alpha_2=11.7\times10^{-6}/℃$。铝丝和钢丝的横截面面积之比为 2∶1,若温度升高 $\Delta T=45℃$ 时,试求钢丝内的应力。

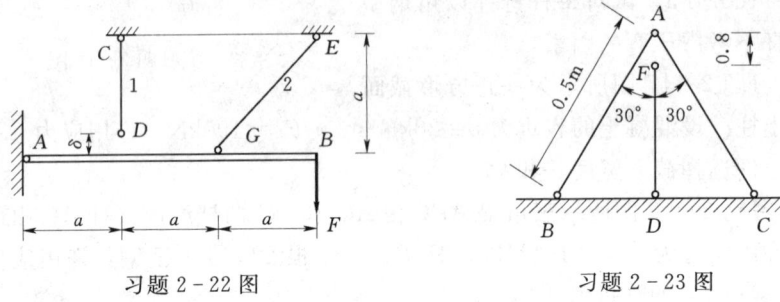

习题 2-22 图　　　　　　　习题 2-23 图

2-22　习题 2-22 图所示结构,杆 1 的长度比设计尺寸短了 δ。现强行把杆 CD 与 AB 连接,然后在 B 点加铅垂力 F。设 AB 为刚性梁,已知 F、a、δ 及两杆的刚度均为 EA。试求杆 2 的轴力。

2-23　习题 2-23 图所示结构,杆 AB,AC 在 A 点铰接,长度均为 0.5m,横截面面积为 A,弹性模量 $E=200\text{GPa}$。杆 DF 的横截面面积为 $2A$,弹性模量 $E=200\text{GPa}$。DF 杆在制造时短了 0.8mm,强行将其与 A 点连接。试求其初始应力。

第三章　连接构件的强度计算

钢结构、木结构等工程结构很多情况下是由杆件组成，而杆件中的内力又都是通过节点的连接构件继续传递。连接构件通常情况下是由平行于杆件的构件（杆件）和垂直于杆件的构件组成。这些连接构件承担的力将是剪切而产生的剪力和挤压而产生的挤压力。若节点上的剪力或挤压力超过限值或允许值，将引起节点破坏。

第一节　剪切的概念及实例

工程实际中，经常要用到各种各样的连接。例如图 3-1 中所示，连接拉（压）杆的螺栓连接、铆钉连接、销钉连接、键块连接、焊缝连接、榫头连接等。在上述连接中的螺栓、铆钉、销钉、键块、焊缝、榫头均称为连接件。

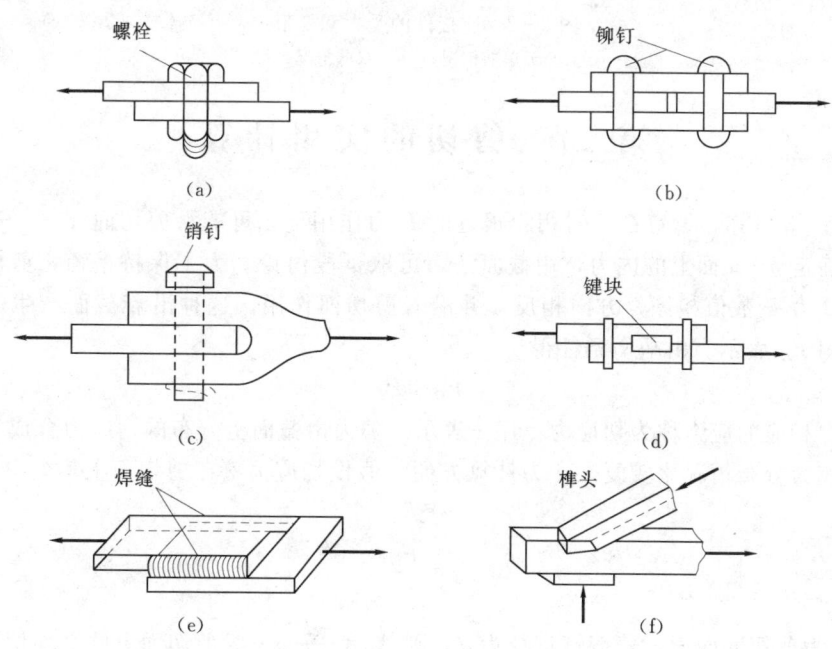

图 3-1　连接构件实例
(a) 螺栓连接；(b) 铆钉连接；(c) 销钉连接；(d) 键块连接；(e) 焊缝连接；(f) 榫头连接

这些连接件的受力形式是：杆件（如螺栓等）受到一对垂直于杆轴的大小相等、方向相反而作用线相距极近的力的作用，正如剪刀剪物一般 [图 3-2（a）]，故称为剪切变形。除连接件外，剪板机、钢筋切断机、冲床等机床也是利用剪切变形加工产品的。

连接件的破坏形式有以下两种：

（1）在相反力之间的各相邻截面发生滑移、错动，导致剪切破坏；

（2）在外力直接压迫的部位及附近局部区域发生较大的变形而失效破坏。如图 3-2 的 $m-m$ 面，圆截面的螺栓（铆钉）被压成扁圆，被连接的钢板在孔边部位可能会被压得起皱，这种破坏形式称之为挤压破坏。剪切变形大多发生在连接处（连接件及被连接件上），因此本章又可称为连接件的计算。剪切破坏及挤压破坏都是很复杂的情况，本章仅介绍工程上实用的处理方法。

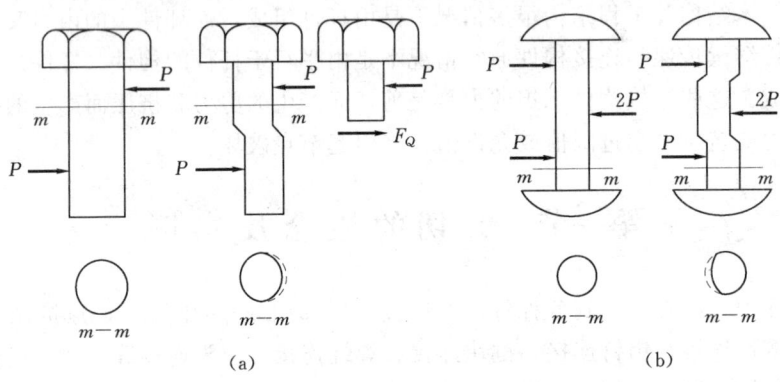

图 3-2 连接件的受力和变形
(a) 单剪情况；(b) 双剪情况

第二节 剪切的实用计算

由图 3-3 可知，铆钉在一对相距很近的 P 力作用下，可能沿剪切面 $n-n$ 发生破坏。为了分析确定 $n-n$ 面上的内力，用截面法，可取下段讨论。为了保持平衡，剪切面上的内力将与外力 P 数值相等，方向相反，并沿着剪切面作用。这种沿着截面产生的内力称为剪力，用 F_Q 表示。由平衡条件得

$$F_Q = P$$

与剪力相应的应力称为切应力，用 τ 表示。剪力由截面上分布的切应力合成。在剪切面上，其应力分布情况比较复杂，为计算方便，假设切应力 τ 在剪切面上均匀分布（图 3-3）。即

$$\tau = \frac{F_Q}{A_Q} \tag{3-1}$$

式中：A_Q 为剪切面面积，若铆钉直径为 d，则 $A_Q = \frac{\pi d^2}{4}$；τ 为剪切面上的平均切应力，方向与剪力 F_Q 相同。

为确保铆钉安全工作，要求处于工作状态的铆钉所受的切应力不得超过某一个许用值，从而得到铆钉的剪切强度条件为

$$\tau = \frac{F_Q}{A_Q} \leqslant [\tau] \tag{3-2}$$

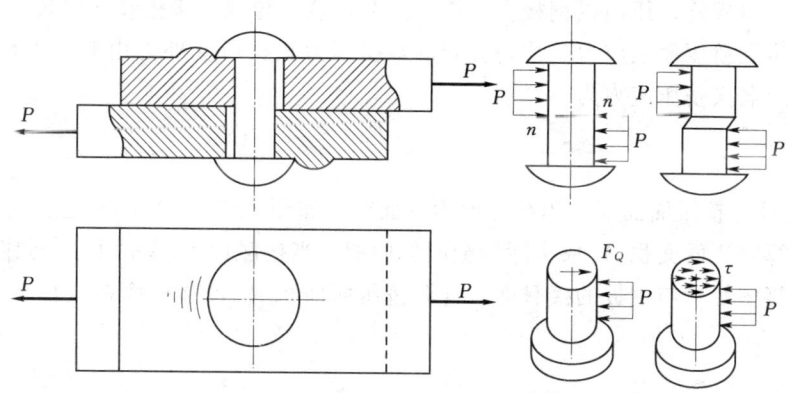

图 3-3 铆钉受力图

式中：$[\tau]$ 为许用切应力，它是根据同类连接件直接进行剪切试验得出来的。把试验所得的破坏载荷，按照同样的名义切应力公式（3-1）算得材料的极限切应力 τ_{jx}，将此极限应力除以适当的安全系数，即可得到材料的许用切应力 $[\tau]$。

试验说明，钢连接件的许用切应力 $[\tau]$ 与拉伸许用应力 $[\sigma]$ 之间，大致有如下关系：

塑性材料　　　　　　　　$[\tau]=(0.6\sim 0.8)[\sigma]$
脆性材料　　　　　　　　$[\tau]=(0.8\sim 1.0)[\sigma]$

材料的许用切应力可以从有关规范中查得。

图 3-4 为抗剪螺栓连接情况，其中图 3-4（a）有单剪面，图 3-4（b）有双剪面，图 3-4（c）有四剪面。

单个抗剪螺栓的抗剪承载力设计值为

$$N_v^b = n \frac{\pi d^2}{4}[\tau] \qquad (3-3)$$

式中：N_v^b 为抗剪强度设计值；n 为螺栓受剪面数，单剪 $n=1$，双剪 $n=2$，四剪 $n=4$。

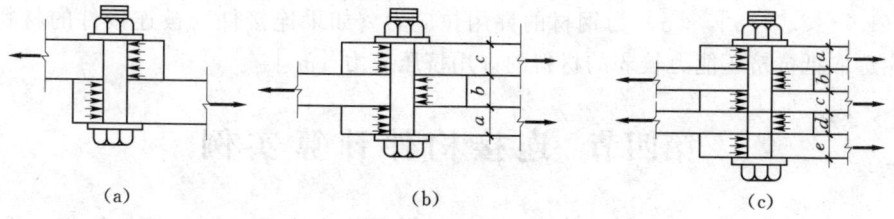

(a)　　　　　　　　　(b)　　　　　　　　　(c)

图 3-4 抗剪螺栓的连接
(a) 单剪；(b) 双剪；(c) 四剪

第三节　挤压的实用计算

在图 3-3 和图 3-4 中，在铆钉（螺栓）与钢板相接触的侧面上会发生相互间的局部承压现象，称为挤压，在接触面上的压力称为挤压力，用符号 F_{bs} 表示。当挤压力足够大时,将使铆钉(螺栓)压扁或钢板在孔缘处压皱,从而导致连接松动而失效。在工程设计中,通常假定在挤压面上应力是均匀分布的,挤压力根据所受外力由静力平衡条件求得,因而挤压面上名义挤压应力为

$$\sigma_{bs} = \frac{F_{bs}}{A_{bs}} \quad (3-4)$$

式中,A_{bs}为计算挤压面面积。当接触面为平面时,如图3-5(d)所示键连接中键与轴的接触面,计算挤压面面积A_{bs}取实际接触面的面积;当接触面为圆柱面时,如图3-5(a)所示螺栓连接中螺栓与钢板的接触面,计算挤压面面积取A_{bs}圆柱面在直径平面上的投影面积,如图3-5(c)所示。

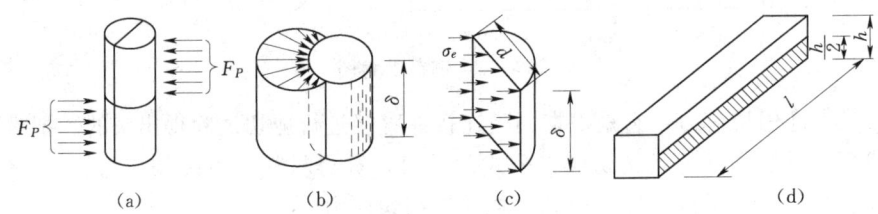

图3-5 挤压应力挤压面面积
(a)螺栓与钢板的接触面;(b)圆柱状连接件与钢板接触面;(c)计算挤压面;(d)键与轴的接触面

实际上,挤压应力在接触面上的分布是很复杂的,与接触面的几何形状及材料性质直接相关。根据理论分析,圆柱状连接件与钢板接触面上的理论挤压应力沿圆柱面的分布情况如图3-5(b)所示,而按式(3-5)计算得到的名义挤压应力与接触面中点处的最大理论挤压应力值相近。

为了防止因连接松动而失效,必须使挤压应力不超过材料的许用挤压应力$[\sigma_{bs}]$。于是,挤压强度条件可表示为

$$\sigma_{bs} = \frac{F_{bs}}{A_{bs}} \leqslant [\sigma_{bs}] \quad (3-5)$$

式中,$[\sigma_{bs}]$为材料的许用挤压应力,可从有关设计手册中查到。对于钢材,一般采用$[\sigma_{bs}] = (1.7 \sim 2.0)[\sigma]$,$[\sigma]$为钢材的许用拉应力。如果连接件与被连接件的材料不同,$[\sigma_{bs}]$应选取抵抗挤压能力较弱的材料的许用挤压应力$[\sigma_{bs}]$。

第四节 连接构件计算实例

【例3-1】 如图3-6(a)所示,两块钢板用三个直径相同的铆钉连接。已知$b=100\text{mm}$,$t=10\text{mm}$,$d=20\text{mm}$,铆钉的许用切应力$[\sigma]=100\text{MPa}$,钢的许用挤压应力$[\sigma_{bs}]=300\text{MPa}$,钢板的许用拉应力$[\sigma]=160\text{MPa}$。试求许用荷载$P$。

解:(1)按剪切强度条件求P。

假定每个铆钉所受的剪力相同,则每个铆钉剪切面上的剪力为

$$F_Q = \frac{P}{3}$$

每个铆钉剪切面上的切应力为

第四节 连接构件计算实例

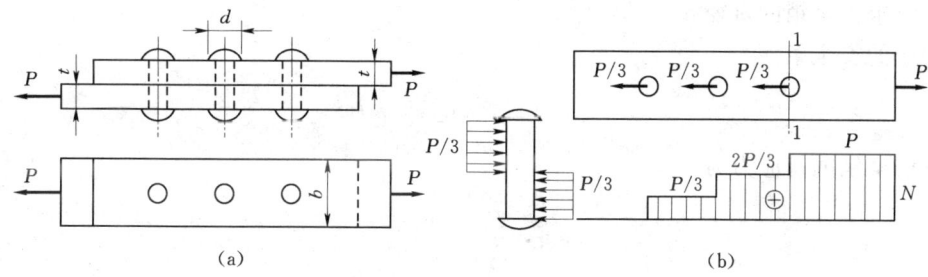

图 3-6 [例 3-1] 图
(a) 外力图；(b) 内力图

$$\tau = \frac{F_Q}{A_Q} = \frac{P/3}{\pi d^2/4} \leqslant [\tau]$$

则 $\qquad P \leqslant \frac{3}{4}[\tau]\pi d^2 = \frac{3}{4} \times \pi \times 20^2 \times 10^{-6} \times 100 \times 10^3 = 94.2 (\text{kN})$

(2) 按挤压强度条件求 P。

由上述假定可知，每个铆钉上的挤压力为

$$F_{bs} = \frac{P}{3}$$

每个铆钉挤压面上的挤压应力为

$$\sigma_{bs} = \frac{P_{bs}}{A_{bs}} = \frac{P/3}{td} \leqslant [\sigma_{bs}]$$

则 $\qquad P \leqslant 3[\sigma_{bs}]td = 3 \times 10 \times 20 \times 10^{-6} \times 300 \times 10^3 = 180 \ (\text{kN})$

(3) 按钢板抗拉强度条件求 P。

钢板由上述假定可受力图及轴力图如图 3-6 (b) 所示。钢板 1—1 截面为危险截面，其强度条件为

$$\sigma = \frac{F_{N1}}{A_j} = \frac{P}{(b-d)t} \leqslant [\sigma]$$

则 $\qquad P \leqslant [\sigma](b-d)t = (100-20) \times 10 \times 10^{-6} \times 160 \times 10^3 = 128(\text{kN})$

因此，许用荷载 $[P] = \min\{94.2, 180, 128\} = 94.2(\text{kN})$。

【例 3-2】 图 3-7 所示销钉连接，构件 A 通过安全销 C 将力偶矩传递到构件 B。已知荷载 $P=2\text{kN}$，加力臂长 $l=1.2\text{m}$，构件 B 的直径 $D=65\text{mm}$，销钉的许用切应力 $[\tau]=200\text{MPa}$。试求安全销直径 d。

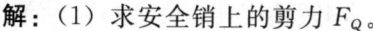

图 3-7 [例 3-2] 图

解：(1) 求安全销上的剪力 F_Q。

由图 3-7 可知，关于 O 点的力矩平衡式为

$$m = Pl = F_Q d$$

则传到销子上的剪力为

$$F_Q = \frac{Pl}{d} = \frac{2 \times 1.2 \times 10^3}{65} = 36.9(\text{kN})$$

(2)求安全销的直径 d。

销子的安全条件为

$$\tau \leqslant [\tau]$$

而安全销的切应力为

$$\tau = \frac{F_Q}{A_Q} = \frac{F_Q}{\frac{\pi d^2}{4}}$$

则安全销的直径为

$$d \geqslant \sqrt{\frac{4F_Q}{\pi [\tau]}} = \sqrt{\frac{4 \times 36.9 \times 10^3}{\pi \times 200 \times 10^6}} = 0.0153(\text{m}) = 15.3\text{mm}$$

【例 3-3】 木榫接头如图 3-8（a）所示，$a = b = 12\text{cm}$，$h = 35\text{cm}$，$c = 4.5\text{cm}$，$P = 40\text{kN}$，试求接头的切应力和挤压应力。

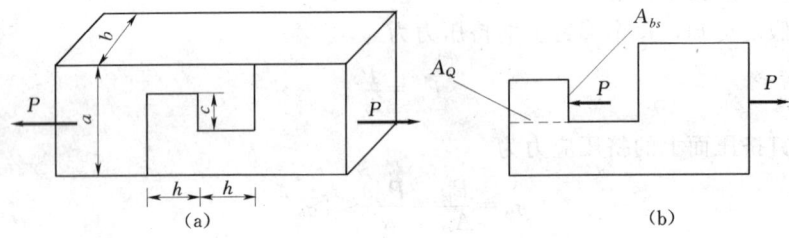

图 3-8 [例 3-3] 图
(a) 原图；(b) 受力分析图

解：（1）受力分析如图 3-8（b）所示。

剪力为 $\qquad F_Q = P$

剪切面面积为 $\qquad A_Q = bh$

挤压力为 $\qquad F_{bs} = P$

挤压面积为 $\qquad A_{bs} = bc$

（2）切应力。

$$\tau = \frac{F_Q}{A_Q} = \frac{P}{bh} = \frac{40 \times 10^3}{12 \times 35 \times 10^{-4}} = 0.952(\text{MPa})$$

（3）挤压应力。

$$\sigma_{bs} = \frac{F_{bs}}{A_{bs}} = \frac{P}{cb} = \frac{40 \times 10^3}{4.5 \times 12 \times 10^{-4}} = 7.407(\text{MPa})$$

小　结

本章主要讨论了连接件的剪切计算，重点介绍了剪切和挤压的实用计算，是材料力学的基本内容，是需要掌握的部分，本章的主要内容如下：

(1) 剪切的特点：作用于连接件两侧的力垂直于连接件的轴线，其大小相等、方向相反，并且作用线距离很近，使连接件的两部分沿受剪面发生相对错动的变形。工程中的连接件如螺栓、铆钉、销钉、键和焊缝等都是承受剪切的构件。

(2) 剪切的实用计算：$\tau = \dfrac{F_Q}{A_Q}$

(3) 伴随着剪切，必定有挤压现象，在外力作用下，连接件和被连接件之间，在接触面上相互压紧，这就是挤压现象。

挤压的实用计算：$\sigma_{bs} = \dfrac{F_{bs}}{A_{bs}}$

由于铆钉孔的存在，开孔处钢板的横截面遭到削弱，这时钢板本身的抗拉强度是否满足要求，也有必要进行校核。即 $\sigma = \dfrac{F_N}{A_j} \leqslant [\sigma]$

思 考 题

3-1 挤压与压缩有何区别？切应力 τ 与正应力 σ 有何不同？

3-2 挤压面积与挤压计算面积是否相同？

3-3 连接件的实用计算中有哪些假设？

3-4 图 3-1（b）中连接板受拉强度计算能否采用 $\sigma = \dfrac{F_N}{A_j} \leqslant [\sigma]$，其中 A_j 为铆钉孔削弱后板的截面面积，F_N 为板面轴力。

3-5 受拉伸（或压缩）杆件的接头，在设计时，其最佳方案是什么？

3-6 为什么说铆钉所受的剪切不是纯剪切？

习 题

3-1 如习题 3-1 图所示铆钉连接，已知主板 $t_1 = 10\text{mm}$，盖板 $t_2 = 6\text{mm}$，$b = 200\text{mm}$，$d = 20\text{mm}$，铆钉的 $[\tau] = 130\text{MPa}$，$[\sigma_{bs}] = 300\text{MPa}$，钢板的 $[\sigma] = 170\text{MPa}$，$P = 200\text{kN}$。试校核强度。

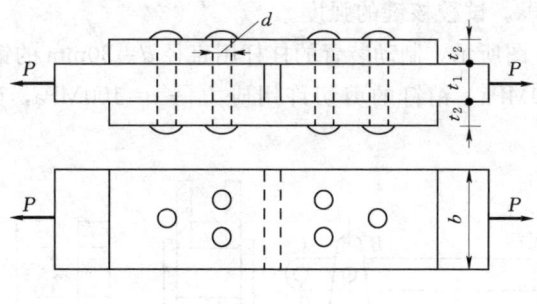

习题 3-1 图

3-2 如习题 3-2 图所示钢板通过 4 个铆钉固定在柱上。钢板长 $l = 0.4\text{m}$，厚 5mm，受均布荷载 $q = 50\text{kN/m}$ 作用。钢板、铆钉、柱的材料相同，$[\sigma_c] = 250\text{MPa}$，$[\tau] = 110\text{MPa}$，试设计铆钉直径。

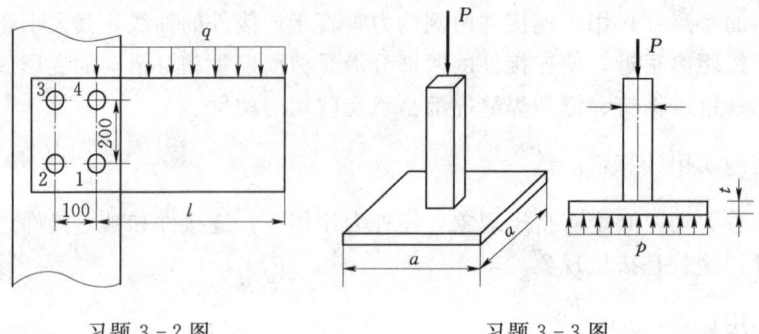

习题 3-2 图　　　　习题 3-3 图

3-3　正方形截面的混凝土柱，其横截面边长为 200mm，其基底为边长 $a=1\mathrm{m}$ 的正方形混凝土板。柱受轴向压力 $P=100\mathrm{kN}$，如习题 3-3 图所示。假设地基对混凝土板的支反力为均匀分布，混凝土的许用应力 $[\tau]=1.5\mathrm{MPa}$。试求混凝土板满足剪切强度所需的最小厚度。

3-4　拖车挂钩用销钉连接，如习题 3-4 图所示。已知连接钢板厚 $t=8\mathrm{mm}$，销钉许用应力 $[\tau]=60\mathrm{MPa}$，$[\sigma_{bs}]=100\mathrm{MPa}$，拖车拉力 $P=18\mathrm{kN}$。试选择销钉直径 d。

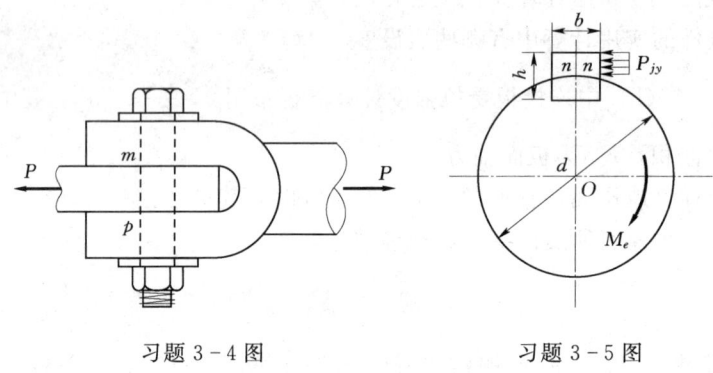

习题 3-4 图　　　　习题 3-5 图

3-5　如习题 3-5 图所示，齿轮用平键与轴连接。已知轴直径 $d=70\mathrm{mm}$，键的尺寸为 $b=20\mathrm{mm}$，$h=12\mathrm{mm}$，$l=100\mathrm{mm}$。传递外力偶矩 $M_e=2\mathrm{kN\cdot m}$，键的许用应力 $[\tau]=60\mathrm{MPa}$，$[\sigma_{bs}]=100\mathrm{MPa}$。试校核键的强度。

3-6　如习题 3-6 图所示，制动装置的杠杆用直径 $d=30\mathrm{mm}$ 的销钉支承在 B 处。若杠杆的许用应力 $[\sigma]=140\mathrm{MPa}$，销钉的剪切许用应力 $[\tau]=100\mathrm{MPa}$，试求许用载荷 $[P_1]$ 及 $[P_2]$。

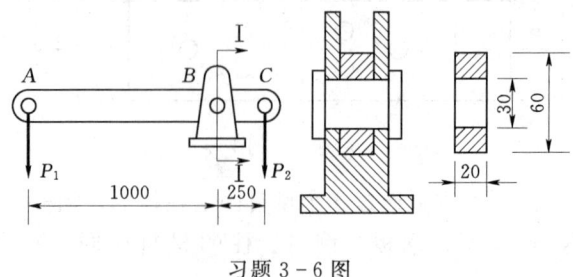

习题 3-6 图

第四章 扭 转

第一节 扭转的概念

扭转变形是杆件变形的一种基本形式，计算简图如图 4-1 所示，其受力特点是：在杆的两端垂直于杆轴线的平面内作用着两个外力偶，其力偶矩相等，转向相反。在这样一对外力偶作用下，杆件的变形特点是：杆件的任意两个横截面将绕其轴线作相对转动，杆件的轴线仍将保持直线，而其表面的纵向线将变成螺旋线。杆件的这种变形形式称为扭转。扭转时杆件的任意两个横截面绕轴线相对转动而产生的角位移，称为扭转角，一般用 φ 表示（图 4-1）。

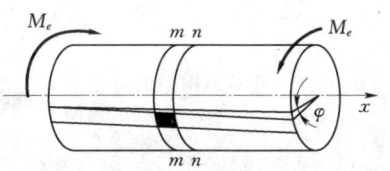

图 4-1 圆轴扭转

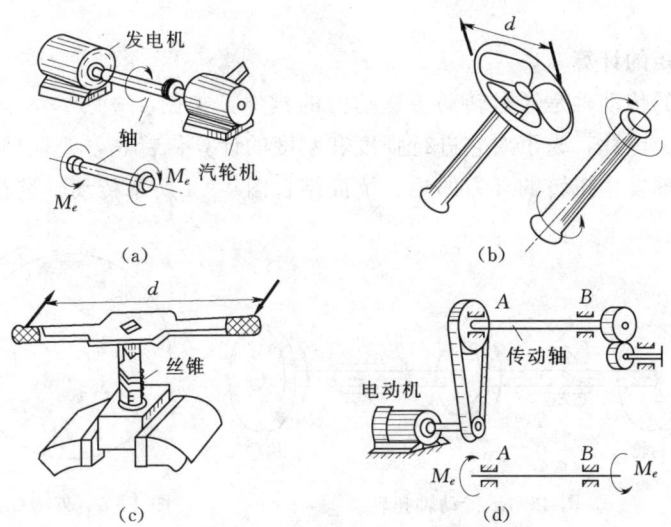

图 4-2 扭转构件及其计算简图
(a) 发电机轴；(b) 汽车方向盘下的转向轴；
(c) 攻螺纹时的丝锥；(d) 机器中的传动轴

单纯发生扭转的构件不是很多，但扭转作为其主要变形之一的构件在工程实际中有许多实例，如发电机轴［图 4-2 (a)］、汽车方向盘下的转向轴［图 4-2 (b)］、攻螺纹时的丝锥［图 4-2 (c)］、机器中的传动轴［图 4-2 (d)］、建筑结构中的雨篷梁（图 4-3）等都是受扭构件的实例。

49

第四章 扭 转

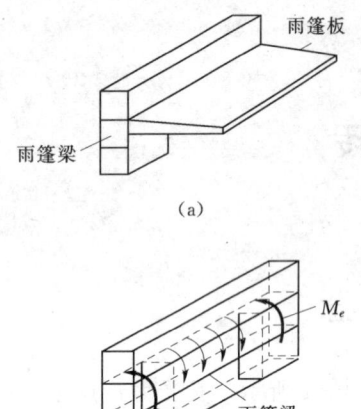

图 4-3 建筑结构中的雨篷梁
(a) 原图；(b) 载荷简化后的简图

若这些构件的变形是以扭转为主，其他变形为次而可忽略不计，则按扭转变形对其进行强度和刚度计算。习惯上把以扭转为主要变形形式的受力构件称为轴。有些构件除扭转外还伴随着其他的主要变形（如雨篷梁和传动轴还有弯曲），这类问题将在第九章组合变形中讨论，但本章也为这类构件的强度计算准备了必要的条件。

本章将主要讨论轴的外力、内力、应力与变形，在此基础上研究轴的强度及刚度计算等问题。工程中轴的横截面多采用圆形截面，当发生扭转的杆件为等直圆轴扭时，由于杆的物性和横截面几何形状的极对称性，对这类杆就可以用材料力学的方法来求解，它是扭转问题中最简单的情况。对于非圆截面杆，由于横截面不存在极对称性，其变形和横截面上的应力都比较复杂，就不能应用材料力学的方法求解了，本章简要介绍矩形截面杆按弹性力学方法求得的结果。

第二节 外力偶矩和扭矩

一、外力偶矩的计算

工程中常用的传动轴是通过转动传递动力的构件，如图 4-4 所示，往往知道轴所传递的功率和转速。因此，为了对它进行强度和刚度的计算，首先，要根据它所传递的功率和转速，求出使轴发生扭转的外力偶矩。下面结合图 4-4 所示传动轴进行分析。

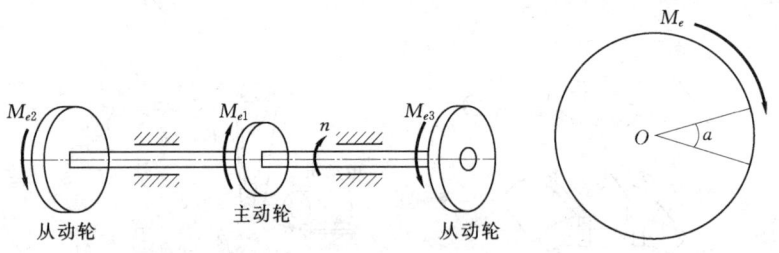

图 4-4 传动轴扭转 图 4-5 外力偶做功

设一传动轴，其转速为 n（r/min），轴传递的功率由主动轮输入，然后通过从动轮分配出去，如图 4-4 所示。设通过某一轮所传递的功率为 P（kW），则作用在此轴上的外力偶矩 M_e 可按如下方法求得。

功率 P（单位为 kW）相当于每分钟作功

$$W = 1000 \times P \times 60 \tag{4-1a}$$

这里功的单位为 N·m，它应与作用在轮上的外力偶在每分钟内所作的功相等。由于轴在稳定转动时，外力偶在 t 秒钟内所作的功等于其矩 M_e 与轮在 t 秒钟内的转角 α（图 4-5）的乘积，即 $M_e \alpha$。因此，外力偶矩每分钟所作功应为

第二节 外力偶矩和扭矩

$$W = \frac{M_e \alpha}{t} = M_e \omega = 2\pi n M_e (\text{N} \cdot \text{m}) \quad (4-1\text{b})$$

式（4-1a）和式（4-1b）所表达的功是相同的，因此

$$M_e = \frac{60 \times 1000 P}{2\pi n} (\text{N} \cdot \text{m}) \quad (4-2\text{a})$$

或

$$M_e = 9.55 \frac{P}{n} (\text{kN} \cdot \text{m}) \quad (4-2\text{b})$$

式中 P 的单位为 kW。

工程计算中，功率 P 有时采用公制单位马力，由于 1kW=1.36 马力，则有 1 马力 = 0.7355kW，故有

$$M_e = 7.02 \frac{P}{n} (\text{kN} \cdot \text{m}) \quad (4-3)$$

式中 P 的单位为马力。

应用式（4-2）或式（4-3），可以很方便地计算出作用在轴上的外力偶矩。

在确定外力偶的转向时，应注意到主动轮上的外力偶的转向与轴的转动方向相同，而从动轮上的外力偶的转向则与轴的转动方向相反，这是因为从动轮上的外力偶是阻力。如图 4-4 所示传动轴，外力偶 M_{e1} 的转向与轴的转动方向相同，而外力偶 M_{e2} 和 M_{e3} 的转向则与轴的转动方向相反。

二、扭矩及其计算

当作用在轴上的所有外力偶矩都确定之后，即可以应用截面法来确定横截面上的内力。根据力偶只能与力偶平衡，横截面上的内力只能是内力偶矩，简称扭矩，用 M_x 表示。

下面以如图 4-6（a）所示的等直圆轴为例来说明扭矩的计算。设作用在杆上的外力偶分别为 $M_{e1}=6M$，$M_{e2}=M$，$M_{e3}=2M$，$M_{e4}=3M$。应用截面法将杆在横截面 Ⅰ-Ⅰ 处将杆假想地截开，研究其左半段杆 [图 4-6（b）] 的平衡。由平衡概念可知，横截面

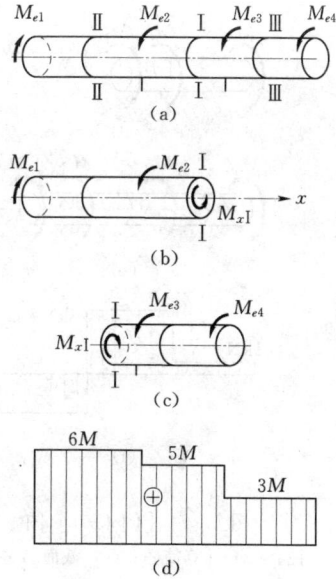

图 4-6 传动轴扭转
(a) 计算简图；(b) Ⅰ-Ⅰ 左半部分受力图；
(c) Ⅰ-Ⅰ 右半部分受图；(d) 扭矩图

上的内力系的合力一定也是一个力偶矩，从而使每个轴段都保持平衡。

由平衡方程 $\sum M_x = 0$，$M_{xⅠ} - M_{e1} + M_{e2} = 0$

得

$$M_{xⅠ} = M_{e1} - M_{e2} = 6M - M = 5M$$

此即横截面 Ⅰ-Ⅰ 的扭矩值，内力偶的转向则如图 4-6（b）所示。

扭转杆件横截面上内力系所合成的力偶矩称为该横截面处的扭矩。

如果研究其右半段杆件的平衡，则在同一截面上所求得的扭矩与上面得到的在数值上相等但转向却相反 [图 4-6（c）]。这正体现了两段轴之间的相互作用关系。为使从两段杆所求得的同一横截面上的扭矩在正负号上一致，根据杆的变形情况，采用右手螺旋法则

来规定扭矩的正负号,即右手四指表示扭矩的转向,拇指则代表扭矩矢量的方向,当矢量方向与截面外法线方向一致时扭矩为正,反之为负。按照这一符号规则,图4-6(a)中轴的横截面 I—I 处的扭矩,无论从图4-6(b)还是从图4-6(c)中计算的结果,其符号都是正的。

如果一根轴上受到多个外力偶矩的作用,则轴上各横截面处的扭矩一般是不同的,这时应将轴分为多段依次截开,反复应用截面法和平衡条件,逐步求出各横截面处的扭矩。

同理,用截面法求得图4-6(a)中 II—II 和 III—III 两横截面上的扭矩均为正,其数值分别为 $M_{xII} = M_{e1} = 6M$ 和 $M_{xIII} = M_{e4} = 3M$。

在本例中,每一段杆内各横截面上的扭矩分别等于 M_{xI}、M_{xII} 和 M_{xIII}。

【例 4-1】 如图 4-7(a)所示为一根等直圆轴,左端固定,在 I、II 截面上作用着外力偶 $M_{e1} = 4\text{kN} \cdot \text{m}$,$M_{e2} = 8\text{kN} \cdot \text{m}$,自由端处的外力偶矩 $M_{e3} = 3\text{kN} \cdot \text{m}$,试求轴各截面上的扭矩。

解:为方便起见,先由整体平衡方程求出左端约束反力偶 M_{e0},如图4-7(b)所示。

由 $\qquad \sum M_x = 0$
$\qquad -M_{e0} - M_{e1} + M_{e2} - M_{e3} = 0$
所以 $\qquad M_{e0} = M_{e1} - M_{e2} - M_{e3} = 1\text{kN} \cdot \text{m}$

依次沿 A、B、C 处将杆截开,如图4-7(c)、(d)、(e)所示,均取左段研究。

如图4-7(c)中所示,设 A 截面上扭矩为 M_{eA},注意 M_{eA} 按扭矩的正方向假设其转向,于是由 $\qquad \sum M_x = 0$
得 $\qquad M_{xA} = M_{e0} = 1\text{kN} \cdot \text{m}$

类似地由图4-7(d)、(e)可得
$$M_{xB} = M_{e0} + M_{e1} = 5\text{kN} \cdot \text{m}$$
$$M_{xC} = M_{e0} + M_{e1} - M_{e2} = -3\text{kN} \cdot \text{m}$$

同样道理,也可取右端各段来研究,结果一样。同时可以看出,在相邻的两个外力偶矩之间的轴段上,各横截面上的扭矩是一样的。

由此例还可以看出:

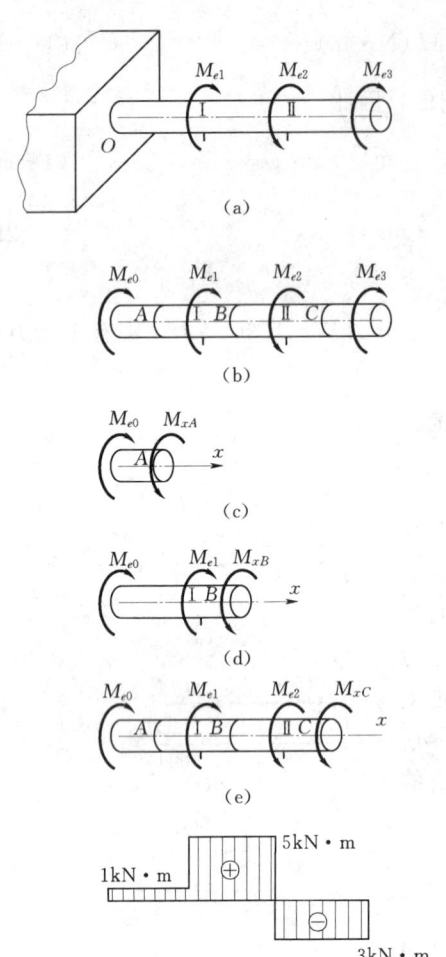

图 4-7 [例 4-1] 图
(a)原图;(b)计算简图;(c)截面 A 左半部分受力图;(d)截面 B 左半部分受力图;(e)截面 C 左半部分受力图;(f)扭矩图

（1）在假设扭矩方向时应采用"设正"的方法，即按材料力学中规定的正方向假设扭矩的转向，这样由平衡方程算出的扭矩符号将与材料力学的规定一致。

（2）从上述计算过程中可以得出扭矩计算的一般规则，即轴上任意截面处的扭矩，数值上等于该截面一侧的轴上所有外力偶矩的代数和，其转向与这些外力偶的合力偶矩的转向相反。

三、扭矩图

如果轴上同时作用多个外力偶矩，则不同杆段的横截面上的扭矩一般是各不相同的。为了形象地描述扭矩沿杆轴线的变化规律，以便确定最大扭矩及其所在横截面即危险截面的位置，可以依照拉压杆轴力图的作图方法，用截面法来计算轴上各横截面处的扭矩之后，可作出轴的扭矩图，即以杆的轴线作为横坐标轴，而以各横截面的扭矩作为纵坐标的数值，所作出的图形便可直观地表示出扭矩沿杆件轴线的变化规律。这样绘出的图线称为扭矩图，如图4－6（d）和图4－7（f）所示。

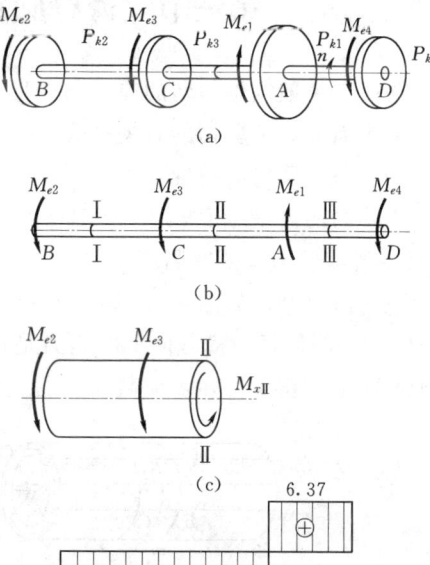

图4-8 ［例4-2］图
(a) 原图；(b) 计算简图；(c) 截面Ⅱ-Ⅱ左半部分受力图；(d) 扭矩图

【例4-2】 一传动轴如图4-8（a）所示，其转速$n=300$r/min，主动轮A输入的功率$P_{k1}=500$kW，若不计轴承摩擦所耗的功率，三个从动轮输出的功率分别为$P_{k2}=150$kW、$P_{k3}=150$kW及$P_{k4}=200$kW。试作轴的扭矩图。

解：首先按式（4-2b）计算外力偶矩［图4-8（a）］

$$M_{e1}=9.55\frac{P_{k1}}{n}=\frac{9.55}{300}\times 500=15.9(\text{kN}\cdot\text{m})$$

$$M_{e2}=M_{e3}=9.55\frac{P_{k1}}{n}=\frac{9.55}{300}\times 150=4.78(\text{kN}\cdot\text{m})$$

$$M_{e4}=9.55\frac{P_{k1}}{n}=\frac{9.55}{300}\times 200=6.37(\text{kN}\cdot\text{m})$$

然后，由轴的计算简图［图4-8（b）］，用截面法计算各段轴内的扭矩，扭矩的正负号按前述的规定。先计算CA段内任一横截面Ⅱ-Ⅱ上的扭矩，沿横截面Ⅱ-Ⅱ将轴截开，并研究左边一段轴的平衡，假设$M_{xⅡ}$为正值扭矩［图4-8（c）］，由平衡方程

$$\sum M_x=0,\ M_{e2}+M_{e3}+M_{xⅡ}=0$$

得
$$M_{xⅡ}=-M_{e2}-M_{e3}=-9.56(\text{kN}\cdot\text{m})$$

结果为负号，说明$M_{xⅡ}$应是负值扭矩。

同理，在BC段内$M_{xⅠ}=-M_{e2}=-4.78$kN·m；在AD段内$M_{xⅢ}=M_{e4}=6.37$kN·m

根据这些扭矩的数值及其正负号即可作出扭矩图，如图4-8（d）所示，从图可见，

最大扭矩 $M_{x\max}$ 在 CA 段内，其值为 9.56kN·m。

第三节　薄壁圆筒的扭转·纯剪切的概念

在研究一般圆轴扭转的应力与变形问题之前，先分析它的一个特例，即薄壁圆筒的扭转，并进而介绍纯剪切的有关概念。

一、薄壁圆筒的扭转

当圆筒的筒壁厚度 t 远小于其平均半径 R_0 时，即称为薄壁圆筒。在工程中当 $R_0/t \geqslant 10$ 时一般就认为是薄壁圆筒。

取一薄壁圆筒如图 4-9（a）所示，其两端面承受产生扭转变形的外力偶矩 M_e [图 4-9（b）]，圆筒任一横截面上的内力是扭矩，由截面上的应力与微面积 dA 之乘积的合成等于截面上的扭矩可知，横截面上的应力只能是切应力。

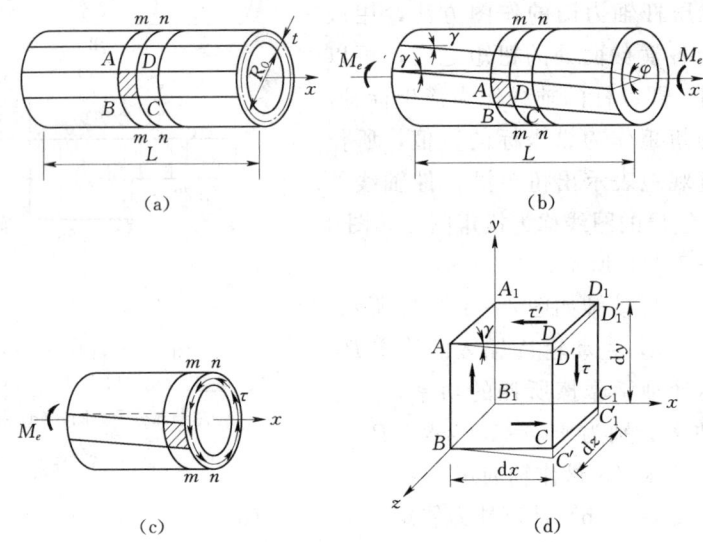

图 4-9　薄壁圆筒的扭转
(a) 原图；(b) 计算简图；(c) 横截面上切应力的分布情况；(d) 单元体

要了解沿横截面圆周上各点处切应力的变化规律并确定各点应力的数值，先要观察和分析其变形情况。为此预先在圆筒表面画上等距的圆周线和纵向线，从而形成一系列的正方形格子。在圆筒两端施加外力偶矩 M_e，圆筒发生扭转变形。此时可观察到如下的变形现象：

（1）圆筒表面的各圆周线的形状、大小和间距都保持不变，只是绕轴线相对转过了不同的角度。

（2）各纵向线在小变形下仍保持直线，但都倾斜了同一微小角度 γ。

（3）所有矩形网格均歪斜成同样大小的平行四边形，如图 4-9（b）所示。

根据以上变形现象可对横截面内部的变形作出推断，即：扭转前的横截面在扭转后仍保持平面，横截面的半径始终保持直线且长度不变，整个横截面只是绕轴线刚性转过了一个角度。这就是材料力学中的平面假设对扭转变形的描述。试验结果表明,在小变形的前提下,这一假定对于发生扭转变形的圆形截面杆(无论实心、空心还是薄壁)都是正确的。

再从平面假设的基础上对横截面的应力形式进行分析:①由于横截面之间的距离不变,故横截面上只有切应力而无正应力;②因为横截面相对转动时的各点位移方向都垂直于半径,所以切应力的方向垂直于半径;③切应力沿圆周方向均匀分布,同一圆周上各点处的切应力都相等;④由于筒壁很薄,可近似认为切应力沿半径方向也是均匀分布的,从而切应力在横截面上均匀分布。这样,薄壁圆筒扭转时横截面上切应力的分布情况如图4-9 (c) 所示。

至于切应力 τ 的数值和指向,可由静力学条件确定。因为横截面上切应力的合成的结果就是扭矩,所以有

$$\int_A \tau dA \cdot r = M_x$$

式中:dA 为面积微元;$\tau dA \cdot r$ 为 dA 上的切应力对轴线的力矩。

由于 τ 为常量,且对于薄壁圆筒来说,r 可用其平均半径 R_0 来代替,这样 τ 及 R_0 均可置于积分号以外;而积分 $\int_A dA = A \approx 2\pi R_0 t$ 为圆筒横截面面积,t 为壁厚,于是有

$$\tau = \frac{M_x}{R_0 A} \approx \frac{M_e}{2\pi R_0^2 t} \tag{4-4}$$

式 (4-4) 即为薄壁圆筒横截面上扭转切应力的计算式,需要说明的是,该式是在假设切应力的大小沿壁厚不变的情况下推导出来的,由此引起的误差,在 $R_0/t = 10$ 时为 4.5%。

再考虑纵向截面上的应力情况,在圆筒的表面处用横截面、径向截面以及与表面平行的面截取一微小的正六面体作为单元体,如图4-9 (d) 所示。左、右侧面是圆筒横截面的一部分,所以只有切应力而无正应力,切应力可由式 (4-4) 求出。左、右侧面上的切应力数值均为 τ,方向相反(因为两横截面上的扭矩方向相反),于是组成一个力偶矩为 $(\tau dzdy)dx$ 的力偶。为保持平衡,单元体上的上、下两个侧面也必须有切应力 τ',并组成力偶 $(\tau'dzdx)dy$ 与力偶 $(\tau dzdy)dx$ 相平衡,这两个力偶必须转向相反,而其力偶矩则相等,即

$$(\tau dzdy)dx = (\tau'dzdx)dy$$
$$\tau = \tau' \tag{4-5}$$

式 (4-5) 表明,在互相垂直的两个平面上,垂直于截面交线的切应力必定成对存在,且大小相等,方向则同时指向或同时背离此交线。这就是切应力互等定理或切应力成对定理。该定理具有普遍意义,在同时有正应力的情况下同样成立。前后面表示圆筒的内、外表面,故没有应力。于是根据切应力互等定理可知,纵向截面上的应力应当如图4-9 (d) 所示。

二、纯剪切的有关概念

1. 纯剪切

单元体各面上只有切应力而无正应力的应力状态称为纯剪切应力状态。薄壁圆筒的扭

转是纯剪切的典型例子。从后面可以看到，一般圆筒扭转时，除轴线上的各点外，其他点处的应力状态也是纯剪切。

2. 切应变的概念

单元体在纯剪切应力状态下，正六面微体将变为平行六面微体，两侧面将发生微小的相对错动而使原来垂直的两个棱边的夹角改变了一个微量 γ，如图 4-9（b）或图 4-10（a）所示，显然 γ 是由切应力 τ 引起的。于是就将单元体中直角的改变量 γ 称为切应变。从图 4-9（b）中可以看出

$$\gamma = \frac{R\varphi}{l} \tag{4-6}$$

式中 R 为圆筒的外半径。

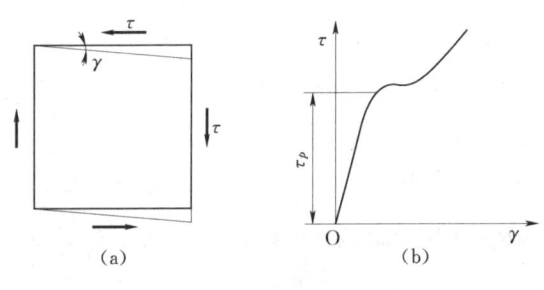

图 4-10 纯剪切与剪切胡克定律
(a) 纯剪切应力状态；(b) 薄壁圆筒纯剪切的应力应变曲线

3. 剪切胡克定律

与拉伸实验相似，通过取薄壁圆筒作试件进行纯剪切实验，以研究切应力与切应变之间的关系。实验结果表明，当切应力不超过材料的剪切比例极限 τ_p 时，切应力将与切应变成正比。这就是剪切胡克定律，其数学表达式为

$$\tau = G\gamma \tag{4-7}$$

式中，G 为比例常数，称为材料的剪切弹性模量，它是材料的弹性常数之一，用来反映材料的剪切弹性性质。G 的单位是 GPa。钢材的 G 值约为 80GPa，常用工程材料的 G 值可查阅有关手册，图 4-10（b）是薄壁圆筒纯剪切试验所得到的应力应变曲线。显然，G 的几何意义是曲线中直线部分的斜率。

第四节 圆轴扭转时的应力与强度条件

一、圆轴扭转时横截面上的应力

与分析薄壁圆筒扭转问题的方法相似的，在研究实心或空心圆轴扭转时应力在横截面上的分布规律，得出的许多结论也是相同的。例如实验观察到的实心或空心圆轴在扭转时的表面变形现象与薄壁圆筒扭转时相同，如图 4-11（a）所示。既然表面变形现象相同，据此作出的横截面内部变形的推断也应相同，平面假设仍然成立。实验表明，在杆扭转变形后只有等直圆轴的圆周线才仍在垂直于杆轴的平面内，故平面假设只适用于等直圆轴。由此假设推导出的应力、变形公式已得到实验和理论的证实。

在此基础上推出的横截面上应力的分布规律也大致相同，如：①横截面上只有切应力而无正应力；②切应力方向垂直于该点的半径方向（因为切应变发生在垂直于半径的平面内）；③切应力大小沿同一圆周均匀分布等。与薄壁圆筒的扭转不同的是，切应力的数值沿半径方向的分布不再是均匀的，因为薄壁条件不再存在。于是在一般圆轴横截面上的扭转切应力的分析过程中，将有两个因素需要确定：一是切应力沿半径方向的分布规律；二

是各点切应力的大小。要解决这一问题，需要根据变形现象找出变形几何关系；利用物理关系找出应力分布规律；利用静力学关系，导出应力计算公式。

1. 变形几何关系

由于在普遍形式的受力条件下，圆轴在各横截面处的变形可能是不相同的，所以，要研究任意横截面上的应变变化规律，须从圆轴中用 $m—m$ 和 $n—n$ 截面取出一个长为 dx 的微段，假设 $n—n$ 截面固定不动，则 $m—m$ 截面像刚性平面一样地绕轴线转动了一个角度 $d\varphi$，由于这种截面转动，圆轴表面上的纵向线倾斜了一个角度 γ 即切应变，如图 4-11 (b) 所示。由微小变形的几何关系可知：

$$\gamma \approx \tan\gamma = \frac{dd'}{ad} = \frac{R d\varphi}{dx} = R \frac{d\varphi}{dx}$$

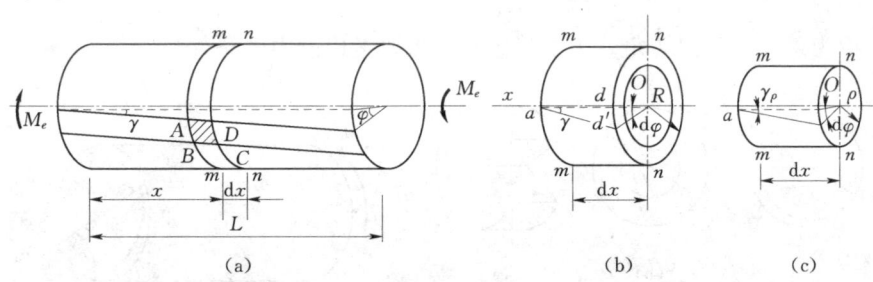

图 4-11 圆轴扭转变形几何关系
(a) 等直圆轴的扭转变形；(b) 微段表面的变形；(c) 微段内部的变形

这就是圆截面边缘上 d 点的切应变，显然，γ 发生在垂直于半径的平面内。根据圆轴扭转变形的平面假设，用相同的方法，若从该微段轴内取出一个半径为 ρ 的微体，则该微体上的切应变 γ_ρ 与扭转角 $d\varphi$ 之间的关系为

$$\gamma_\rho = \rho \frac{d\varphi}{dx} \tag{4-8}$$

式 (4-8) 表达了等直圆轴横截面上任一点处的切应变随该点在横截面上的位置变化的规律。式中，γ_ρ 为横截面上半径为 ρ 处的切应变，也发生在垂直于半径的平面内；$\frac{d\varphi}{dx}$ 为扭转角 φ 沿杆长的变化率，当横截面指定后，$\frac{d\varphi}{dx}$ 为一个定值。于是式 (4-8) 表明，扭转圆轴横截面上同一半径 ρ 的圆周上各点处的切应变 γ_ρ 均相等，且其值与该点到轴心的距离成正比。如图 4-11 (c) 所示。

2. 物理关系

要根据式 (4-8) 找出表达横截面上切应力变化规律的式子，必须引用切应力和切应变间的物理关系式。设轴上的扭转切应力不超过材料的剪切比例极限，即杆件在线弹性范围内工作，则由剪切胡克定律有

$$\tau_\rho = G\gamma_\rho$$

将式 (4-8) 代入上式得

$$\tau_\rho = G\rho \frac{d\varphi}{dx} \tag{4-9}$$

这就是横截面上切应力变化规律的表达式。式（4-9）中，G 为材料的剪切弹性模量，对指定横截面而言，$G\dfrac{\mathrm{d}\varphi}{\mathrm{d}x}$ 为常数，即横截面上某点处的切应力 τ_ρ 与该点到轴心的距离 ρ 成正比；在截面中心处切应力为 0，截面边缘各点切应力最大。图 4-12（a）与图 4-12（b）分别画出了实心圆轴与空心圆轴扭转时横截面上切应力的分布规律。按照切应力互等定理，轴中纵截面上的切应力分布规律也可确定，如图 4-12（c）所示。

3. 静力学关系

式（4-9）实际上就是根据变形几何条件和物理条件导出的解超静定问题的补充方程，它给出了应力沿半径方向分布规律这一问题的解答，但利用此式尚不能求出各点切应力的数值，因为式中的 $\dfrac{\mathrm{d}\varphi}{\mathrm{d}x}$ 还未确定。$\dfrac{\mathrm{d}\varphi}{\mathrm{d}x}$ 实际上就是横截面处单位长度轴的两端截面的相对转角，称为单位长度扭转角。为了确定它，需要考虑静力学条件。

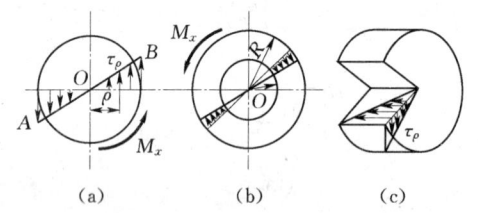

图 4-12 圆轴扭转物理关系
（a）实心圆轴截面切应力分布规律；（b）空心圆轴截面切应力分布规律；（c）纵截面切应力分布规律

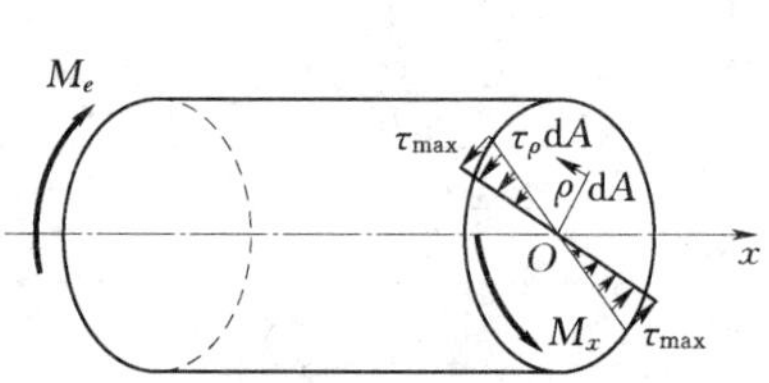

图 4-13 圆轴扭转静力学关系

在横截面上距轴心为 ρ 处任取微面积 $\mathrm{d}A$，则 $\mathrm{d}A$ 上切应力的合力 $\tau_\rho \mathrm{d}A$ 对轴心之矩为 $\rho(\tau_\rho \mathrm{d}A)$，如图 4-13 所示。于是有横截面上所有微面上的力对轴心之矩之和，即等于截面上的扭矩，即

$$M_x = \int_A \rho(\tau_\rho \mathrm{d}A)$$

将式（4-9）代入上式，并注意到 $G\dfrac{\mathrm{d}\varphi}{\mathrm{d}x}$ 为常数，故有

$$M_x = \int_A \rho\left(G\dfrac{\mathrm{d}\varphi}{\mathrm{d}x}\rho \mathrm{d}A\right) = G\dfrac{\mathrm{d}\varphi}{\mathrm{d}x}\int_A \rho^2 \mathrm{d}A \qquad (4-10\mathrm{a})$$

在上式中的积分 $\int_A \rho^2 \mathrm{d}A$ 是一个只与横截面的形状和尺寸有关的量，称为横截面对圆心 O 点的极惯性矩，用 I_ρ 来表示，即

$$I_\rho = \int_A \rho^2 \mathrm{d}A \qquad (4-10\mathrm{b})$$

其单位通常采用 m^4 或 mm^4。将式（4-10b）代入式（4-10a），并经改写后即得

$$\dfrac{\mathrm{d}\varphi}{\mathrm{d}x} = \dfrac{M_x}{GI_\rho} \qquad (4-11)$$

这样就把 $\mathrm{d}\varphi/\mathrm{d}x$ 与横截面上的扭矩 M_x 联系起来了。将式（4-11）代入式（4-9）就求得了扭转切应力 τ_ρ 的计算公式，即

第四节 圆轴扭转时的应力与强度条件

$$\tau_\rho = \frac{M_x \rho}{I_\rho} \tag{4-12}$$

至此，扭转圆轴上横截面上任一点处的切应力的大小和方向都已求出。至于切应力的指向，可根据扭矩的转向加以判断，如图 4-12 所示。

4. 最大切应力

由图 4-12 及式（4-12）可知，圆轴扭转时的最大切应力发生在横截面上的周边上各点处，在式（4-12）中令 $\rho = R$，可得

$$\tau_{max} = \frac{M_x R}{I_\rho} = \frac{M_x}{(I_\rho / R)} \tag{4-13}$$

式中，I_ρ / R 也是横截面的几何参数，称为圆轴的抗扭截面模量，记为 W_ρ，即

$$W_\rho = I_\rho / R \tag{4-14}$$

将式（4-14）代入式（4-13），得

$$\tau_{max} = \frac{M_x}{W_\rho} \tag{4-15}$$

需要指出的是式（4-12）的适用范围。首先，它只适用于等直圆轴的扭转，因为该式是以平面假设为基础而导出的，而只有等直圆轴（包括实心轴和空心轴）扭转时，平面假设才是正确的。对圆截面沿轴线变化缓慢的小锥变锥形杆，也可以近似地应用。其次，轴的变形必须满足小变形假设，轴中最大的扭转切应力必须不超过材料的剪切比例极限。若不满足上述条件，使用该式将只能得出一些近似的结果，有时会产生很大误差。

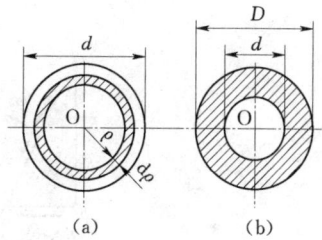

图 4-14 圆轴的极惯性矩
(a) 实心圆截面；(b) 空心圆截面

5. 极惯性矩和抗扭截面模量的计算

（1）实心圆轴。如图 4-14（a）所示，在横截面内距圆心为 ρ 处取厚度为 $d\rho$ 的环形微面积 dA，将 $dA = 2\pi\rho d\rho$ 代入式（4-10b）有

$$I_\rho = \int_A \rho^2 dA = \int_0^{\frac{d}{2}} \rho^2 (2\pi\rho d\rho) = \frac{\pi d^4}{32} \tag{4-16}$$

由式（4-14）可得抗扭截面模量为

$$W_\rho = \left(\frac{\pi d^4}{32}\right) / \left(\frac{d}{2}\right) = \frac{\pi d^3}{16} \tag{4-17}$$

（2）空心圆轴。如图 4-14（b）所示，由于横截面上的空心部分没有内力，所以式（4-10b）中的定积分也不应包括空心部分，则其极惯性矩应为

$$I_\rho = \int_{d/2}^{D/2} 2\pi\rho^3 d\rho = \frac{\pi}{32}(D^4 - d^4) = \frac{\pi D^4}{32}(1 - \alpha^4) \tag{4-18}$$

抗扭截面模量为

$$W_\rho = I_\rho / \left(\frac{D}{2}\right) = \frac{\pi D^3}{16}(1 - \alpha^4) \tag{4-19}$$

式（4-18）和式（4-19）中，$\alpha = d/D$ 称为空心比，D 和 d 分别为空心圆轴的外径和内径。

二、圆轴扭转时斜截面上的应力

以上研究了等直圆轴扭转时横截面上的切应力，并已知在横截面周边上各点处的切应力最大，为全面了解杆内的应力情况，还需进一步讨论通过这些点处斜截面上的应力。为此，可在圆轴的表面处用横截面、径向截面以及与表面平行的面截取单元体，如图 4-15（a）所示。如前所述，等直圆轴和薄壁圆筒在发生扭转时，其中的单元体均处于纯剪切应力状态。由于这种单元体的前、后两面上无任何应力，故可将其改用平面图来表示，如图 4-15（b）所示。

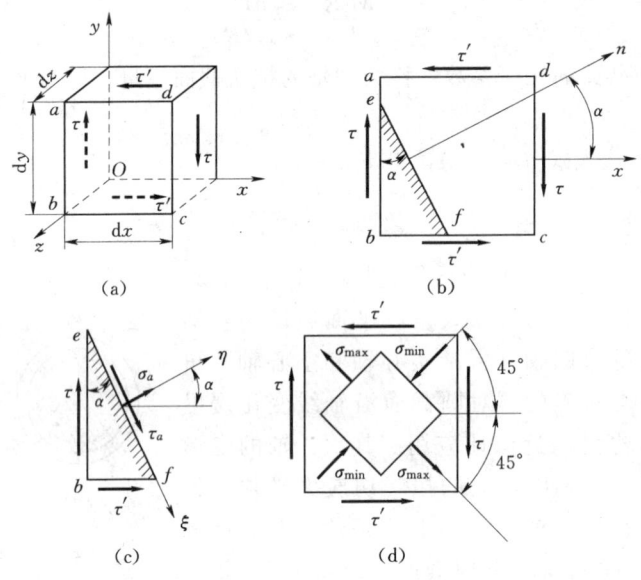

图 4-15 纯剪切时斜截面的应力
（a）单元体原图；（b）单元体平面图；（c）截面法脱离体图；（d）最大应力

现进一步分析在此单元体内垂直于前、后两个面的任一斜截面 ef 上的应力，此截面的外向法线 n 和 x 轴间的夹角为 α，并规定从 x 轴至截面外向法线逆时针转动的 α 为正值，反之为负值。用截面法假想地沿此斜截面将单元体截开，研究其左边部分的平衡，如图 4-15（c）所示。设斜截面 ef 的面积为 dA，则 eb 面和 bf 面的面积分别为 $dA\cos\alpha$ 和 $dA\sin\alpha$。选择参考轴 ξ 和 η 分别与斜截面 ef 平行和垂直，如图 4-15（c）所示。由平衡方程

$$\sum F_\eta = 0, \quad \sigma_\alpha dA + (\tau dA\cos\alpha)\sin\alpha + (\tau' dA\sin\alpha)\cos\alpha = 0$$

和

$$\sum F_\xi = 0, \quad \tau_\alpha dA - (\tau dA\cos\alpha)\cos\alpha + (\tau' dA\sin\alpha)\sin\alpha = 0$$

利用切应力互等定理式（4-5），以 τ 代替以上两式中的 τ'，经整理后，即得到任一斜截面 ef 上的正应力和切应力的计算公式分别为

$$\sigma_\alpha = -\tau\sin 2\alpha \tag{4-20}$$

和

$$\tau_\alpha = \tau\cos 2\alpha \tag{4-21}$$

第四节 圆轴扭转时的应力与强度条件

现在根据式（4-20）和式（4-21）来确定单元体内的最大切应力、最大和最小正应力以及它们所在截面的方位。由式（4-21）可知，单元体的4个侧面（分别为 $\alpha=0°$ 和 $\alpha=90°$）上的切应力绝对值最大，均等于 τ。而由式（4-20）可知，在 $\alpha=-45°$ 和 $\alpha=45°$ 两斜截面上的正应力分别为

$$\sigma_{-45°}=\sigma_{\max}=+\tau$$

和

$$\sigma_{45°}=\sigma_{\min}=-\tau$$

即该两截面上的正应力分别为 σ_α 中的最大值和最小值，即一为拉应力，另一为压应力，其绝对值都等于 τ，且最大、最小正应力的作用面与最大切应力的作用面之间互成45°角，如图4-15（d）所示。附带指出，这些结论是纯剪切应力状态的特点，并不限于等直圆轴在扭转时这一特殊情况。

上述应力分析所得结果可从圆轴在扭转实验中的破坏现象得到验证。对于抗剪强度低于抗拉强度的材料（例如低碳钢），破坏是首先从杆的最外层沿横截面发生剪断而产生的，如图4-16（a）所示。对于抗拉强度低于抗剪强度的材料（例如铸铁），则破坏是首先在杆的最外层沿着与杆轴线约45°倾角的螺旋型曲面发生拉断而产生的，如图4-16（b）所示。

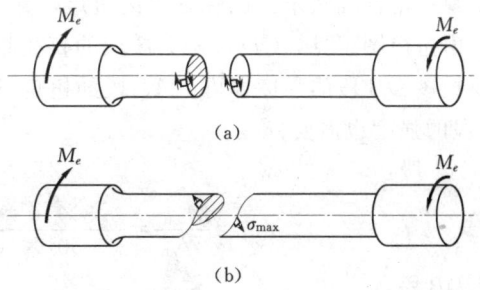

图4-16 低碳钢和铸铁扭转时的破坏形式
(a) 低碳钢扭转时的破坏形式；(b) 铸铁扭转时的破坏形式

三、圆轴扭转的强度条件

实心或空心圆轴在扭转时，轴内各点均处于纯剪切应力状态。要保证圆轴扭转时满足强度要求，必须使整根轴上的最大切应力 $\tau_{\max}$ 不超过材料的许用切应力 $[\tau]$，即有

$$\tau_{\max}\leqslant[\tau] \qquad (4-22)$$

式（4-22）称为圆轴扭转时的强度条件。

对于等直圆轴，全轴最大切应力 $\tau_{\max}$ 发生在最大扭矩 $M_{x\max}$ 所在的横截面即危险截面的周边上的任一点处，故强度条件式（4-22）中应以这些点即危险点处的切应力为依据。于是上述强度条件可写作

$$\tau_{\max}=\frac{M_{x\max}}{W_\rho}\leqslant[\tau] \qquad (4-23)$$

对于变截面圆轴（如阶梯轴）由于 W_ρ 不是常量，因而需要综合考虑扭矩 M_x 与抗扭截面模量 W_ρ 两个因素而确定危险截面，这时强度条件为

$$\tau_{\max}=\frac{M_x}{W_\rho}\Big|_{\max}\leqslant[\tau] \qquad (4-24)$$

根据上述强度可对圆轴进行强度计算，即校核强度、选择截面或计算许可载荷。

许用切应力 $[\tau]$ 和许用正应力 $[\sigma]$ 的确定类似，可以根据试验并考虑安全系数加以确定。在静载情况下，扭转许用切应力 $[\tau]$ 和许用拉应力 $[\sigma]$ 之间存在下列关系：

对于塑性材料 $\qquad [\tau]=(0.5\sim0.6)[\sigma] \qquad (4-25\text{a})$

对于脆性材料 $[\tau]=(0.8\sim1.0)[\sigma]$ (4-25b)

在进行转动轴一类构件的强度计算时，由于要考虑冲击、振动等因素，所取的$[\tau]$值比一般静载荷下的$[\tau]$值更低。

最后还应指出，对于像铸铁这类脆性材料制成的杆件，当它在扭转时，如前所述，其破坏形式是沿斜截面发生脆性断裂。对这类杆件理应按斜截面上的最大拉应力建立强度条件，但由于斜截面上的最大拉应力与横截面上的最大切应力之间有固定的关系，所以，习惯上仍按式（4-22）进行强度计算。这虽从形式上掩盖了材料强度破坏的实质，但实际上是一致的。

【例 4-3】 如图 4-17（a）所示阶梯形圆轴，轴的直径分别为 $d_1=50\text{mm}$，$d_2=80\text{mm}$，扭转力偶矩分别为 $M_{e1}=0.8\text{kN}\cdot\text{m}$，$M_{e2}=1.2\text{kN}\cdot\text{m}$，$M_{e3}=2\text{kN}\cdot\text{m}$。若材料的许用切应力为 $[\tau]=40\text{MPa}$，试校核该轴的强度。

解： 用截面法求出圆轴各段的扭矩，并作出扭矩图，如图 4-17（b）所示。

由扭矩图可见，CD 段和 DB 段的直径相同，但 DB 段的扭矩大于 CD 段，故这两段只要校核 DB 段的强度即可。AC 段的扭矩虽然也小于 DB 段，但直径也比 DB 段小，故 AC 段的强度也需要校核。

AC 段：

$$\tau_{\max}=\frac{M_{xAC}}{W_{\rho1}}=\frac{0.8\times10^3\times16}{\pi\times50^3\times10^{-9}}=32.9(\text{MPa})<[\tau]$$

DB 段：

$$\tau_{\max}=\frac{M_{xDB}}{W_{\rho2}}=\frac{2\times10^3\times16}{\pi\times80^3\times10^{-9}}=19.9(\text{MPa})<[\tau]$$

计算结果表明，该轴满足强度要求。

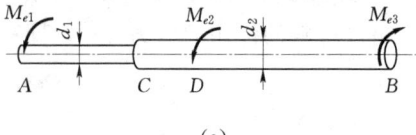

(a)

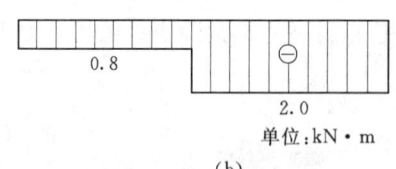

(b)

图 4-17 [例 4-3] 图
(a) 计算简图；(b) 扭矩图

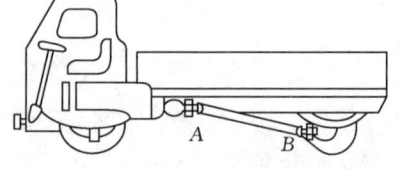

图 4-18 [例 4-4] 图

【例 4-4】 如图 4-18 所示汽车传动轴 AB，由 45 号钢的无缝钢管制成，钢管外径 $D=90\text{mm}$，壁厚 $t=2.5\text{mm}$，工作时的最大扭矩为 $M_{x\max}=1.5\text{kN}\cdot\text{m}$，材料的许用切应力为 $[\tau]=60\text{MPa}$。求：（1）试校核 AB 轴的强度；（2）将 AB 轴改为实心，试在强度相同的条件下，确定轴的直径，并比较实心轴和空心轴的重量。

解：（1）校核 AB 轴的强度。

根据轴的尺寸可得

$$\alpha = \frac{d}{D} = \frac{90 - 2 \times 2.5}{90} = 0.944$$

$$W_\rho = \frac{\pi D^3}{16}(1 - \alpha^4) = \frac{\pi \times 90^3}{16}(1 - 0.944^4) = 29400 (\text{mm}^3)$$

轴的最大切应力为

$$\tau_{\max} = \frac{M_{x\max}}{W_\rho} = \frac{1.5 \times 10^3}{29400 \times 10^{-9}} = 51(\text{MPa}) < [\tau] = 60(\text{MPa})$$

故 AB 轴满足强度要求。

(2) 确定实心轴的直径。

按要求设计的实心轴应与原空心轴强度相同，因此要求的实心轴的最大切应力也应该是

$$\tau_{\max} = 51 \text{MPa}$$

设实心轴的直径为 D_1，则

$$\tau_{\max} = \frac{M_{x\max}}{W_\rho} = \frac{1.5 \times 10^3}{\frac{\pi}{16} D_1^3} = 51 \times 10^6 (\text{Pa})$$

$$D_1 = \sqrt[3]{\frac{1.5 \times 10^3 \times 16}{\pi \times 51 \times 10^6}} = 0.0531(\text{m}) = 53.1 \text{mm}$$

在两轴长度相同、材料相同的情况下，两轴重量之比等于横截面面积之比，即

$$\frac{A_{空心}}{A_{实心}} = \frac{90^2 - 85^2}{53.1^2} = 0.31$$

上述结果表明，在载荷相同的条件下，空心轴所用材料只是实心轴的 31%，因而节省了 2/3 以上的材料。这是因为横截面上的切应力沿半径线性分布，圆心附近的应力很小，材料没有充分发挥作用。若把轴心附近的材料向边缘移置，这样可以充分发挥材料的强度性能，也可以使轴的抗扭截面模量大大增加，从而有效地提高了轴的强度。因此，在用料相同的条件下，空心轴比实心轴具有更高的承载能力，而且节省材料，降低消耗。因此工程上要求重量轻的较大尺寸轴及有使用要求的传动轴常被设计为空心轴。当然，也不能无限制地增加空心轴的内径，减小轴壁的厚度，这样会导致轴体失稳等许多问题。另外，空心轴加工成本高，并不是在任何情况下都采用空心轴。

第五节 圆轴扭转时的变形和刚度条件

一、等直圆轴扭转的变形

前面指出，圆轴扭转时两横截面之间因绕轴线相对转动而产生的相对转角，称为扭转角，可以用它来度量圆轴的扭转变形。通过式（4-11）可知，轴中单位长度轴段上的扭转角即单位长度扭转角 θ 可写成

$$\theta = \frac{\mathrm{d}\varphi}{\mathrm{d}x} = \frac{M_x}{GI_\rho} \tag{4-26}$$

于是，长为 $\mathrm{d}x$ 的轴段之间两横截面的相对转角为

$$\mathrm{d}\varphi = \frac{M_x}{GI_\rho}\mathrm{d}x \tag{4-27}$$

因而对于横截面的极惯性矩 $I_\rho(x)$、扭矩 $M_x(x)$ 为函数，圆轴上相距为 l 的两横截面间的扭转角 φ（单位为 rad）可表示成

$$\varphi = \int_l \frac{M_x(x)}{GI_\rho(x)}\mathrm{d}x \tag{4-28}$$

这就是计算扭转角的公式，其中 GI_ρ 称为轴的抗扭刚度，此值反映圆轴抵抗扭转变形的能力。此值越大，则扭转角 φ 越小。G 一般不沿轴线变化。

对于分段等直圆轴，即阶梯圆轴，若各段内扭矩为常数，则可先分别计算出各段轴的扭转角，然后求其代数和即得整段轴的扭转角：

$$\varphi = \sum_{i=1}^{n} \frac{M_{xi}l_i}{GI_{\rho i}} \tag{4-29}$$

对于等直圆轴，若只在两端受一对外力偶作用时，在所有横截面的扭矩均相同。此外对于用同一种材料的等直圆轴，G 及 I_ρ 亦为常量。于是有

$$\varphi = \frac{M_x l}{GI_\rho} \tag{4-30}$$

由于杆在扭转时各横截面上的扭矩并不相同，且杆的长度也各不相同，因此，在工程中，对于这类杆的刚度要求通常是对单位长度扭转角 θ 加以控制，其计算式见式（4-26）。应注意，以上计算公式都只适用于材料在线弹性范围内的等直圆轴，因为作为计算依据的式（4-11），就是在这样的条件下导出的。

二、刚度条件

圆轴扭转时，除了要满足强度条件，同时在工程实际中还常常对其扭转变形提出一定的限制。例如车床主轴的扭转角过大，将引起扭转振动，影响加工精度。因此，轴还要具有足够的刚度。为了做到这一点，通常规定轴上单位长度扭转角的最大值 θ_{max} 不得超过某一规定的允许值 $[\theta]$，即

$$\theta_{max} \leq [\theta] \tag{4-31}$$

式中，$[\theta]$ 称为许用单位长度扭转角，其常用单位是度每米，用 $(°)/m$ 表示。此式即等直圆轴在扭转时的刚度条件。

对于等直圆轴，其 θ_{max} 应按式（4-26），并用扭矩图中的最大扭矩 M_{xmax} 来计算，由于按式（4-26）计算所得结果的单位是 rad/m，故须先将其单位换算为 $(°)/m$，再代入式（4-31），于是可得

$$\theta_{max} = \frac{M_{xmax}}{GI_\rho} \times \frac{180}{\pi} \leq [\theta] \tag{4-32}$$

式中，M_{xmax}、G、I_ρ 的单位分别为 $N \cdot m$、Pa、m^4。将式（4-16）或式（4-18）中的 I_ρ 代入上式，就可对实心或空心圆截面的等直圆轴进行扭转刚度计算，例如截面设计、计算许可载荷或进行刚度校核。

许用单位长度扭转角 $[\theta]$ 的取值，常根据作用在轴上的载荷性质及轴的工作条件加以规定，例如对精密机器的轴，$[\theta] = 0.25 \sim 0.50(°)/m$；一般传动轴，$[\theta] = 0.5 \sim 1.0$ $(°)/m$；精度要求较低的轴，$[\theta] = 1 \sim 2.5(°)/m$。各种具体情况下 $[\theta]$ 的取值可从有关

第五节 圆轴扭转时的变形和刚度条件

手册中查出。

【例 4-5】 例 4-2 中的传动轴 [图 4-8 (a)] 为实心等截面圆轴,轴直径 $d=110\text{mm}$,各轮之间的距离均为 $l=2\text{m}$。若轴材料的许用应力 $[\tau]=40\text{MPa}$,$G=80\text{GPa}$,该轴许用单位长度扭角 $[\theta]=0.5(°)/\text{m}$。试校核轴的强度及刚度,并计算轴两端截面的相对扭角。

解:(1)强度校核。

在例 4-2 中已作出该轴的扭矩图 [图 4-8 (d)],最大扭矩发生在轴的 CA 段内,其值为 $M_{x\text{max}}=9.56\text{kN}\cdot\text{m}$,于是该段轴内的各横截面为轴的危险截面。

$$\tau_{\text{max}}=\frac{M_{x\text{max}}}{W_\rho}=\frac{9.56\times10^3}{\frac{\pi}{16}\times(110\times10^{-3})^3}=36.599(\text{MPa})<[\tau]$$

故强度条件得到满足。

(2)刚度校核。

$$\theta_{\text{max}}=\frac{M_{x\text{max}}}{GI_\rho}\times\frac{180}{\pi}=\frac{9.56\times10^3}{80\times10^9\times\frac{\pi}{32}\times(110\times10^{-3})^4}\times\frac{180}{\pi}=0.48[(°)/\text{m}]<[\theta]$$

故刚度条件亦满足。

(3)计算轴的扭转角。

由式(4-29)得轴两端截面的相对扭转角为

$$\varphi_{BD}=\varphi_{BC}+\varphi_{CA}+\varphi_{AD}=\left(\frac{M_{xBC}l}{GI_\rho}+\frac{M_{xCA}l}{GI_\rho}+\frac{M_{xAD}l}{GI_\rho}\right)\times\frac{180}{\pi}$$

$$=\frac{(-4.78-9.56+6.37)\times10^3\times2}{80\times10^9\times\frac{\pi}{32}\times(110\times10^{-3})^4}\times\frac{180}{\pi}=-0.79°$$

负号表示由 D 端向 B 端看去,D 盘相对于 B 盘顺时针转过了上述角度。

【例 4-6】 钢制实心圆轴上传递的扭矩为 $M_x=50\text{kN}\cdot\text{m}$。材料的许用应力 $[\tau]=60\text{MPa}$,$G=80\text{GPa}$,许用单位长度扭角 $[\theta]=0.5(°)/\text{m}$,试设计轴的直径。

解:先按强度条件设计轴的直径:

$$\tau_{\text{max}}=\frac{M_x}{W_\rho}=\frac{M_x}{\frac{\pi d^3}{16}}\leqslant[\tau]$$

于是有

$$d\geqslant\sqrt[3]{\frac{16M_x}{\pi[\tau]}}=\sqrt[3]{\frac{16\times50\times10^3}{\pi\times60\times10^6}}=162(\text{mm})$$

再按刚度条件设计轴的直径:

$$\theta=\frac{M_x}{GI_\rho}\times\frac{180}{\pi}=\frac{M_x}{G\frac{\pi d^4}{32}}\times\frac{180}{\pi}\leqslant[\theta]$$

于是有

$$d\geqslant\sqrt[4]{\frac{32\times180\times M_x}{G\pi^2[\theta]}}=\sqrt[4]{\frac{32\times180\times50\times10^3}{80\times10^9\times\pi^2\times0.5}}=164(\text{mm})$$

由此可知该轴的直径应按刚度条件控制,选取为164mm。

在求解扭转圆轴超静定问题时,也要用到扭转变形的计算,以建立变形协调条件,这一点与拉(压)超静定问题是相同的,现举例说明。

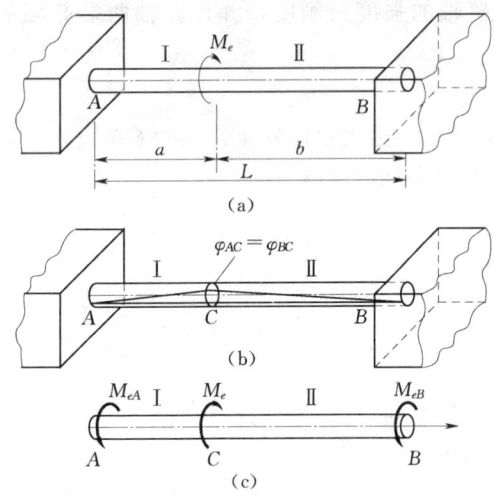

图 4-19 [例 4-7] 图
(a) 原图;(b) 变形图;(c) 计算简图

【**例 4-7**】 两端固定的圆轴 AB,它在截面 C 处受一外力偶矩 M_e 作用,如图 4-19(a)所示。已知轴的抗扭刚度为 GI_ρ,试求轴两固定端的支反力偶矩。

解:设圆轴在 A、B 两端的支反力偶矩分别为 M_{eA} 和 M_{eB}(图 4-19(c)),则根据静力平衡条件 $\sum M_x = 0$ 建立一个方程:
$$M_{eA} + M_{eB} - M_e = 0 \tag{1}$$

在上述方程中,两支反力偶矩 M_{eA}、M_{eB} 均为未知量,仅由一个方程无法确定两个未知量,故问题是一次超静定问题,需要根据圆轴的变形协调条件建立一个补充方程。

由于此轴的两端固定,横截面 A 和 B 间的相对转角即扭转角 φ_{AB} 应为 0,所以,圆轴的变形协调条件为
$$\varphi_{AB} = \varphi_{AC} + \varphi_{CB} = 0 \tag{2}$$

由图 4-19(c)可知,AC 与 CB 段的扭矩分别为
$$M_{\mathrm{I}} = -M_{eA}$$
$$M_{\mathrm{II}} = M_{eB}$$

所以,AC 与 CB 段的扭转角分别为
$$\varphi_{AC} = \frac{M_{\mathrm{I}} a}{GI_\rho} = -\frac{M_{eA} a}{GI_\rho} \tag{3}$$
$$\varphi_{CB} = \frac{M_{\mathrm{II}} b}{GI_\rho} = \frac{M_{eB} b}{GI_\rho} \tag{4}$$

将上述物理关系代入式(2),得
$$-\frac{M_{eA} a}{GI_\rho} + \frac{M_{eB} b}{GI_\rho} = 0 \tag{5}$$

式(5)就是由变形协调条件建立的补充方程。

最后,联立求解平衡方程(1)与补充方程(5),于是得
$$M_{eA} = \frac{M_e b}{L}$$
$$M_{eB} = \frac{M_e a}{L}$$

其结果为正值,说明解得的支反力偶矩 M_{eA} 和 M_{eB} 的转向就是如图 4-19(c)所示。

第六节 非圆形截面杆扭转

在工程实际中除了圆截面杆的扭转问题之外，还可能遇到非圆形截面杆的扭转问题。例如，在农业机械中，有时采用方轴作为传动轴，内燃机曲轴的曲柄常常为矩形截面，其扭转问题就是非圆截面杆扭转的实例。再如图 4-20 所示的工字型钢的扭转，也属于非圆截面杆的扭转问题。

非圆截面杆件扭转问题与圆截面杆扭转问题的最大不同点在于非圆截面杆扭转时，平面假设不再成立，也就是说非圆截面杆扭转时原有的横截面不再保持平面，而变成空间曲面，这称为横截面的翘曲。图 4-21 画出了一矩形截面杆受扭转后横截面边框线的翘曲情况。

既然非圆截面杆扭转时，平面假设不再成立，那么在平面假设基础上导出的等直圆轴在扭转时的应力与变形的计算公式不适用于非圆截面杆的扭转问题。非圆截面杆的弹性扭转问题属于弹性力学范畴内研究的问题，本节只简要介绍矩形截面杆自由扭转时最大切应力和变形的计算公式。

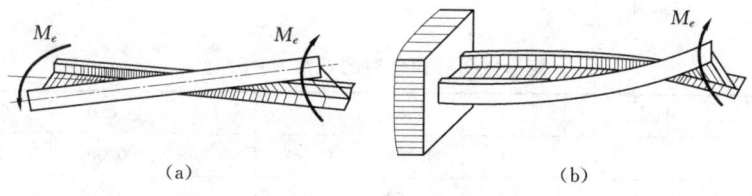

图 4-20 工字钢的扭转
(a) 自由扭转；(b) 约束扭转

自由扭转是指扭转时杆件横截面的翘曲不受限制的情况，如图 4-20 (a) 所示。这时杆中各横截面的翘曲程度相同，纵向纤维无变形，因此杆中没有正应力，只有切应力。

如果非圆截面杆扭转时，某些横截面的翘曲由于受到约束作用而不能自由发生，就会使得各横截面的翘曲程度产生差异，从而引起纵向纤维伸长或缩短，进而在横截面上同时产生正应力和切应力，如图 4-20 (b) 所示。这种情况称为约束扭转。一般实体杆中，约束扭转所引起的正应力很小，可以忽略不计，但在薄壁杆件中则不能忽略。

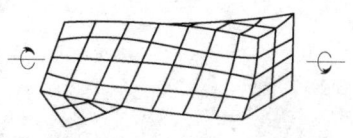

图 4-21 矩形截面的扭转

按照弹性力学的有关结果，对于某些非圆截面杆的自由扭转，可以得出与圆截面杆类似的公式，如

$$\tau_{\max} = \frac{M_x}{W'_\rho} \qquad (4-33)$$

$$\theta = \frac{M_x}{GI_n} \qquad (4-34)$$

式中，W'_p 也称为抗扭截面模量，I_n 也称为截面的极惯性矩。它们与圆截面的 W_ρ 与 I_ρ 有

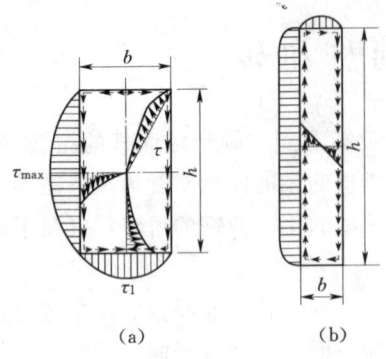

图 4-22 矩形截面杆扭转时切应力的分布
(a) 一般矩形截面；(b) 狭长矩形截面

相同的量纲但无相同的几何意义。

对于矩形截面杆，有

$$I_n = \beta h b^3 \quad (4-35)$$

$$W'_\rho = \alpha h b^2 \quad (4-36)$$

式中，h 与 b 分别为矩形的长边和短边，α 与 β 可由表 4-1 中查出。

至于矩形截面杆扭转时横截面上切应力的分布规律，如图 4-22（a）所示。从图中可见，矩形截面边界上各点的切应力与边界相切并形成顺流，4 个角点处的切应力必为 0，这是由于在杆的外表面上没有切应力，因此按照切应力互等定理，截面边界上不可能有垂直于周边的切应力分量。横截面上的最大切应力发生在长边中点处，即在截面周边上距形心最近的点处，由式（4-33）计算其数值；矩形短边中点的切应力为该边各点切应力中的最大值，其数值为

$$\tau_1 = \gamma \tau_{\max}$$

式中 γ 可由表 4-1 查出。

表 4-1   矩形截面杆扭转时的系数 α、β、γ

h/b	1.0	1.5	2.0	3.0	4.0	6.0	8.0	10.0	∞
α	0.208	0.231	0.246	0.267	0.282	0.299	0.307	0.313	0.333
β	0.141	0.196	0.229	0.263	0.281	0.299	0.307	0.313	0.333
γ	1.000	0.859	0.795	0.753	0.745	0.743	0.742	0.742	0.742

若矩形的长边与短边之比 $\dfrac{h}{b} > 10$ 时，称为狭长矩形。此时由表 4-1 知，$\alpha = \beta \approx \dfrac{1}{3}$，于是有

$$I_n = \frac{1}{3} h b^3$$

$$W'_\rho = \frac{1}{3} h b^2$$

狭长矩形横截面上扭转切应力的变化规律如图 4-22（b）所示。最大切应力仍在长边中点，除角点附近外，沿长边各点切应力数值基本相同。

【例 4-8】 拖拉机通过方轴牵引后面的旋耕机。方轴转速 $n = 720 \text{r/min}$，传递的最大功率 $P_h = 35$ 马力，截面尺寸为 $30\text{mm} \times 30\text{mm}$，材料的 $[\tau] = 100\text{MPa}$，试校核方轴的强度。

解：先计算方轴扭转时的扭矩：

$$M_x = M_e = 7.02 \frac{P_h}{n} = 7.02 \times \frac{35}{720} = 0.341 (\text{kN} \cdot \text{m})$$

由于 $\dfrac{h}{b} = 1$，由表 4-1 查得截面系数 $\alpha = 0.208$，代入式（4-36），得

$$W'_\rho = \alpha h b^2 = 0.208 \times 30 \times 30^2 = 5616 \, (\text{mm}^3)$$

该轴上的最大切应力为

$$\tau_{\max} = \frac{M_x}{W'_\rho} = \frac{0.341 \times 10^3}{5616 \times 10^{-9}} = 60.72 \, (\text{MPa}) < [\tau]$$

该轴满足强度条件。

小　　结

本章主要讨论等直圆轴在外力偶作用发生扭转的情况下，横截面上的扭矩、扭转切应力、扭转变形等计算，是材料力学的基本内容，是需要熟练掌握的重点部分。学习本章需要正确理解基本概念，熟练掌握扭矩图的画法，认识和掌握分析横截面上切应力的方法和分布规律，熟练应用应力及变形计算公式和强度及刚度条件来解决等直圆轴的扭转问题。本章的基本知识点如下：

（1）当外力偶作用在垂直于杆件轴线的平面内时，杆的横截面绕杆轴线作相对转动，杆件发生扭转变形。其内力是作用于横截面内的扭矩，扭矩的正负号按照右手螺旋法则确定。

（2）等直圆轴扭转时的切应力和变形。

1）横截面上的切应力垂直于半径，并沿半径线性分布，距圆心为 ρ 处的切应力为 $\tau_\rho = \frac{M_x}{I_\rho}\rho$，最大切应力发生在截面周边上的各点处，$\tau_{\max} = \frac{M_x}{W_\rho}$。

2）扭转变形。计算圆轴扭转变形的理论依据是剪切胡克定律和平面假设。当横截面上的切应力 τ 不超过材料的比例极限 τ_p 时，可以使用 $\theta = \frac{d\varphi}{dx} = \frac{M_x}{GI_\rho}$ 来计算单位长度扭转角，使用 $\varphi = \int_l \frac{M_x(x)}{GI_\rho(x)} dx$ 来计算圆轴上相距为 l 的两横截面间的扭转角。以上两式中的抗扭刚度 GI_ρ 数值越大，轴抵抗扭转变形的能力越强。

3）圆形截面的极惯性矩和抗扭截面模量为

实心圆截面 $\qquad I_\rho = \frac{\pi d^4}{32}, \quad W_\rho = \frac{\pi d^3}{16}$

空心圆截面 $\qquad I_\rho = \frac{\pi D^4}{32}(1-\alpha^4), \quad W_\rho = \frac{\pi D^3}{16}(1-\alpha^4)$

（3）强度和刚度条件

等直圆轴扭转时的强度条件为 $\qquad \tau_{\max} = \frac{M_{x\max}}{W_\rho} \leqslant [\tau]$

等直圆轴扭转时的刚度条件为 $\qquad \theta_{\max} = \frac{M_{x\max}}{GI_\rho} \times \frac{180}{\pi} \leqslant [\theta]$

（4）对于非圆截面杆的扭转切应力，给出了矩形截面杆扭转时的弹性力学分析的结果。

思　考　题

4-1　根据传动轴外力偶矩与传递功率和转速的关系，解释为什么在减速箱中常见的高速轴的直径较小，而低速轴的直径较大。

4-2 薄壁圆筒纯扭转时，如果在其横截面及径向截面上存在着正应力，那么取出的分离体能否平衡？

4-3 扭转切应力在圆轴横截面上是怎样分布的？指出思考题4-3图所示应力分布图中哪些是正确的。

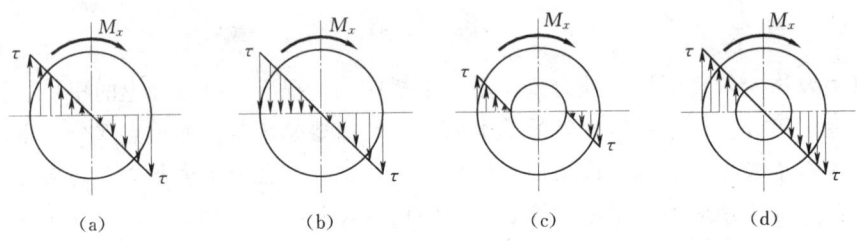

思考题4-3图

4-4 试绘出思考题4-4图所示圆轴的横截面及径向截面上的切应力变化情况。

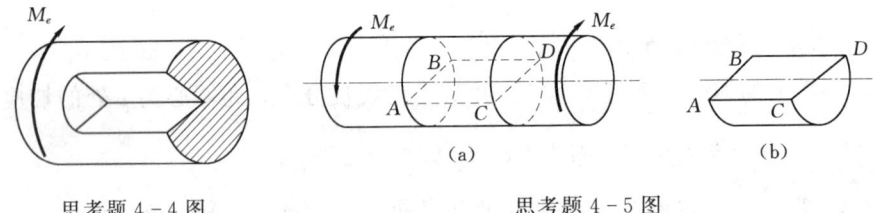

思考题4-4图　　　　　　　　思考题4-5图

4-5 如思考题4-5图所示从受扭圆轴上截取ABCD分离体，试分析其横截面和纵截面上切应力的分布情况，并回答纵截面上的力偶矩是如何去平衡的。

4-6 等直圆轴的切应力公式是如何建立的？其基本假设是什么？

4-7 两根长度与直径均相同的由不同材料制成的等直圆轴，在其两端作用相同的扭转力偶矩，试问：

(1) 最大切应力是否相同，为什么？

(2) 相对扭转角是否相同，为什么？

4-8 若将实心轴直径增大一倍，而其他条件不变，问最大切应力、轴的扭转角将如何变化？

4-9 一实心圆轴及一空心圆轴受扭时，若承受相同的扭矩，且轴材料与长度也相同，为什么空心轴较实心轴用料合理？

4-10 矩形截面轴的扭转切应力分布有何特点？如何计算扭转变形与最大扭转切应力？能否说"在矩形截面轴的同一横截面上，离截面形心愈远处，扭转切应力愈大"？

习　题

4-1 试画出习题4-1图所示各杆件的扭矩图。

4-2 习题4-2图所示一传动轴，转速为$n=200\text{r/min}$，轴上装有5个轮子，主动轮2输入功率60kW，从动轮1、3、4、5依次输出功率为18kW、12kW、22kW和8kW。

习 题

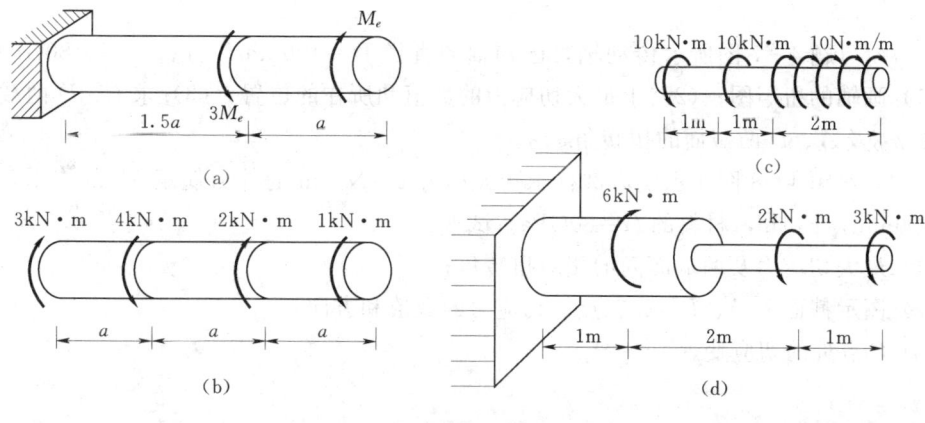

习题 4-1 图

（1）画出轴的扭矩图；
（2）将 2、3 轮子位置对调，试分析轴的受力是否合理。

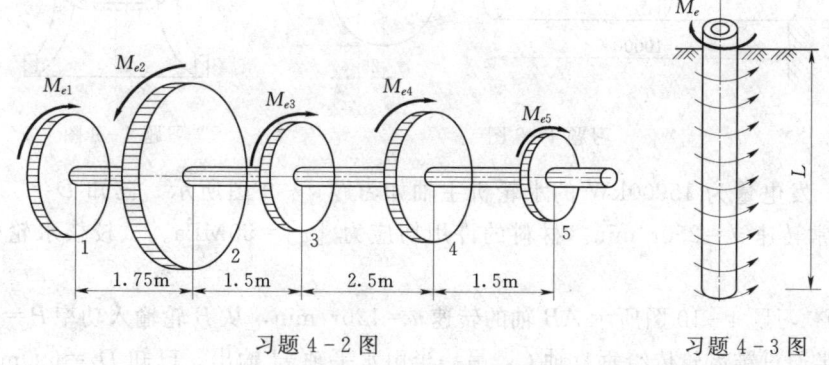

习题 4-2 图   习题 4-3 图

4-3 习题 4-3 图所示钻探机的功率为 10kW，转速 $n=180$r/min，钻机钻入土层的深度 $L=40$m，如土壤对钻杆的阻力可看成是均匀分布的力偶，试求此分布力偶的集度 m，并作出钻杆的扭矩图。

4-4 圆轴的直径 $d=50$mm，转速为 120r/min。若该轴横截面上的最大切应力等于 60MPa，试问该轴所传递的功率为多大？

4-5 直径为 $d=50$mm 的圆轴，受到扭矩 $M_x=2.15$kN·m 的作用，试求在距离轴心 10mm 处的切应力，并求轴截面上的最大切应力。

4-6 如习题 4-6 图所示，已知作用在变截面钢轴上的外力偶矩 $m_1=1.8$kN·m，$m_2=1.2$kN·m，材料的 $G=80$GPa。试求最大切应力和最大相对扭转角。

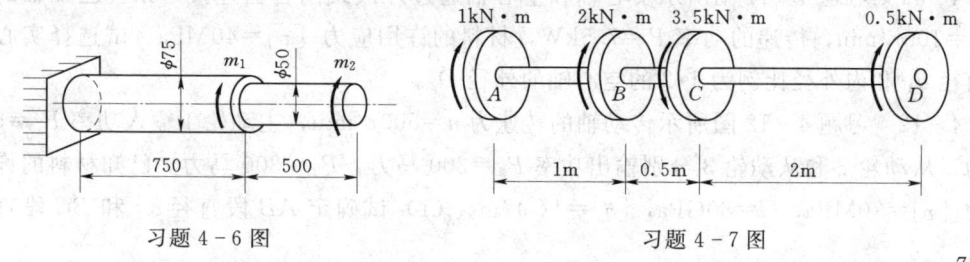

习题 4-6 图   习题 4-7 图

4-7 习题 4-7 图所示传动轴，已知轴的直径 $D=100\text{mm}$，材料的 $G=80\text{GPa}$，试求：(1) 画轴的扭矩图；(2) 求最大切应力的数值和所在的位置；(3) 求 C、D 两截面的扭转角 φ_{CD} 及 A、D 两截面的扭转角 φ_{AD}。

4-8 习题 4-8 图所示实心圆杆承受大小为 $14\text{kN}\cdot\text{m}$ 的外力偶矩 M_e 的作用，其直径为 100mm，长 1m，材料的 $G=80\text{GPa}$。试求：

(1) 最大切应力及两端面间的相对扭转角；

(2) 图示截面上 A、B、C 三点处切应力的数值和方向；

(3) C 点处的切应变。

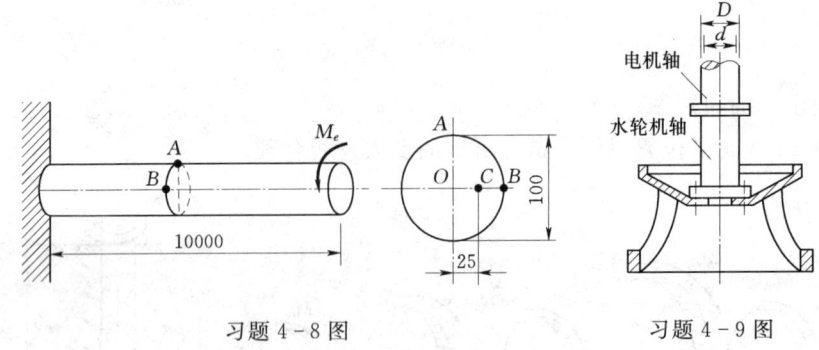

习题 4-8 图　　　　　习题 4-9 图

4-9 发电量为 15000kW 的水轮机主轴如习题 4-9 图所示。已知 $D=55\text{cm}$，$d=30\text{cm}$，正常转速 $n=250\text{r/min}$。材料的许用切应力 $[\tau]=50\text{MPa}$。试校核水轮机主轴的强度。

4-10 习题 4-10 图所示 AB 轴的转速 $n=120\text{r/min}$，从 B 轮输入功率 $P=44.1\text{kW}$，此功率一半通过锥齿轮传给垂直轴 C，另一半由水平轴 H 输出。已知 $D_1=600\text{mm}$，$D_2=240\text{mm}$，$d_1=100\text{mm}$，$d_2=80\text{mm}$，$d_3=60\text{mm}$，$[\tau]=20\text{MPa}$。试对各轴进行强度校核。

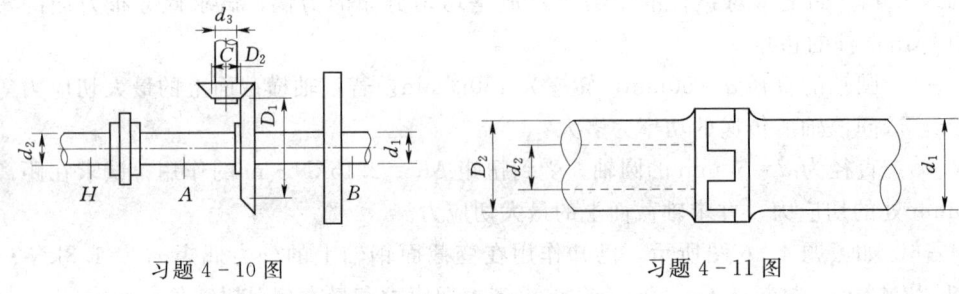

习题 4-10 图　　　　　习题 4-11 图

4-11 习题 4-11 图所示实心轴和空心轴通过牙嵌式离合器连接起来。已知轴的转速 $n=100\text{r/min}$，传递的功率 $P=7.5\text{kW}$，材料的许用应力 $[\tau]=40\text{MPa}$。试选择实心轴的直径 d_1 和内外径比例为 $1/2$ 的空心轴的外径 D_2。

4-12 习题 4-12 图所示传动轴的转速为 $n=500\text{r/min}$，主动轮 1 输入功率 $P_1=500$ 马力，从动轮 2 和从动轮 3 分别输出功率 $P_2=200$ 马力，$P_3=300$ 马力。已知材料的许用应力 $[\tau]=70\text{MPa}$，$G=80\text{GPa}$，$[\theta]=1(°)/\text{m}$。(1) 试确定 AB 段直径 d_1 和 BC 段直径

d_2；(2) 若 AB 和 BC 两段选用同一直径 d，试确定直径 d；(3) 主动轮和从动轮应如何安排才比较合理。

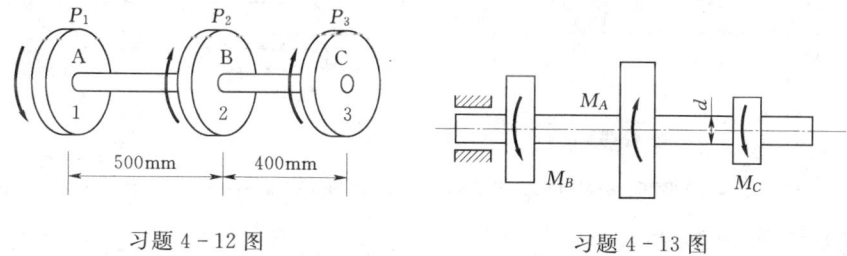

习题 4-12 图　　　　　　　　习题 4-13 图

4-13　习题 4-13 图所示皮带轮传动轴，主动轮 A 由电动机输入 $P_A=7.35\text{kW}$，B 轮和 C 轮分别带动两台水泵，消耗功率 $P_B=4.41\text{kW}$，$P_C=2.94\text{kW}$，轴的转速 $n=600\text{r/min}$，轴的材料的许用应力 $[\tau]=20\text{MPa}$，$G=80\text{GPa}$，$[\theta]=1(°)/\text{m}$，试按强度和刚度条件确定轴的直径。

4-14　某圆截面钢轴，转速为 $n=250\text{r/min}$，传递的功率为 $P=60\text{kW}$，材料的许用应力 $[\tau]=40\text{MPa}$，$G=80\text{GPa}$，$[\theta]=0.8(°)/\text{m}$，试求：(1) 实心轴的直径；(2) 若改用 $\alpha=0.8$ 的空心轴，求轴的外径。与原实心轴相比，空心轴节约材料百分之几？

4-15　阶梯形圆轴的直径分别为 $d_1=40\text{mm}$，$d_2=70\text{mm}$，轴上安装有三个皮带轮如习题 4-15 图所示。已知由轮 D 输入的功率为 $P_D=30\text{kW}$，轮 A 输出的功率为 $P_A=13\text{kW}$，轴的转速 $n=200\text{r/min}$，材料的许用应力 $[\tau]=60\text{MPa}$，$G=80\text{GPa}$，$[\theta]=2(°)/\text{m}$，试校核轴的强度和刚度。

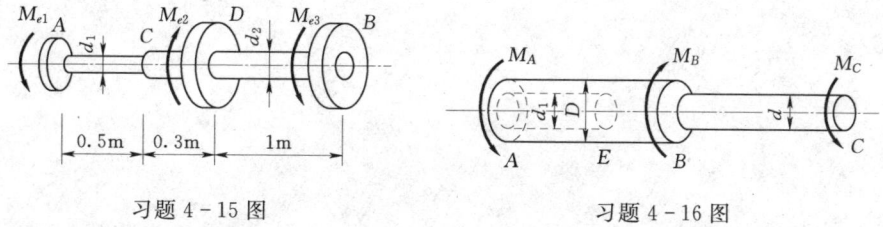

习题 4-15 图　　　　　　　　习题 4-16 图

4-16　习题 4-16 图所示阶梯形圆轴，AE 段为空心，外径 $D=141\text{mm}$，内径 $d_1=100\text{mm}$，BC 段为实心，直径 $d=100\text{mm}$。已知外力偶矩 $M_A=18\text{kN·m}$，$M_B=32\text{kN·m}$，$M_C=14\text{kN·m}$，材料的许用应力 $[\tau]=80\text{MPa}$，$G=80\text{GPa}$，$[\theta]=1.2(°)/\text{m}$。试校核该轴的强度和刚度。

4-17　将空心管 B 和实心杆 A 牢固地粘接在一起，组成一实心圆杆，如习题 4-17 图所示。管 B 和杆 A 材料的剪切弹性模量分别为 G_b 和 G_a，试推导该组合杆承受扭矩 M 时实心杆与空心管中的最大切应力公式。

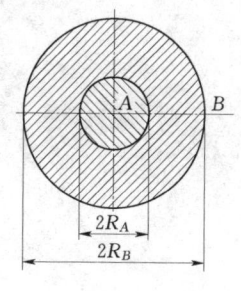

习题 4-17 图

4-18　习题 4-18 图所示直径为 $d=60\text{mm}$ 的圆截面轴，两端刚性固结。中部 C 截面上作用一外力偶矩 $M_e=3.8\text{kN·m}$，材料的 $G=80\text{GPa}$。试绘扭矩图并计算最大切应力及 C 截面的转角。

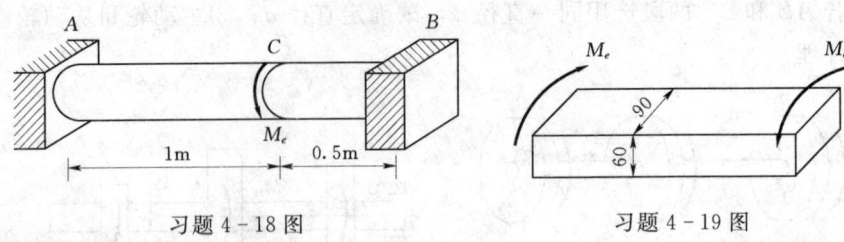

习题 4-18 图   习题 4-19 图

4-19 习题 4-19 图所示矩形截面钢杆，受矩为 $M_e=3\text{kN}\cdot\text{m}$ 的一对外力偶作用。已知材料的 $G=80\text{GPa}$。求：

(1) 杆内最大切应力的大小、位置和方向；

(2) 横截面短边中点处的切应力；

(3) 杆的单位长度扭转角。

第五章 弯 曲 内 力

第一节 平面弯曲的概念与梁的计算简图

一、弯曲的概念

当杆件在包含其轴线在内的纵向平面内，承受垂直于杆轴线的横向外力或外力偶的作用时，杆的轴线将变成曲线，这种变形形式称为弯曲。凡是以弯曲为主要变形形式的杆件通常称之为梁。梁是一种工程中常用的构件，尤其是在建筑工程中，它占有特别重要的地位，例如房屋建筑中楼板梁［图 5-1（a）］，阳台挑梁［图 5-1（b）］，火车轮轴［图 5-1（c）］，坝体［图 5-1（d）］等均是弯曲变形的实例。

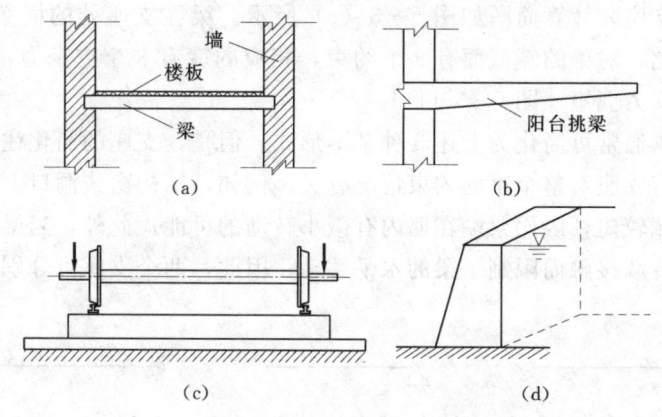

图 5-1 工程实际中的梁
（a）楼板梁；（b）阳台挑梁；（c）火车轮轴；（d）坝体

工程中常见的梁，其横截面都具有对称轴。梁横截面的对称轴和梁的轴线组成的平面通常称为纵向对称平面。当梁上所有的横向力或力偶均作用在包含该对称轴的纵向对称平面内时，则梁变形后的轴线必定是在该纵对称面内的平面曲线（图 5-2），我们把这种力的作用平面与梁的变形平面相重合的弯曲称为平面弯曲。若梁不具有纵向对称平面，或者梁虽具有纵向对称平面但横向力或力偶不作用在该纵向对

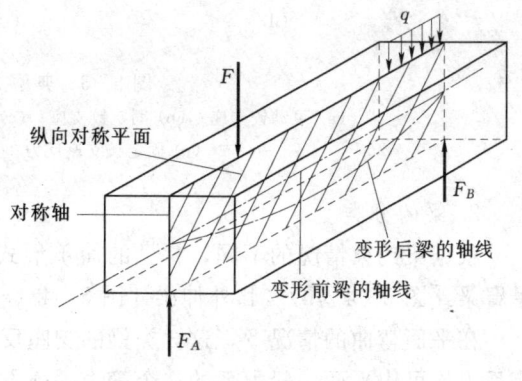

图 5-2 梁的平面弯曲

称平面内时,则这种弯曲通称为非平面弯曲。平面弯曲是弯曲问题中最简单和最常见的情况,本书只讨论梁在平面弯曲时的应力和变形计算。关于非平面弯曲问题,这里不多做介绍。

二、梁的计算简图

实际工程中,梁的支承(约束)形式和载荷作用方式都比较复杂,在进行力学计算前需要进行简化,简化的原则是:既要反映构件的主要受力特点和实际约束特征,又要使计算简便。因此,梁的计算简图常用梁的轴线表示。

1. 梁的支座

梁的支座按其对梁在载荷作用平面的约束情况,通常可简化为以下3种基本形式。

(1) 可动铰支座。计算简图如图5-3(a)所示。梁在支座处的横截面可以有微小的转动及沿轴线方向的微小的自由移动,但不能沿垂直于轴线方向移动。因此,梁在支座处只有一个约束,相应的也只有一个垂直于支承面且通过铰心的支反力 [图5-3(d)]。

(2) 固定铰支座。计算简图如图5-3(b)所示。这种支座限制梁在支座处沿平面内任意方向的移动,而并不限制梁绕铰中心转动。因此,固定铰支座可简化为水平和铅垂两个方面的约束,相应的就有两个支反力,即水平支反力和铅垂支反力 [图5-3(e)]。

(3) 固定端支座。计算简图如图5-3(c)所示。梁在支座处的横截面既不能移动,也不能转动。因此,对梁的端截面有3个约束,相应的就有3个支反力,既水平支反力,铅垂支反力和支反力偶矩 [图5-3(f)]。

梁的实际支座通常可简化为上述3种基本形式。但是,支座的简化往往与对计算的精度要求,或与所有支座对整个梁的约束情况有关。例如,结构窗或洞口上部插入砖墙内的过梁,由于插入端较短,因而梁端在墙内有微小转动的可能;此外,当梁有水平移动的趋势时其一端将与砖墙接触而限制了梁的水平移动。因此,两个支座可分别简化为固定铰支座和可动铰支座。

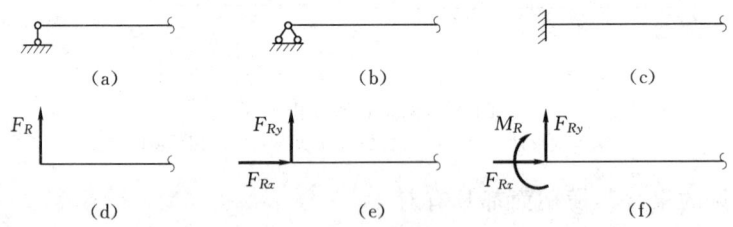

图5-3 典型支座及其反力
(a)可动铰支座;(b)固定铰支座;(c)固定端支座;(d)可动铰支座反力;
(e)固定铰支座反力;(f)固定端支座反力

2. 梁的分类

根据梁约束情况的不同,常见的简单形式的梁可分为3类:简支梁 [图5-4(a)]、悬臂梁 [图5-4(b)] 和外伸梁 [图5-4(c)]。

在平面弯曲的情况下,这3类梁的支座反力都是3个,且与梁的载荷共面。故全部支座反力均可由平面一般力系的3个静力平衡方程求出,故统称为静定梁。反之,若梁的支

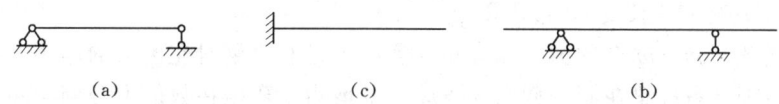

图 5-4 梁的类型
(a) 简支梁;(b) 悬臂梁;(c) 外伸梁

反力数目多与独立的平衡方程的数目,仅用平衡方程无法确定其所有的支反力,这种梁称为超静定梁。

梁在两支座之间的部分称为跨,其长度则称为跨长。常见的静定梁大多是单跨的 [图 5-4(a)、(b)],也可以是多跨的(图 5-5)。多跨静定梁由基本部分(图中 AB)和附属部分(图中 BCD 和 DE)通过中间铰组合而成。求支座反力时,可先从附属部分着手。

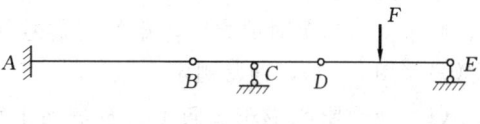

图 5-5 多跨静定梁

第二节 梁的内力—剪力和弯矩

当作用在梁上的外力(包括载荷和支反力)均为已知时,任一横截面上的内力可由截面法求出。

图 5-6(a)所示简支梁,在载荷和支反力作用下处于平衡状态。为计算距左端坐标为 x 的任一面横截面 $m—m$ 上的内力,应用截面法沿横截面 $m—m$ 假想把梁截分为左、右两段,并任选一段为研究对象。现以左段梁为分离体来分析[图 5-6(b)],该分离体在支座反力和 $m—m$ 截面上的内力共同作用下仍保持平衡状态。为维持平衡,则横截面 $m—m$ 上必有一作用线与 F_A 平行而指向相反的内力,称为剪力,并用 F_Q 表示。由于支反力 F_A 和剪力 F_Q 形成了一个力偶,使梁有顺时针转动的趋势,为维持平衡,因此该横截面 $m—m$ 上还存在一个平衡力偶,该内力偶的矩称为弯矩,用 M 表示。

剪力和弯矩的大小可由平衡方程求得,即[图 5-6(b)]

$$\sum F_y = 0, \quad F_A - F_Q = 0$$

矩心 C 选在 $m—m$ 截面的形心处:

$$\sum M_C = 0 \quad M - F_A x = 0$$

可得

$$F_Q = F_A$$

$$M = F_A x$$

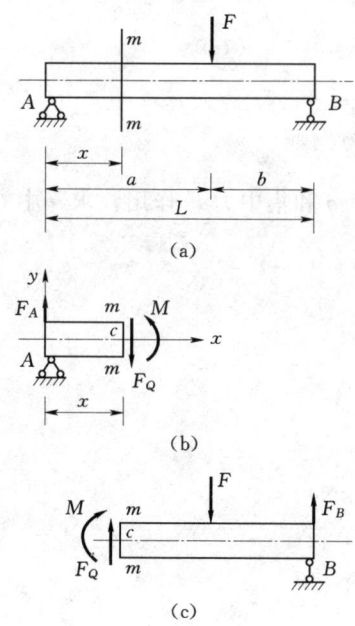

图 5-6 用截面法求梁的内力
(a) 计算简图;(b) $m—m$ 左半部分受力图;(c) $m—m$ 右半部分受力图

剪力 F_Q 的量纲是[力],常用单位为 N、kN;弯矩

M 的量纲是 [力]·[长度]，常用单位为 N·m、kN·m。

左段梁横截面 m—m 上的剪力和弯矩，实际上是右段梁对左段梁的作用。根据作用力与反作用力原理，右段梁在同一截面 m—m 上的剪力和弯矩在数值上分别与左段梁上的剪力和弯矩相等，但指向与转向相反 [图 5-6 (c)]。若对右段梁列平衡方程进行求解，同样可求出剪力 F_Q 和弯矩 M，请读者自行验证。

为了使从左、右两段梁上求得的同一横截面 m—m 上的剪力和弯矩具有相同的正负号，联系变形情况对剪力、弯矩的正负号加以规定。为此在横截面 m—m 处截取长为 dx 的微段（图 5-7），通常规定：

(1) 使微段产生左端向上、右端向下错动的剪力为正，反之为负，如图 5-7 (a)、(b) 所示。对于梁段而言，当截面上的剪力使所研究的梁段有顺时针方向转动趋势时，剪力为正 [图 5-7 (a)]；有逆时针方向转动趋势时剪力为负 [图 5-7 (b)]。

(2) 使微段产生向下凸的变形的弯矩为正，反之为负，如图 5-7 (c)、(d) 所示。对于梁段而言，当截面上的弯矩使所研究的梁段产生向下凸的变形时（即该梁段下部受拉，上部受压）弯矩为正 [图 5-7 (c)]；产生向上凸的变形时（即该梁段下部受压，上部受拉）弯矩为负 [图 5-7 (d)]。

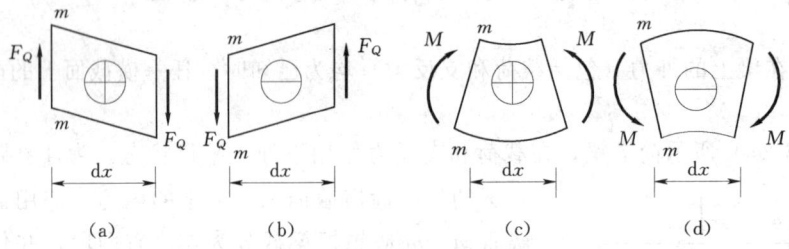

图 5-7 剪力与弯矩的正负号规定
(a) 正剪力；(b) 负剪力；(c) 正弯矩；(d) 负弯矩

【例 5-1】 如图 5-8 (a) 所示简支梁受满跨均布载荷 q 和集中力 F 作用，求跨中 C 截面上的剪力和弯矩。已知 $L=3\text{m}$。

解：(1) 求支反力。

以整体为研究对象，列平衡方程 [图 5-8 (a)]

$$\sum M_B = 0, \quad F_A L - F\frac{2L}{3} - \frac{qL^2}{2} = 0$$

得

$$F_A = \frac{2F}{3} + \frac{qL}{2} = \frac{2\times 3}{3} + \frac{2\times 3}{2} = 5(\text{kN})$$

$$\sum M_A = 0, \quad F_B L - F\frac{L}{3} - \frac{qL^2}{2} = 0$$

得

$$F_B = \frac{F}{3} + \frac{qL}{2} = \frac{3}{3} + \frac{2\times 3}{2} = 4(\text{kN})$$

校核：

第二节 梁的内力——剪力和弯矩

由 $\sum F_y = 0$, $F_A - F - qL + F_B = 5 - 3 - 2 \times 3 + 4 = 0$
反力无误。

（2）求跨中 C 截面的剪力和弯矩。

假想将梁沿 C 截面截开，以左段梁为分离体，并假设 C 截面上的剪力和弯矩都为正值，如图 5-8（b）所示，列平衡方程：

$$\sum F_y = 0, \quad F_A - F - \frac{qL}{2} - F_{QC} = 0$$

得 $F_{QC} = F_A - F - \dfrac{qL}{2} = 5 - 3 - \dfrac{2 \times 3}{2} = -1 \text{(kN)} \quad (1)$

求得的剪力为负表明 F_Q 的真实方向与图中假设方向相反。

$$\sum M_C = 0, \quad F_A \frac{L}{2} - F\left(\frac{L}{2} - \frac{L}{3}\right) - \frac{qL^2}{8} - M_C = 0$$

得 $M = F_A \dfrac{L}{2} - F\left(\dfrac{L}{2} - \dfrac{L}{3}\right) - \dfrac{qL^2}{8} = 5 \times \dfrac{3}{2} - 3\left(\dfrac{3}{2} - \dfrac{3}{3}\right) - \dfrac{3 \times 3^2}{8} = 3.75 \text{(kN·m)} \quad (2)$

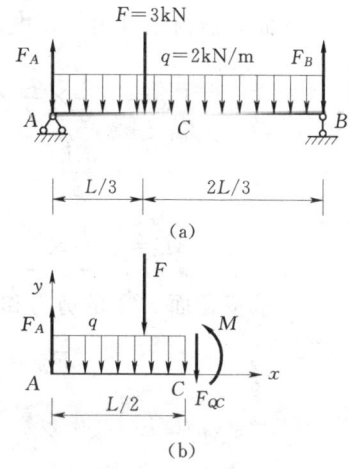

图 5-8 ［例 5-1］图
(a) 原图；(b) 截面 C 左半部分受力图

以上是取左段梁为分离体计算的内力，读者可以自行验证如取右段梁为分离体，计算结果完全相同。

从上例的式（1）、式（2）可以看出应用截面法求某一截面上的剪力和弯矩时，一般可不必将梁假想截开，可直接从横截面的任意一侧梁上的外力来求得该截面上的剪力和弯矩。归纳如下：

（1）横截面上的剪力在数值上等于该截面左侧梁段（或右侧梁段）上所有横向外力的代数和。在左侧梁段上向上的外力（右侧梁段上向下的外力）将引起正值剪力；反之，则引起负值剪力。

（2）横截面上的弯矩在数值上等于截面的左侧梁段上或右侧梁段上的外力（包括外力偶）对该截面形心之矩的代数和。不论是在左侧还是右侧梁段上，向上的外力均引起正值的弯矩，向下的外力均引起负值的弯矩，截面左侧梁段上顺时针转向的外力偶（截面右侧梁段上逆时针转向的外力偶）均引起正值弯矩；反之，引起负值弯矩。

利用上述结论计算梁指定截面内力的方法称为直接法。用直接法计算内力可以不经过取分离体和列平衡方程两个步骤，直接根据梁上的外力写出内力表达式，计算较为简便。下面举例说明。

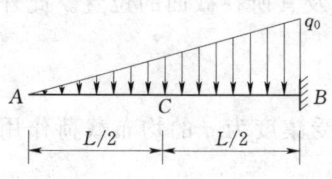

图 5-9 ［例 5-2］图

【例 5-2】 如图 5-9 所示悬臂梁受三角形分布载荷作用，分布载荷的最大集度为 $q_0 = 20 \text{kN/m}$，求 B、C 两截面上的剪力和弯矩。已知 $L = 2\text{m}$。

解： 当求悬臂梁横截面上的内力时，若取包含自由端的截面一侧的梁段来计算，则不必求出支反力。

（1）求横截面 C 上的剪力和弯矩。

C 截面处载荷集度为 $\dfrac{q_0}{2}$，由直接法得

$$F_{QC} = -\dfrac{1}{2} \times \dfrac{q_0}{2} \times \dfrac{L}{2}$$

$$= -\dfrac{q_0 L}{8} = -\dfrac{20 \times 2}{8} = -5(\text{kN})$$

$$M_C = -\dfrac{1}{2} \times \dfrac{q_0}{2} \times \dfrac{L}{2} \times \dfrac{1}{3}\left(\dfrac{L}{2}\right) = -\dfrac{q_0 L^2}{48} = -\dfrac{20 \times 2^2}{48} = -1.667(\text{kN} \cdot \text{m})$$

（2）求横截面 B 上的剪力和弯矩。

$$F_{QB} = -\dfrac{1}{2}q_0 L = -\dfrac{20 \times 2}{2} = -20(\text{kN})$$

$$M_B = -\dfrac{1}{2} \times L \times q_0 \times \dfrac{L}{3} = -\dfrac{q_0 L^2}{6} = -\dfrac{20 \times 2^2}{6} = -13.33(\text{kN} \cdot \text{m})$$

计算结果表明，以上两截面的剪力 F_Q 和弯矩 M 均为负值，即其指向和转向与规定正值方向相反。

第三节　梁的内力图—剪力图和弯矩图

一般情况下，梁横截面上的内力是随横截面的位置而变化的。如用沿梁轴线方向的坐标 x 表示横截面的位置，则梁各横截面上的内力可表示为坐标 x 的函数，即

$$F_Q = F_Q(x), \quad M = M(x)$$

以上两式表示沿梁轴线各横截面上剪力和弯矩的变化规律，分别称为梁的剪力方程和弯矩方程。

为了直观地反映梁的内力沿梁轴线的变化规律，以横坐标表示横截面沿梁轴线的位置，以纵坐标表示横截面上的剪力或弯矩，根据剪力方程或弯矩方程绘出 $F_Q(x)$ 或 $M(x)$ 的图线，表示沿梁轴线的各横截面上剪力或弯矩的变化情况，分别称为梁的剪力图或弯矩图。绘图时将正值的剪力画在 x 轴的上侧，负值的剪力画在 x 轴的下侧；至于弯矩正值的则画在 x 轴的下侧，负值的弯矩画在 x 轴的上侧，或者说弯矩图是画在梁的受拉一侧。

应用剪力图和弯矩图可以确定梁的剪力和弯矩的最大值及其所在截面的位置。此外，在计算梁的位移时，也需要利用弯矩方程或弯矩图来求解。

下面举例说明绘制梁的剪力图和弯矩图的方法。

【例 5-3】　如图 5-10（a）所示的悬臂梁，在全梁上受集度为 q 的均布载荷作用。试作梁的剪力图和弯矩图。

解： 取 x 轴的坐标原点为 B 点，对于悬臂结构可从自由端开始求解，这样可不必求出支座反力。

（1）列剪力方程和弯矩方程。

取 x 截面右侧为研究对象 [图 5-10（b）]，由截面右侧的外力写出剪力方程和弯矩方程：

$$F_Q(x) = qx \quad (0 < x < L) \tag{1}$$

$$M(x) = -\frac{qx^2}{2} \quad (0 \leqslant x \leqslant L) \tag{2}$$

(2) 绘剪力图和弯矩图。

由剪力方程可知，剪力图为一水平直线，只需确定两点，如图 5-10 (c) 所示。

由弯矩方程可知，弯矩图为二次抛物线，需确定三点，如图 5-10 (d) 所示。

当 $x=0$ 时，$F_Q(0)=0$，$M(0)=0$

当 $x=\dfrac{L}{2}$ 时，$M\left(\dfrac{L}{2}\right) = -\dfrac{qL^2}{8}$

当 $x=L$ 时，$F_Q(L)=qL$，$M(L)=-\dfrac{qL^2}{2}$

由图可见，悬臂梁上的最大剪力和弯矩在固定端处右侧横截面上，分别为 $F_{Qmax}=qL$，$M_{max}=\dfrac{ql^2}{2}$（负值）。

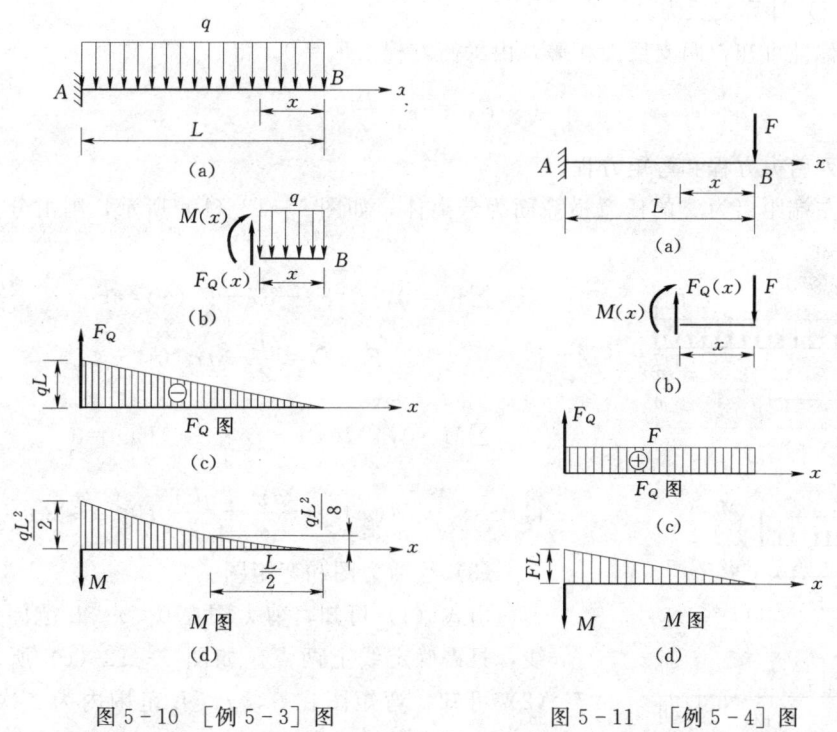

图 5-10 [例 5-3] 图
(a) 原图；(b) 截面法右半部分受力图；
(c) 剪力图；(d) 弯矩图

图 5-11 [例 5-4] 图
a) 原图；(b) 截面法右半部分受力图；
(c) 剪力图；(d) 弯矩图

【例 5-4】 如图 5-11 (a) 所示的悬臂梁，在梁自由端上受集中载荷 F 作用。试作梁的剪力图和弯矩图。

解：取 x 轴的坐标原点为 B 点，对于悬臂结构可从自由端开始求解，这样可不必求出支座反力。

(1) 列剪力方程和弯矩方程。

取 x 截面右侧为研究对象[图 5-11（b）]，由截面右侧的外力写出剪力方程和弯矩方程：

$$F_Q(x) = F \quad (0 < x < L) \tag{1}$$

$$M(x) = -Fx \quad (0 \leqslant x \leqslant L) \tag{2}$$

（2）绘剪力图和弯矩图。

由剪力方程式（1）和弯矩方程式（2）可知，剪力图和弯矩图均为一直线，只需确定两点，如图 5-11（c）和图 5-11（d）所示。

当 $x=0$ 时，$F_Q(0)=F$，$M(0)=0$

当 $x=L$ 时，$F_Q(L)=F$，$M(L)=-FL$

由图可见，悬臂梁上的最大剪力在整个梁上，最大弯矩在固定端处右侧横截面上，为 $M_{\max} = FL$（负值）。

【**例 5-5**】 如图 5-12（a）所示的简支梁，在全梁上受集度为 q 的均布载荷作用。试作梁的剪力图或弯矩图。

解：（1）计算支反力。

由对称性可知，两支反力相等，由平衡方程 $\sum F_y = 0$，得

$$F_A = F_B = \frac{qL}{2}$$

（2）列剪力方程和弯矩方程。

取距左端距离为 x 的任意横截面为分离体，如图 5-12（b）所示，则由分离体的平衡方程可知：

$$\sum F_y = 0, \quad F_A - qx - F_Q(x) = 0$$

得

$$F_Q(x) = \frac{qL}{2} - qx \quad (0 < x < L) \tag{1}$$

$$\sum M = 0, \quad M(x) + qx \cdot \frac{x}{2} - F_A x = 0$$

得

$$M(x) = -\frac{qx^2}{2} + \frac{qLx}{2} \quad (0 \leqslant x \leqslant L) \tag{2}$$

（3）绘剪力图和弯矩图。

由式（1）可知，剪力图在 $0<x<L$ 范围内为斜直线，只需确定线上两点，如图 5-12（c）所示。由式（2）可知，弯矩图在 $0 \leqslant x \leqslant L$ 范围内为二次抛物线，因此，至少需要确定三点，如图 5-11（d）所示。

当 $x=0$ 时，$F_Q(0) = \dfrac{qL}{2}$，$M(0)=0$

当 $x=\dfrac{L}{2}$ 时，$M\left(\dfrac{L}{2}\right) = \dfrac{qL^2}{8}$

当 $x=L$ 时，$F_Q(L) = -\dfrac{qL}{2}$，$M(L)=0$

由剪力图和弯矩图可知，梁在跨中横截面上的弯矩

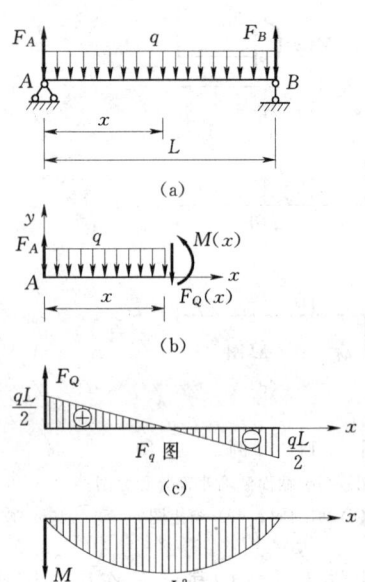

图 5-12 [例 5-5]图
(a) 原图；(b) 截面法左半部分受力图；
(c) 剪力图；(d) 弯矩图

值最大，为 $M_{\max}=\dfrac{qL^2}{8}$；而两支座内侧横截面上的剪力值最大，为 $F_{Q\max}=\pm\dfrac{qL}{2}$。

【例 5-6】 如图 5-13（a）所示的简支梁在 C 点处受集中载荷 F 的作用。试作梁的剪力图和弯矩图。

解：(1) 计算支反力。

由梁的平衡方程 $\sum M_B=0$ 和 $\sum M_A=0$ 分别求得支反力 [图 5-13（a）] 为

$$F_A=\dfrac{Fb}{L},\ F_B=\dfrac{Fa}{L}$$

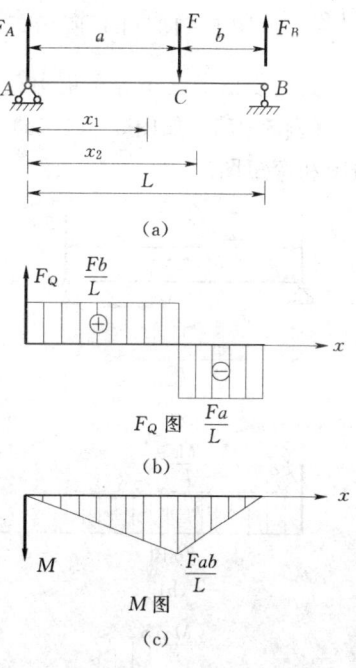

图 5-13 [例 5-6] 图
(a) 原图；(b) 剪力图；(c) 弯矩图

(2) 列剪力方程和弯矩方程。

由于梁在 C 点处有集中载荷 F 作用，显然，在集中载荷两侧的梁段，其剪力和弯矩方程均不相同，故需将梁分为 AC 和 CB 两段，分别写出其剪力方程和弯矩方程。

对于 AC 段梁，由平衡方程 $\sum F_y=0$ 和 $\sum M=0$ 得其剪力方程和弯矩方程分别为

$$F_Q(x_1)=F_A=\dfrac{Fb}{L}\qquad (0<x_1<a) \qquad (1)$$

$$\sum M(x_1)=F_A x_1=\dfrac{Fb}{L}x_1\qquad (0\leqslant x_1\leqslant a) \qquad (2)$$

同理，对于 BC 段梁，剪力方程和弯矩方程分别为

$$F_Q(x_2)=\dfrac{Fb}{L}-F=-\dfrac{F(L-b)}{L}=-\dfrac{Fa}{L}\qquad (a<x_2<L) \qquad (3)$$

$$\sum(x_2)=\dfrac{Fb}{L}x_2-F(x_2-a)=\dfrac{Fa}{L}(L-x_2)\qquad (a\leqslant x_2\leqslant L) \qquad (4)$$

(3) 绘剪力图和弯矩图。

由式 (1)、式 (3) 可知，左、右两梁段的剪力图各为一条平行于 x 轴的直线。由式 (2)、式 (4) 可知，左、右两梁段的弯矩图各为一条斜直线。由这些方程可绘出剪力图和弯矩图分别如图 5-13 (b)、(c) 所示。

计算控制截面的剪力值和弯矩值：

当 $x_1=0$ 时，$F_Q(0)=\dfrac{Fb}{L}$；$M(0)=0$

当 $x_1=a^-$（左侧）时，$F_Q(a^-)=\dfrac{Fb}{L}$；$M(a^-)=\dfrac{Fb}{L}a$

当 $x_2=a^+$（右侧）时，$F_Q(a^+)=-\dfrac{Fa}{L}$；$M(a^+)=\dfrac{Fa}{L}b$

当 $x_2=L$ 时，$F_Q(L)=-\dfrac{Fa}{L}$；$M(L)=0$

如图 5-13 (b)、(c) 所示，当 $a>b$ 时，CB 段梁任一横截面上的剪力值为最大，其

值为 $F_{Qmax}=\dfrac{Fa}{L}$（负值）；而在集中载荷 F 作用处横截面上的弯矩值为最大，其值为 $M_{max}=\dfrac{Fab}{L}$。如图 5-13（b）所示，在集中载荷 F 作用处左、右两侧横截面上的剪力值有突变，其突变值的大小等于集中载荷 F 的大小。

【例 5-7】 如图 5-14（a）所示的简支梁在 C 点处受集中力偶 M_e 作用。试作梁的剪力图和弯矩图。

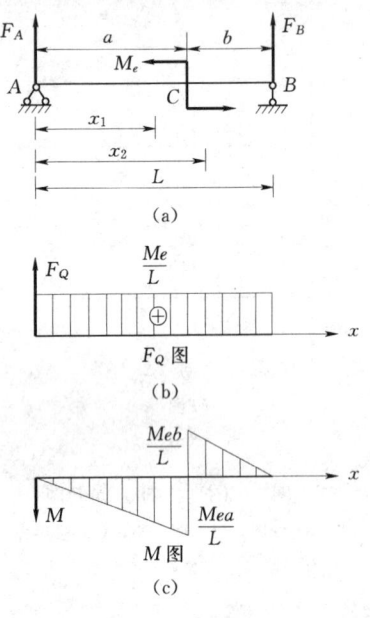

图 5-14 ［例 5-7］图
(a) 原图；(b) 剪力图；(c) 弯矩图

解：（1）计算支反力。

由梁的平衡方程 $\sum M_B=0$ 和 $\sum M_A=0$ 分别求得支反力 ［图 5-14（a）］为

$$F_A=\frac{M_e}{L},\ F_B=-\frac{M_e}{L}$$

（2）列剪力方程和弯矩方程。

由于简支梁上仅有一力偶作用，故全梁只有一个剪力方程，而 AC 和 CB 两段梁的弯矩方程则不同。

对于 AC 段梁，由平衡方程 $\sum F_y=0$ 和 $\sum M=0$ 得其剪力方程和弯矩方程分别为

$$F_Q(x_1)=F_A=\frac{M_e}{L} \quad (0<x_1\leqslant a) \quad (1)$$

$$\sum M(x_1)=F_A x_1=\frac{M_e}{L}x_1 \quad (0\leqslant x_1<a) \quad (2)$$

同理，对于 BC 段梁，剪力方程和弯矩方程分别为

$$F_Q(x_2)=\frac{M_e}{L} \quad (a\leqslant x_2<L) \quad (3)$$

$$\sum M(x_2)=\frac{M_e}{L}x_2-M=-\frac{M_e}{L}(L-x_2) \quad (a<x_2\leqslant L) \quad (4)$$

（3）绘剪力图和弯矩图。

由式（1）、式（3）可知，整个梁段的剪力图为一条平行于 x 轴的直线。由式（2）、式（4）可知，左、右两梁段的弯矩图各为一条斜直线。由这些方程可绘出剪力图和弯矩图分别如图 5-14（b）、(c) 所示。

计算控制截面的剪力值和弯矩值：

当 $x_1=0$ 时，$F_Q(0)=\dfrac{M_e}{L}$；$M(0)=0$

当 $x_1=a^-$（左侧）时，$M(a^-)=\dfrac{M_e}{L}a$

当 $x_2=a^+$（右侧）时，$M(a^+)=-\dfrac{M_e}{L}b$

当 $x_2=L$ 时，$F_Q(L)=\dfrac{M_e}{L}$；$M(L)=0$

由图可见,整个梁段上剪力值相等,其值为 $F_{Q\max}=\dfrac{M_e}{L}$;而在集中力偶 M_e 作用处左、右两侧横截面上的弯矩值有突变,其突变值的大小等于集中载荷 M_e 的大小。当 $a>b$ 时,弯矩最大在集中力偶 M_e 作用处左侧横截面上,其值为 $M_{\max}=\dfrac{M_e}{L}a$。

由以上各例所求得的剪力图和弯矩图,可归纳为如下规律:

(1) 集中力或集中力偶将梁分为若干段,梁的剪力方程和弯矩方程应分段写出(但在集中力偶作用截面上的剪力方程不必分段列出)。当部分梁段上承受分布载荷作用时,梁的剪力方程和弯矩方程也应分段写出。

(2) 在梁上集中力作用处,剪力图有突变,其左、右两侧横截面上剪力的代数差等于集中力的大小,而在弯矩图上的相应处则形成一个尖角。

(3) 在梁上受集中力偶作用处,梁的弯矩方程和弯矩图应该分段列出或绘制,弯矩图有突变,其左、右两侧横截面上弯矩的代数差等于该集中力偶的力偶矩,但在剪力图上的相应处并无变化。

(4) 全梁的最大剪力和最大弯矩可能发生在全梁或各段梁的边界截面,或极值点的截面处。

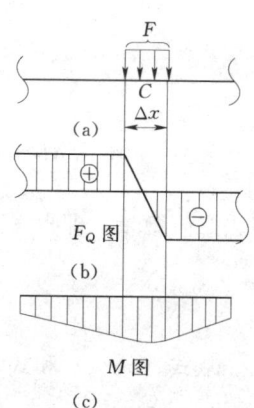

图 5-15 集中载荷简化
(a) 载荷图;(b) 剪力图;
(c) 弯矩图

必须指出,从剪力图[图 5-13(b)]可以看出,在集中力作用处的截面上的剪力似乎没有定值,事实上,这是由于我们将作用于微段梁 Δx 上分布力的简化为作用于一点的集中力造成的。若将分布力视为 Δx 范围内均匀分布[图 5-15(a)],则在该段梁上的剪力图将按直线规律连续变化[图 5-15(b)]。同理,集中力偶也可作类似简化,若按其实际分布情况,绘出的弯矩图也是连续变化的。

第四节 剪力、弯矩和载荷集度之间的微分关系

在[例 5-5]中可以看出,若将弯矩函数 $M(x)$ 对 x 求导数,即得剪力函数 $F_Q(x)$;将剪力函数 $F_Q(x)$ 对 x 求导数,则得均布载荷的集度 q。事实上这些特定关系在直梁中是普遍存在的。

设如图 5-16(a) 所示梁上作用有任意分布载荷 $q(x)$ 是 x 的连续函数,并规定以向上为正。将 x 轴的坐标原点取在梁的左端。以坐标为 x 和 $x+\mathrm{d}x$ 的两横截面截取长为 $\mathrm{d}x$ 的梁段[图 5-16(b)]为研究对象。由于 $\mathrm{d}x$ 很小,可略去载荷集度沿 $\mathrm{d}x$ 长度的变化,认为该微段上的分布载荷是均匀分布的。设坐标为 x 处横截面上的剪力和弯矩分别为 $F_Q(x)$ 和 $M(x)$,该处的载荷集度为 $q(x)$,并均设为正值,则在坐标为 $x+\mathrm{d}x$ 处横截面上的剪力和弯矩将分别为 $F_Q(x)+\mathrm{d}F_Q(x)$ 和 $M(x)+\mathrm{d}M(x)$。梁段在以上所有外力作用下处于平衡状态,于是由梁段的平衡方程:

$$\sum F_y=0, \qquad F_Q(x)-[F_Q(x)+\mathrm{d}F_Q(x)]+q(x)\mathrm{d}x=0$$

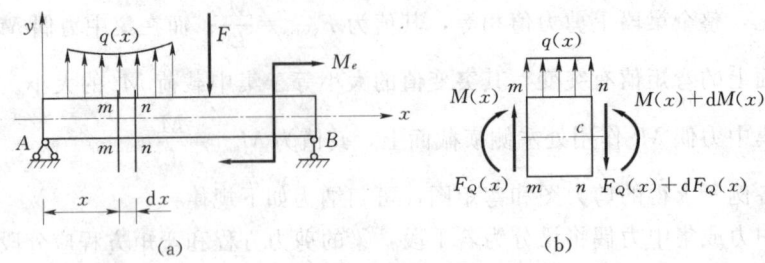

图 5-16 梁微段的内力示意图
(a) 梁的简图；(b) 微段内力示意图

得
$$\frac{dF_Q(x)}{dx}=q(x) \tag{5-1}$$

$$\sum M_C=0, \quad [M(x)+dM(x)]-M(x)-dF_Q(x)dx-q(x)dx\frac{dx}{2}=0$$

略去二阶微量，即得
$$\frac{dM(x)}{dx}=F_Q(x) \tag{5-2}$$

从式 (5-1) 和式 (5-2) 又可得
$$\frac{d^2M(x)}{dx^2}=\frac{dF_Q(x)}{dx}=q(x) \tag{5-3}$$

以上三式就是弯矩 $M(x)$、剪力 $F_Q(x)$ 和载荷集度 $q(x)$ 三函数之间的微分关系式。

式 (5-1) 和式 (5-2) 的几何意义分别为：剪力图某处的切线斜率等于该点处载荷集度的大小；弯矩图上某点处的切线斜率等于该点处的剪力的大小。而式 (5-3) 表明，弯矩图的凸向是与分布载荷的作用方向一致的。即如在某段梁上的分布载荷向上，则该段上的弯矩图为上凸曲线，反之亦然。

应用这些关系，以及有关剪力图和弯矩图的规律，可检验所作剪力图或弯矩图的正确性，或直接作梁的剪力图和弯矩图。弯矩、剪力与载荷间的关系以及剪力图和弯矩图的一些特征汇总见表 5-1。

由式 (5-1)～式 (5-3) 及表 5-1 可归纳如下规律：

(1) 当梁上无分布载荷时，即 $q(x)=0$，由 $\frac{dF_Q(x)}{dx}=q(x)=0$ 可知，此时 $F_Q(x)=$ 常数，即剪力图的斜率为 0，剪力图必为一条水平直线。又由 $\frac{d^2M(x)}{dx^2}=q(x)=0$ 可知，$M(x)$ 是 x 的一次函数或者说弯矩图的斜率为常数 $\left[\text{因为}\frac{dM(x)}{dx}=F_Q(x)=\text{常数}\right]$，所以，弯矩图必是一条斜直线。

(2) 当梁上有均布载荷时，即 $q(x)=$ 常数，则 $\frac{d^2M(x)}{dx^2}=\frac{dF_Q(x)}{dx}=q(x)$，所以，剪力图的斜率为常数或剪力是 x 的一次函数，剪力图为一条斜直线。弯矩图的斜率是 x 的二

表 5-1　　　　　　　　　常见载荷作用下剪力图和弯矩图的特征

受力情况	向下的均布荷载 $q<0$	无荷载 $q=0$	集中力 F 作用于 A	集中力偶 M_e 作用于 A	向下的三角形分布荷载 $q<0$
剪力图特征	向下倾斜的直线	水平直线	在 A 截面有突变	在 A 截面无突变	向下凸的二次抛物线，切线水平
弯矩图特征	向下凸的二次抛物线 或	一般为倾斜直线 或	在 A 截面形成尖角 或	在 A 截面有突变	向下凸的三次抛物线 或
最大弯矩据所在截面可能位置	在剪力等于零的截面处	—	在剪力有突变的截面处	在紧靠 A 点的某一侧的截面处	在剪力等于零的截面处

次函数或者说 $M(x)$ 是 x 的二次函数，所以，弯矩图是一条二次抛物线。

若均布载荷方向向上，即 $\dfrac{d^2M(x)}{dx^2}=q(x)>0$，则弯矩图在坐标系中向上凸；反之，若均布载荷方向向下，即 $\dfrac{d^2M(x)}{dx^2}=q(x)<0$，则弯矩图在坐标系中向下凸。简言之，弯矩图的凸向和分布载荷的方向是一致的。

(3) 若梁上某一截面上的剪力为 0，即 $\dfrac{dM(x)}{dx}=F_Q(x)=0$，故弯矩图的斜率为 0，在这一截面上弯矩为一极值。

(4) 梁上集中力作用处，剪力图有突变，其突变值等于该集中力的数值，因而弯矩图的斜率也发生变化，弯矩图上有尖角。集中力偶作用处，剪力图无变化，弯矩图有突变，其突变值等于该集中力偶的数值。

(5) 最大弯矩的绝对值，可能在 $F_Q(x)=0$ 的截面上，也可能在集中力或集中力偶作用处。

下面举例说明上述各种关系的应用。

【例 5-8】　如图 5-17 (a) 所示外伸梁。已知：$q=20\text{kN/m}$，$F=20\text{kN}$，$M_e=160\text{kN}\cdot\text{m}$，试利用载荷集度、剪力和弯矩间的微分关系作梁的剪力图和弯矩图。

解：(1) 求支反力。

由　$\sum M_B=0$

$$F_A\times 10-160-20\times 10\times 3+20\times 2=0$$

得

$$F_A=72(\text{kN})$$

由 $\sum M_A = 0$

$$F_B \times 10 + 160 - 20 \times 10 \times 7 - 20 \times 12 = 0$$

得

$$F_B = 148 (\text{kN})$$

(2) 作剪力图。

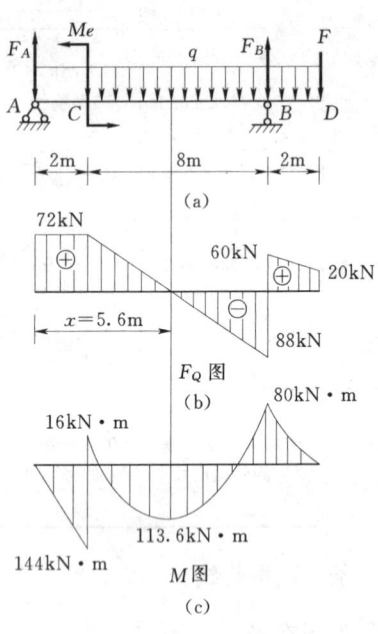

图 5-17 [例 5-8] 图
(a) 原图；(b) 剪力图；(c) 弯矩图

支反力 F_A、F_B 及均布载荷将梁分为 AC、CB 和 BD 三段 [图 5-17 (a)]。AC 段上均无载荷，故该段梁上的剪力图为水平直线。在 CD 和 BD 段上有向下的均布载荷，其剪力图为向右下方倾斜的直线。

对于剪力图为水平直线的 AC 段梁，仅须计算每一段中任一横截面上的剪力。直接从外力计算剪力，可得横截面 $m-m$ [图 5-17 (a)] 上的剪力分别为

$$F_{Q1} = F_A = 72 \text{kN}$$

由于梁上在点 C 处无集中力作用，剪力图无突变，故 CD 段在 C 点处横截面上的剪力就等于 F_{Q1}，而梁上在点 B、D 处由集中力作用，剪力图有突变，故需求出 B 和 D 两点处左右横截面上的剪力：

$$F_{QB左} = F_A - q \times 8 = 72 - 20 \times 8 = -88(\text{kN})$$

$$F_{QB右} = F_A - q \times 8 + 148 = 72 - 20 \times 8 + 148 = 60(\text{kN})$$

$$F_{QD右} = 0$$

$$F_{QD左} = F = 20(\text{kN})$$

根据以上的分析及算得的剪力，即可作出全梁的剪力图，如图 5-17 (b) 所示。由图可见 $F_{Q\max} = 88 \text{kN}$（负值），发生在支座 B 的左侧横截面上。由剪力图可知，在 CB 段上有剪力为 0 的截面，设剪力为 0 的截面 E 到 A 点的距离为 x，由 $F_Q(x) = 0$ 求出 x 的值。

$$F_Q(x) = F_A - q(x-2) = 72 - 20(x-2) = 0$$

得

$$x = 5.6(\text{m})$$

(3) 作弯矩图。

在 AC 段内，弯矩图应为斜直线。C 点处有集中力偶作用，弯矩图有突变，为此，分别计算横截面 A、B、D 及 C 的左右两侧横截面上的弯矩，直接从外力计算弯矩，得

$$M_A = 0$$

$$M_B = -F \times 2 - q \times 2 \times 1 = -20 \times 2 - 20 \times 2 \times 1 = -80(\text{kN} \cdot \text{m})$$

$$M_{C左} = F_A \times 2 = 72 \times 2 = 144(\text{kN} \cdot \text{m})$$

$$M_{C右} = F_A \times 2 - M_e = 72 \times 2 - 160 = -16(\text{kN} \cdot \text{m})$$

$$M_D = 0$$

在 CD 段内，弯矩图应为凸向下的二次抛物线，由剪力图可知，在 CB 段内剪力为 0 截面上弯矩取得极值，即

$$M_E = F_A x - M_e - q \frac{(x-2)^2}{2} = 72 \times 5.6 - 160 - 20 \times \frac{(5.6-2)^2}{2} = 113.6 (\text{kN} \cdot \text{m})$$

由上述控制截面点的弯矩值可绘出弯矩图,如图 5-17(c) 所示。

【**例 5-9**】 如图 5-18(a) 所示简支梁剪力图和弯矩图。已知 $q = 2\text{kN/m}$,$M_e = 10\text{kN} \cdot \text{m}$,$l = 6\text{m}$。

解:(1) 求支座反力。

由梁的整体平衡条件 $\sum M_B = 0$ 和 $\sum M_A = 0$ 求得

$$F_A = 1\text{kN}, \quad F_B = 7\text{kN}$$

(2) 作剪力图。

外力将梁分为 AC 和 CB 两段 [图 5-18(a)]。AC 段上无载荷,故该段梁上的剪力图为水平直线。在 CB 段上有向下的均布载荷,其剪力图为向右下方倾斜的直线。

计算控制截面剪力值如下:

$$F_{QA右} = F_{QC} = F_A = 1\text{kN}$$
$$F_{QB左} = -F_B = -7\text{kN}$$

由于梁上各点处无集中力作用,故剪力图无突变,绘制剪力图,如图 5-18(b) 所示。从剪力图可以看出,在 CB 段内 D 截面处的剪力值为 0,设 D 截面与 C 截面的距离为 x,则由 $F_Q(x) = 0$ 求出 x 的值。

$$F_Q(x) = F_A - qx = 1 - 2x = 0$$
$$x = 0.5\text{m}$$

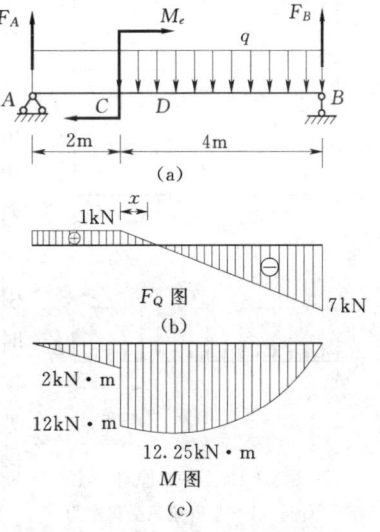

图 5-18 [例 5-9] 图
(a) 原图;(b) 剪力图;(c) 弯矩图

(3) 作弯矩图。

在 AC 段内,弯矩图为斜直线。CB 段内,弯矩图应为凸向下的二次抛物线,C 点处有集中力偶作用,弯矩图有突变,为此,分别计算横截面 A、B 及 C 的左右两侧横截面上的弯矩,直接从外力计算弯矩,得

$$M_A = 0$$
$$M_B = 0$$
$$M_{C左} = F_A \times \frac{l}{3} = 1 \times 2 = 2(\text{kN} \cdot \text{m})$$
$$M_{C右} = F_A \times \frac{l}{3} + M_e = 1 \times 2 + 10 = 12(\text{kN} \cdot \text{m})$$

由于在 D 点处横截面上的剪力 $F_Q = 0$,因而该横截面上的 M_D 为极值弯矩。直接从外力计算得

$$M_D = F_A \times \left(\frac{l}{3} + 0.5\right) + M_e - q\frac{0.5^2}{2} = 1 \times 2.5 + 10 - 2 \times 0.125 = 12.25(\text{kN} \cdot \text{m})$$

根据以上的定性分析及算得的弯矩,即可作出全梁的弯矩图 [图 5-18(c)]。由图可见,$M_{\max} = M_D = 12.25(\text{kN} \cdot \text{m})$。

第五节 按叠加原理作内力图

当梁在载荷作用下产生微小变形时，其跨长的改变可略去不计，计算时可用构件原始尺寸进行计算，而所得到的结果与梁上载荷成线性关系。在这种情况下，当梁上受几项载荷共同作用时，某一横截面上的弯矩就等于梁在各项载荷单独作用下同一横截面上弯矩的叠加。例如图 5-19（a）所示悬臂梁受集中载荷 F 和均布载荷 q 共同作用，在距左端为 x 的任意横截面上的弯矩为

$$M(x) = -Fx - q\frac{x^2}{2}。$$

可见，梁的弯矩是载荷的线性函数。式中第一项是 F 单独作用时引起的弯矩，第二项是 q 单独作用时引起的弯矩。而上式表明，两项的叠加就是 F 和 q 共同作用时的弯矩。

事实上这是一个普遍性的原理，即叠加原理：当载荷引起的效应（内力、应力或变形）与梁上载荷为线性关系时，由几项载荷共同作用时所引起的某一效应，就等于每项载荷单独作用时所引起的该效应数值的叠加。当该效应处于同一平面内同一方向时，叠加即为代数和。若处于不同平面或不同方向，则为几何和。

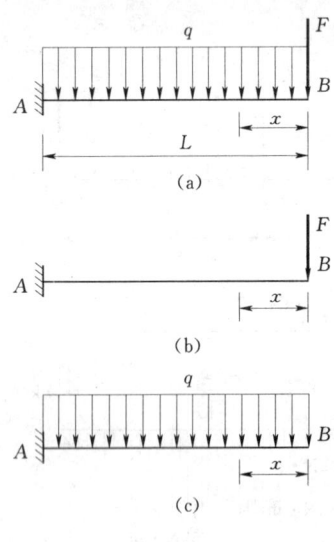

图 5-19 叠加原理
（a）原图；（b）悬臂梁只受集中力；
（c）悬臂梁只受均布载荷

由于内力可以叠加，故相应的内力图也可以叠加。如果已经熟练掌握简单载荷作用下梁的内力图，就可以用叠加原理作多个载荷共同作用时梁的内力图，即可分别作出各项载荷单独作用下梁的内力图，然后将其相应的坐标叠加，就可得到梁在所有载荷共同作用下的内力图。对梁在简单载荷作用下的弯矩图可参见本书附录Ⅳ。

【例 5-10】 试按叠加原理作如图 5-20（a）所示简支梁的内力图，设 $M_e = \dfrac{ql^2}{8}$。

解：（1）作内力图。

将梁上的每项载荷单独作用在梁上，如图 5-20（b）、（c）所示，分别作出图 5-20（b）、（c）所示梁的剪力图和弯矩图如图 5-20（e）、（f）、（h）、（i）所示，将图 5-20（e）、（f）两图相应的纵坐标代数相加，得梁的剪力图，如图 5-20（d）所示。将图 5-20（h）、（i）两图相应的纵坐标代数相加，得梁的弯矩图，如图 5-20（g）所示。

应当指出，图 5-20（e）、（f）是两直线段的叠加，结果仍为一直线，因此，只需将两个端面的剪力值对应相加，即得到图 5-20（d）中两个端面的剪力值。而图 5-20（h）、（i）则为直线段和曲线段的叠加，结果为一曲线，这时，至少需要 3 个控制截面来完成相应的叠加。一般可取两端面和跨中截面作为控制截面。但是图 5-20（g）中处两端面外，并未取跨中截面，这是因为剪力图中 [图 5-20（d）]，剪力为 0 的截面（距支座 A 的距离为 $\dfrac{5l}{8}$ 的截面）弯矩图取得极值。作图时，一方面确定极值弯矩是必要的，另

第五节 按叠加原理作内力图

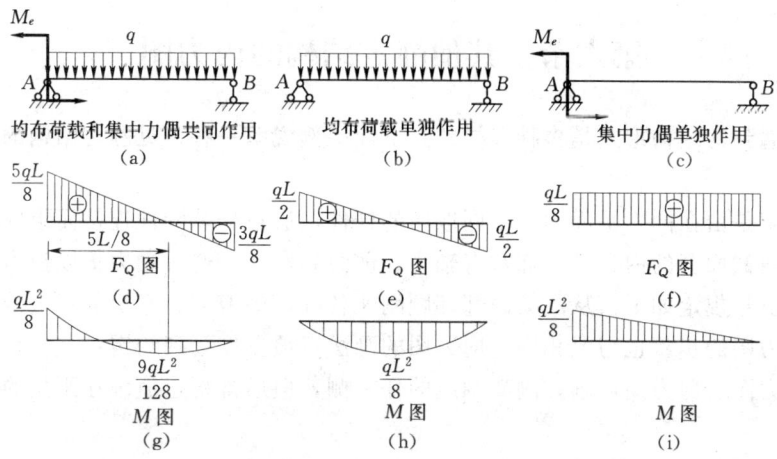

图 5-20 [例 5-10] 图

(a) 原图; (b) 均布载荷 q 单独作用原图; (c) 集中力偶单独作用; (d) 剪力图; (e) 均布载荷 q 单独作用时的剪力图;
(f) 集中力偶单独作用时的剪力图; (g) 弯矩图; (h) 均布载荷 q 单独作用时的弯矩图;
(i) 集中力偶单独作用时弯矩图

一方面利用弯矩图在极值截面处切线水平的特点能将弯矩图形状绘制得更为准确。因此,选择极值截面作为第 3 个控制截面。同时,还需注意极值截面的位置应由 5-20 (d) 图计算。

(2) 求梁的最大剪力和弯矩

由 $\sum M_B = 0$ 得

$$F_A = \frac{ql}{2} + \frac{M_e}{l} = \frac{5ql}{8}$$

由剪力方程 $F_Q(x) = F_A - qx = \frac{5ql}{8} - qx$ 可知 $F_{Q\max} = \frac{5ql}{8}$,在支座 A 的右侧截面上。

为求梁的最大弯矩,先计算其极值弯矩。由 $F_Q(x) = 0$,确定极值弯矩的截面位置。于是,由剪力方程:

$$F_Q(x) = F_A - qx = \frac{5ql}{8} - qx = 0$$

即得极值弯矩所在截面 C 的位置为

$$x = \frac{5l}{8}$$

于是,极值弯矩为

$$M_C = F_A x - M_e - \frac{qx^2}{2} = \frac{9ql^2}{128}$$

由于梁在 A 端截面上弯矩 $\frac{ql^2}{8}$ 的数值大于极值弯矩 $\frac{9ql^2}{128}$,故全梁的最大弯矩为 $\frac{ql^2}{8}$(负值)。

第六节 其他静定结构的内力图

工程中遇到的结构形式是多种多样的。下面举例说明一些常见静定结构的内力图的绘制方法。

平面刚架是由在同一平面内、不同取向的杆件，通过杆端刚性连接而组成的结构。平面刚架各杆横截面上的内力分量通常有轴力、剪力和弯矩。通常轴力仍以拉力为正，剪力和弯矩的正负号规定如下：从刚架内部环顾刚架各杆，则剪力、弯矩的正负号与梁的规定相同。做内力图的步骤也与梁相同，内力图的画法习惯上按下列约定：

(1) 轴力图及剪力图可画在刚架轴线的任一侧，但通常将正值画在刚架的外侧，须注明正、负号。

(2) 弯矩图则画在各杆的受拉一侧，不注明正、负号。

曲杆横截面上的内力情况及其内力图的绘制方法则与刚架相类似。

【例 5-11】 如图 5-21（a）所示刚架下端固定，受力如图所示。已知 $F=2qa$，试作此刚架的内力图。

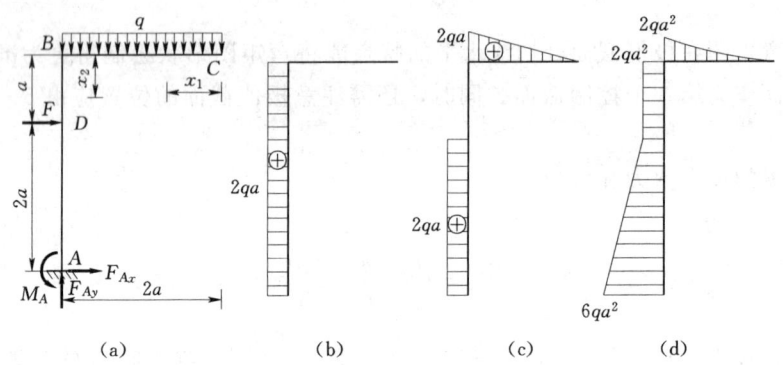

图 5-21 ［例 5-11］图
(a) 计算简图；(b) 轴力图；(c) 剪力图；(d) 弯矩图

解：(1) 求支反力。

计算内力时，一般应先求刚架的支反力。由 $\sum F_x=0$，$\sum F_y=0$ 和 $\sum M=0$ 得
$$F_{Ax}=-2qa,\ F_{Ay}=2qa,\ M_A=2qa^2$$

本题中刚架的 C 点为自由端，若取包含自由端部分在内的隔离体为研究对象，则可不求出支反力。

(2) 内力方程。

对于水平杆，坐标原点放在 C 截面形心，取右段杆为研究对象；对竖直杆，取坐标原点为 B 截面形心，并由上段杆的外力来计算内力方程。

下面分别列出各杆的内力方程。

CB 段：$F_N(x_1)=0$，$(0\leqslant x_1\leqslant 2a)$；$F_Q(x_1)=qx_1$，$(0< x_1\leqslant 2a)$；
$$M(x_1)=\frac{qx_1^2}{2},\ (0\leqslant x_1\leqslant 2a)$$

BD 段：$F_N(x_2)=-2qa$，$(0<x_2\leqslant a)$；$F_Q(x_2)=0$，$(0<x_2<a)$；
$M(x_2)=2qa^2$，$(0\leqslant x_2\leqslant a)$
DA 段：$F_N(x_2)=-2qa$，$(a<x_2\leqslant 3a)$；$F_Q(x_2)=2qa$，$(a<x_2<3a)$；
$M(x_2)=2qax_2$，$(a\leqslant x_2\leqslant 3a)$

（3）内力图。

根据各段杆的内力方程，即可绘出轴力、剪力和弯矩图，分别如图 5-21（b）、（c）、（d）所示。

【例 5-12】 一端固定的半圆环在其轴线内承受集中载荷 F 作用，如图 5-22（a）所示。试作曲杆的弯矩图。

解： 由于 F 作用在曲杆的平面内，故任一截面 n—n 的内力仍可由截面法求得。对于环状曲杆，应用极坐标，取环的中心 O 为极点，以 OB 为极轴，并用 θ 表示横截面的位置[图 5-22（a）]。

（1）内力方程。取 n—n 截面右侧部分为分离体，如图 5-22（b）所示，列平衡方程：

由 $\sum F_x=0$，$\sum F_y=0$ 和 $\sum M=0$ 得

$F_N(\theta)=F\cos\theta$，$(0<\theta<\pi)$
$F_Q(\theta)=F\sin\theta$，$(0<\theta\leqslant\pi)$
$M(\theta)=-Fx=-FR(1-\cos\theta)$，$(0\leqslant\theta<\pi)$（外则受拉）

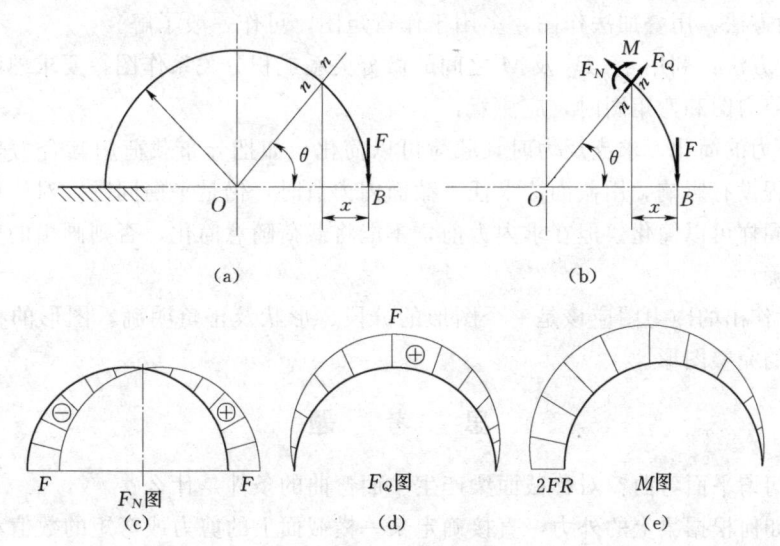

图 5-22 ［例 5-12］图
(a) 计算简图；(b) 截面法脱离体受力图；(c) 轴力图；(d) 剪力图；(e) 弯矩图

对于曲杆通常规定使曲杆的曲率增加（即外侧受拉）的弯矩为正。由此，求得曲杆的弯矩图画在受拉侧，可不注明正、负号。轴力图和剪力图可画在轴线的任一侧，但须注明正、负号。通常将正值轴力或剪力画在外侧，负值画在内侧。

（2）作内力图。

根据内力方程和上述作图规定,即可作出曲杆的内力图,如图 5-22(c)、(d)、(e) 所示。

小　结

(1) 弯曲是材料力学的重点内容。本章介绍的是关于梁的内力分析,后续内容还有弯曲应力及弯曲变形。梁的内力分析是后续内容的基础,是计算梁强度和刚度的首要条件,必须熟练掌握。

(2) 梁弯曲时的内力用截面法求之。通常,弯曲时其横截面上有两种内力,即剪力 F_Q 和弯矩 M,其中剪力 F_Q 与横截面相切,弯矩 M 的作用面与横截面垂直。剪力 F_Q 和弯矩 M 的符号根据它们所引起的梁的变形情况而定,与坐标的选择无关。

(3) 剪力方程 $F_Q(x)$ 和弯矩方程 $M(x)$ 是表示剪力和弯矩随横截面位置变化规律的数学方程,因此,必须首先在梁上建立坐标,通常是将坐标原点取在梁的左端点,x 轴从左向右为正。当然有时也将坐标原点选在梁的右端点,x 轴从右向左为正。建立剪力方程和弯矩方程的方法与求指定截面上的剪力和弯矩的方法基本相同。此外,在建立剪力方程和弯矩方程时还要注意分段,凡在集中力作用处、集中力偶作用处、分布载荷集度变化处都应作为分段点。同时,要注意各内力方程自变量的变化范围。

(4) 绘制内力图的几种方法。

1) 基本方法:根据剪力方程和弯矩方程作图,须重点掌握。

2) 辅助方法:用叠加法作图,多用于作弯矩图,可作一般了解。

3) 快捷方法:利用 q、F_Q 及 M 之间的微分关系或积分关系作图,要求熟练掌握。

(5) 作剪力图和弯矩图时,应注意:

1) 对外力的简化。求支反力时,载荷可以简化,如把分布载荷用其合力来代替,这对于平衡方程没有影响。用截面法求任一截面内力值时,仍是平衡问题,对作用在该截面一侧的外力同样可以简化。但在求内力前,不能将载荷随意简化,否则画出的剪力图和弯矩图将不正确。

2) 最后作出的内力图应该是一个图形的分段、形状及正负明确,图形的特征值、极值标注清楚的完整图形。

思　考　题

5-1　何谓平面弯曲?对称截面梁产生平面弯曲的条件是什么?

5-2　如何根据梁上的外力,直接确定某一横截面上的剪力或弯矩的数值和符号?

5-3　何谓剪力和弯矩?试述计算横截面上剪力和弯矩的方法和步骤。

5-4　列剪力方程和弯矩方程时为什么要分段,根据什么原则分段?自变量 x 的变化区间如何确定?

5-5　载荷集度 $q(x)$、剪力 $F_Q(x)$ 和弯矩 $M(x)$ 之间有何关系?使用条件有何限制?

5-6　剪力与弯矩的正负号是否与坐标的选择有关?如思考题 5-6 图所示两种梁的剪力图和弯矩图是否相同?

5-7　如何理解在集中力作用处剪力图有突变?在集中力偶作用处,弯矩图出现

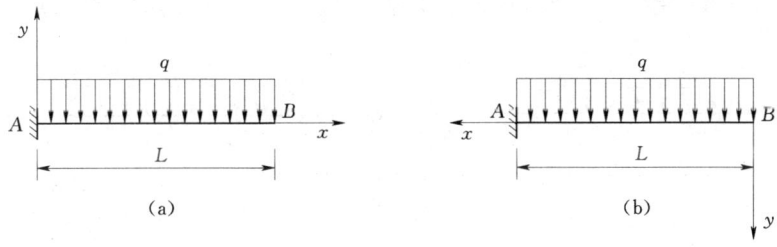

思考题 5-6 图

突变？

5-8 若在结构对称的梁上作用有正对称或反对称的载荷，则该梁的剪力图和弯矩图具有何种对称关系？

5-9 矩形截面组合梁上有一活动载荷 F 可沿全梁移动，如思考题 5-9 图所示，试问如何布置中间铰 C 和可移动铰支座 B，才能充分利用材料的强度？

5-10 简支梁的半跨长度上承受集度为 m 的均布外力偶作用，如思考题 5-10 图所示。试作梁的剪力图和弯矩图。

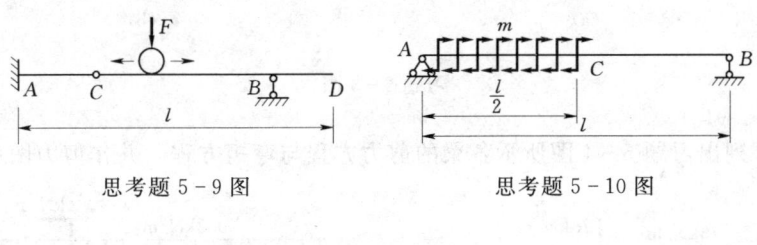

思考题 5-9 图　　　　　　思考题 5-10 图

习　　题

5-1 试计算习题 5-1 图所示各梁指定截面的剪力和弯矩。

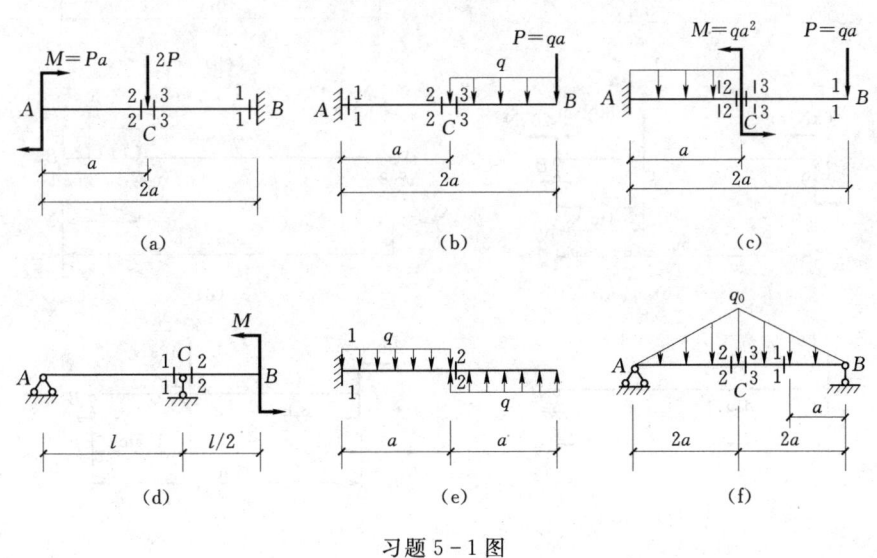

习题 5-1 图

5-2 试计算习题 5-2 图所示各梁横截面 A、B、C、D 的剪力和弯矩。

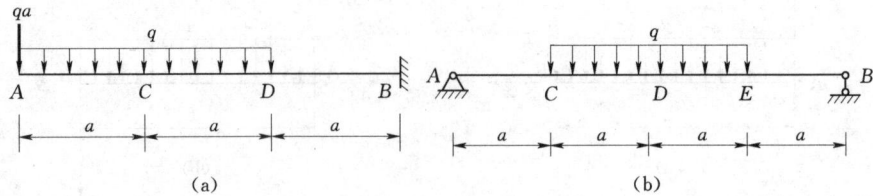

习题 5-2 图

5-3 试计算习题 5-3 图所示各梁横截面 $C_左$、$C_右$、$D_右$ 及端截面 A、B 的剪力和弯矩。

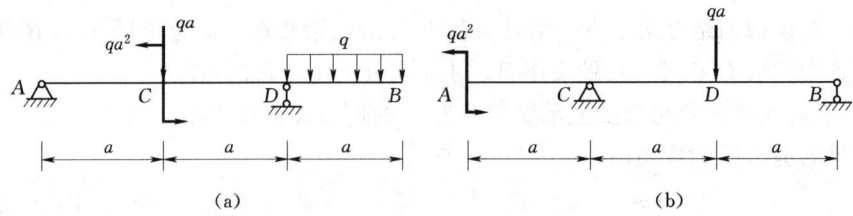

习题 5-3 图

5-4 试列出习题 5-4 图所示各梁的剪力方程与弯矩方程,并作剪力图和弯矩图。

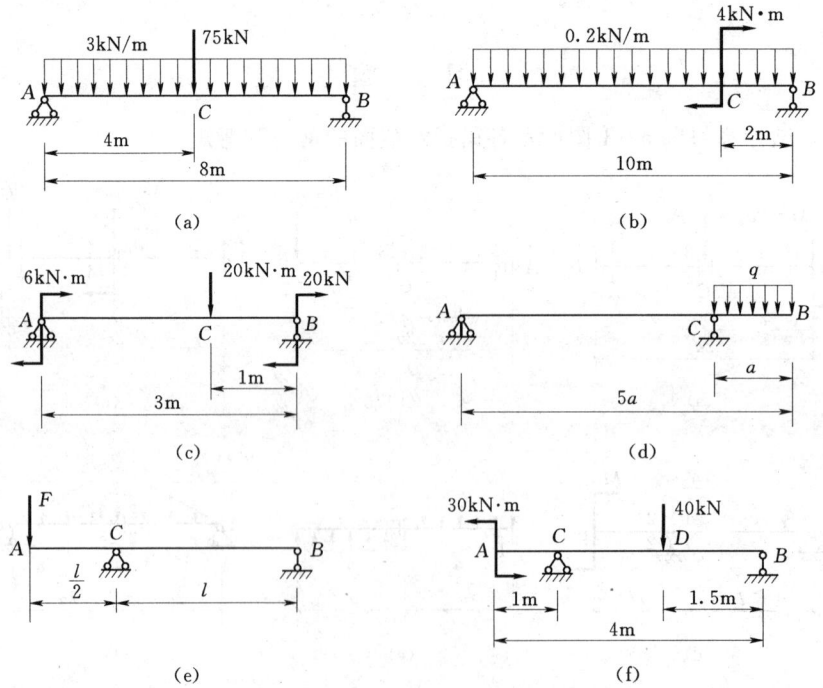

习题 5-4 图

5-5 试列出习题 5-5 图所示各梁的剪力方程与弯矩方程，并作剪力图和弯矩图。

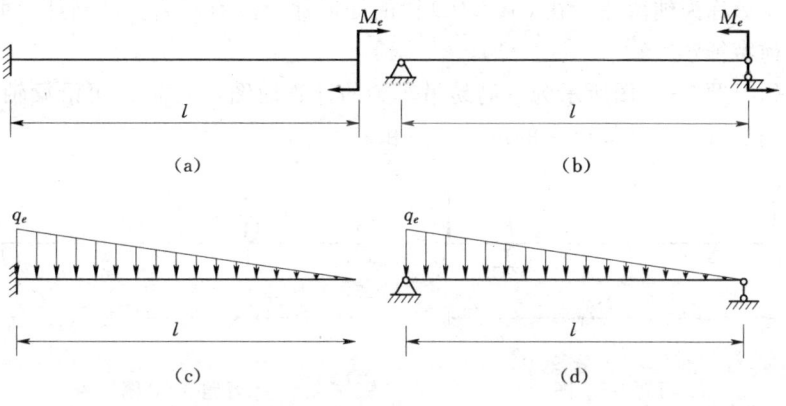

习题 5-5 图

5-6 试列出习题 5-6 图所示各梁的剪力方程和弯矩方程，并作剪力图和弯矩图。

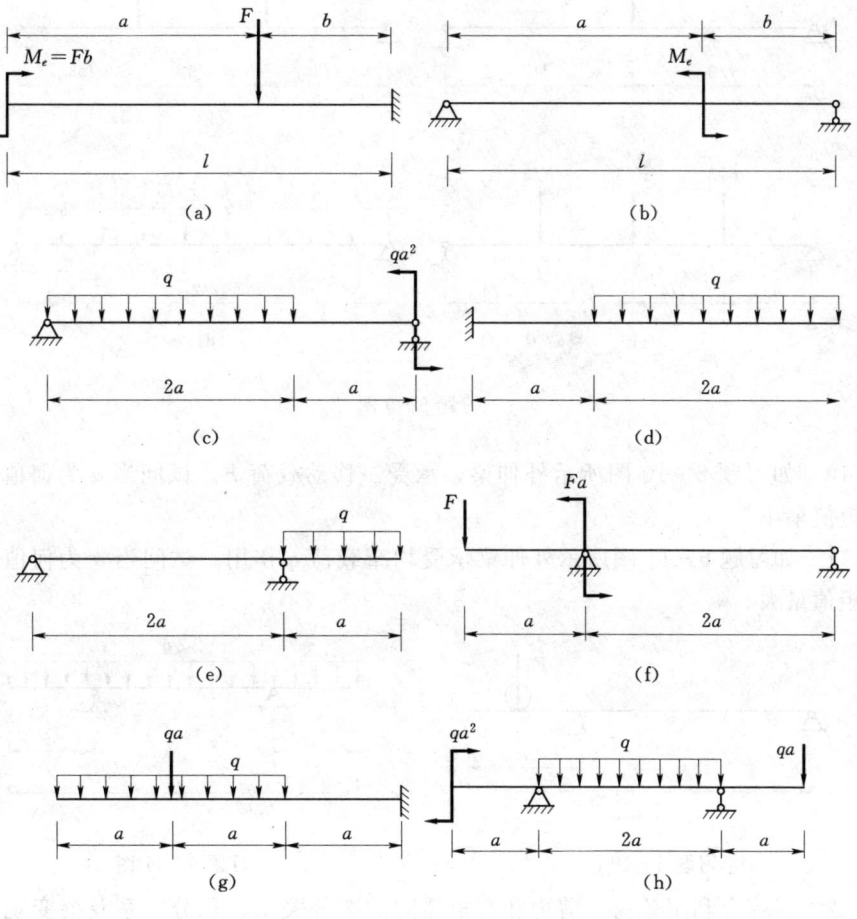

习题 5-6 图

5-7 如习题 5-7 图所示为火车轮轴的计算简图。试作此梁的剪力图和弯矩图。梁在 AB 段的变形称为纯弯曲,在 CA、BD 段的变形称为横力弯曲。试问纯弯曲有何特征?横力弯曲有何特征?

5-8 如习题 5-8 图所示为一简易吊车梁的计算简图,载荷 F 可沿梁轴移动。试确定载荷的不利位置,并计算梁中的最大剪力和最大弯矩。

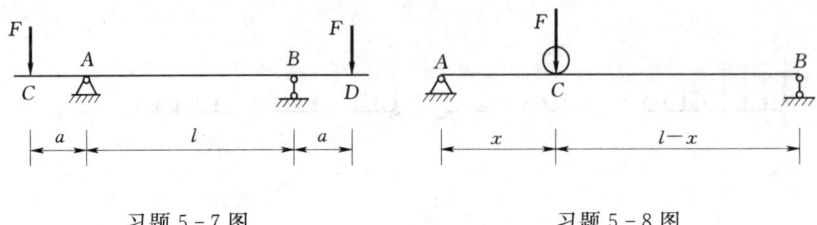

习题 5-7 图　　　　　　　　习题 5-8 图

5-9 试用载荷、剪力和弯矩之间的关系作如习题 5-9 图所示各梁的剪力图和弯矩图,并比较它们的结果。

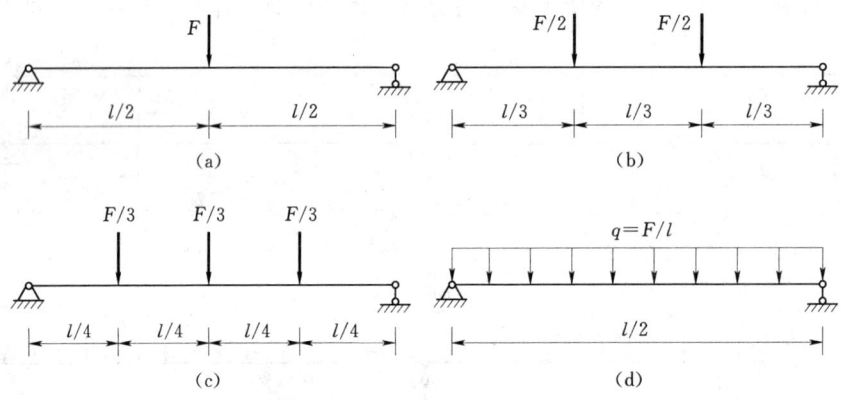

习题 5-9 图

5-10 如习题 5-10 图所示外伸梁,承受一移动载荷 F。试问当 a 为何值时,梁的最大弯矩值最小。

5-11 如习题 5-11 图所示外伸梁承受均布载荷 q 作用。试问当 a 为何值时,梁的最大弯矩值最大。

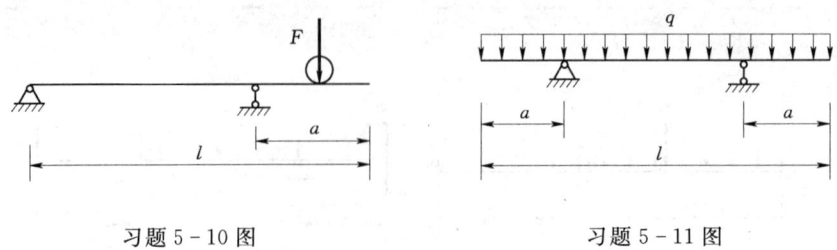

习题 5-10 图　　　　　　　　习题 5-11 图

5-12 试综合利用载荷、剪力和弯矩之间的微分关系、积分关系及突变规律作习题 5-12 图所示梁的剪力图与弯矩图。

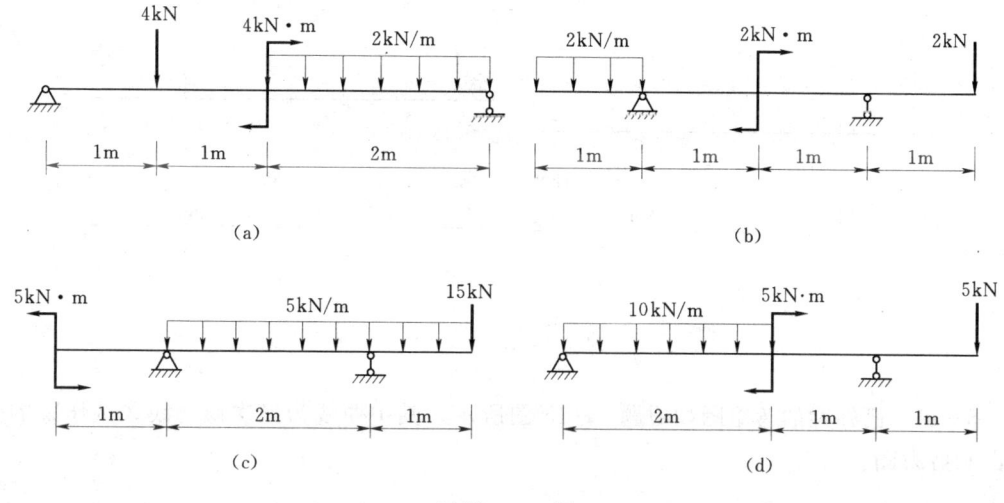

习题 5-12 图

5-13 试作习题 5-13 图所示多跨静定梁的剪力图与弯矩图。

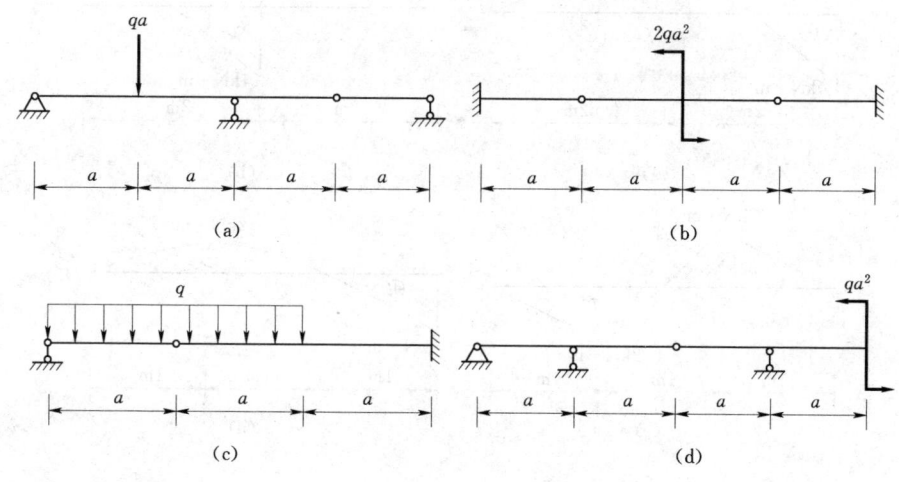

习题 5-13 图

5-14 已知梁的剪力图如习题 5-14 图所示，试作弯矩图及受力图。设梁上无集中力偶作用。

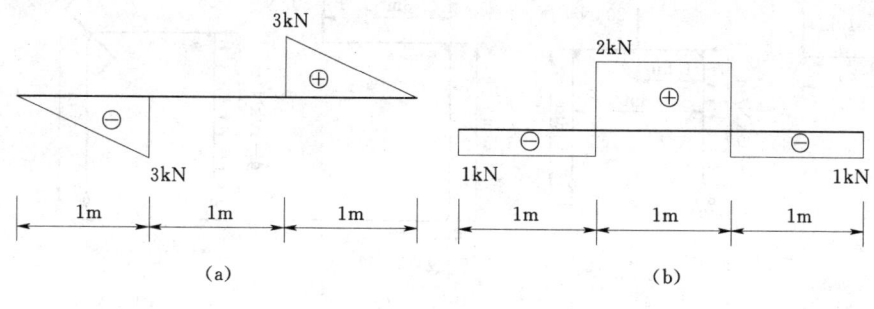

习题 5-14 图（一）

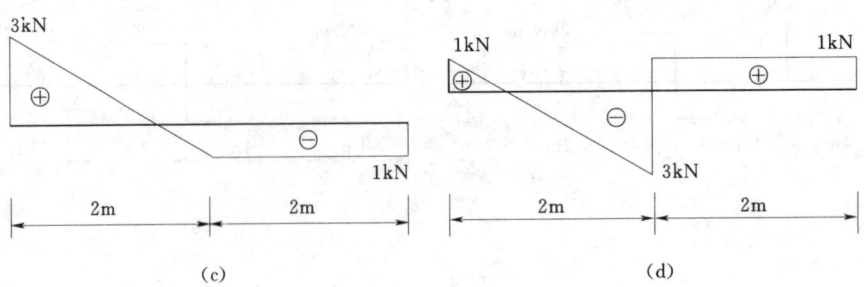

习题 5-14 图（二）

5-15 已知梁的弯矩图如习题 5-15 图所示，其中曲线为二次抛物线。试作梁的受力图和剪力图。

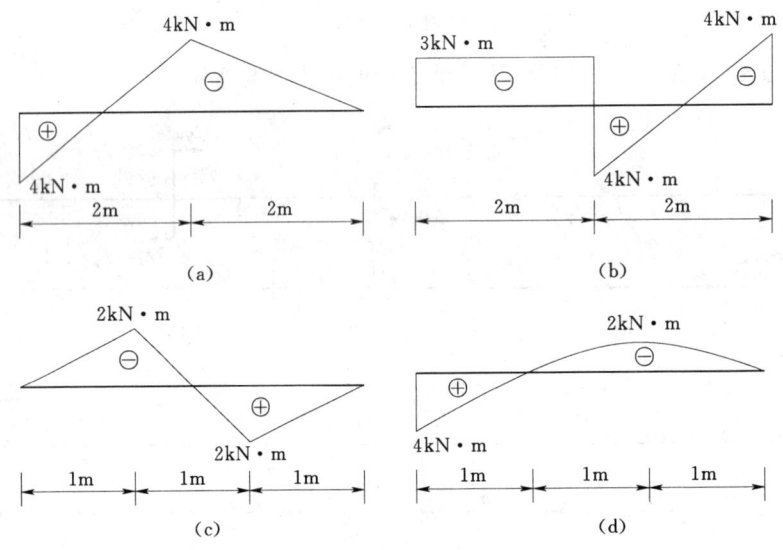

习题 5-15 图

5-16 试作习题 5-16 图所示刚架的剪力图、弯矩图和轴力图。

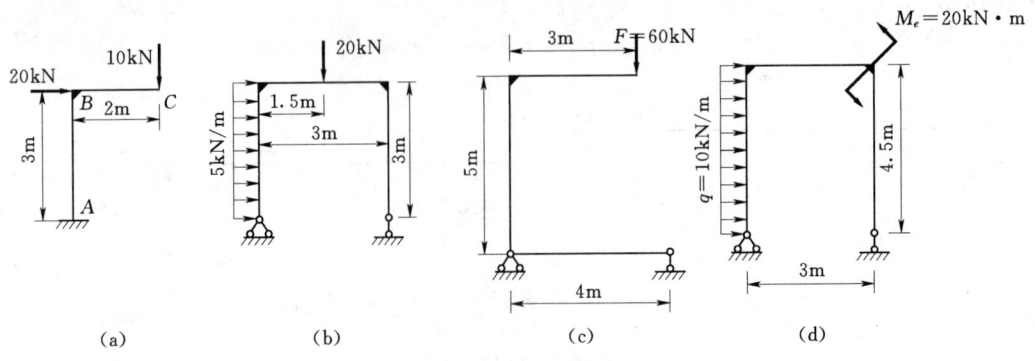

习题 5-16 图

5-17 试作习题 5-17 图所示平面曲杆的轴力图、剪力图和弯矩图。

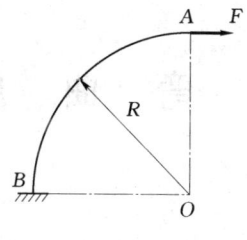

习题 5-17 图

第六章 弯曲应力

第一节 概　　述

第五章讨论了梁的内力计算和内力图的作法，根据梁的几何尺寸即可确定危险截面。危险截面是梁破坏的首发地，但危险截面是否发生破坏还要由危险截面上的应力来确定。因此要对梁进行强度计算还需要研究横截面上的应力分布规律和计算方法。

本章进一步研究梁平面弯曲时的强度问题。与轴向拉压及圆轴扭转问题的讨论相似，为了计算梁的强度，首先要进行梁的应力分析。所以本章的主要内容是研究梁内力在横截面上的分布规律，推导出弯曲应力的计算公式，并着重于弯曲应力的分析和计算，在此基础上讨论梁的强度及相关问题。

一般情况下梁横截面上既有剪力又有弯矩，剪力是与横截面相平行的分布力系的合力，而弯矩则是与横截面相垂直的分布力系合成的结果。所以一般情况下梁横截面上既有切应力又有正应力。弯曲应力分析及强度计算在工程中有着重要的实际意义，是梁弯曲问题的重点内容。同时，关于梁的应力分析和强度计算又比较集中地反映了材料力学研究问题的基本方法，所以本章内容在材料力学中占有极其重要的地位。另外平面弯曲在工程上最为常见，本章主要讨论平面弯曲情况下梁的正应力强度计算和切应力强度计算。

第二节　梁横截面上的正应力·梁的正应力强度条件

在一般情况下，梁发生弯曲变形后，有些梁段内的各横截面上既有剪力 F_Q 又有弯矩 M，由截面上分布内力系的合成关系可知，横截面上与正应力有关的法向内力元素 $dF_N = \sigma dA$ 才可能合成为弯矩；而与切应力有关的切向内力元素 $dF_Q = \tau dA$ 才可能合成为剪力。剪力会引起剪切变形，弯矩会引起弯曲变形，所以这些梁段所发生的变形称之为横力弯曲变形。还有些梁段，其内的各横截面上只有弯矩而无剪力，因此只发生弯曲变形而无剪切变形，称之为纯弯曲变形。本节首先研究梁发生纯弯曲变形时横截面上的正应力计算，然后推广到横力弯曲变形。例如，如图 6-1 所示梁在对称面内仅受一对外力作用时，则 CD 段内梁的弯曲即为平面弯曲中的纯弯曲。

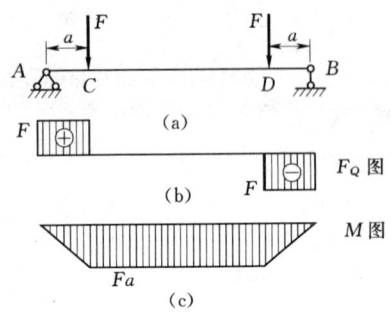

图 6-1　简支梁的纯弯曲
(a) 原图；(b) 剪力图；(c) 弯矩图

第二节　梁横截面上的正应力·梁的正应力强度条件

一、纯弯曲时梁横截面上的正应力

与推导杆在拉伸（压缩）时或圆轴在扭转时的应力公式相类似，梁纯弯曲时，需要先研究梁在纯弯曲情况下的变形情况，然后通过应力与应变间的物理关系，找出正应力在横截面上的分布规律，最后利用静力平衡条件得到弯曲正应力与横截面上弯矩间的关系式。简言之，需要综合考虑几何、物理和静力学 3 个方面的条件才能解决问题。

1. 几何方面

取一具有纵向对称面的梁，例如矩形截面梁。为了便于观察梁的外部弯曲变形情况，在施加外力之前在梁外表面画上垂直于梁轴线的横向线 mm、nn 和平行于梁轴线的纵向线 aa、bb [如图 6-2（a）]，然后在梁的纵向对称面内，在梁的两端处施加一对大小相等转向相反的外力偶 M，使梁发生纯弯曲变形 [图 6-2（b）]。可以观察到如下现象：

（1）两条横向线 mm 和 nn 仍为直线，但相对转过了一个角度 $d\theta$。

（2）两条纵向线 aa 和 bb 皆变为圆弧线，上部的 aa 线缩短了，下部的 bb 线伸长了。

（3）横向线和纵向线变形后仍然正交。

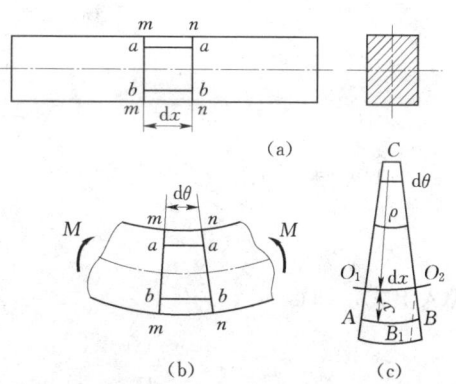

图 6-2　矩形截面梁
(a) 原图；(b) 变形后截面图；(c) 微段

根据上述观察到的梁外部变形情况，可以推测分析其内部变形情况。横向线是横截面的周边线，根据第（1）条现象可以推测，横截面在变形后仍为平面，但在变形过程中各横截面发生了绕截面内的某根轴线的转动。由第（2）条现象可以推知，梁变形后的轴线为圆弧线。再由第（3）条现象可以推测，变形后梁的横截面和轴线仍然正交。由此，对梁的纯弯曲变形作如下假设：

梁发生纯弯曲变形后，横截面仍然为平面，且仍与弯曲了的轴线相垂直，并绕垂直于纵对称面的某一轴线转动了一个角度。该假设称之为平面假设。对于纯弯曲梁，按弹性理论分析的结果，证明其横截面确实保持为平面。

设用两横截面从梁中假想地截取长为 dx 的微段，如图 6-2（c）所示。由平面假设可知，在梁弯曲时，梁两相邻横截面将相对旋转一微小角度 $d\theta$。横截面的转动将使梁凹边纵向线缩短，凸边的纵向线伸长。由于变形的连续性，中间必存在一层纵向线段 O_1O_2 无长度改变的过渡层，称为中性层。中性层与横截面的交线称为中性轴。梁在弯曲时，相邻横截面就是绕中性轴作相对的转动。由于外力作用，横截面的形状及梁的物性均对称于梁的纵对称面，故梁变形的形状也必对称于该平面 [图 6-3（a）]，因此，中性轴应与横截面的对称轴成正交。若将梁的轴线取为 x 轴，横截面的对称轴取为 y 轴，中性轴取为 z 轴。至于中性轴在横截面上的具体位置，目前尚不能确定。

现研究在横截面上距中性轴为 y 处的纵向线段 AB 的线应变。设中性层的曲率半径为 ρ，O_1O_2 是中性层上的纵向线段的长度，则其长度在变形后保持不变，仍为 dx，作 O_2B_1 与 O_1A 平行 [图 6-2（c）]，因 $\angle BO_2B_1=d\theta$，则可得该点处的纵向线应变为

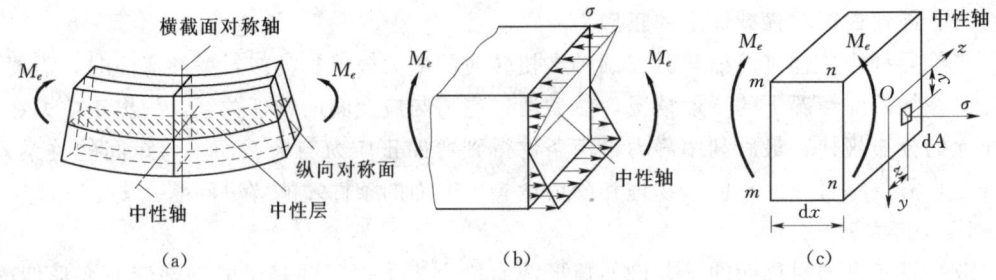

图 6-3 矩形截面梁
(a) 原图；(b) 剖面图；(c) 微段

$$\varepsilon = \frac{\Delta \widehat{AB_1}}{\widehat{AB_1}} = \frac{\widehat{B_1B}}{\widehat{O_1O_2}} = \frac{y\mathrm{d}\theta}{\mathrm{d}x}$$

式中，中性层的曲率为

$$\frac{1}{\rho} = \frac{\mathrm{d}\theta}{\mathrm{d}x}$$

代入上式，即得

$$\varepsilon = \frac{y}{\rho} \tag{6-1}$$

由式（6-1）可见，梁横截面上任一点处的纵向线应变与该点至中性轴的距离 y 成正比，与中性层的曲率半径 ρ 成反比。

2. 物理方面

由于假设各纵向线之间不会因纯弯曲而引起相互之间的挤压，则可认为横截面上各点处的纵向线段均处于轴向拉、压状态，即横截面上各点处于单轴应力状态。于是，当材料处于线弹性范围内，且拉伸和压缩弹性模量相同时，由单轴应力状态下的胡克定律可得物理关系：

$$\sigma = E\varepsilon \tag{6-2a}$$

将式（6-1）代入式（6-2a），可得

$$\sigma = E\varepsilon = E\frac{y}{\rho} \tag{6-2b}$$

式（6-2b）表明，横截面上任一点的正应力与该点至中性轴的距离成正比，而距中性轴为 y 的同一横向线上各点处的正应力均相等。中性轴上各点处的正应力则均为 0，梁外边缘上正应力最大，其变化规律如图 6-3 (b) 所示。

3. 静力学方面

式（6-2b）揭示了该横截面上正应力的变化规律，但式中 ρ 的大小和中性轴的位置均未确定，所以，式（6-2b）还不能用来计算正应力，还需要再考虑静力平衡条件。

在横截面上取微面积 $\mathrm{d}A$，其形心坐标为 (y,z) [图 6-3 (c)]，横截面上各点处的法向内力元素 $\sigma\mathrm{d}A$ 构成空间平行力系，因此，只可能组成 3 个内力分量

$$F_N = \int_A \sigma\mathrm{d}A, \quad M_y = \int_A z\sigma\mathrm{d}A, \quad M_z = \int_A y\sigma\mathrm{d}A$$

由于梁上仅有外力偶矩 M_e 作用，则由截面法可知，上式中的 F_N 和 M_y 均等于 0，而

M_z 即为横截面上的弯矩 M，其值等于 M_e。于是，由静力学关系可得

$$F_N = \int_A \sigma dA = 0 \tag{a}$$

$$M_y = \int_A z\sigma dA = 0 \tag{b}$$

$$M_z = \int_A y\sigma dA = M \tag{c}$$

将式（6-2b）代入以上三式，并根据附录Ⅰ有关的截面几何参数的定义，可得

$$F_N = \frac{E}{\rho}\int_A y dA = \frac{ES_z}{\rho} = 0 \tag{d}$$

$$M_y = \frac{E}{\rho}\int_A zy dA = \frac{EI_{yz}}{\rho} = 0 \tag{e}$$

$$M_z = \frac{E}{\rho}\int_A y^2 dA = \frac{EI_z}{\rho} = M \tag{f}$$

为满足式（d），由于 $\frac{E}{\rho}$ 不可能为 0，故必有 $S_z=0$。即横截面对 z 轴的静矩 $S_z=0$，表明中性轴 z 轴必通过横截面的形心，从而确定了中性轴的位置。

同理，因 $\frac{E}{\rho}\neq 0$，式（e）是自动满足的，因为 y 轴是横截面的对称轴，所以 I_{yz} 必等于 0。实际上，由于 y 轴为对称轴，其左右两侧对称位置处的法向内力元素 σdA 对 y 轴的矩必是等值而反向的，故横截面上法向内力元素 σdA 所组成的力矩 M_y 必等于 0。

最后，由式（f）可得中性层曲率 $\frac{1}{\rho}$ 的表达式为

$$\frac{1}{\rho} = \frac{M}{EI_z} \tag{6-3}$$

这是研究弯曲问题的一个基本公式。上式表明，纯弯曲变形中的外力（弯矩 M）和变形（弯曲曲率 $\frac{1}{\rho}$）之间的关系，它与前面讲述的拉伸变形公式 $\varepsilon=F_N/EA$，及扭转变形公式 $\theta=M_x/GI_P$ 十分相似。式（6-3）中的 EI_z 称为梁的抗弯刚度。在相同弯矩下，EI_z 值越大，梁的弯曲变形就越小。

将式（6-3）代入式（6-2b），便得到等直梁在纯弯曲时横截面上任一点处正应力计算公式：

$$\sigma = \frac{M}{I_z}y \tag{6-4}$$

由这个公式看出：横截面上任一点处的正应力 σ 与截面上的弯矩 M 和该点到中性轴的距离 y 成正比，与截面对中性轴的惯性矩（即截面的形心主惯性矩）I_z 成反比。正应力 σ 沿截面高度按直线规律变化，将弯矩 M 和坐标 y 按规定的正负号代入，当 $y>0$ 时，则 $\sigma>0$，表明中性轴以下的材料产生拉应力；$y<0$ 时，则 $\sigma<0$，表明中性轴以上的材料产生压应力，而中性抽上的正应力为 0。正应力 σ 在横截面上的分布图如图 6-3（b）所示。在具体计算中，也可不考虑弯矩和坐标的正负号，而直接根据梁变形的情况来判断，即以中性层为界，梁变形后凸出边的应力为拉应力，而凹入边的应力则为压应力。

第六章 弯 曲 应 力

由以上分析可见，纯弯曲问题的几何方面为平面假设；物理方面有各纵向线段间互不挤压，材料应在线弹性范围内工作且拉伸和压缩时的弹性模量相等。这些是推导式（6-3）和式（6-4）的依据，也是应用这些公式的限制条件。

从式（6-4）可知，在横截面上离中性轴最远的各点处，正应力值最大。若 $y_{\max}$ 表示该处到中性轴 z 的距离，则截面上的最大正应力为

$$\sigma_{\max}=\frac{M}{I_z}y_{\max} \tag{6-5}$$

令

$$W_z=\frac{I_z}{y_{\max}} \tag{6-6}$$

则

$$\sigma_{\max}=\frac{M}{W_z} \tag{6-7a}$$

式中，W_z 称为抗弯截面模量，是截面的几何性质之一，其值与横截面的形状和尺寸有关，其单位为 m^3。矩形和圆形截面的抗弯截面模量可从附录Ⅱ的表中查出 I_z 值，按式（6-6）分别求得

矩形截面 [图 6-4（a），高为 h，宽为 b]

$$W_z=\frac{I_z}{y_{\max}}=\frac{I_z}{h/2}=\frac{bh^3/12}{h/2}=\frac{bh^2}{6}$$

$$W_y=\frac{I_y}{z_{\max}}=\frac{I_y}{b/2}=\frac{hb^3/12}{b/2}=\frac{hb^2}{6}$$

实心圆形截面 [图 6-4（b），直径为 d]

$$W_z=\frac{I_z}{y_{\max}}=\frac{I_z}{d/2}=\frac{\pi d^4/64}{d/2}=\frac{\pi d^3}{32}$$

空心圆形截面（内外直径分别 D，d，内外直径之比为 α）

$$W_z=\frac{I_z}{y_{\max}}=\frac{I_z}{D/2}=\frac{\pi D^4/64}{D/2}(1-\alpha^4)=\frac{\pi D^3}{32}(1-\alpha^4)$$

至于型钢截面的抗弯截面模量，则可以从型钢规格表中查到。

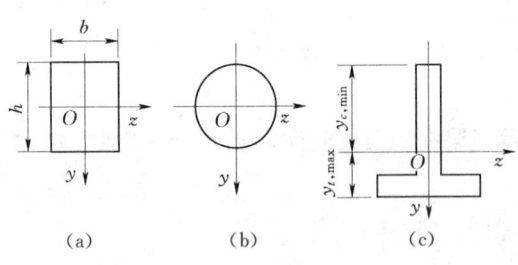

图 6-4 截面的抗弯截面模量
(a) 矩形截面；(b) 圆形截面；(c) T字形截面

因为在横截面上同时有拉应力和压应力，所以两种应力各自有其最大值。显然，对于常用的对称于中性轴的横截面，如矩形、圆形和工字形等截面，其拉应力和压应力的最大值在数值上相等。其值由式（6-7a）求得。若横截面不对称于中性轴，例如 T 字形截面 [图 6-4（c）]，正放槽形截面等，其最大值的拉应力和最大值的压应力将不相等；如果按式（6-7a）计算，这时计算这两个应力的最大值，所用的抗弯截面模量 W_z 各不相同。若设横截面上受拉部分和受压部分最外边缘点到中性轴的距离分别为 $y_{t\max}$ 和 $y_{c\max}$，将其代入式（6-5）可求得其最大的拉应力和最大的压应力分别为

$$\sigma_{t\max}=\frac{M}{I_z}y_{t\max},\quad \sigma_{c\max}=\frac{M}{I_z}y_{c\max}$$

二、纯弯曲理论的推广

当梁上有横向力作用时,横截面上一般既有弯矩又有剪力,此时梁的弯曲称为横力弯曲。这时,梁的横截面上不仅有正应力而且有切应力。由于切应力的存在,梁的横截面将发生翘曲。此外,在与中性层平行的纵向截面上,还有由横向力引起的挤压应力。因此,梁在纯弯曲时所作的平面假设和各纵向线段间互不挤压的假设均不成立。然而,按弹性理学的分析结果指出,对于跨度与截面高度之比 l/h 大于 5 时的均布载荷作用下的矩形截面简支梁,若按纯弯曲理论时的式(6-7a)计算其正应力,所得的结果虽略为偏低,但其误差不超过 1%。对于工程实际中常用的梁,足以满足工程中的精度要求。且梁的跨高比 $\dfrac{l}{h}$ 越大,其误差越小。于是,应用式(6-7a)仍可来计算横力弯曲时等直梁横截面上的最大应力,但式中的弯矩 M 应用相应截面上的弯矩 $M(x)$ 来代替,即

$$\sigma_{\max}=\frac{M(x)}{W_z} \qquad (6-7b)$$

三、梁的正应力强度条件

对于工程中常见的梁,强度的主要控制因素是弯曲正应力,而等直梁横截面上最大正应力所在各点处的切应力等于 0。因此,横截面上最大正应力所在各点可以看作处于单轴应力状态。为了保证梁的安全,必须控制梁横截面上的最大工作正应力 $\sigma_{\max}$ 不得超过材料的许用弯曲正应力 $[\sigma]$,即等直梁的弯曲正应力强度条件为

$$\sigma_{\max}=\frac{M_{\max}}{W_z}\leqslant[\sigma] \qquad (6-8)$$

式(6-8)应根据具体情况灵活应用。如果材料材料的许用拉应力 $[\sigma_t]$ 和许用压应力 $[\sigma_c]$ 相等,则可统一采用式(6-8)进行强度计算。对于用铸铁等脆性材料制成的梁,由于材料的许用拉应力和许用压应力不同,而梁横截面的中性轴往往也不是对称轴,因此,梁的最大工作拉应力和最大工作压应力(注意两者往往并不发生在同一横截面上)要求分别不超过材料的许用拉应力 $[\sigma_t]$ 和许用压应力 $[\sigma_c]$,式(6-8)可改写成

$$\sigma_{t\max}=\frac{M_{t\max}}{W_z}\leqslant[\sigma_t] \qquad (6-9a)$$

$$\sigma_{c\max}=\frac{M_{c\max}}{W_z}\leqslant[\sigma_c] \qquad (6-9b)$$

关于各种材料的弯曲许用应力,在某些情况下可以近似用其拉伸及压缩的许用应力代替。但事实上,材料在弯曲时的强度与在轴向拉伸及压缩时的强度并不相同,而且前者略高于后者。故在一些设计规范中规定的弯曲许用应力高于拉伸许用应力,详细资料可查阅有关规范。

根据上述梁的弯曲正应力强度条件,可以解决 3 类强度计算问题。

(1) 校核梁的强度,即当已知梁的截面形状、尺寸与梁的材料以及梁上所加的载荷时,可利用强度条件式(6-8)或式(6-9)校核梁是否满足强度要求。

(2) 设计梁的截面,即当已知梁的材料以及梁上所加的载荷时,可利用强度条件式(6-8)或式(6-9)确定梁所需截面的尺寸。以式(6-8)为例,有

$$W_z\geqslant\frac{M_{\max}}{[\sigma]}$$

(3) 确定梁的许可载荷，即当已知梁的截面形状、尺寸与梁的材料时，可利用强度条件式 (6-8) 或式 (6-9) 来计算梁所能承受的最大弯矩，然后再用由载荷与内力的关系算出梁所能承受的最大载荷。仍以式 (6-8) 为例，得

$$M_{\max} \leqslant W_z [\sigma]$$

【例 6-1】 如图 6-5 (a) 所示简支梁由 56a 号工字钢制成，其截面简化后的尺寸如图 6-5 (c) 所示，已知 $q=30\text{kN/m}$，试求梁危险截面上的最大正应力 $\sigma_{\max}$ 和同一截面上翼缘与腹板交界处 a 点的正应力。

解：(1) 求梁的最大正应力。

作梁的弯矩图，如图 6-5 (b) 所示。可见，梁的跨中截面为危险截面，相应的最大弯矩值为

$$M_{\max} = 375 \text{kN} \cdot \text{m}$$

由型钢规格表查得，56a 号工字钢的 $W_z = 2342 \times 10^3 \text{mm}^3$ 和 $I_z = 65586 \times 10^4 \text{mm}^4$。可得到危险截面上的最大工作应力为

$$\sigma_{\max} = \frac{M_{\max}}{W_z} = \frac{375 \times 10^3}{2342 \times 10^{-6}} = 160 \times 10^6 (\text{Pa}) = 160 (\text{MPa})$$

(2) 危险截面上点 a 处的正应力。

将 $M_{\max}$、I_z 及相关尺寸代入式 (6-4) 得

$$\sigma_a = \frac{M_{\max} y_a}{I_z} = \frac{375 \times 10^3 \times \left(\frac{0.56}{2} - 0.21\right)}{65586 \times 10^{-8}} = 148 \times 10^6 (\text{Pa}) = 148 \text{MPa}$$

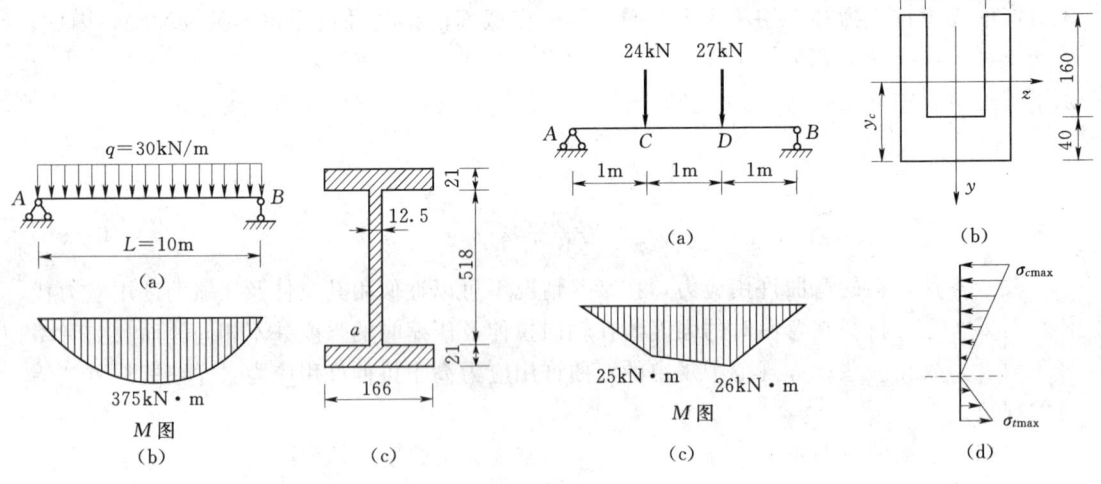

图 6-5 [例 6-1] 图
(a) 计算简图；(b) 弯矩图；(c) 截面形状

图 6-6 [例 6-2] 图
(a) 计算简图；(b) 弯矩图；
(c) 截面形状；(d) 正应力分布图

【例 6-2】 槽形截面梁的尺寸及受力情况如图 6-6 (a) 所示。已知梁的材料为铸铁，其许用拉应力 $[\sigma_t]=40\text{MPa}$ 和许用压应力 $[\sigma_c]=80\text{MPa}$。试对此梁进行正应力强度

校核。

解：（1）求梁的最大弯矩。

作梁的弯矩图如图 6-6（b）所示，由弯矩图可知梁上的 D 截面为全梁的危险截面，其弯矩值为

$$M_{max} = 26 \text{kN} \cdot \text{m}$$

（2）确定中性轴的位置并计算截面对中性轴的惯性矩。

在图 6-6（c）中 y 轴为槽形截面的对称轴。按梁平面弯曲理论，中性轴为垂直于 y 轴的形心主轴。故要确定中性轴的位置，必须确定横截面形心的位置。由于截面关于 y 轴对称，故截面形心位于 y 轴上。将槽形截面视为外面的大矩形减去里面的小矩形所得的图形，利用组合图形的形心位置的计算方法可得该截面的形心到截面下边缘的距离为

$$y_c = \frac{\sum A_i y_i}{\sum A} = \frac{160 \times 200 \times 100 - 120 \times 160 \times 120}{160 \times 200 - 120 \times 160} = 70 (\text{mm})$$

由此确定了中性轴的位置，即中性轴通过形心并垂直于 y 轴，如图 6-6（c）所示。同理，利用组合图形惯性矩的计算方法可计算得到该截面对中性轴 z 的惯性矩为

$$I_z = \frac{160 \times 200^3}{12} + 160 \times 200 \times 30^2 - \left(\frac{120 \times 160^3}{12} + 120 \times 160 \times 50^2\right)$$

$$= 46.5 \times 10^6 (\text{mm}^4) = 46.5 \times 10^{-6} \text{m}^4$$

（3）校核梁的强度。

由于梁的横截面关于中性轴不对称，其材料的许用拉应力 $[\sigma_t]$ 和许用压应力 $[\sigma_c]$ 数值不等，故应分别考虑危险截面上最大拉应力和最大压应力的点是否为梁可能的危险点，并按式（6-9）进行强度校核。

由图 6-6（b）可知，危险截面上中性轴以下部分受拉，中性轴以上部分受压，所以最大拉应力、最大压应力分别发生在该截面的下边缘与上边缘各点处 [图 6-6（d）]。如图 6-6（c）所示并根据所确定的中性轴位置可计算出相应最大拉应力、最大压应力的点到中性轴的距离分别为

$$y_{t\max} = 70 \text{mm}, \quad y_{c\max} = 130 \text{mm}$$

代入式（6-9a）、式（6-9b）得

$$\sigma_{t\max} = \frac{M_{max} y_{t\max}}{I_z} = \frac{26 \times 10^3 \times 70 \times 10^{-3}}{46.5 \times 10^{-6}} = 39.1 \times 10^6 (\text{Pa}) = 39.1 \text{MPa} < [\sigma_t] = 40 \text{MPa}$$

$$\sigma_{c\max} = \frac{M_{max} y_{c\max}}{I_z} = \frac{26 \times 10^3 \times 130 \times 10^{-3}}{46.5 \times 10^{-6}} = 72.7 \times 10^6 (\text{Pa}) = 72.7 \text{MPa} < [\sigma_c] = 80 \text{MPa}$$

由此可见，此梁得抗拉、抗压强度满足强度条件。

【例 6-3】 如图 6-7（a）所示的楼板主梁由工字钢制成。钢的许用弯曲正应力 $[\sigma] = 152 \text{MPa}$，试选择工字钢的号码。

解： 由于梁的两端稍有转动及伸缩的可能，故计算简图可取为简支梁 [图 6-7（b）]。

作梁的弯矩图，如图 6-7（c）所示，可知，梁的最大弯矩值为

$$M_{max} = 375 \text{kN} \cdot \text{m}$$

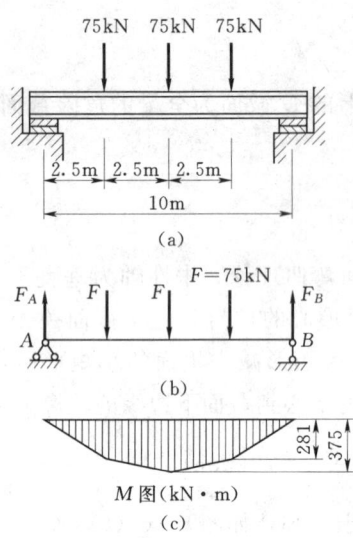

图 6-7 [例 6-3] 图
(a) 原图；(b) 计算简图；(c) 弯矩图

由弯曲强度条件 $\sigma_{\max} = \dfrac{M_{\max}}{W_z} \leqslant [\sigma]$，可得梁所必需的抗弯截面模量 W_z 为

$$W_z \geqslant \dfrac{M_{\max}}{[\sigma]} = \dfrac{375 \times 10^3}{152 \times 10^6} = 2460 \times 10^{-6} \, (\mathrm{m}^3)$$

由型钢规格表查得 56b 号工字钢的 W_z 为

$$W_z = 2447 \times 10^{-6} \, (\mathrm{m}^3)$$

此值虽小于 $W_z = 2460 \times 10^{-6} \, (\mathrm{m}^3)$，但相差不到 1%，此时最大正应力

$$\sigma_{\max} = \dfrac{M_{\max}}{W_z}$$

$$= \dfrac{375 \times 10^3}{2447 \times 10^{-6}}$$

$$= 153 \times 10^6 \, (\mathrm{Pa}) = 153 \mathrm{MPa}$$

超过许用弯曲正应力值 152MPa 也不到 1%，小于 5%，所以，仍然可以认为梁的正应力强度是合格的。故可选用 56b 号工字钢。

【例 6-4】 一个⊥形截面梁，受力及尺寸如图 6-8（a）所示。已知 $a=1\mathrm{m}$，其许用拉应力 $[\sigma_t]=100\mathrm{MPa}$ 和许用压应力 $[\sigma_c]=180\mathrm{MPa}$。在截面图 6-8（b）中，$z$ 轴为截面形心主轴。试求梁的许可载荷值 $[F]$。

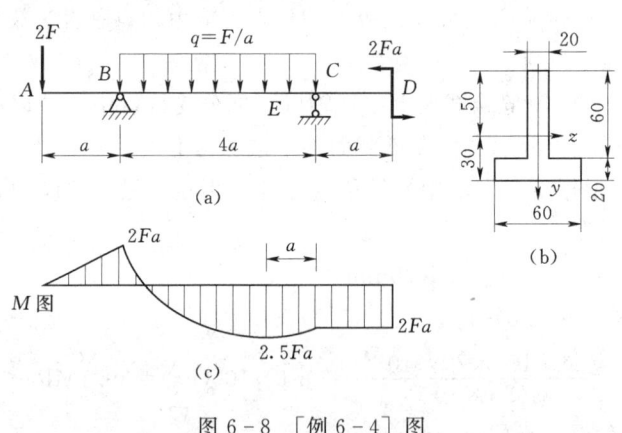

图 6-8 [例 6-4] 图
(a) 原图；(b) 截面图；(c) 弯矩图

解：（1）作梁的弯矩图，如图 6-8（c）所示。
梁的最大正弯矩在 E 截面，$M_E=2.5Fa$，最大负弯矩在 B 截面，$M_B=2Fa$。
（2）确定梁的危险截面和危险点。
该梁为等截面梁，但由于材料的抗拉与抗压强度不同，为节省材料，截面采用了上下不对称的⊥形，因而危险截面有两个，即最大正弯矩截面 E 与最大负弯矩截面 B [图 6-8（c）]，因为这两个截面上的拉、压应力区位于截面的不同部位。E 截面（最大正弯矩截面）的上部为压应力区，下部为拉应力区，而 B 截面（最大负弯矩截面）则相反，上部为拉应力区，下部为压应力区。梁的最大拉应力点是在 E 截面的拉应力区，还是在 B 截面的拉应力区不能确定，因为 E 截面的弯矩值大于 B 截面的弯矩的绝对值，但 E 截面拉应力区边缘点到中性轴的距离 $y_1=30\text{mm}$ 却小于 B 截面拉应力区边缘点到中性轴的距 $y_2=50\text{mm}$ [图 6-8（b）]。所以 $M_E y_1$ 和 $M_B y_2$ 哪个大还不能确定，而两个截面的 I_z 是相同的，由应力计算式（6-4）可知，梁的最大拉应力点是在 E 截面的拉应力区还是在 B 截面的拉应力区，不能直接确定，需对这两个危险截面上的最大拉应力分别进行强度计算。

显然最大压应力点位于 E 截面的压应力区，因为不论是截面弯矩的绝对值还是压应力区边缘点到中性轴的距离，E 截面都大于 B 截面，因此只需对 E 截面的压应力区进行强度计算。

(3) 确定最大许用载荷 $[F]$。

① 计算 I_z。

将截面分为两个矩形，翼缘部分为一矩形和腹板部分一矩形，则

$$I_z = \frac{60 \times 20^3}{12} + (30-10)^2 \times 60 \times 20 + \frac{20 \times 60^3}{12} + (50-30)^2 \times 60 \times 20$$

$$= 136 \times 10^4 (\text{mm}^4) = 1.36 \times 10^{-6} \text{m}^4$$

② 由拉应力强度条件公式（6-9a）确定许可载荷 $[F]$。

由 E 截面上的最大拉应力计算载荷 F

由

$$\sigma_{t\max} = \frac{M_E y_{t\max}}{I_z} = \frac{2.5 F a y_1}{I_z} \leqslant [\sigma_t]$$

得

$$F \leqslant \frac{[\sigma_t] I_z}{2.5 a y_1} = \frac{100 \times 10^6 \times 1.36 \times 10^{-6}}{2.5 \times 1 \times 30 \times 10^{-3}} = 1.81 \times 10^3 (\text{N}) = 1.81 \text{kN}$$

由 B 截面上的最大拉应力计算载荷 F

由

$$\sigma_{t\max} = \frac{M_B y_{t\max}}{I_z} = \frac{2 F a y_2}{I_z} \leqslant [\sigma_t]$$

得

$$F \leqslant \frac{[\sigma_t] I_z}{2 a y_2} = \frac{100 \times 10^6 \times 1.36 \times 10^{-6}}{2 \times 1 \times 50 \times 10^{-3}} = 1.36 \times 10^3 (\text{N}) = 1.36 \text{kN}$$

③ 由压应力强度条件公式（6-9b）确定许可载荷 $[F]$。

只需讨论 E 截面压应力区。

由

$$\sigma_{c\max} = \frac{M_E y_{c\max}}{I_z} = \frac{2.5 F a y_2}{I_z} \leqslant [\sigma_c]$$

得

$$F \leqslant \frac{[\sigma_c] I_z}{2.5 a y_2} = \frac{180 \times 10^6 \times 1.36 \times 10^{-6}}{2.5 \times 1 \times 50 \times 10^{-3}} = 1.96 \times 10^3 (\text{N}) = 1.96 \text{kN}$$

由上述讨论和计算结果可知，梁的许可载荷取上述计算结果的较小值 $[F]=1.36\text{kN}$。

在上述各例题计算中并未考虑钢梁的自重，因由自重引起的正应力与由载荷引起的正应力相比极小。在一般情况下，钢梁的自重可略去不计。

第三节　梁横截面上的切应力·梁的切应力强度条件

一、梁横截面上的切应力

在横力弯曲的情况下，梁的横截面上既有弯矩又有剪力，与弯矩相对应的是正应力，

第六章 弯曲应力

而与剪力相对应的是切应力。本节主要讨论梁横截面上的切应力。下面主要推导和介绍几种常见截面梁的切应力计算公式。

1. 矩形截面梁

首先研究矩形截面梁横截面上的切应力。如图 6-9（a）所示一矩形截面梁，设其高度为 h，宽度为 b，在其纵向对称面 xy 内作用有任意横向载荷作用。以 m—m 和 n—n 两横截面假想地从梁中截取长为 dx 的微段〔图 6-9（b）〕，在一般情况下，该两横截面上的剪力相等，而弯矩并不相等，分别为 $M(x)$ 和 $M(x)+dM(x)$，因而两截面上同一 y 坐标处的切应力 τ 大小相等，而正应力 σ 不相等。为了得到横截面上距中性轴为 y 的各点处的切应力，用平行于中性层的纵截面 AA_1B_1B 假想地从微段上截取体积元素 mA_1B_1n〔图 6-10（a）〕，则在截面 mA_1 和 nB_1 上，与正应力对应的法向内力 F_{N1}^* 与 F_{N2}^* 也不相等。于是，为维持体积元素 mA_1B_1n 的平衡，在纵截面 A_1B 上必有沿 x 方向的切向内力 dF_Q'〔图 6-10（b）〕，故在纵面上就存在相应的切应力 τ'〔图 6-10（a）〕。由切应力互等定理可知，$\tau=\tau'$。

为推导切应力的表达式，还需确定切应力沿截面宽度的变化规律以及切应力的方向。对于狭长矩形截面，由于梁的侧面 mn 上无切应力，由切应力互等定理可知，横截面上侧边各点处的切应力必与侧边平行，而在平面弯曲的情况下，对称轴 y 处的切应力必沿 y 方向，且狭长矩形截面上切应力沿截面宽度的变化不大。于是，可作如下两个假设：

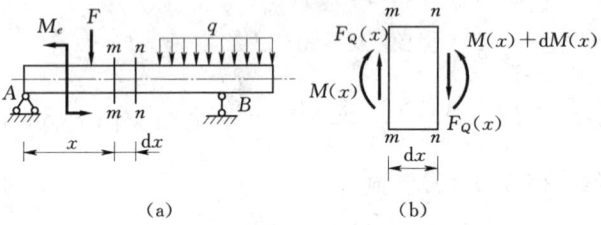

(a) (b)

图 6-9 矩形截面梁
(a) 原图；(b) 微段

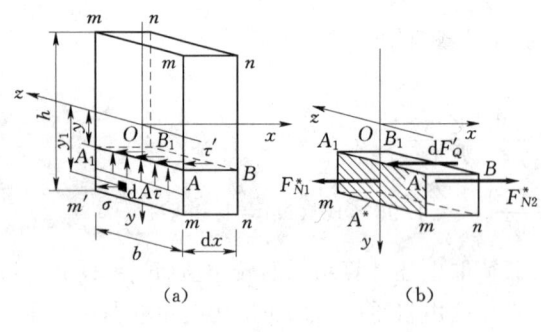

(a) (b)

图 6-10 微段立体图
(a) 体积元素 mA_1B_1n；(b) 微段剖面图

（1）横截面上各点处的切应力均与该面上的剪力平行或与侧边平行；

（2）横截面上的切应力沿截面宽度均匀分布，距中性轴等远各点处的切应力大小相等。

由上述假设所得到的解与弹性的解相比较时可以发现，对高宽比 $h/b \geqslant 2$ 的矩形截面梁，两者所得的最大切应力值非常接近，故上述假设在工程计算中是完全适用的。

确定横截面上的切应力的变化规律后，便可由静力学关系导出切应力的计算公式。设在图 6-9（a）中距左端距离为 x 和 $x+dx$ 处横截面 m—m 和 n—n 上的弯矩分别为 M 和 $M+dM$，左右两横截面上距中性轴距离为 y 处的正应力分别为 σ_1 和 σ_2，横截面 mA_1 和 nB_1 的面积为 A^*，则两横截面上的法

向内力元素分别为 $\sigma_1 \mathrm{d}A$ 和 $\sigma_2 \mathrm{d}A$。于是，可得两端面上的法向内力 F_{N1}^* 与 F_{N2}^* [图 6-10 (b)] 分别为

$$F_{N1}^* = \int_{A^*} \sigma_1 \mathrm{d}A = \int_{A^*} \frac{My_1}{I_z} \mathrm{d}A = \frac{M}{I_z} \int_{A^*} y_1 \mathrm{d}A = \frac{M}{I_z} S_z^* \quad (6-10\mathrm{a})$$

$$F_{N2}^* = \int_{A^*} \sigma_2 \mathrm{d}A = \int_{A^*} \frac{(M+\mathrm{d}M)}{I_z} y_1 \mathrm{d}A = \frac{M+\mathrm{d}M}{I_z} \int_{A^*} y_1 \mathrm{d}A = \frac{M+\mathrm{d}M}{I_z} S_z^* \quad (6-10\mathrm{b})$$

式中，$S_z^* = \int_{A^*} y_1 \mathrm{d}A$，为横截面上距中性轴距离为 y 的横线以外部分的面积 A^* [即图 6-10 (b)] 中阴影部分面积对中性轴的静距。

纵截面 AB_1 上由 $\tau' \mathrm{d}A$ 所组成的是切向内力 $\mathrm{d}F_Q'$ [图 6-10 (b)]。由假设（2）及切应力互等定理可知，在纵截面上横线 AA_1 各点处的切应力 τ' 的大小相等。而在微段 $\mathrm{d}x$ 长度上，τ' 即使有变化，其增量也非常小，可略去不计，从而认为 τ' 在纵截面 AB_1 上为一常量。于是得到

$$\mathrm{d}F_Q' = \tau' b \mathrm{d}x \quad (6-10\mathrm{c})$$

将式 (6-10a)、式 (6-10b) 和式 (6-10c) 代入平衡方程

$$\sum F_x = 0, \qquad F_{N2}^* - F_{N1}^* - \mathrm{d}F_Q' = 0$$

经化简后即得

$$\tau' = \frac{\mathrm{d}M}{\mathrm{d}x} \frac{S_z^*}{I_z b}$$

由弯矩与剪力间的微分关系 $\dfrac{\mathrm{d}M}{\mathrm{d}x} = F_Q$，上式可以写为

$$\tau' = \frac{F_Q S_z^*}{I_z b}$$

由切应力互等定理可知，$\tau' = \tau$，即得矩形截面等直梁在平面弯曲时横截面上任一点处的切应力计算公式：

$$\tau = \frac{F_Q S_z^*}{I_z b} \quad (6-11)$$

式中：F_Q 为横截面上的剪力；I_z 为整个横截面对其中性轴的惯性矩；b 为矩形截面的宽度；S_z^* 为横截面上距中性轴距离为 y 的横线以外部分的面积对中性轴的静距。τ 的方向与剪力 F_Q 的方向相同。

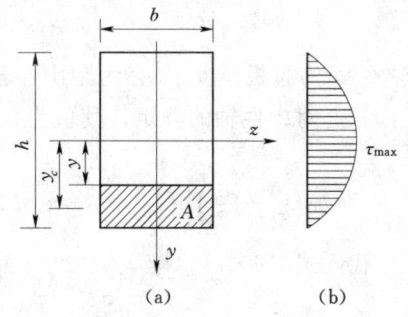

图 6-11 矩形截面图
(a) 原图；(b) 切应力分布图

式 (6-11) 中的 F_Q、I_z 和 b 对某一横截面而言均为常量，因此，横截面上的切应力沿截面高度（即纵坐标 y）的变化情况，由部分面积的静距 S_z^* 与坐标 y 之间的关系所反映。设截面 A^* 的形心到中性轴 z 的距离为 y_C [图 6-11 (a)]，则该截面对中性轴的静矩为

$$S_z^* = A^* y_c = b\left(\frac{h}{2} - y\right)\left[y + \frac{1}{2}\left(\frac{h}{2} - y\right)\right] = \frac{b}{2}\left(\frac{h^2}{4} - y^2\right)$$

其值随所求点距中性轴的距离 y 的不同而改变，将其代入式 (6-11) 得

$$\tau = \frac{F_Q}{2I_z}\left(\frac{h^2}{4} - y^2\right) \quad (6-12)$$

可见，τ沿截面高度按二次抛物线规律变化［图6-11（b）］。当$y=\pm\dfrac{h}{2}$时，即在横截面上距中性轴最远处，切应力$\tau=0$；当$y=0$时，即在中心轴上各点处，由于中性轴一侧的半个横截面面积对中性轴的静距S_z^*为最大，切应力达到最大值τ_{max}，将$y=0$代入式(6-12)，且注意到$I_z=bh^3/12$得

$$\tau_{max}=\frac{F_Q h^2}{8I_z}=\frac{F_Q h^2}{8\times\dfrac{bh^3}{12}}=\frac{3F_Q}{2bh}=\frac{3F_Q}{2A} \tag{6-13}$$

式中，$A=bh$为矩形截面的面积。

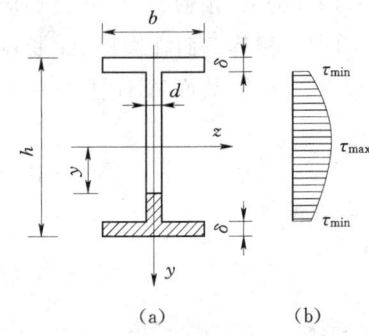

图6-12 工字形截面梁
(a) 原图；(b) 切应力分布图

对于其他形状的对称截面，均可按上述的推导方法，求得切应力的近似解。其横截面上的最大切应力通常也均发生在中性轴上的各点处，只有宽度在中性轴处显著增大的截面（如十字形截面），或某些变宽度的截面（如等腰三角形截面）等除外。因此，下面对于工字形、环形和圆形截面梁，主要讨论其中性轴上各点处的最大切应力τ_{max}。

2. 工字形截面梁

(1) 腹板上的切应力。对于工字形截面梁，由于腹板是狭长矩形，前述两假设依然适用。所以可以认为腹板上任一点处的切应力τ的方向与竖边平行，且沿腹板厚度分布均匀。于是，腹板上y处的切应力可按矩形截面的切应力公式计算，即

$$\tau=\frac{F_Q S_z^*}{I_z d} \tag{6-14}$$

式中：d为腹板厚度，S_z^*为距中性轴为y的横线以外部分的面积［图6-12（a）中阴影线面积］对中性轴的静矩，其值为

$$S_z^*=b\delta\left(\frac{h}{2}-\frac{\delta}{2}\right)+\left(\frac{h}{2}-\delta-y\right)d\times\left[\frac{\dfrac{h}{2}-\delta-y}{2}+y\right]=\frac{b\delta}{2}(h-\delta)+\frac{d}{2}\left[\left(\frac{h}{2}-\delta\right)^2-y^2\right]$$

代入式(6-14)得

$$\tau=\frac{F_Q S_z^*}{I_z d}=\frac{F_Q}{I_z d}\left\{\frac{b\delta}{2}(h-\delta)+\frac{d}{2}\left[\left(\frac{h}{2}-\delta\right)^2-y^2\right]\right\} \tag{6-15a}$$

式(6-15a)表明，腹板部分的切应力τ沿腹板高度按二次抛物线规律变化［图6-12（b）］，其最大的切应力发生在中性轴上（$y=0$），最小的切应力发生在腹板与翼缘交界处（$y=\pm h/2$），其值分别为

$$\tau_{max}=\frac{F_Q S_{zmax}^*}{I_z d}=\frac{F_Q}{I_z d}\left[\frac{b\delta}{2}(h-\delta)+\frac{d}{2}\left(\frac{h}{2}-\delta\right)^2\right] \tag{6-15b}$$

$$\tau_{max}=\frac{F_Q S_{zmin}^*}{I_z d}=\frac{F_Q}{I_z d}\left[\frac{\delta}{2}(h-\delta)(b-d)\right] \tag{6-15c}$$

式中：S_{zmax}^*为中性轴一侧的部分面积对中性轴的静矩，S_{zmin}^*为翼缘部分面积对中性轴的静

矩。对于标准的热轧工字钢，式（6-14）中的 $\dfrac{I_z}{S_z^*}$ 可以通过型钢规格表查得。

式（6-15b）和式（6-15c）中，因为 $b \geqslant d$，故 $\tau_{\max}$ 和 $\tau_{\min}$ 相差很小。值得说明的是，对于工字形截面梁，通过对弯曲正应力和弯曲切应力沿截面高度分布规律的研究，以及对这两种应力与横截面内力的关系的分析，可以看出截面的翼缘主要承受弯矩，而腹板主要承受剪力（腹板承受的剪力大约占整个横截面上剪力的 90% 以上）。

（2）翼缘上的切应力。工字形截面翼缘上的切应力分布较为复杂，既有竖向分量（称为竖向切应力），也有平行于中性轴力向的水平分量（称为水平切应力）。由于翼缘的上、下表面上无切应力，而翼缘又很薄，竖向切应力的数值非常小，可以不考虑。水平切应力则采用与推导矩形截面梁剪应力公式相类似的方法来进行分析。

在图 6-13（a）所示 $\mathrm{d}x$ 微段中，用垂直于中性轴的纵面 $abcd$（距图中左边为 η）切取翼缘的一部分作为分离体［图 6-13（b）］。假设横截面的翼缘上在 η 处的水平切应力沿翼缘厚腹［图 6-13（a）］均匀分布，由切应力互等定理，分离体纵截面 $abcd$ 上也有切应力 τ' 存在。这时，若考察分离体在轴向力的平衡，如图 6-13（b）所示，在分离体的横截面上有正应力引起的轴向力 F_{N1}^* 和 F_{N2}^*，在纵截面上有 $\mathrm{d}F_Q' = \tau' \delta \mathrm{d}x$。

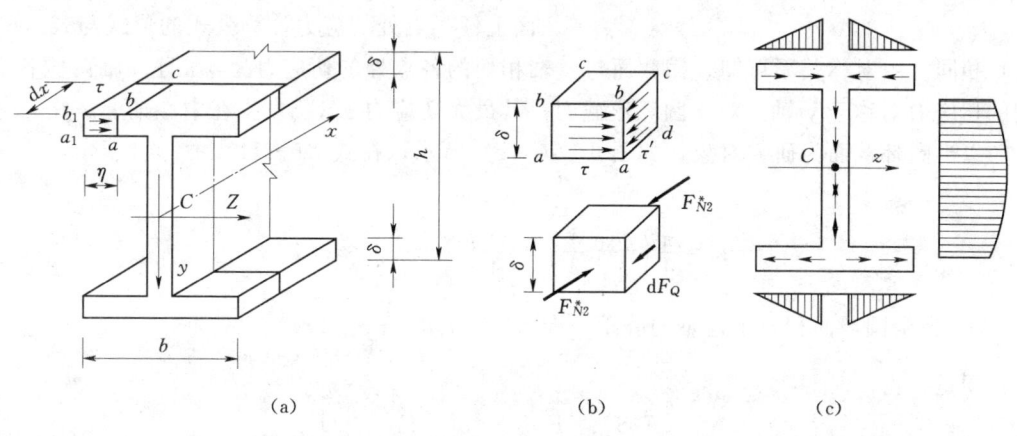

图 6-13 工字形截面梁
(a) 原图；(b) 单元体；(c) 切应力分布

由分离体的平衡条件得
$$\mathrm{d}F_Q' = F_{N2}^* - F_{N1}^*$$

再由
$$\tau' = \tau = \dfrac{F_Q S_z^*}{I_z \delta}$$

式中，$S_z^* = \eta \delta \left(\dfrac{h}{2} - \dfrac{\delta}{2} \right)$ 为翼缘上 η 一侧面积 abb_1a_1 对中性轴 z 的静矩。代入式（6-14）得

$$\tau = \dfrac{F_Q}{I_z} \times \eta \times \left(\dfrac{h}{2} - \dfrac{\delta}{2} \right) = \dfrac{F_Q \eta}{2 I_z} (h - \delta) \qquad (6-16)$$

由式（6-16）可知，翼缘上的水平切应力的大小与离翼缘自由端的距离 η 成正比。其分布如图 6-13（c）所示。切应力 τ 的方向，应根据所取分离体纵截面 $abcd$ 上切应力

τ'指向来判断。

从图6-13（c）可以看出，横截面上的切应力从上翼缘的两端面向中心"流动"，通过腹板往下"流"，到达下翼缘后又向翼缘两端面"流去"。这样的切应力指向，习惯上称为截面上的剪力流，或切应力流。利用切应力流的概念，可以先根据横截面上剪力的方向定出腹板上的切应力的方向，然后定出上下翼缘切应力的方向。

在实际问题中，由于翼缘上的最大切应力远小于腹板上的最大切应力τ_{max}，一般情况下可不必计算。

3. 薄壁环形截面梁

薄壁环形截面，由于其臂厚很薄，故可以认为横截面上切应力的大小沿壁厚分布均匀，且与圆周相切，如图6-14（a）所示。

设薄壁环形截面梁，环壁厚度为δ，环的平均半径为r_0。与矩形截面横截面上任一点处切应力计算公式推导相似，可得薄壁环形横截面上任一点处切应力计算公式的形式与式（6-11）相同。由对称关系可知，横截面与y轴相切的各点处的切应力为0，且y轴两侧各点处的切应力对称于y轴。对于圆环形截面，其最大切应力τ_{max}仍发生在中性轴上。

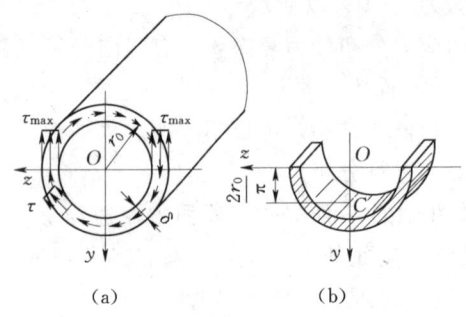

图6-14 薄壁环形截面
(a) 原图；(b) 分离体

以半圆环截面为研究对象，如图6-14（b）所示，在式（6-11）中

$$b = 2\delta$$

$$I_z = \frac{\pi}{4}\left(r_0 + \frac{\delta}{2}\right)^4 - \frac{\pi}{4}\left(r_0 - \frac{\delta}{2}\right)^4 \approx \pi r_0^3 \delta$$

S_z^*为半圆环面积对中性轴的静距，即$S_z^* = \pi r_0 \delta \times \dfrac{2r_0}{\pi} = 2r_0^2 \delta$。

于是，得

$$\tau_{max} = \frac{F_Q S_z^*}{I_z b} = \frac{F_Q \times 2r_0^2 \delta}{\pi r_0^3 \delta \times 2\delta} = \frac{F_Q}{\pi r_0 \delta} = 2\frac{F_Q}{A} \qquad (6-17)$$

式中，$A = \dfrac{\pi}{4}[(2r_0 + \delta)^2 - (2r_0 - \delta)^2] = 2\pi r_0 \delta$，代表环形截面的面积。

上述对薄壁环形截面最大切应力公式的推导，同样适用于其他具有纵向对称轴的薄壁截面形式。因此，也可以仿照上述方法来计算其横截面上的最大切应力。

4. 圆截面梁

对于圆截面梁[图6-15（a）]，由切应力互等定理可知，在截面边缘上各点处切应力的方向必与圆周相切，而在与对称轴y相交的各点处，由于剪力、截面图形和材料物性均对称于y轴，因此，其切应力必沿y方向。为此，可作如下假设：

（1）圆截面上距中性轴距离为y的mm弦线上各点处的切应力τ均汇交于O'点，且mm弦两端处的切应力必与截面边界相切；

（2）沿mm弦线上各点处切应力沿y方向的分量相等。

根据上述假设，即可应用式（6-11）求出截面上距中性轴为y的各点处切应力沿y

方向的分量，然后按所在点处切应力方向与 y 轴间的夹角，求出该点处的切应力。

对于圆截面梁，其最大切应力 τ_{max} 仍在中性轴上各点处。由于在中性轴两端处切应力的方向均与圆周相切，且与外力作用方向平行，故中性轴上各点处的切应力方向均与外力平行，且数值相等。于是，利用矩形截面的切应力式 (6-11)，即可求得圆截面上的近似结果。对于圆截面，该式中的 b 应为圆的直径的 d，I_z 为圆截面的惯性矩，而 S_z^* 则为半圆面积 [图 6-15 (b)] 对中性轴 z 的静矩，即

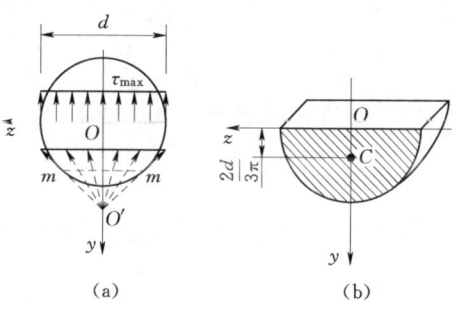

图 6-15 圆截面梁
(a) 原图；(b) 分离体

$$S_z^* = \frac{1}{2} \times \frac{\pi d^2}{4} \times \frac{2d}{3\pi} = \frac{d^3}{12}$$

于是，可得圆截面上的最大弯曲切应力为

$$\tau_{max} = \frac{F_Q S_z^*}{I_z b} = \frac{F_Q d^3/12}{(\pi d^4/64)d} = \frac{4}{3}\frac{F_Q}{A} \tag{6-18}$$

式中，$A = \frac{\pi d^2}{4}$ 为圆截面的面积。

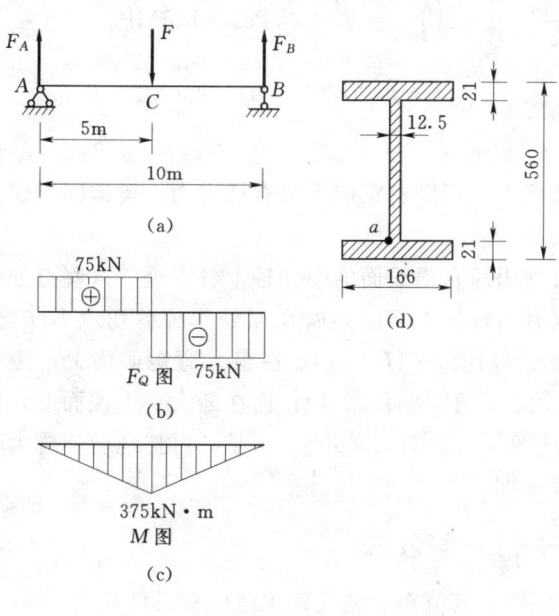

图 6-16 [例 6-5] 图
(a) 原图；(b) 剪力图；(c) 弯矩图；(d) 截面图

最后，讨论计算等直梁横截面上最大切应力的一般公式。对于等直梁，其最大切应力 τ_{max} 发生在最大剪力 F_{Qmax} 所在的横截面上，而且一般的说是位于该截面的中性轴上。由以上各种形状的横截面上的最大切应力计算公式可知，全梁各横截面中最大切应力可统一表达为

$$\tau_{max} = \frac{F_{Qmax} S_{zmax}^*}{I_z b} \tag{6-19}$$

式中：F_{Qmax} 为全梁的最大剪力；S_{zmax}^* 为横截面上中性轴一侧的面积对中性轴的静矩；b 为横截面在中性轴处的宽度；I_z 为整个横截面对中性轴的惯性矩。

【例 6-5】 如图 6-16 (a) 所示简支梁由 56a 号工字钢制成，其截面简化后的尺寸如图 6-16 (d) 所示，已知 $F=150$ kN，试求：(1) 梁危险截面上的最大正应力 σ_{max} 和最大切应力 τ_{max}；(2) 同一截面上翼缘与腹板交界处 a 点的正应力 σ_a 和切应力 τ_a。

解：(1) 梁的最大正应力和最大切应力。

作梁的剪力图和弯矩图，如图 6-16 (b)、(c) 所示。由图可知，支座 A 和 B 的内侧

截面和跨中 C 截面为梁的危险截面。最大弯矩和最大剪力分别为
$$M_{max}=375\text{kN·m}, F_{Qmax}=75\text{kN}$$

由型钢规格表查得，56a 号工字钢截面的 $W_z=2342\text{cm}^3$，$I_z=65586\text{cm}^4$ 以及 $\dfrac{I_z}{S^*_{zmax}}=477.3\text{mm}$。

将 M_{max}、F_{Qmax}、W_z、I_z、$\dfrac{I_z}{S^*_{zmax}}$ 的值和 $d=12.5\text{mm}$ [图 6-16 (d)] 代入式 (6-8) 和式 (6-15b)，得

$$\sigma_{max}=\frac{M_{max}}{W_z}=\frac{375\times 10^3}{2342\times 10^{-6}}=160\times 10^6 (\text{Pa})=160\text{MPa}$$

$$\tau_{max}=\frac{F_{Qmax}S^*_{zmax}}{I_z d}=\frac{F_{Qmax}}{(I_z/S^*_{zmax})d}=\frac{75\times 10^3}{477.3\times 10^{-3}\times 12.5\times 10^{-3}}=12.6\times 10^6 (\text{Pa})=12.6\text{MPa}$$

(2) a 点处的正应力和切应力。

根据图 6-16 (d) 所示尺寸，可得 a 点横线一侧（即下翼缘截面）面积对中性轴的静矩为

$$S^*_{za}=166\times 21\times \left(\frac{560}{2}-\frac{21}{2}\right)=940\times 10^3 (\text{mm}^3)$$

由式 (6-4) 和式 (6-14) 及已知值，得 a 点处的正应力和切应力分别为

$$\sigma_a=\frac{M_{max}}{I_z}y_a=\frac{375\times 10^3}{65586\times 10^{-8}}\left(\frac{0.56}{2}-0.021\right)=148\times 10^6 (\text{Pa})=148\text{MPa}$$

$$\tau_a=\frac{F_{Qmax}S^*_{za}}{I_z d}=\frac{75\times 10^3\times 940\times 10^{-6}}{65586\times 10^{-8}\times 12.5\times 10^{-3}}=8.6\times 10^6 (\text{Pa})=8.6\text{MPa}$$

二、梁的切应力强度条件

对于发生横力弯曲的等直梁，其横截面上一般既有正应力又有切应力。梁需同时保证正应力和切应力的强度要求。

等直梁的最大切应力一般发生在最大剪力所在横梁面的中性轴上各点处，这些点处的正应力等于 0，在略去纵截面上的挤压应力后，最大切应力所在点处于纯剪切应力状态。例如对全梁承受均布载荷的矩形截面简支梁 [图 6-17 (a)]，在最大弯矩截面上，距中性轴最远的 C 和 D 点处于单轴应力状态 [图 6-17 (d)、(e)]；而在最大剪力截面上，中性轴上的 A 和 B 点处于纯剪切应力状态 [图 6-17 (f)、(g)]。于是，可按纯剪切应力状态下的强度条件建立梁的切应力强度条件。即

$$\tau_{max}=\frac{F_{Qmax}S^*_{zmax}}{I_z b}\leqslant [\tau] \tag{6-20}$$

式中，$[\tau]$ 为材料在横力弯曲时的许用切应力，其值在有关设计规范中有具体规定。

梁在载荷作用下，须同时满足正应力和切应力强度条件。在进行强度计算时，通常是先按正应力强度进行计算，再按切应力强度进行计算。一般情况下，梁的强度大多数由正应力控制，只要正应力强度条件被满足，切应力强度条件通常是满足的，并不需要再按切应力进行强度校核。但在以下几种情况下，需要校核梁的切应力：

(1) 当梁的跨高比 L/h 较小（例如：$L/h<5$），或者在梁的支座附近有较大的集中载荷作用时；

第三节 梁横截面上的切应力·梁的切应力强度条件

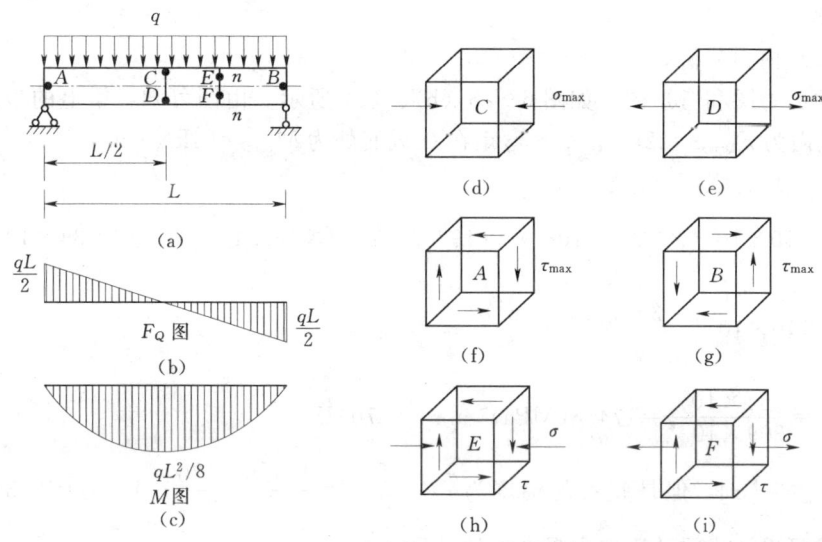

图 6-17 矩形截面简支梁
(a) 原图；(b) 剪力图；(c) 弯矩图；(d) C点应力状态；(e) D点应力状态；(f) A点应力状态；
(g) B点应力状态；(h) E点应力状态；(i) F点应力状态

(2) 梁的最大弯矩较小，而最大剪力却很大；

(3) 梁的横截面为薄壁截面，如工字形、槽形等腹板厚度较小，腹板上的切应力也可能较大；

(4) 对于木梁，其顺纹方向抗剪强度较差。在横力弯曲时，可能因为中性层上切应力过大而使梁沿中性层发生剪切破坏。

综上所述，按正应力强度条件进行梁的强度计算时，最大弯矩所在横截面上距中性轴最远的危险点处于单轴应力状态。而按切应力强度条件进行强度校核时，最大剪力所在横截面的中性轴上的危险点处于纯剪切应力状态。因此，可分别按正应力和切应力建立强度条件，进行强度计算。但是，在横截面上的其他各点处既有正应力，又有切应力，例如梁在截面 n—n 上 E 和 F 点处取出的单元体 [图 6-17 (h)、(i)]。应该注意，这时不能分别按正应力和切应力的强度条件进行强度校核，而必须同时考虑正应力和切应力对强度的影响。对于这些点的强度校核，将在第八章中讨论。

【例 6-6】 如图 6-18 (a) 所示梁，已知 $[\sigma]=170\text{MPa}$，$[\tau]=100\text{MPa}$，试校

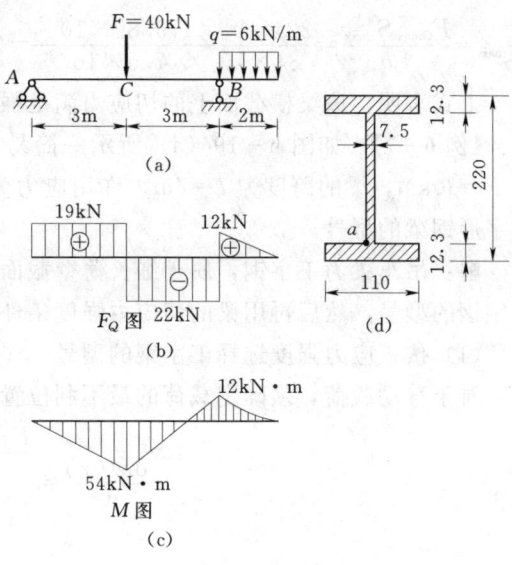

图 6-18 [例 6-6] 图
(a) 原图；(b) 剪力图；(c) 弯矩图；(d) 截面图

核梁的强度。

解：(1) 内力分析。

绘梁的剪力图和弯矩图，如图 6-18 (b)、(c) 所示。由图可知，梁上的最大剪力在梁的 CB 段内为 $F_{Qmax}=22\text{kN}$，最大弯矩在 C 截面处为 $M_{max}=54\text{kN}\cdot\text{m}$。

(2) 按正应力强度条件校核。

$$I_z=\frac{1}{12}[(110\times10^{-3}\times220^3\times10^{-9})-(102.5\times10^{-3}\times195.4^3\times10^{-9})]=34\times10^{-6}(\text{m}^4)$$

$$W_z=\frac{I_z}{\frac{h}{2}}=\frac{34\times10^{-6}}{110\times10^{-3}}=309\times10^{-6}(\text{m}^3)$$

$$\sigma_{max}=\frac{M_{max}}{W_z}=\frac{54\times10^3}{309\times10^{-6}}=174.8(\text{MPa})>[\sigma]=170\text{MPa}$$

尽管 $\sigma_{max}>[\sigma]$，但是超过的幅度为 $\frac{\sigma_{max}-[\sigma]}{[\sigma]}=\frac{174.8-170}{170}\times100\%=2.8\%<5\%$，所以，仍然可以认为梁的正应力强度条件满足要求。

(3) 按切应力强度条件校核。

由梁的剪力图 [图 6-18 (b)] 可知 CB 段剪力最大，在 CB 段内任找一截面进行切应力强度校核。最大切应力发生在危险截面的中性轴上，先计算中性轴以下图形面积对中性轴 z 的静矩：

$$S^*_{zmax}=110\times10^{-3}\times12.3\times10^{-3}\times\left(\frac{220}{2}-\frac{12.3}{2}\right)\times10^{-3}$$
$$+7.5\times10^{-3}\times\left(\frac{220}{2}-12.3\right)\times\frac{1}{2}\times\left(\frac{220}{2}-12.3\right)\times10^{-3}$$
$$=179.89\times10^{-6}(\text{m}^3)$$

代入式 (6-20)，其中 $b=d=7.5\text{mm}$，得

$$\tau_{max}=\frac{F_{Qmax}S^*_{zmax}}{I_zb}=\frac{22\times10^3\times179.89\times10^{-6}}{34\times10^{-6}\times7.5\times10^{-3}}=15.5\times10^6(\text{Pa})=15.5\text{MPa}<[\tau]=100\text{MPa}$$

上式表明，该梁横截面上的切应力满足强度条件。故该梁安全。

【例 6-7】 如图 6-19 (a) 所示一简易吊车梁，最大起重量（包括电葫芦的自重）为 $F=30\text{kN}$，梁的跨度为 $l=5\text{m}$，许用应力为 $[\sigma]=160\text{MPa}$，$[\tau]=100\text{MPa}$，试选择该工字形钢梁的型号。

解：吊车梁为工字钢，属于细长薄壁截面梁，因此，应先用梁的正应力强度条件选择工字钢的型号，然后再用梁的切应力强度条件进行校核。

(1) 按正应力强度选择工字钢的型号。

对于移动载荷，须确定载荷的最不利位置即梁的最大弯矩为极大值时的载荷位置。由

$$\frac{\text{d}M(x)}{\text{d}x}=\frac{\frac{Fx(l-x)}{l}}{\text{d}x}=0$$

得
$$x=\frac{l}{2}$$

于是，梁的最大弯矩的极大值在梁的跨中 [图 6-19 (d)] 为

第三节 梁横截面上的切应力·梁的切应力强度条件

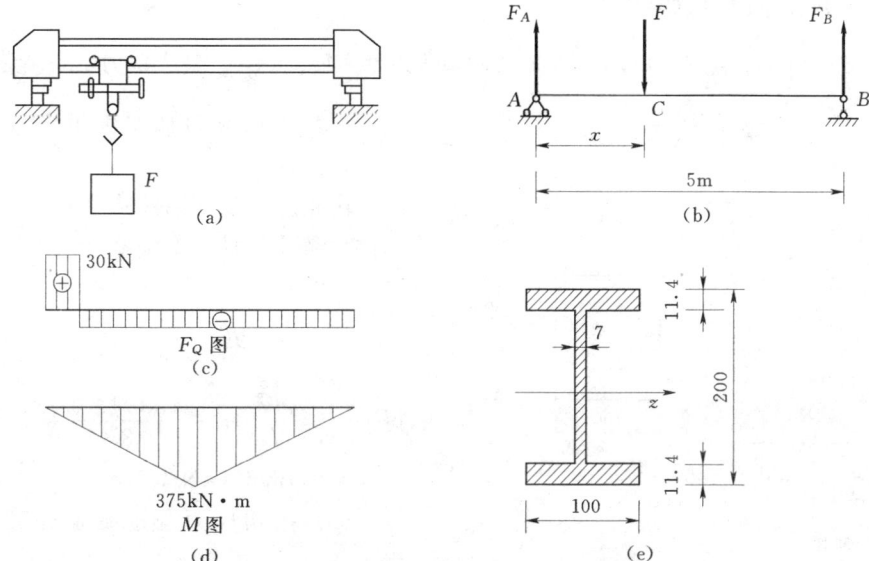

图 6-19 [例 6-7] 图
(a) 原图；(b) 计算简图；(c) 剪力图；(d) 弯矩图；(e) 截面图

$$M_{\max}=\frac{Fl}{4}=\frac{30\times 5}{4}=37.5(\text{kN}\cdot\text{m})$$

由梁的正应力强度条件

$$\sigma_{\max}=\frac{M_{\max}}{W_z}\leqslant[\sigma]$$

可求得工字钢梁的抗弯截面模量为

$$W_z\geqslant\frac{M_{\max}}{[\sigma]}=\frac{37.5\times 10^3}{160\times 10^6}=234(\text{cm}^3)$$

查附录Ⅲ的型钢表，应选 20a 工字钢 [图 6-19 (e)]，其中 $W_z=237\text{cm}^3$。
(2) 按切应力强度条件进行校核。
当起吊重物移至支座附近时 [图 6-19 (c)]，该处截面上剪力最大，为

$$F_{Q\max}=F_A=F=30\text{kN}$$

查附录Ⅲ的型钢表可知 20a 工字钢的腹板 $d=7\text{mm}$，$I_z/S_z^*=17.2\text{cm}$ 代入切应力强度条件式 (6-20) 得

$$\tau_{\max}=\frac{F_{Q\max}S_{z\max}^*}{I_z b}=\frac{30\times 10^3}{7\times 10^{-3}\times 17.2\times 10^{-2}}=24.9\text{MPa}<[\tau]$$

满足切应力强度条件。

因此，选择 20a 工字钢是合适的。

【例 6-8】 如图 6-20 (a) 所示简支梁由两根木料胶合而成，已知木材的许用正应力为 $[\sigma]=50\text{MPa}$，许用切应力 $[\tau]=5\text{MPa}$，胶合面粘胶抗剪许用切应力 $[\tau_1]=2\text{MPa}$。试确定梁的许可均布载荷集度 q 的值。

解：(1) 作梁的剪力图和弯矩图。

如图 6-20 (b)、(c) 所示。可知梁的最大弯矩 $M_{max}=\dfrac{ql^2}{8}$，最大剪力 $F_{Qmax}=\dfrac{ql}{2}$。

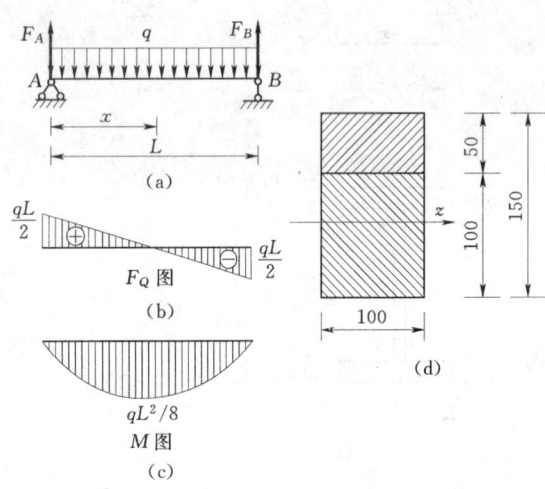

图 6-20 [例 6-8] 图
(a) 原图；(b) 剪力图；(c) 弯矩图；(d) 截面图

(2) 按正应力强度确定许可载荷集度 q。

由正应力强度条件式 (6-8) 确定梁的许可载荷，且注意到 $W_z = bh^2/6$ 得

$$M_{max} \leqslant W_z [\sigma]$$

$$\frac{ql^2}{8} \leqslant \frac{bh^2}{6} \times [\sigma]$$

得 $q \leqslant \dfrac{4bh^2}{3l^2}[\sigma] = \dfrac{4 \times 0.1 \times 0.15^2}{3 \times 3^2} \times 50 \times 10^6$

$= 16.65 (\text{kN/m})$

(3) 按切应力强度确定许可载荷集度 q。

由切应力强度条件式 (6-20) 确定梁的许可载荷，但注意到矩形截面梁横截面上的最大切应力 τ_{max} 可用式 (6-13) 即 $\tau_{max} = \dfrac{3F_{Qmax}}{2A}$ 求得。于是

$$\tau_{max} = \frac{3F_{Qmax}}{2A} = \frac{3ql}{4bh} \leqslant [\tau]$$

得 $q \leqslant \dfrac{4bh}{3l}[\tau] = \dfrac{4 \times 0.1 \times 0.15}{3 \times 3} \times 5 \times 10^6 = 33.35 (\text{kN/m})$

(4) 按胶合面强度确定 q。

胶合面的最大值切应力发生在简支梁的两个端面处，该截面上 $F_{Qmax} = \dfrac{ql}{2}$，而胶合面的 $\tau_{max} = \dfrac{F_{Qmax} S_z^*}{I_z b}$，于是胶合面的强度条件为

$$\tau_{max} = \frac{F_{Qmax} S_z^*}{I_z b} \leqslant [\tau_1]$$

得 $q = \dfrac{2}{l} \times \dfrac{I_z b}{S_z^*} \times [\tau_1] = \dfrac{2}{3} \times \dfrac{\frac{0.1 \times 0.15^3}{12} \times 0.1}{0.10 \times 0.05 \times (0.075 - 0.025)} \times 2 \times 10^6 = 15 (\text{kN/m})$

从上述 3 种强度条件所确定的 q 值中，取其最小值，即得 $[q] = 15 \text{kN/m}$。

第四节 梁的合理设计

按强度要求设计梁时，主要是依据梁的正应力强度条件 $\sigma_{max} = \dfrac{M_{max}}{W_z} \leqslant [\sigma]$。

由上式可见，除了采用高强度材料，降低最大弯矩、提高抗弯截面模量，或局部加强弯矩较大的梁段，都能降低梁的最大正应力，从而提高梁的承载能力，使梁的设计更为合理。现将工程中常用的几种措施分述如下。

一、选取合理的截面形状

当弯矩确定时，横截面上的最大正应力与抗弯截面模量成反比。因此，应尽可能增大横截面的抗弯截面模量 W_z 与其面积 A 之比值。由于在一般截面中，W_z 与其高度的平方成正比，所以，尽可能使横截面面积分布在距中性轴较远的地方，以满足上述条件。例如图 6-21（a）所示矩形截面梁，竖放时 $W_z/A=0.167h$，平放时 $W_z/A=0.167b$，显然抵抗竖直平面内的弯曲变形时，竖放要比平放合理。工程上常用截面形状抵抗竖直平面内弯曲变形的 W_z/A 值如图 6-21 所示。

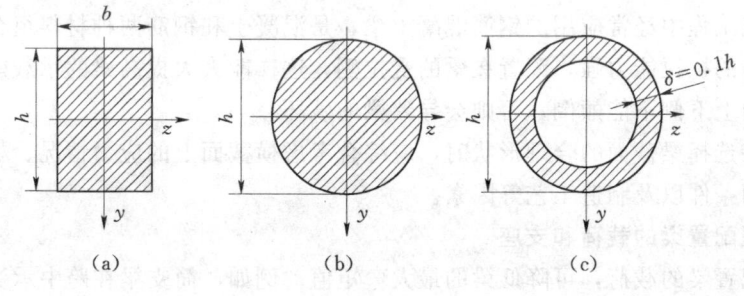

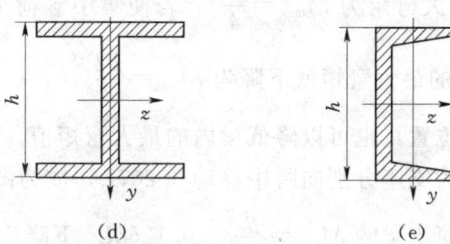

图 6-21 常用截面形状的 $\dfrac{W_z}{A}$ 值

(a) 矩形 $\dfrac{W_z}{A}=0.167h$；(b) 圆形 $\dfrac{W_z}{A}=0.125h$；(c) 圆环 $\dfrac{W_z}{A}=0.205h$；

(d) 工字形 $\dfrac{W_z}{A}=(0.27\sim0.31)h$；(e) 槽形 $\dfrac{W_z}{A}=(0.27\sim0.31)h$

由上可知，从正应力弯曲强度的观点来看，圆形最不合理，而工字钢或槽钢是最经济最合理的。这种现象很容易从横截面上的正应力分布规律给以解释。横截面上最大正应力发生在离中性轴最远的边缘点处，只有这些地方的材料才有可能得到充分利用。离中性轴越近，正应力越小，中性轴附近的材料就不可能得到充分利用。所以应该把材料尽量布置在远离中性轴的地方。如果把矩形截面中性轴 z 处的部分材料移到边缘处，就变成了工字形或槽形截面。把圆形截面中性轴 z 处的部分材料移到边缘处就成了圆环形。

所以工字形或槽形截面比矩形截面经济，圆环形截面比圆形截面经济合理。不过从经济合理的观点还需考虑加工成本等其他因素。

另外材料性能对截面形状的合理设计也有影响。例如对抗拉强度和抗压强度相等的碳素钢等材料，其截面应设计成关于中性轴为对称的形状，工字形、矩形等都具有这种特性。这些截面上下边缘处拉、压应力的绝对值相等。对抗拉和抗压能力不同的材料，如铸铁等脆性材料，其截面宜设计成中性轴偏于受拉一侧的形状，如 T 形、非对称工字形等截面，因为铸铁等脆性材料耐压而不耐拉，不对称截面可以使截面受拉侧和受压侧的材料都得到充分利用（图 6-21）：

$$\frac{\sigma_{cmax}}{\sigma_{tmax}} = \frac{M_{max}y_c/I_z}{M_{max}y_t/I_z} = \frac{y_c}{y_t} = \frac{[\sigma_c]}{[\sigma_t]}$$

式中：y_c、y_t 分别为中性轴到压、拉应力最远点的距离；$[\sigma_c]$、$[\sigma_t]$ 分别为材料抗压和抗拉许用应力。

另外建筑工程中经常应用的钢筋混凝土梁，是混凝土和钢筋两种材料组合而成的组合材料梁，钢筋的抗拉能力强，配置在梁的受拉侧，这样能大大提高梁的承载能力。在具体使用时，梁的上下侧不能颠倒，否则会导致梁的破坏。

总之，在选择梁截面的合理形状时，应综合考虑横截面上的应力情况、材料的力学性能、梁的使用条件以及制造工艺等因素。

二、合理配置梁的载荷和支座

合理地配置梁的载荷，可降低梁的最大弯矩值。例如，简支梁在跨中承受集中载荷 F 时 [图 6-22（a）]，梁的最大弯矩为 $M_{max} = \dfrac{Fl}{4}$。若使集中载荷 F 通过分配梁再作用到梁上 [图 6-22（b）]，则梁的最大弯矩就下降为 $M_{max} = \dfrac{Fl}{8}$。

同理，合理地设置支座位置，也可以降低梁内的最大弯矩值。如图 6-23 所示，若将承受均布载荷的简支梁两端的支座分别向跨中移动 $0.207L$，成为图 6-24 所示的外伸梁，则梁内的最大弯矩值，就由简支梁的 $M_{max} = \dfrac{qL^2}{8} = 0.125qL^2$ 下降为 $M_{max} = 0.0215qL^2$，仅为原简支梁最大弯矩值的 17.2%。工程中门式起重机的立柱位置就考虑了降低由梁载荷和自重所产生的最大弯矩。

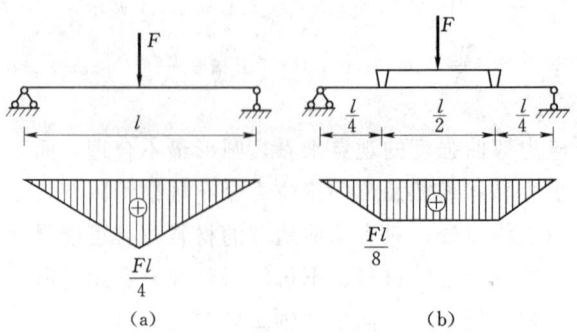

图 6-22 简支梁受集中荷载
(a) 受跨中集中荷载；(b) 分配梁将 F 一分为二

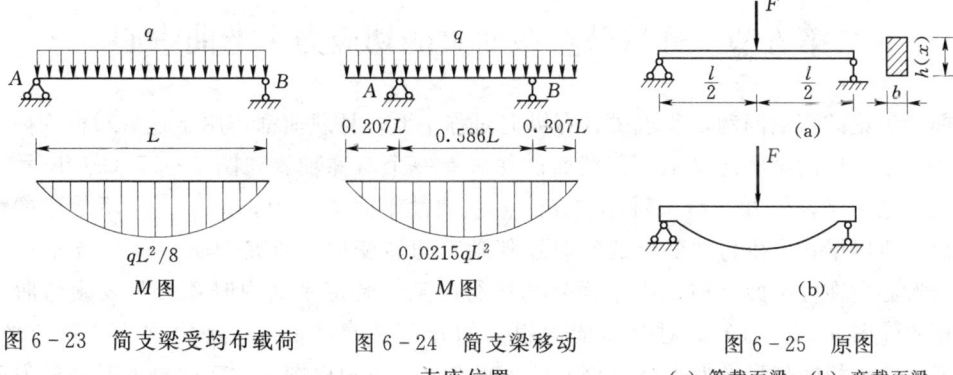

图 6-23 简支梁受均布载荷　　图 6-24 简支梁移动支座位置　　图 6-25 原图
(a) 等截面梁；(b) 变截面梁

三、合理设计梁的外形

在外力作用下，梁横截面上的弯矩是截面位置的函数，但对等截面梁，其抗弯截面模量 W_z 是常数，这样只有在弯矩最大的截面上危险点处的应力才可能等于许用应力，其他截面上的最大应力都小于或远小于许用应力。从节约材料的观点来看，这是不合理的。所以梁合理的外形，不应该是等截面的，而应该是截面尺寸随弯矩的变化而改变，这种梁称之为变截面梁。理想情况下，应该使每个截面上的最大正应力都等于许用弯曲正应力，这种梁称之为等强度截面梁。例如，宽度不变而高度变化的矩形截面简支梁 [图 6-25 (a)] 若设计成等强度梁，则其高度随截面位置的变化规律 $h(x)$，可按正应力强度条件

$$\sigma_{\max}=\frac{M(x)}{W(x)}=\frac{(F/2)x}{bh^2(x)/6}\leqslant [\sigma]$$

求得

$$h(x)=\sqrt{\frac{3Fx}{b[\sigma]}} \quad\quad (a)$$

但在靠近支座处，应按切应力强度条件确定截面的最小高度为

$$\tau_{\max}=\frac{3F_Q}{2A}=\frac{3}{2}\times\frac{F/2}{bh_{\min}}\leqslant [\tau]$$

$$h_{\min}=\frac{3F}{4b[\tau]} \quad\quad (b)$$

按式 (a) 和式 (b) 确定的梁的外形，也就是厂房建筑中常用的鱼腹梁 [图 6-25 (b)]。

等强度梁虽然有节约材料等优点，但由于其外形往往较复杂，不易加工制造，工程上一般根据具体情况将其修改成便于加工的形状。图 6-26 显示了几种变截面梁的实例。

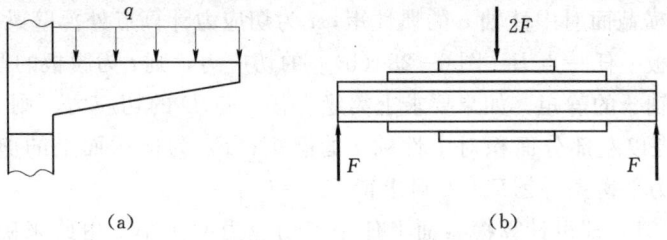

图 6-26 变截面梁
(a) 楼房阳台悬挑梁；(b) 盖板加强钢梁

*第五节　开口薄壁截面梁的切应力·弯曲中心

前面讨论的弯曲问题，要求梁具有纵向对称平面，且载荷都作用于这一对称面内。但在工程中常采用的某些薄壁梁，其截面往往只有一个对称轴。如图 6-27（a）所示为一槽形截面悬臂梁，外力 F 沿 y 轴作用在形心主惯性平面 xoy 内，由于 xoy 不是梁的纵向对称面，所以梁在发生弯曲变形的同时还伴随有扭转变形。研究表明，只有当外力 F 作用在与形心主惯性平面（如 xoy 平面）相平行的某一特定平面内时才会只发生弯曲而无扭转现象［图 6-27（b）］。对抗扭能力很差的开口薄壁梁来说，确定这一"特定平面"的位置，防止扭转变形的发生具有更要的工程意义。下面以图 6-27 的槽形截面梁为例来讨论这一问题。为此必须首先研究梁横截面上的切应力计算。根据薄壁梁的结构特点，对横截面上的切应力作如下假设：

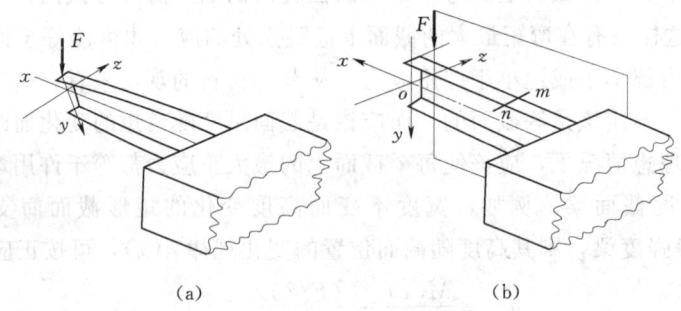

图 6-27　槽形截面悬臂梁
(a) 组合变形；(b) 平面弯曲

(1) 横截面上任一点的切应力与该点处截面周边切线相平行；
(2) 切应力沿壁厚均匀分布。

假设外力 F 作用在与形心主惯性平面 xoy 相平行的某一"特定平面"内，梁只发生平面弯曲而无扭转现象［图 6-27（b）］，横截面上只有弯曲正应力和弯曲切应力。

在图 6-27（b）中，假想地沿 m—m 横截面将梁分成两部分，取前半部分为研究对象［图 6-28（a）］，按照上述假设，横截面上画出了切应力的分布情况，按照推导矩形截面切应力计算式 (6-11) 的同样步骤可得切应力计算公式：

$$\tau = \frac{F_{Q_y} S_z^*}{I_z t} \tag{6-21}$$

式中：I_z 为整个横截面对中性轴 z 的惯性矩；t 为切应力计算点处薄壁梁的厚度。

如果要求腹板上任一点 B ［图 6-28（b）］的切应力，则 t 为腹板的厚度；S_z^* 为 B 点以下面积对中性轴 z 的静矩。如果要求上翼缘上任一点 D 的切应力，则 t 为翼缘的厚度；S_z^* 为上翼缘 D 点以左部分面积对中性轴 z 的静矩；F_{Q_y} 为横截面上的剪力，由图 6-28（a）分离体的静力平衡条件 $\sum F_y = 0$ 可求得 $F_{Q_y} = F$。

利用式 (6-21) 即可计算横截面上任一点切应力的大小，由此来确定 F_{Q_y} 作用线的位置。由图 6-28（a）横截面上的切应力分布情况可知，腹板上的微面积剪力元素 τdA

第五节 开口薄壁截面梁的切应力·弯曲中心

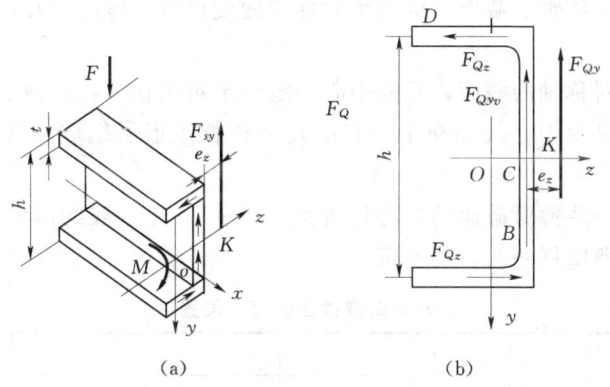

图 6-28 截面图
(a) $m-m$ 截面图；(b) 剖面图

可以合成为竖直剪力 F_{Qy}；下翼缘上的微面积剪力元素 τdA 合成为两个大小相等方向相反的水平剪力 F_{Qz} [图 6-28 (b)]。显然两个水平剪力组成一个力偶 $M_e = F_{Qz}h$，竖直剪力 F_{Qyv} 和力偶 M_e 进一步合成为一个总剪力 F_{Qy}，其作用线到腹板形心 C 的距离 $e_z = \dfrac{F_{Qz}h}{F}$，这就确定了 F_{Qy} 作用线的位置，由此可见总剪力 F_{Qy} 并不通过截面的形心。

由分离体 [图 6-28 (a)] 静力平衡条件 $\sum M_x = 0$（对 z 轴取矩）可知，由外力 F 和剪力 F_{Qy} 组成的力偶必须和截面上的弯矩 M 相平衡，在平面弯曲情况下，弯矩 M 的作用面和形心主惯性平面 xoy 相平行，所以外力 F 必须作用在通过剪力 F_{Qy} 且和主惯性平面 xoy 相平行的平面内，这个平面就是所谓的"特定平面"。如果外力 F 作用在 xoy 平面内，由 F 和 F_{Qy} 组成的力偶矢量可分解为 M_x 和 M_z 两个分量，z 向分量 M_z 和弯矩 M 相平衡，轴向分量 M_x 会引起扭转变形。

如果图 6-28 (a) 中的外力 F 不是沿 y 方向而是沿 z 方向作用（即水平外力），按照上述的讨论方法会得到如下结论。

横截面上的剪力 F_{Qz} 大小等于 F，方向沿 z 轴，作用线和 z 轴相重合。外力 F 必须作用在通过剪力 F_{Qz} 且和主惯性平面 xoz 相平行的平面内，也就是在 xoz 平面内梁才不会发生扭转变形，xoz 平面就是所谓的"特定平面"。对槽形截面梁这一特例来说，xoz 平面为纵向对称面，正如前文所述，当外力作用在纵向对称面内时梁将发生平面弯曲，而不会发生扭转变形。

综上所述，在 y 方向外力单独作用下确定了一个"特定平面"，在 z 方向外力单独作用下确定了另一个"特定平面"，两个特定平面的交线称为弯曲中心轴，弯曲中心轴和横截面的交点称为该截面的弯曲中心 [图 6-28 (b) 中，横截面上的 K 点]。只有当作用于梁上的所有横向外力都通过弯曲中心时，梁才会只发生弯曲变形而不发生扭转变形。

对于许多开口薄壁截面梁，因其抗扭刚度较差，容易发生扭转变形，这对梁十分不利。为了避免扭转变形的产生，应确定薄壁截面的弯曲中心位置，并使梁上的载荷通过截面的弯曲中心。

对于一般常见的开口薄壁截面，其弯曲中心位置的确定，可应用下面几条规则：

(1) 具有两个对称轴的截面,则两个对称轴的交点就是弯曲中心,如矩形、圆形、工字形等。

(2) 具有一个对称轴的截面,弯曲中心一定位于对称轴上,如槽形等。

(3) 如果截面是由中心线相交于一点的几个狭长矩形所组成,则此交点就是弯曲中心,如⊥形、L形等。

工程中常用的一些薄壁截面的弯心位置见表 6-1。更一般的薄壁截面的弯心位置的确定方法,可参阅薄壁杆件的有关书籍。

表 6-1　　　　　　　　　　几种薄壁截面的弯心位置

项次	1	2	3	4	5	6	7
截面形状	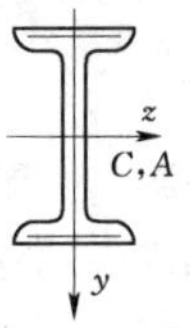	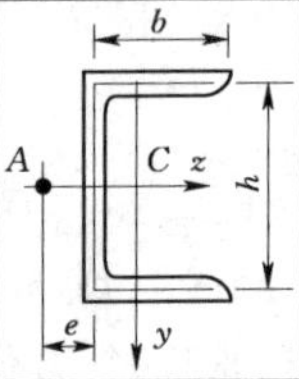	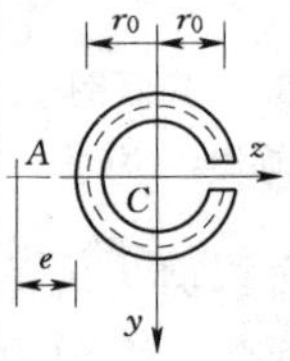	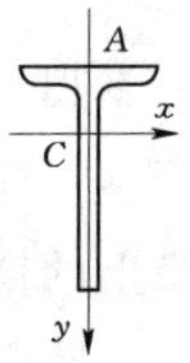	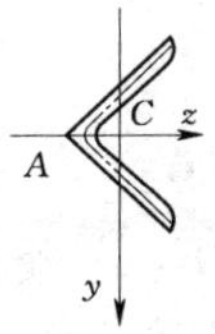	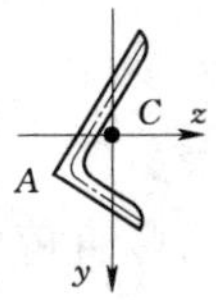	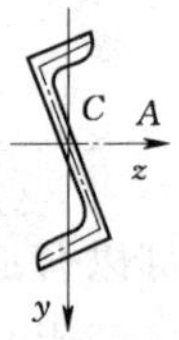
弯心 A 的位置	与形心相重合	$e=\dfrac{b^2h^2t}{4I_z}$	$e=r_0$	在两个狭长矩形中线的交点			与形心相重合

小　结

(1) 纯弯曲与横力弯曲。横截面上只有弯矩没有剪力时梁的弯曲称为纯弯曲。横截面上既有弯矩又有剪力时,梁的弯曲称为横力弯曲。

(2) 平面假设。变形前为平面的横截面变形后仍为平面,这就是梁弯曲的平面假设。

(3) 中性层与中性轴。梁变形后纵向线段既不伸长也不缩短的平面,称为中性层。中性层和横截面的交线称为中性轴。

(4) 弯曲正应力和弯曲切应力。梁弯曲时横截面上的正应力和切应力称为弯曲正应力和弯曲切应力。

1) 弯曲正应力的计算公式:

$$\sigma = \frac{My}{I_z}$$

2) 弯曲切应力的计算公式:

$$\tau = \frac{F_Q S_z^*}{I_z b}$$

(5) 梁的强度计算。

强度条件:

$$\sigma_{\max} = \frac{M_{\max}}{W_z} \leqslant [\sigma]$$

在某些特殊情况下,还要校核是否满足剪应力的强度条件,即

$$\tau_{\max} = \frac{F_Q S_{z\max}^*}{I_z b} \leqslant [\tau]$$

(6) 提高构件弯曲强度的主要措施。梁的强度的主要控制因素是弯曲正应力。所以提高梁弯曲强度的主要措施是根据弯曲正应力强度条件表达式提出来的，即一是减小最大弯矩；二是采用合理截面；三是采用等强度梁。

思 考 题

6-1 试问，在推导梁对称弯矩时横截面上正应力计算公式作了那些假设？在什么条件下这些假设才是正确的？

6-2 试问下列概念有哪些区别？纯弯曲和横力弯曲；中性轴和形心轴；轴惯性矩和极惯性矩；弯曲刚度和抗弯截面模量。

6-3 如思考题 6-3 图所示，有体重均为 900N 的两人，需借助跳板从沟的左端到右端。已知该跳板的许可弯矩 $[M]=700\mathrm{N\cdot m}$。若跳板重量略去不计，试问两人采用什么办法可安全过沟？

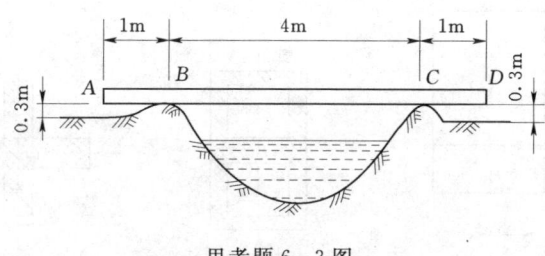

思考题 6-3 图

6-4 具有中间铰的矩形截面梁上有一活动载荷 F 可沿全梁移动，如思考题 6-4 图所示。试问如何布置中间铰 C 和可动铰支座 B，才能充分利用材料的强度？

6-5 简支梁的半跨长度上承受集度为 m 的均布外力偶作用，如思考题 6-5 图所示。试作梁的剪力图和弯矩图。

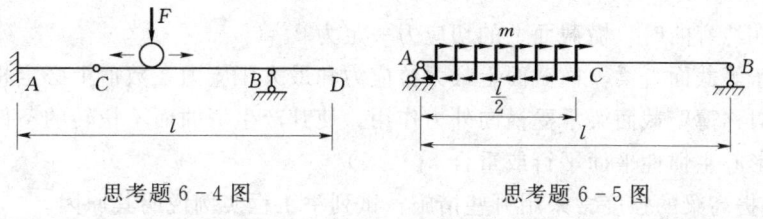

思考题 6-4 图　　　　　　　　思考题 6-5 图

6-6 正方形的截面等直梁，若按图思考题 6-6 图（a）和（b）两种方式放置。试问两梁的最大弯曲正应力是否相同？其比值多大？

6-7 由四根 100mm×80mm×10mm 不等边角钢焊成一体的梁，在纯弯曲条件下按思考题 6-7 图所示 4 种形式组合，试问哪一种强度最高，哪一种强度最低？

6-8 在计算思考题 6-8 图所示矩形截面梁 a 点处的弯曲切应力时，其中的静矩 S_z^* 若取 a 点横线以上或以下部分的面积来计算，试问结果是否相同，为什么？

6-9 为什么等直梁的最大切应力一般都是在最大剪力所在横截面的中性轴上各点处，而横截面的上、下边缘各点处的切应力为零？对于思考题 6-9 图所示的两个截面而言，其最大切应力是否也位于中性轴上各点处，为什么？

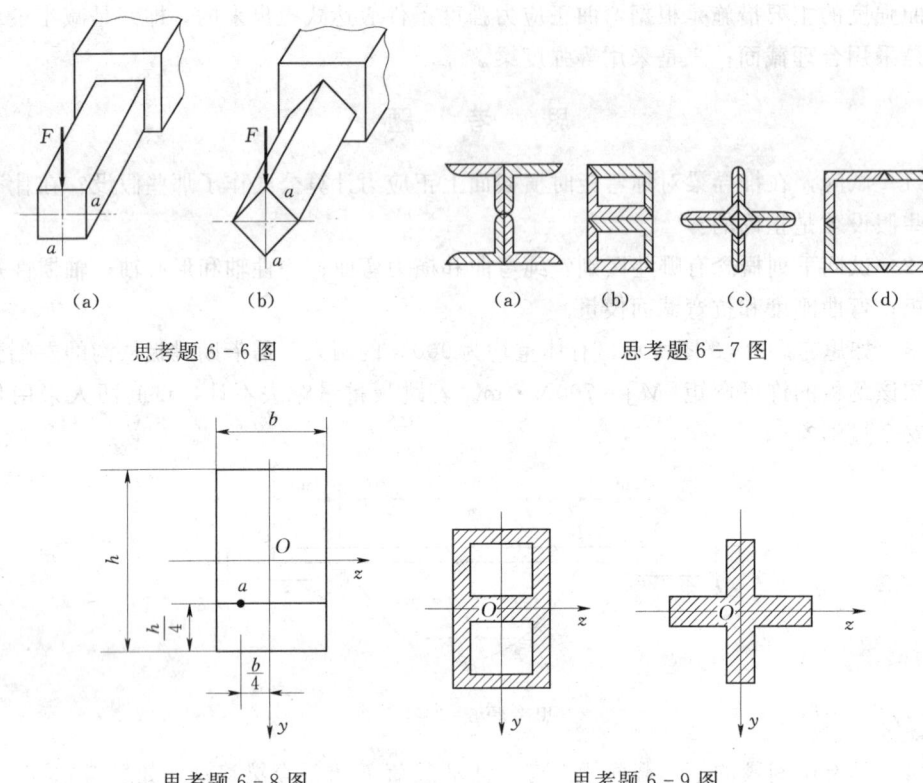

思考题 6-6 图　　　　　　思考题 6-7 图

思考题 6-8 图　　　　　　思考题 6-9 图

6-10　试判断下列论述是否正确。

(1) 梁内最大弯曲正应力一定发生在弯矩值最大的横截面上，距中性轴最远点处。(　)

(2) 梁在纯弯曲时，横截面上的切应力一定为 0。(　)

(3) 对于等截面直梁，横截面上最大拉应力和最大压应力在数值上必定相等。(　)

(4) 非对称薄壁截面梁承受横向外力作用，使其产生弯曲而不扭转的条件是：横向外力作用面与形心主惯性平面平行或重合。(　)

6-11　提高梁的强度常采用哪些措施？试列举工程实例说明其原因。

6-12　梁横截面上的弯曲中心如何确定？

6-13　截面形状和尺寸完全相同的一根木梁和一根钢梁，如果所受外力相同，则这两根梁的内力图是否相同？横截面上正应力和剪应力的大小及分布规律是否相同？对应点处的线应变是否相同？

6-14　梁的截面面积为 A，抗弯截面模量为 W_z，衡量截面合理性和经济性的指标是什么？

习　题

6-1　长度为 250mm、截面尺寸为 $h \times b = 0.8\text{mm} \times 25\text{mm}$ 的薄钢尺，由于两端外力

偶的作用而弯成中心角为 60° 的圆弧。已知弹性模量 $E=210\mathrm{GPa}$。试求钢尺横截面上的最大正应力。

6-2 梁在铅垂纵对称面内受外力作用而弯曲。当梁具有如习题 6-2 图所示各种不同形状的横截面时，试分别给出各横截面上的正应力沿其高度变化的图。

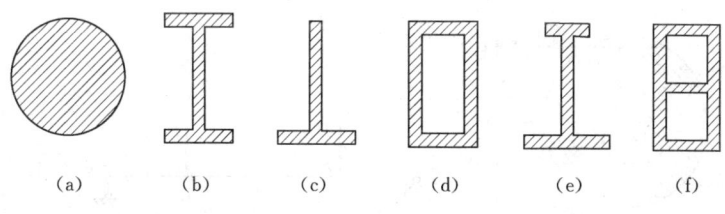

习题 6-2 图

6-3 矩形截面的悬臂梁受集中力和集中力偶作用，如习题 6-3 图所示；试求截面 m—m 和固定端截面 n—n 上 A，B，C，D 四点处的正应力。

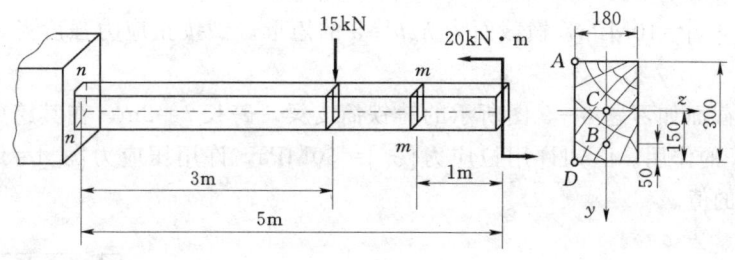

习题 6-3 图

6-4 对于横截面边长为 $b \times 2b$ 的矩形截面梁，试求当外力偶分别作用在平行于截面长边及短边的纵对称面内时，梁所能承担的许可弯矩之比以及梁的弯曲刚度之比。

6-5 正方形截面的梁按习题 6-5 图 (a)、(b) 所示的两种方式放置。试求：

(1) 若两种情况下横截面上的弯矩 M 相等，比较横截面上的最大正应力；

(2) 对于 $h=200\mathrm{mm}$ 的正方形，若如习题 6-5 图 (c) 所示切去高度为 $u=10\mathrm{mm}$ 的尖角，则抗弯截面模量 W_z 与未切角时 [习图 6-5 (b)] 相比有何变化？

(3) 为了使抗弯截面模量 W_z 为最大，则习题 6-5 图 (c) 中截面切去的尖角尺寸 u 应等于多少？这时的 W_z 比未切去尖角时增加了百分之多少？

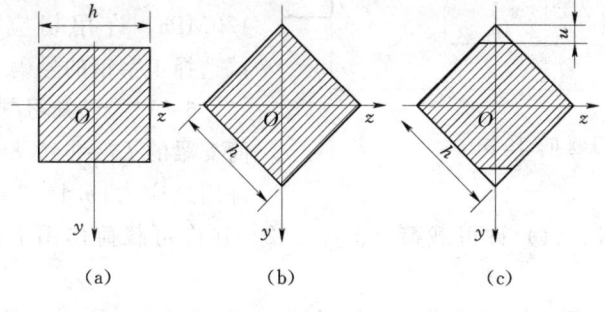

习题 6-5 图

6-6 有一圆形截面梁，直径为 d，为增大其抗弯截面模量 W_z，可将圆形截面切去高度为 δ 的一小部分，如习题 6-6 图所示。试求使抗弯截面模量 W_z 为最大的 δ 值。

6-7 由两根 28a 号槽钢组成的简支梁受三个集中力作用，如习题 6-7 图所示。已知该梁材料为 Q235 钢，其许用弯曲正应力 $[\sigma]=170\text{MPa}$。试求梁的许可载荷 $[F]$。

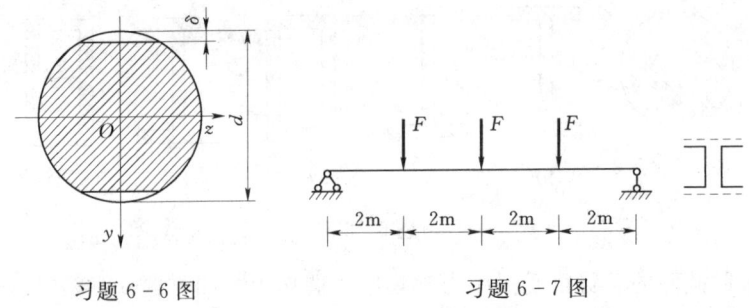

习题 6-6 图　　　　　　　习题 6-7 图

6-8 一简支木梁受力如习题 6-8 图所示，载荷 $F=5\text{kN}$，距离 $a=0.7\text{m}$，材料的许用弯曲正应力 $[\sigma]=10\text{MPa}$，横截面为 $h/b=3$ 的矩形。试按正应力强度条件确定梁横截面的尺寸。

6-9 横截面如习题 6-9 图所示的铸铁简支梁，跨长 $l=2\text{m}$，在其跨中处受一集中载荷 $F=80\text{kN}$ 的作用。已知许用拉应力 $[\sigma_t]=30\text{MPa}$，许用压应力 $[\sigma_c]=90\text{MPa}$，试确定截面尺寸 δ 的值。

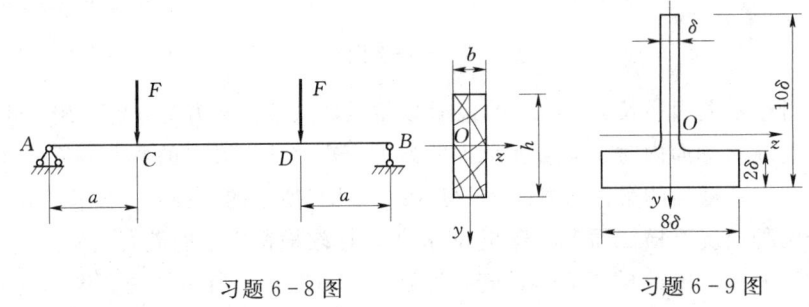

习题 6-8 图　　　　　　　习题 6-9 图

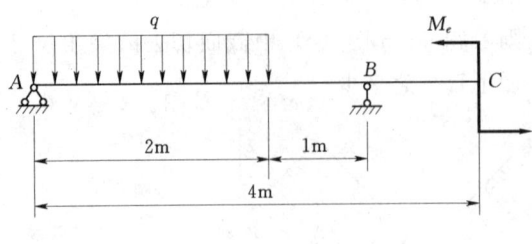

习题 6-10 图

6-10 外伸梁 AC 承受载荷如习题 6-10 图所示，$M_e=40\text{kN}\cdot\text{m}$，$q=20\text{kN/m}$。材料的许用弯曲正应力 $[\sigma]=170\text{MPa}$，许用切应力 $[\tau]=100\text{MPa}$。试选择工字钢的号码。

6-11 已知习题 6-11 图所示铸铁简支梁的 $I_{z_1}=645.8\text{mm}^4$，$E=210\text{GPa}$，许用拉应力 $[\sigma_t]=30\text{MPa}$，许用压应力 $[\sigma_c]=90\text{MPa}$，试求：(1) 许可载荷 $[F]$；(2) 在许可载荷作用下，梁下边缘的总伸长量。

6-12 跨长 $l=2\text{m}$ 的铸铁梁受力如习题 6-12 图(a)所示。已知材料的拉、压许

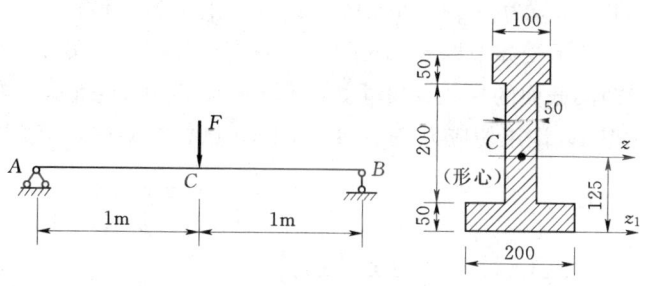

习题 6-11 图

用应力分别为 $[\sigma_t]=30\text{MPa}$ 和 $[\sigma_c]=90\text{MPa}$。试根据截面最为合理的要求，确定 T 字形截面梁横截面的尺寸 δ [习题 6-12 图（b）]，并校核梁的强度。

6-13 一槽形截面铸铁梁如习题 6-13 图（a）所示。已知 $b=2\text{m}$，$I_z=5493\times 10^4\text{mm}^4$，铸铁的许用拉应力 $[\sigma_t]=30\text{MPa}$，许用压应力 $[\sigma_c]=90\text{MPa}$。试求梁的许可载荷 $[F]$。

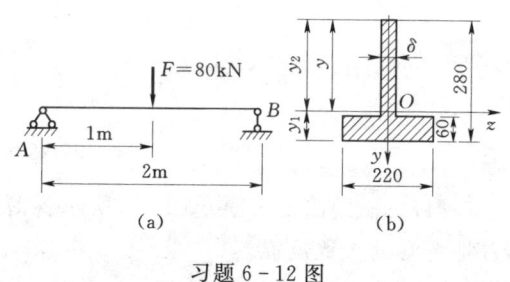

习题 6-12 图

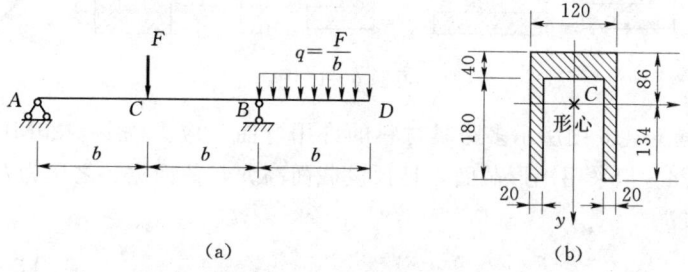

习题 6-13 图

6-14 起重机连同附属设备总重 $p=50\text{kN}$，行走于两根工字钢所组成的简支梁上，如题 6-14 图所示。起重机的最大起重量 $F=10\text{kN}$。梁材料的许用弯曲正应力 $[\sigma]=160\text{MPa}$。试选择工字钢的号码。设全部载荷平均分配在两根梁上。

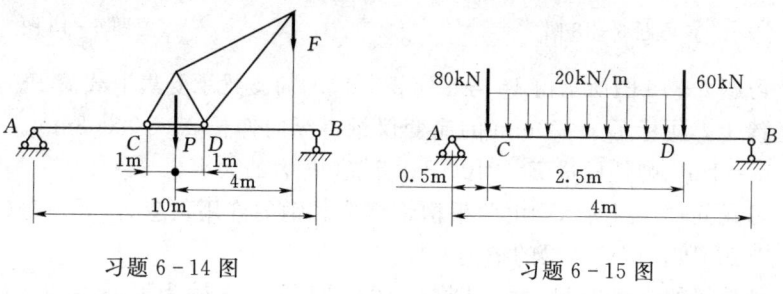

习题 6-14 图　　　　习题 6-15 图

6-15 由工字钢制成的简支梁受力如习题 6-15 图所示。已知材料的许用弯曲正应力$[\sigma]$=170MPa,许用切应力$[\tau]$=100MPa。试选择工字钢号码。

6-16 简支梁AB承受如习题6-16图所示的均布载荷,其集度q=407kN/m[如习题6-16图(a)]。横梁截面的形状及尺寸如习题6-16图(b)所示。梁的材料的许用弯曲正应力$[\sigma]$=210MPa,许用切应力$[\tau]$=130MPa。试校核梁的正应力和切应力强度。

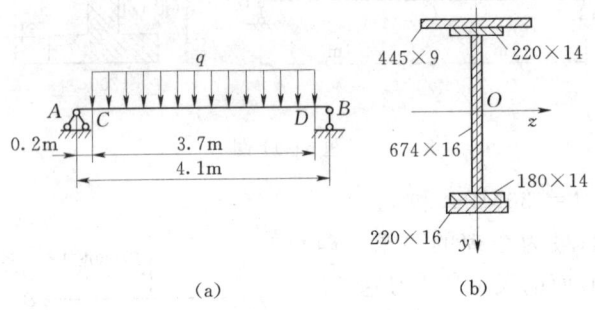

习题6-16图

6-17 试绘出如习题6-17图所示各薄壁截面的形心主惯性轴的大致位置,并进一步注明弯心的大致位置。

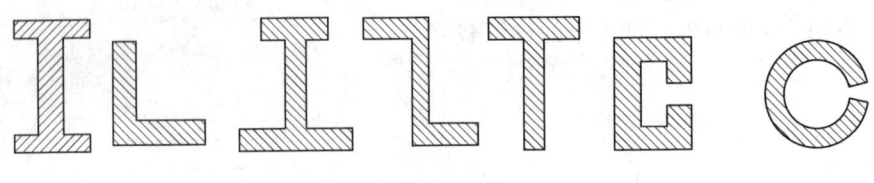

习题6-17图

6-18 习题6-18图所示多跨梁材料的许用弯曲正应力$[\sigma]$=120MPa,许用弯曲切应力$[\tau]$=80MPa。拟采用矩形截面,且预设截面高h与截面宽b之比为$h:b=3:2$。试确定此梁的h和b。

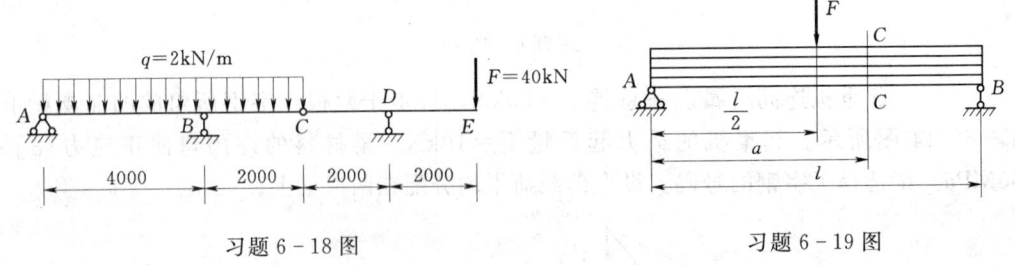

习题6-18图　　　　　　　　习题6-19图

6-19 习题6-19图所示由16号工字钢制成的简支梁承受集中载荷F。在梁的截面C—C处下边缘上,用标距s=20mm的应变仪量得纵向伸长Δs=0.008mm。已知梁的跨长l=1.5m,a=1m,弹性模量E=210GPa。试求F力的大小。

6-20 习题6-20图所示梁由两根槽钢组成。钢的许用正应力$[\sigma]$=160MPa,许用切应力$[\tau]$=100MPa。试选择梁的槽钢型号。

6-21 外伸梁的受力及尺寸如习题6-21图所示。z轴为形心主轴,$I_z=2\times 10^{-5}$ m^4,y_1=51.5mm,若材料的许用弯曲拉应力$[\sigma_t]$=80MPa,许用弯曲压应力$[\sigma_c]$=

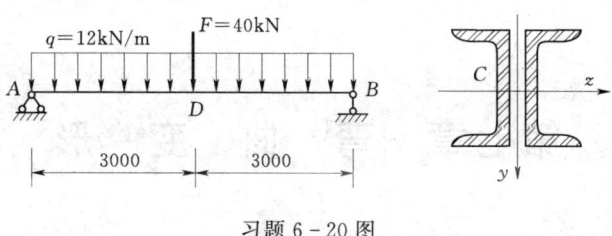

习题 6-20 图

160MPa，许用切应力$[\tau]=90$MPa，试校核梁的强度。

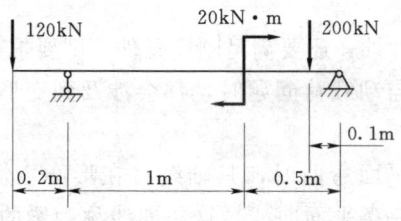
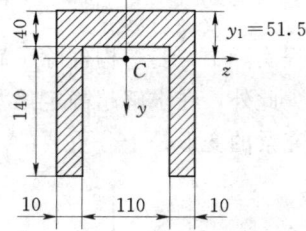

习题 6-21 图

第七章 弯曲变形

第一节 梁的位移—挠度及转角

在工程实际中,受弯构件除了满足强度条件外,还要满足刚度条件,即要求梁的变形不能过大。此外,在求解超静定梁及讨论稳定与动载荷问题时,都会涉及到变形的计算。因此,研究梁的变形是十分重要的。

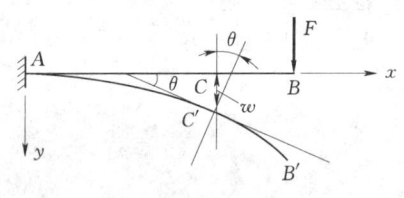

图 7-1 挠度和转角

梁在平面弯曲时,其轴线将在形心主惯性平面内弯曲成一条平面曲线。这条曲线称为梁的挠曲线。在线弹性范围内的挠曲线,也称为弹性曲线。为研究等直梁在平面弯曲时的位移,取梁在变形前的轴线为 x 轴,梁横截面的平行于横向外力的对称轴为 y 轴,而 xy 平面即为梁上载荷作用的纵向对称平面(图 7-1)。梁发生平面弯曲后,其轴线将变成在 xy 平面内的曲线 AB',如图 7-1 所示。度量梁变形后横截面位移的两个基本量如下。

(1) 挠度:梁的任一横截面形心在垂直于 x 轴的方向的线位移,称为该截面的挠度;常用 ω 表示。一般说来,梁的横截面的形心既有垂直于梁轴线的线位移,又有平行于梁轴线的线位移。但在小变形时,梁的挠曲线形状平缓,平行于梁轴线的线位移与垂直于梁轴线的线位移相比很小,可以略去不计。

在图 7-1 中,挠度 ω 随截面位置坐标 x 的变化规律可以用 x 的连续函数表达。即

$$\omega = \omega(x) \tag{a}$$

此即梁的挠曲线方程。挠曲线上任意一点的横坐标代表横截面所处的位置,而纵坐标代表该处横截面的挠度。上述表达式 (a) 则称为挠曲线(或弹性曲线)方程。

在图 7-1 所示的坐标系中,取向下的挠度 ω 为正,向上的挠度 ω 为负。

(2) 转角:横截面对其原来位置的角位移 θ,称为该截面的转角。由于梁变形后的轴线是一条光滑的连续曲线 $AC'B'$,且横截面仍与曲线保持垂直,因此,横截面的转角 θ 也就是曲线在该处的切线与 x 轴之间的夹角。

$$\theta \approx \tan\theta = \omega' = \omega'(x) \tag{b}$$

即挠曲线上任意一点处切线的斜率代表该处横截面的转角。表达式 (b) 称为转角方程。

在图 7-1 所示的坐标系中,自 x 轴顺时针转至切线方向的转角为正值,负值则为逆时针转向。

在工程实际中,梁的变形还受到支座约束的影响,而横截面的位移量 ω 和 θ 不仅与曲

率的大小有关，同时还与梁的支座约束有关，因此，通常就用这两个位移量来反映梁的变形情况。

由此可见，求得挠曲线方程（a）后，就能确定梁任一横截面挠度的大小、指向及转角的数值、转向。

第二节　梁的挠曲线近似微分方程及其积分

为了求得梁的挠曲线方程，利用曲率 k 与弯矩 M 间的物理关系，即式（6-3）：

$$k=\frac{1}{\rho}=\frac{M}{EI} \tag{7-1}$$

式中的曲率 k 为度量挠曲线弯曲程度的量，因而是非负值的。

式（7-1）为梁在线弹性范围内纯弯曲情况下的曲率表达式。在横力弯曲时，梁横截面上除弯矩 M 外尚有剪力 F_Q，但工程上常用的梁，其跨长 l 一般均远大于横截面高度 h，剪力 F_Q 对于梁位移的影响很小，可略去不计，故该式仍然适用。但式中的 M 和 ρ 均应为 x 的函数，即

$$k(x)=\frac{1}{\rho(x)}=\frac{M(x)}{EI} \tag{7-2}$$

另一方面，由高等数学中微积分的基本知识，挠曲线 $\omega=\omega(x)$ 上任一点的曲率为

$$\frac{1}{\rho(x)}=\pm\frac{\dfrac{d^2\omega}{dx^2}}{\left[1+\left(\dfrac{d\omega}{dx}\right)^2\right]^{\frac{3}{2}}} \tag{7-3}$$

式中，正负号与坐标系的选择及弯矩的正负号规定有关。若采用图 7-1 所示的坐标系，并沿用第五章中关于弯矩的正负号规定，则当弯矩 $M(x)$ 与为正时，挠曲线向下凸，此时 ω'' 为负；反之，当弯矩 $M(x)$ 为负时，挠曲线向上凸，此时 ω'' 为正（图 7-2）。可见弯矩 $M(x)$ 与 ω'' 恒为异号，因而上式右边应取负号。于是将式（7-2）代入式（7-3），得

$$\frac{\dfrac{d^2\omega}{dx^2}}{\left[1+\left(\dfrac{d\omega}{dx}\right)^2\right]^{\frac{3}{2}}}=-\frac{M(x)}{EI} \tag{7-4}$$

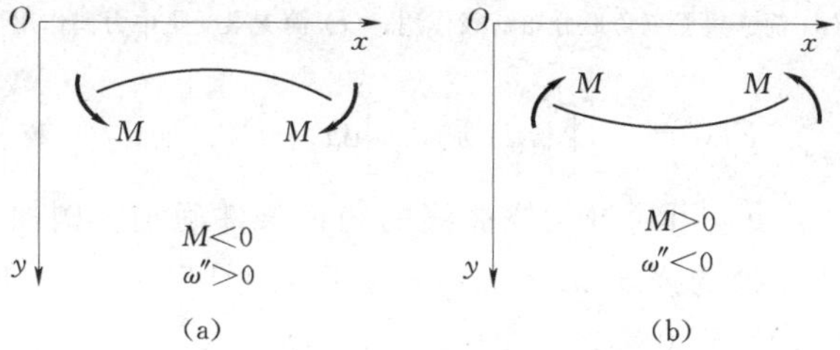

图 7-2　曲率正负号的规定
(a) 梁受负弯矩作用；(b) 梁受正弯矩作用

此式称为挠曲线微分方程。由于梁的挠曲线为一平坦的曲线。在小变形条件下，转角 $\theta=\omega'$ 数值很小，因此 $(\omega')^2$ 与 1 相比可以略去不计，于是式（7-4）可近似为

$$\omega''=\frac{d^2\omega}{dx^2}=-\frac{M(x)}{EI} \quad (7-5a)$$

上式称为梁的挠曲线近似微分方程。需要说明，式（7-5a）所反映的是弯矩引起的变形。实际上，剪力也会使梁发生变形。但进一步的分析表明，对非薄壁截面的细长梁，剪力对弯曲变形与位移的影响很小，可以忽略不计。例如对于承受均布载荷跨度为 l、截面高度为 h 的矩形截面悬臂梁，当 $\frac{l}{h}>5$ 时剪力引起的挠度不足弯矩引起的挠度的 5%。所以，对于工程中常见的梁，用上述近似微分方程所得的位移是足够精确的。

若为等截面直梁，其弯曲刚度 EI 为一常量，上式可写为

$$EI\omega''=-M(x) \quad (7-5b)$$

对于等直梁，按式（7-5b）进行积分，并通过由梁的变形相容条件给出的条件确定积分常数，即可得梁的挠曲线方程。

当全梁各横截面上的弯矩可用单一的弯矩方程表示时，如图 7-3 所示各梁，梁的挠曲线近似微分方程仅有一个。于是，将式（7-5b）的两端各乘以 dx，经积分一次，得

$$EI\omega'=-\int M(x)dx+C_1 \quad (7-6a)$$

再积分一次，即得

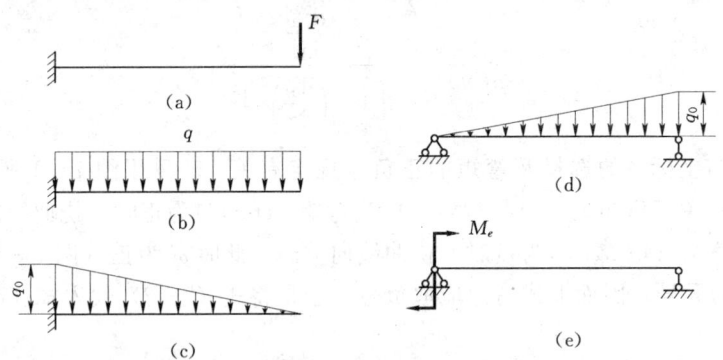

图 7-3　可用单一的弯矩方程表示的不同受力梁
(a) 悬臂梁受集中力作用；(b) 悬臂梁受均布荷载作用；(c) 悬臂梁受三角形分布荷载作用；
(d) 简支梁受三角形分布荷载作用；(e) 简支梁受集中力偶作用

$$EI\omega=-\int\left[\int M(x)dx\right]dx+C_1 x+C_2 \quad (7-6b)$$

两式中积分常数 C_1、C_2 可通过梁挠曲线的约束条件确定。例如，图 7-4（a）所示简支梁，左、右两铰支座处的挠度 ω_A 和 ω_B 均等于 0；图 7-4（b）所示悬臂梁，固定端处的挠度 ω_A 和转角 θ_A 均等于 0 等。

确定积分常数 C_1 和 C_2 后，代入式（7-6a）和式（7-6b），就分别得到梁的转角方程和挠曲线方程，从而可确定任一横截面的转角和挠度。

第二节 梁的挠曲线近似微分方程及其积分

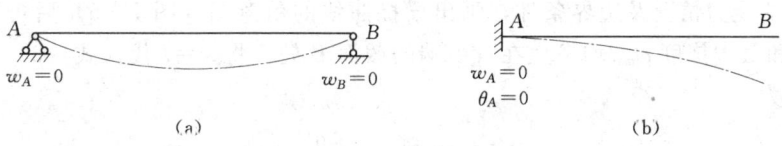

图 7-4 梁的约束条件示意图
(a) 简支梁的约束条件示意图；(b) 悬臂梁的约束条件示意图

若梁上的载荷不连续，即分布载荷在跨度中间的某点处开始或结束，以及集中载荷或集中力偶作用处，则梁的弯矩方程须分段写出，各梁段的挠曲线近似微分方程也随之不同。而在对各段梁的近似微分方程积分时，均将出现两个积分常数。为确定这些积分常数，除需利用支座处的约束条件外，还需利用相邻两段梁在交界处位移的连续条件，例如左、右两段梁在交界处的截面应具有的相等的挠度和转度等。而不论是约束条件和连续条件，均发生在各段挠曲线的边界处，故均称为边界条件，也即弯曲位移中的变形相容条件。

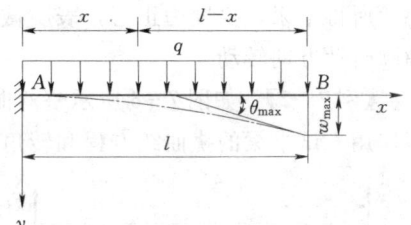

图 7-5 [例 7-1] 图

【例 7-1】 如图 7-5 所示一弯曲刚度为 EI 的悬臂梁，在受均布载荷 q 作用。试求梁的挠曲线方程和转角方程，并确定其最大挠度 $\omega_{\max}$ 和最大转角 $\theta_{\max}$。

解：(1) 挠曲线方程。

取距固定端 A 为 x 的任一横截面，则弯矩方程为

$$M(x) = -\frac{1}{2}q(l-x)^2 = -\frac{1}{2}ql^2 + qlx - \frac{1}{2}qx^2$$

由式 (7-5b) 可得梁的挠曲线近似微分方程：

$$EI\omega'' = -M(x) = \frac{1}{2}ql^2 - qlx + \frac{1}{2}qx^2$$

通过两次积分，得

$$EI\omega' = \frac{1}{2}ql^2 x - \frac{1}{2}qlx^2 + \frac{1}{6}qx^3 + C \tag{1}$$

$$EI\omega = \frac{1}{4}ql^2 x^2 - \frac{1}{6}qlx^3 + \frac{1}{24}qx^4 + Cx + D \tag{2}$$

由悬臂梁的边界条件，得积分常数为

在 $x=0$ 处，$\theta = \omega' = 0$，得 $C=0$

在 $x=0$ 处，$\omega = 0$，得 $D=0$

将确定的积分常数代入 (1)、(2) 两式，即得梁的转角方程和挠曲线方程分别为

$$\theta = \omega' = \frac{ql^3}{6EI}\left(\frac{x^3}{l^3} - 3\frac{x^2}{l^2} + 3\frac{x}{l}\right) \tag{3}$$

$$\omega = \frac{ql^4}{24EI}\left(\frac{x^4}{l^4} - 4\frac{x^3}{l^3} + 6\frac{x^2}{l^2}\right) \tag{4}$$

(2) 最大挠度和最大转角。

根据梁的受力情况及边界条件，画出梁挠曲线的示意图（图 7-5）后可知，梁的最大转角 $\theta_{\max}$ 和最大挠度 $\omega_{\max}$ 均发生在自由端的截面 B 处。将 $x=l$ 代入式（3）、式（4）分别求得其值为

$$\theta_{\max}=\theta\big|_{x=l}=\frac{ql^3}{6EI}$$

和

$$\omega_{\max}=\omega\big|_{x=l}=\frac{ql^4}{8EI}$$

所得结果，挠度为正值，表明截面 B 为向下移动；转角为正值，表明截面 B 绕中性轴顺时针方向转动。

【例 7-2】 如图 7-6 所示一弯曲刚度为 EI 的简支梁，在全梁上受集度为 q 的均布载荷作用。试求梁的挠曲线方程和转角方程，并确定其最大转角 $\theta_{\max}$ 和最大挠度 $\omega_{\max}$。

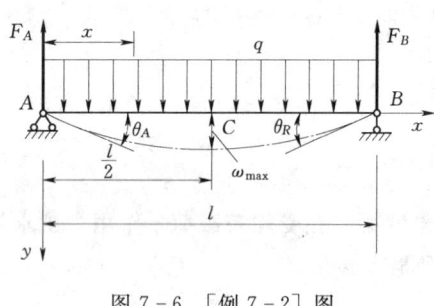

图 7-6 ［例 7-2］图

解：（1）挠曲线方程。

由对称关系可知梁的两个支反力（图 7-6）为

$$F_A=F_B=-\frac{ql}{2}$$

梁的弯矩方程为

$$M(x)=\frac{ql}{2}x-\frac{1}{2}qx^2=\frac{q}{2}(lx-x^2) \quad (1)$$

将式（1）中的 $M(x)$ 代入式（7-5b），得

$$EI\omega''=-M(x)=-\frac{q}{2}(lx-x^2) \quad (2)$$

通过两次积分，可得

$$EI\omega'=-\frac{q}{2}\left(\frac{lx^2}{2}-\frac{x^3}{3}\right)+C \quad (3)$$

$$EI\omega=-\frac{q}{2}\left(\frac{lx^3}{6}-\frac{x^4}{12}\right)+Cx+D \quad (4)$$

由简支梁的边界条件，得积分常数为

在 $x=0$ 处，$\omega_A=0$，得 $D=0$

在 $x=l$ 处，$\omega_B=0$，得 $C=\dfrac{ql^3}{24}$

于是，得梁的转角方程和挠曲线方程分别为

$$\theta=\omega'=\frac{q}{24EI}(l^3-6lx^2+4x^3) \quad (5)$$

和

$$\omega=\frac{qx}{24EI}(l^3-2lx^2+x^3) \quad (6)$$

（2）最大挠度和最大转角。

由于梁上外力及边界条件均对称于梁跨中点，因此，梁的挠曲线也应是对称的。如图

7-6所示，两支座处的转角绝对值相等，且均为最大值。分别以 $x=0$ 及 $x=l$ 代入式（5）得最大转角值为

$$\theta_{\max}=\theta_A=|\theta_B|=\frac{ql^3}{24EI}$$

由于梁的挠曲线为一光滑的对称曲线，故其最大挠度必在梁跨中点 $x=l/2$ 处。其最大挠度值为

$$\omega_{\max}=\omega\big|_{x=\frac{l}{2}}=\frac{\frac{ql}{2}}{24EI}\left(l^3-2l\times\frac{l^2}{4}+\frac{l^3}{8}\right)=\frac{5ql^4}{384EI}$$

【**例 7-3**】 如图 7-7 所示一弯曲刚度为 EI 的简支梁，在 D 点处受一集中载荷 F 作用。试求梁的挠曲线方程和转角方程，并确定其最大挠度和最大转角。

解：（1）挠曲线方程。

由平衡方程可得梁的两个支反力（图 7-7）为

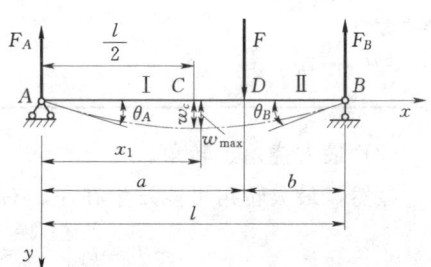

图 7-7 ［例 7-3］图

$$F_A=F\frac{b}{l} \text{ 和 } F_B=F\frac{a}{l} \quad (1)$$

对于梁段Ⅰ和Ⅱ，其弯矩方程分别为

$$M_1=F_A x=F\frac{b}{l}x \quad (0\leqslant x\leqslant a) \tag{2'}$$

$$M_2=F_A x-F(x-a)=F\frac{b}{l}x-F(x-a) \quad (a\leqslant x\leqslant l) \tag{2''}$$

梁段Ⅰ、Ⅱ的挠曲线微分方程及其积分分别求得如下：

梁段Ⅰ $(0\leqslant x\leqslant a)$	梁段Ⅱ $(a\leqslant x\leqslant l)$
挠曲线微分方程： $EI\omega''_1=-M_1=-F\dfrac{b}{l}x$ （3'）	$EI\omega''_2=-M_2=-F\dfrac{b}{l}x+F(x-a)$ （3''）
积分一次： $EI\omega'_1=-F\dfrac{b}{l}\times\dfrac{x^2}{2}+C_1$ （4'）	$EI\omega'_2=-F\dfrac{b}{l}\dfrac{x^2}{2}+\dfrac{F(x-a)^2}{2}+C_2$ （4''）
再积分一次： $EI\omega_1=-F\dfrac{b}{l}\dfrac{x^3}{6}+C_1 x+D_1$ （5'）	$EI\omega_2=-F\dfrac{b}{l}\dfrac{x^3}{6}+\dfrac{F(x-a)^3}{6}+C_2 x+D_2$ （5''）

在对梁段Ⅱ进行积分运算时，对含有 $(x-a)$ 的弯矩项不要展开，而以 $(x-a)$ 作为自变量进行积分，这样可使确定积分常数的运算得到简化。

由 D 点处的连续条件：

$$\text{当 } x=a \text{ 时，} \omega'_1=\omega'_2, \quad \omega_1=\omega_2$$

将上述条件代入式（4'）、（4''）和（5'）、（5''）可得

$$C_1=C_2, \quad D_1=D_2$$

由支座位移边界条件：

当 $x=0$ 时，$\omega_1=0$，得 $D_1=D_2=0$

当 $x=l$ 时，$\omega_2=0$，得 $C_1=C_2=\dfrac{Fb}{6l}(l^2-b^2)$

将积分常数代入（4'）、（4"）、（5'）和（5"）四式，即得两梁段的转角方程和挠曲线方程如下：

梁段 I（$0\leqslant x\leqslant a$）	梁段 II（$a\leqslant x\leqslant l$）
转角方程： $\theta_1=\omega_1'=\dfrac{Fb}{2EIl}\left[\dfrac{1}{3}(l^2-b^2)-x^2\right]$ (6')	$\theta_2=\omega_2'=\dfrac{Fb}{2EIl}\left[\dfrac{l}{b}(x-a)^2-x^2+\dfrac{1}{3}(l^2-b^2)\right]$ (6")
挠曲线方程 $\omega_1=\dfrac{Fbx}{6EIl}(l^2-b^2-x^2)$ (7')	$\omega_2=\dfrac{Fbx}{6EIl}\left[\dfrac{l}{b}(x-a)^3-x^3+(l^2-b^2)x\right]$ (7")

（2）最大挠角、转角。

显然，最大转角可能发生在左、右两支座处的截面，其值分别为

$$\theta_A=\theta_1\big|_{x=0}=\dfrac{Fb(l^2-b^2)}{6lEI}=\dfrac{Fab(l+b)}{6lEI}$$

$$\theta_B=\theta_2\big|_{x=l}=\dfrac{Fab(l+a)}{6lEI}$$

当 $a>b$ 时，右支座处截面的转角绝对值为最大，其值为

$$\theta_{\max}=\theta_B=\dfrac{Fab(l+a)}{6lEI}$$

简支梁的最大挠度应在 $\omega'=0$ 处。先研究梁段 I，令 $\omega_1'=0$，由式（6'）解得

$$x_1=\sqrt{\dfrac{l^2-b^2}{3}}=\sqrt{\dfrac{a(a+2b)}{3}} \tag{8}$$

由式（8）可见，当 $a>b$ 时，x_1 值将小于 a。即最大挠度确在梁段 I 中。将 x_1 值代入式（7'），经过简化后即得最大挠度为

$$\omega_{\max}=\omega_1\big|_{x=x_1}=\dfrac{Fb}{9\sqrt{3}\,lEI}\sqrt{(l^2-b^2)^3} \tag{9}$$

由式（8）可见，b 值越小，则 x_1 值越大。即载荷越靠近右支座，梁的最大挠度点离中点就越远，而且梁的最大挠度值与梁跨中点挠度的差值也随之增加。在极端情况下，当 b 值极小，以致 b^2 与 l^2 项相比可以忽略不计时，则由式（9）可得

$$\omega_{\max}\approx\dfrac{Fbl^2}{9\sqrt{3}\,EI}=0.0642\dfrac{Fbl^2}{EI}$$

而梁跨中点 C 处截面的挠度为

$$\omega_C=\omega_1\big|_{x=\frac{l}{2}}=\dfrac{Fb}{48EI}(3l^2-4b^2) \tag{10}$$

略去 b^2 项，得

$$\omega_C\approx\dfrac{Fbl^2}{16EI}=0.0625\dfrac{Fbl^2}{EI}$$

即两者相差不超过梁跨中点挠度的 3%。由此可知，当简支梁承受指向相同的横向载

荷（分布载荷或集中载荷）作用时，梁的挠曲线上无拐点，其最大挠度值均可近似地用梁跨中点处的挠度值来代替，其精确度能满足工程计算的要求。

当集中载荷 F 作用在简支梁的中点处，即 $a=b=\dfrac{l}{2}$ 时，则

$$\theta_{\max}=\pm\dfrac{Fl^2}{16EI}$$

$$\omega_{\max}=\omega_C=\dfrac{Fl^3}{48EI}$$

在上述例题的求解过程中，为了便于求解积分常数，通常的做法如下：

(1) 对于各梁段，都取由同一坐标原点到所求截面之间的梁段上的外力来列出弯矩方程，这样一来，后一梁段的弯矩方程中包括前一梁段的弯矩方程和新增的 $(x-a)$ 项；

(2) 对 $(x-a)$ 项进行积分，以 $(x-a)$ 作为自变量。于是，由挠曲线在 $x=a$ 处的连续条件，就能得到两段梁上相应的积分常数分别相等的结果。对于弯矩方程需分为任意几段的情况，只要遵循上述规则，同样可以得到各梁段上相应的积分常数分别相等的结果，从而简化确定积分常数的运算。

第三节　叠加法计算梁的变形

梁在微小变形条件下，其上的弯矩与载荷成线性关系。而在线弹性范围内，挠曲线的曲率与弯矩成正比，当挠度很小时，曲率与挠度之间亦呈线性关系。于是，梁的挠度和转角均与作用在梁上的载荷成线性关系。在这种情况下，可用叠加原理来计算，即梁在几项载荷同时作用下某一横截面的挠度或转角，就分别等于每项载荷单独作用下该截面的挠度或转角的叠加。

在实际工程中，通常需计算梁在几项载荷同时作用下的最大挠度和最大转角。若已知梁在每项载荷单独作用下的挠度和转角表（见附录Ⅳ简单载荷作用下梁的挠度和转角），则按叠加原理来计算梁的最大挠度和最大转角将较为方便。

利用叠加法计算位移时，通常遇到两类情况：一类情况是梁上的载荷可以分成若干个典型载荷，其中每个载荷都可以直接查表求出位移，然后进行叠加运算；另一类情况是梁上的载荷不能化为可以直接查表的若干个典型载荷，需要将梁经过适当转化后才能利用表中的结果进行叠加运算。本书将前一类情况的叠加称为直接叠加或载荷叠加；后一类情况的叠加称为间接叠加或位移叠加（亦称此法为逐段刚化法）。

一、直接叠加法计算梁的位移

当计算梁在若干个典型载荷同时作用下的位移时，可以查表求出每一个典型载荷单独作用时的位移，然后进行叠加，得出最后结果。下面举例说明这种方法的应用。

【例 7 - 4】 试按叠加原理，求受力如图 7 - 8 (a) 所示弯曲刚度为 EI 的悬臂梁的最大挠度 $\omega_{\max}$ 和最大转角 $\theta_{\max}$。

解：(1) 分析简化。

梁的变形是均布载荷 q 和集中力 F 共同作用引起的，故图 7 - 8 (a) 可看作是由图 7 - 8 (b)、(c) 两梁受力情况的叠加。根据梁的受力情况及边界条件，画出梁挠曲线的示

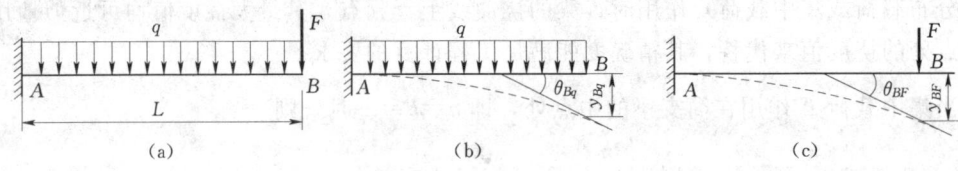

图 7-8 [例 7-4] 图
(a) 悬臂梁受力图；(b) 悬臂梁只受均布荷载作用；(c) 悬臂梁只受集中荷载作用

意图 [图 7-8 (b)，(c)] 后可知，梁的最大转角 $\theta_{\max}$ 和最大挠度 $\omega_{\max}$ 均发生在自由端的截面 B 处。

(2) 挠度和转角。

在均布载荷 q 单独作用下，截面 B 上的转角和挠度由附录Ⅳ表中查得

$$\theta_{Bq} = \frac{qL^3}{6EI}$$

$$\omega_{Bq} = \frac{qL^4}{8EI}$$

在集中载荷 F 单独作用下，截面 B 上的转角和挠度由附录Ⅳ表中查得

$$\theta_{BF} = \frac{qL^2}{2EI}$$

$$\omega_{BF} = \frac{qL^3}{3EI}$$

叠加以上结果，则可得到在均布载荷 q 和集中力 F 共同作用下梁截面 B 上的转角和挠度，即得所求的挠度和转角为

$$\theta_{\max} = \theta_{Bq} + \theta_{BF} = \frac{qL^3}{6EI} + \frac{qL^2}{2EI}$$

$$\omega_{\max} = \omega_{Bq} + \omega_{BF} = \frac{qL^4}{8EI} + \frac{qL^3}{3EI}$$

二、间接叠加法计算梁的位移

在载荷作用下，杆件的整体变形是由各微段变形积累的结果。同理，杆件在某点处的位移也是各部分变形在该点处引起的位移的叠加。杆件常可以被看成由两部分组成：基本部分和附属部分。基本部分的变形将使附属部分产生刚体位移，称为牵连位移；附属部分由于本身变形引起的位移，称为附加位移。因此，附属部分的实际位移等于牵连位移与附加位移之和，这就是间接叠加法。在计算外伸梁、变截面悬臂梁和折杆的位移时常利用这种方法。下面举例说明。

【例 7-5】 试按叠加原理，求受力如图 7-9 (a) 所示弯曲刚度为 EI 的外伸梁的外伸端 C 处挠度 ω_C。

解： 在均布载荷 q 作用下全梁 ABC 均出现弯曲变形。如前所述，该梁可看成由基本部分 AB 和附属部分 BC 组成。点 C 处的挠度不仅与 BC 段的变形有关，而且与 AB 段的变形也有关。因此，可以分别求出这两部分的变形在点 C 处引起的挠度，然后进行叠加。

(1) 仅考虑附属部分 BC 段本身的变形引起点 C 处的挠度（附加位移）。

由于仅考虑 BC 段本身的变形，就需要将基本部分 AB 段刚化（不变形），这样 B 截面就不允许产生挠度和转角。因此，BC 段便可看成 B 端固定的悬臂梁，如图 7-9（b）所示。由附录Ⅳ表中查得，在均布载荷 q 作用下，图 7-9（b）中的点 C 处的挠度为

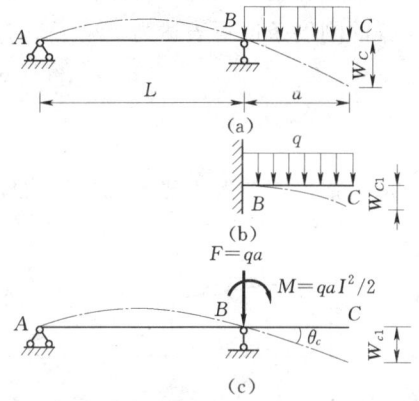

图 7-9 ［例 7-5］图
(a) 原梁；(b) 附属部分 BC；(c) 基本部分 AB

$$\omega_{C1}=\frac{qa^4}{8EI} \tag{1}$$

（2）仅考虑基本部分 AB 段的变形引起点 C 处的挠度（牵连位移）。

同样，仅考虑 AB 段的变形时，需将附属部分 BC 段刚化。由于 AB 段的变形使 BC 段产生刚体位移，BC 段倾斜成斜直线，如图 7-9（c）所示。于是点 C 处的牵连位移为

$$\omega_{C2}=a\cdot\tan\theta_B\approx a\theta_B \tag{2}$$

式中，θ_B 为 B 截面的转角，它可由 AB 段的变形求出。

计算转角 θ_B 时，可将在 BC 段作用的均布载荷向点 B 简化，得到一等效力系，如图 7-9（c）所示。该等效力系使梁 AB 段产生的位移与实际梁［图 7-9（a）］在 AB 段的位移完全相同。由图 7-9（c）可知，作用于 B 点的集中力 F 并不会使梁变形，所以只需考虑力偶 M 引起的位移。附录Ⅳ表中的简支梁部分可查到

$$\theta_B=\frac{ML}{3EI}=\frac{qa^2L}{6EI} \tag{3}$$

将式（3）代入式（4），得

$$\omega_{C2}=\frac{qa^3L}{6EI} \tag{4}$$

（3）根据叠加原理，点 C 处的总挠度为

$$\omega_C=\omega_{C1}+\omega_{C2}=\frac{qa^4}{8EI}+\frac{qa^3L}{6EI}=\frac{qa^3}{24EI}(3a+4L)$$

第四节　梁的刚度校核·提高梁的刚度措施

一、梁的刚度校核

在工程中，根据强度要求对梁进行设计后，往往还要对梁进行刚度校核，即检查梁的位移是否在规定的范围内。若梁的位移超过了规定的限度，正常工作条件就得不到保证。例如桥梁的挠度如果过大，当车辆通过时就会发生很大的振动；机床主轴的挠度过大，将影响其加工精度；传动轴在支座处的转角如果过大，将使轴承发生严重的磨损等。

在各类工程设计中，对构件弯曲位移的许可值有不同的规定。对于梁的挠度，其许可值常用许可的挠度与跨长之比值 $[\omega/l]$ 作为标准。例如，在土建工程中，$[\omega/l]$ 值常限制在 $\frac{1}{250}\sim\frac{1}{1000}$ 范围内；在机械制造中，对主要的轴，$[\omega/l]$ 值限制在 $\frac{1}{5000}\sim\frac{1}{10000}$ 范围内；

对传动轴在支座处的许可转角$[\theta]$一般限制在$0.005\sim0.001\mathrm{rad}$范围内。

梁的刚度条件可表达为

$$\begin{cases}\dfrac{\omega_{\max}}{l}\leqslant\left[\dfrac{\omega}{l}\right]\\ \theta_{\max}\leqslant[\theta]\end{cases} \quad (7-7)$$

应当指出,一般土建工程中的构件,强度要求如能满足,刚度条件一般也能满足。因此,在设计工作中,刚度要求常处于从属地位。但当对构件的位移限制很严,或按强度条件所选用的构件截面过于单薄时,刚度条件也可能起控制作用。

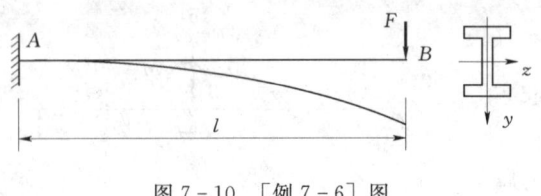

图7-10 [例7-6]图

【例7-6】 如图7-10所示悬臂梁用工字钢制成。已知梁的长度$l=4\mathrm{m}$,$F=10\mathrm{kN}$,材料的弹性模量$E=210\mathrm{GPa}$,许用应力$[\sigma]=170\mathrm{MPa}$,许用挠度$[\omega]=-l/400$,试选择工字钢的型号。

解:(1)按强度条件设计截面,由

$$\sigma_{\max}=\frac{M_{\max}}{W_z}\leqslant[\sigma] \quad (1)$$

这里$M_{\max}=Fl$,代入上式得

$$W_z\geqslant\frac{M_{\max}}{[\sigma]}=\frac{Fl}{[\sigma]}=\frac{40\times10^3}{170\times10^6}=0.235\times10^{-3}(\mathrm{m}^3)=235\mathrm{cm}^3$$

由型钢规格表查得,20a号工字钢的抗弯截面模量$W_z=237\mathrm{cm}^3$,惯性矩$I_z=2370\mathrm{cm}^4$。

(2)按刚度条件设计截面,由

$$\omega_{\max}\leqslant[\omega] \quad (2)$$

查附录Ⅳ可知,该梁的最大挠度发生在其自由端处,其值为

$$\omega_{\max}=-\frac{Fl^3}{3EI_z} \quad (3)$$

将式(3)代入式(2)得

$$I_z\geqslant\frac{Fl^3}{3E[\omega]}=\frac{10\times10^3\times4^3}{3\times210\times10^9\times4/400}=1.016\times10^{-4}(\mathrm{m}^4)=10160\mathrm{cm}^4$$

由型钢规格表查得,32a号工字钢的抗弯截面模量$W_z=692.202\mathrm{cm}^3$,惯性矩$I_z=11000\mathrm{cm}^4$。

可见,选择32a号工字钢将同时满足梁的强度条件和刚度条件。

二、提高梁的刚度的措施

梁的挠度和转角与载荷情况、支座条件、跨度长短、梁的截面惯性矩及材料的弹性模量有关。因此,为了减小梁的弯曲变形,应该从考虑这些因素入手。一般可采取如下途径。

1. 增大梁的弯曲刚度EI

这里包括了弹性模量E和轴惯性矩I两个因素。应当指出,对于钢材来说,采用高

强度钢可以大大提高梁的强度，但对刚度的改善并不明显，因为高强度钢与普通低碳钢的 E 值相差不大。因此，主要应设法增大 I 值，这样不仅可以提高梁的抗弯刚度，而且往往也提高了梁的强度。在截面面积不变的情况下，宜采用面积分布远离中性轴的截面形状，以增大截面的惯性矩。所以工程上常采用工字形、箱形、槽形等形状的截面。

2. 调整跨长和改变结构

由于梁的挠度和转角值与其跨长的 n 次幂成正比，因此，设法缩短梁的跨长，将能够显著地减少其位移值。桥式起重机的钢梁通常采用两端外伸的结构 [图 7-11（a）]，而不是简支梁，就是为缩短跨长从而减小梁的最大挠度值。同时，由于梁的外伸部分的自重作用，将使梁的 AB 跨产生向上的挠度 [图 7-11（b）]，从而使 AB 跨的向下挠度有所减小。此外，增加梁的支座也可减小其挠度，例如在悬臂梁的自由端或者简支梁的跨中增加一个支座，均可使梁的挠度显著减小。但采取这种措施后，原来的静定梁就变成为超静定梁。

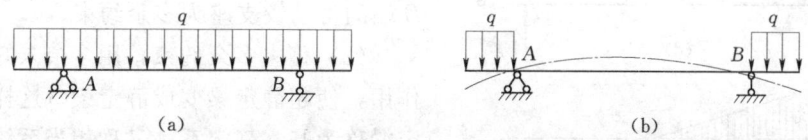

图 7-11 桥式起重机的钢梁
（a）桥式起重机的钢梁计算简图；（b）外伸部分反拱示意图

*第五节　简单超静定梁的解法

一、基本概念

在前面分析的梁中，例如简支梁或悬臂梁，其支反力及内力仅利用静力平衡方程就可以全部确定，它们称为静定梁。但在实际工程中，常遇到这类问题，由于梁的强度、刚度或构造上的需要，除保证梁的平衡所必需的支承外，常需要增加一些支承，如图 7-12 所示。在增加支承以后，支反力的数目便超过了静力平衡方程的数目。这时仅利用平衡方程就不能求出梁的全部支反力，这种梁称为超静定梁，又称静不定梁。

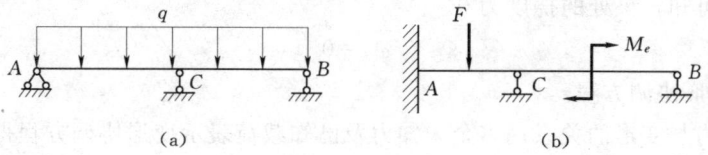

图 7-12 超静定梁
（a）一次超静定梁；（b）二次超静定梁

在超静定梁中，多于维持其静力平衡所必需的约束称为多余约束，与其相应的支反力称为多余未知力。超静定梁的多余约束的数目就称为该梁的超静定次数，又称静不定次数。例如，在图 7-12 中，对每一根梁只能写出 3 个独立的静力平衡方程，因此，图 7-12（a）为一次超静定梁，图 7-12（b）为二次超静定梁。

二、超静定梁的解法

超静定结构的计算方法有多种。根据采用的基本未知量来划分，可以分为力法和位移法两大基本类型。力法以与多余约束对应的约束力为基本未知量；位移法以节点广义位移为基本未知量。本节仅介绍用力法解简单超静定梁的问题，位移法将在结构力学中介绍。

下面结合图7-13（a）所示的超静定梁来具体说明力法解超静定梁的一般步骤。已知梁的弯曲刚度为 EI。

(1) 确定梁的超静定次数，选定多余约束。图7-13（a）所示梁为一次超静定，可选 B 端的可动铰支座为多余约束。

(2) 移去多余约束，用多余未知力代替其作用，使超静定梁变成静定梁。这样得到的静定梁称为基本静定系，又称相当系统。再根据作用在基本静定系上的已知载荷和多余未知力，列出静力平衡方程式。

将图7-13（a）中的支座 B 移去，以约束反力 F_B 代替，得到的基本静定系及其所受载荷如图7-13（b）所示。该基本静定结构满足的平衡方程式为

$$\sum F_y = 0, \quad F_A + F_B - ql = 0 \tag{a}$$

$$\sum M_A = 0, \quad F_B l - ql^2/2 + M_A = 0 \tag{b}$$

(3) 根据多余约束处的实际约束条件，建立变形协调方程。

由原超静定梁[图7-13（a）]在支座 B 处的约束条件可知，该处的挠度为0。

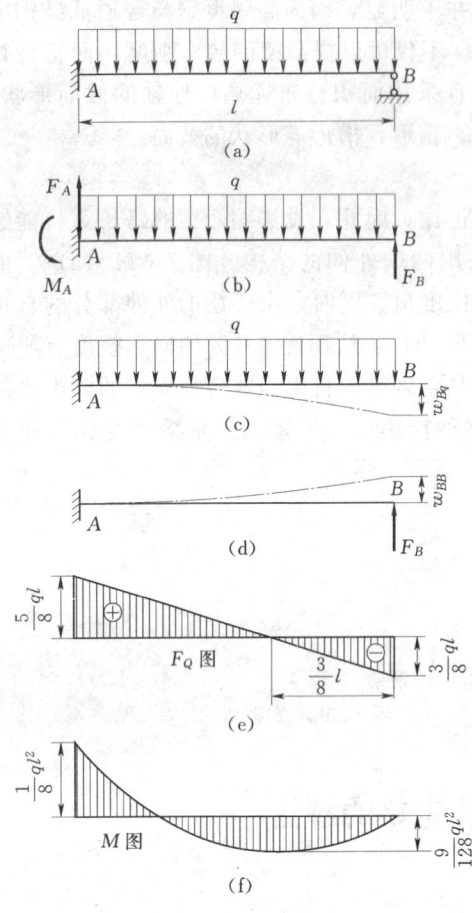

图7-13 超静定梁的计算
(a) 原静定梁；(b) 基本静定系；(c) q 单独作用在基本静定系；(d) F_B 单独作用在基本静定系；(e) 原结构的剪力图；(f) 原结构的弯矩图

$$\omega_B = 0 \tag{c}$$

式（c）称为变形协调方程。

(4) 根据力与变形的关系用多余未知力及已知载荷表示变形协调方程得到含未知力的补充方程。

根据叠加原理，有

$$\omega_B = \omega_{Bq} + \omega_{BF} = 0 \tag{d}$$

式中，ω_{Bq} 和 ω_{BF} 分别为静定基本系在均布载荷 q 和集中力 F_B 作用下点 B 的挠度[图7-13（c）和（d）]。由附录Ⅳ表可得

$$\omega_{Bq} = \frac{ql^4}{8EI} \tag{e}$$

第五节 简单超静定梁的解法

$$\omega_{BF} = -\frac{F_B l^3}{3EI} \quad \text{(f)}$$

将式（e）和式（f）代入式（d）后，再代入式（c），得到补充方程为

$$\frac{ql^4}{8EI} - \frac{F_B l^3}{3EI} = 0 \quad \text{(g)}$$

（5）联立求解平衡方程和补充方程，便可得到原超静定梁的全部支反力。解联立方程（a）、(b) 及（g），得

$$F_A = \frac{5ql}{8}, \quad F_B = \frac{3ql}{8}, \quad M_A = \frac{ql^2}{8}$$

（6）由求得原超静定梁的全部支反力，按前面章节介绍的方法绘制原结构的剪力图和弯矩图，如图 7-13（e）和（f）所示。

以上是取支座 B 作为"多余"约束来求解的。同样，也可以取支座 A 处阻止梁端面转动的约束作为"多余"约束，将其解除并加上相应的多余反力偶矩 M_A 后，所得的基本静定系如图 7-14 所示的静定简支梁。根据原超静定梁端面 A 的转角应等于 0 的变形相容条件，即可写出其变形几何相容方程，从而建立一个补充方程并由该方程解出 M_A。虽然所选的多余约束及其对应的基本静定系不同于上面的悬臂梁[图 7-13（b）]，但两者所求得的全部支反力是相同的，建议读者自行验证。

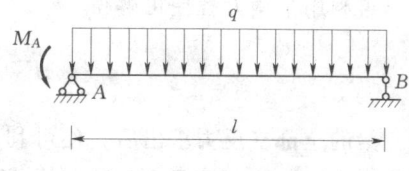

图 7-14 静定简支梁

【例 7-7】 试求如图 7-15（a）所示梁的支座反力，并绘剪力图和弯矩图。

解：该连续梁为一次超静定梁，首先需要求出支反力，才能画出内力图。三个支座中，可视其中任一支座为多余约束，但以取中间支座 B 为多余约束较为简单。以支反力 F_B 代替支座 B 的约束，得到基本静定系的受力情况如图 7-15（b）所示。

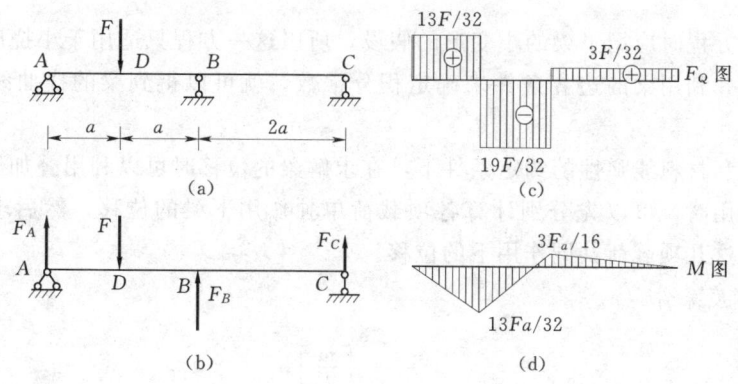

图 7-15 [例 7-7] 图
(a) 原静定梁；(b) 基本静定系；(c) 原结构的剪力图；(d) 原结构的弯矩图

该梁的变形协调条件是：截面 B 处的挠度为 0，即 $\omega_B = 0$。再根据叠加原理，得到 $\omega_B = \omega_{BF} + \omega_{BF_B}$。由附录Ⅳ查出

$$\omega_{BF} = \frac{Fa[3(4a)^2 - 4a^2]}{48EI} = \frac{11Fa^3}{12EI}$$

$$\omega_{BF_B} = -\frac{F_B(4a)^3}{48EI} = -\frac{4F_B a^3}{3EI}$$

将上两式代入变形协调条件后，得到补充方程为

$$\omega_B = \omega_{BF} + \omega_{BF_B} = \frac{11Fa^3}{12EI} - \frac{4F_B a^3}{3EI} = 0$$

由上式解得多余未知力为

$$F_B = \frac{11}{16}F$$

再利用平衡方程便可解得

$$F_A = \frac{13}{32}F, \quad F_C = -\frac{3}{32}F$$

梁的全部支反力求出后，便可利用前面章节介绍的方法绘出梁的剪力图和弯矩图，结果如图 7-15（c）和图 7-15（d）所示。

小　结

1. 梁的位移

梁的位移指梁弯曲后横截面空间位置的改变，通常用挠度（即横截面形心的竖直位移）和转角（即横截面绕中性轴相对于变形前位置所转过的角度）来度量。

2. 梁的挠曲线近似微分方程及其积分

梁的挠曲线近似微分方程为

$$\omega'' = \frac{d^2\omega}{dx^2} = -\frac{M(x)}{EI}$$

建立这一方程时应用了梁的小变形的假设，所以这一方程只适用于小挠度情况。对这一方程积分，并利用梁的边界条件来确定积分常数，就可以得到梁的挠曲线方程和转角方程。

在小变形和材料线弹性的约定条件下，在求解梁的位移时可以利用叠加原理。当梁受到几项载荷作用时，可以先分别计算各项载荷单独作用下梁的位移，然后求它们的代数和，就得到了这几项载荷共同作用下的位移。

3. 梁的刚度条件

$$\begin{cases} \dfrac{\omega_{\max}}{l} \leqslant \left[\dfrac{\omega}{l}\right] \\ \theta_{\max} \leqslant [\theta] \end{cases}$$

利用上述条件可对梁进行刚度计算，即刚度校核、截面设计、确定许可载荷。

4. 超静定梁的初步概念及求解

（1）超静定梁的概念。梁的未知力数目超过有效静力平衡方程的数目时，称为超静定梁。在超静定梁中，凡是多于维持梁静力平衡所必需的约束称为多余约束，与其相应的支

反力或支反力偶统称为多余支反力。梁未知力数目超过有效静力平衡方程的数目，称为超静定梁的超静定次数。梁的超静定次数等于多余约束数或多余支反力的数目。

(2) 求解超静定梁的方法。求解超静定梁的关键是求出多余支反力。先假想地解除多余约束，代之以多余未知力，利用变形协调条件建立补充方程，用补充方程求出多余未知力，然后解出其他反力和内力。

思 考 题

7-1 梁的截面位移与变形有何区别，有何联系？思考题 7-1 图所示两梁的尺寸及材料完全相同，所受外力一样，只是支座处的几何约束条件不同。试问：(1) 两梁的弯曲变形是否相同？(2) 两梁相应横截面的位移是否相等？

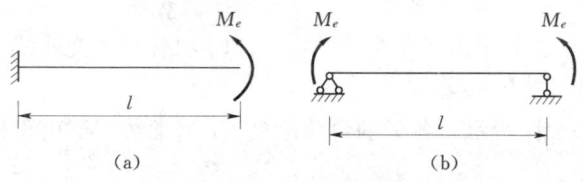

思考题 7-1 图

7-2 由弯矩与曲率间的物理关系可知，曲率与弯矩成正比。试问横截面的挠度和转角是否也与弯矩成正比？并举例说明。

7-3 思考题 7-3 图所示梁，为使载荷 F 作用点的挠度 ω_C 等于 0。试求载荷 F 与 q 间的关系。

7-4 如思考题 7-4 图所示，欲在直径为 d 的圆木中锯出弯曲刚度为最大的矩形截面梁，试求截面高度 h 与宽度 b 的合理比值。

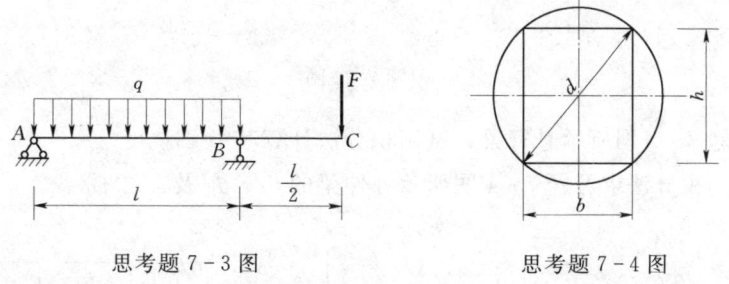

思考题 7-3 图   思考题 7-4 图

7-5 试按叠加原理并利用附录Ⅳ求思考题 7-5 图所示梁跨中截面的挠度 ω_C。

7-6 思考题 7-6 图所示两梁的尺寸、材料均分别相同。材料的线膨胀系数为 α_1。弹性模量为 E。当温度由 $0 \sim t\,^\circ\!\mathrm{C}$ 沿横截面高度按直线规律变化时，试比较梁中的最大正应力及最大挠度。

7-7 梁的挠曲线有什么特点？挠度和转角之间有什么关系？

7-8 何谓叠加原理？试述叠加法的步骤。

7-9 求解超静定梁的基本静定系和原结构等价的条件是什么？为什么基本静定系的解就可以作为原结构的解？

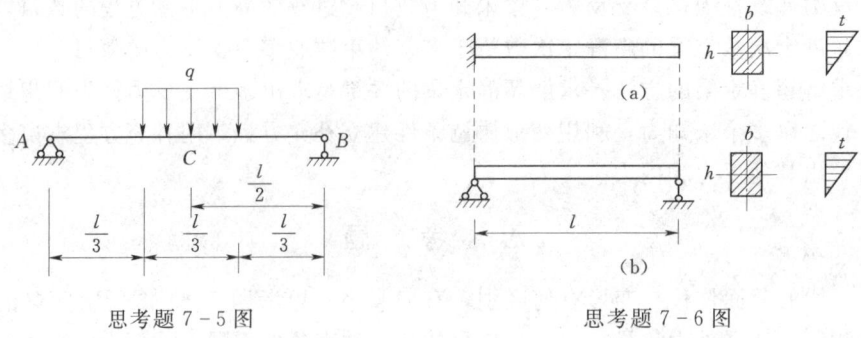

思考题 7-5 图   思考题 7-6 图

习　题

7-1　试用积分法验算附录Ⅳ中第 1、3、6、12 项各梁的挠曲线方程及最大挠度，梁端转角表达式。

7-2　如习题 7-2 图所示，各梁的弯曲刚度 EI 为常数，试用积分法计算截面 C 的挠度与转角。

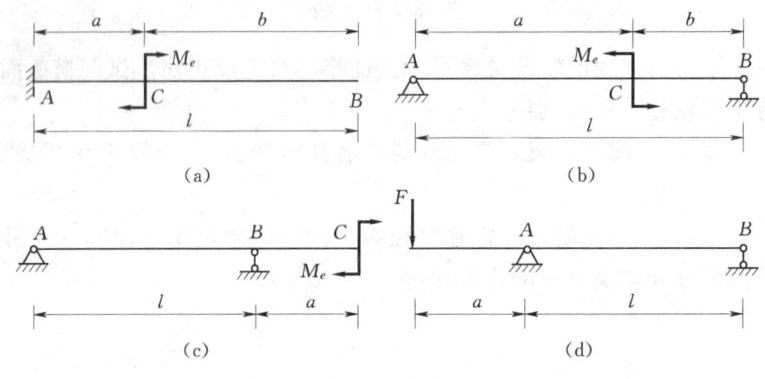

习题 7-2 图

7-3　习题 7-3 图所示悬臂梁，试用积分法计算其 B 端挠度。

7-4　试用积分法求习题 7-4 图所示外伸梁的 θ_A、θ_B 及 ω_A、ω_D。

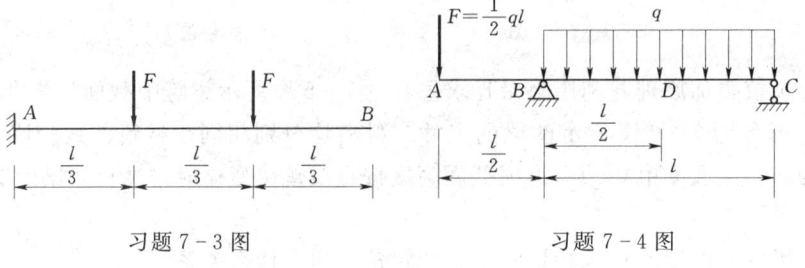

习题 7-3 图　　　　　　　　习题 7-4 图

7-5　习题 7-5 图所示外伸梁 BC 受均布载荷 q 作用，试用积分法求转角方程和挠曲线方程，并计算 C 截面转角和挠度。

7-6　习题 7-6 图所示悬臂梁段受均布力 q 和集中力 F 作用，试用积分法求转角方程和挠曲线方程并计算其最大挠度和最大转角。

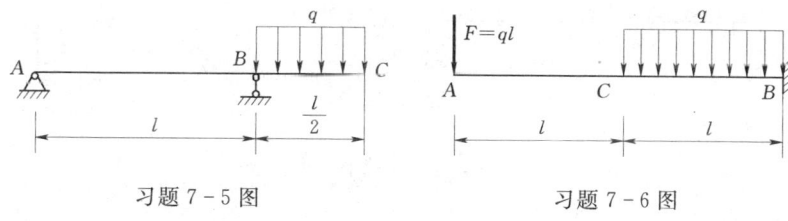

习题 7-5 图   习题 7-6 图

7-7 习题 7-7 图所示简支梁承受载荷，试用积分法求 θ_A、θ_B，并求最大挠度所在截面的位置及该挠度的算式。

7-8 习题 7-8 图所示简支梁承受三角形分布载荷，试用积分法计算 θ_A、θ_B 以及 $\omega_{\max}$。

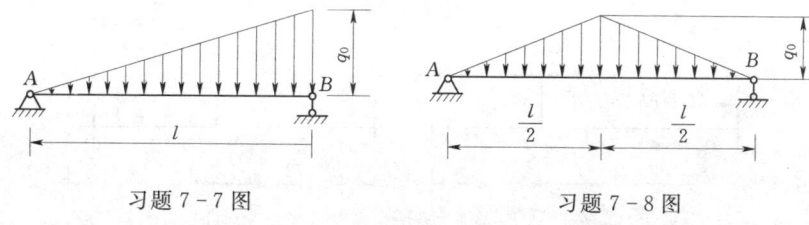

习题 7-7 图   习题 7-8 图

7-9 习题 7-9 图所示组合梁，由梁 AC 和 CB 用中间铰 C 连接成。在 AC 段上作用集中载荷 $F=ql$，在 CB 段作用均布载荷 q，试计算截面 C 的挠度与截面 A 的转角，AC 和 CB 的刚度均为 EI。

7-10 习题 7-10 图所示变截面悬臂梁及其载荷，试用积分法计算梁 A 端的挠度。

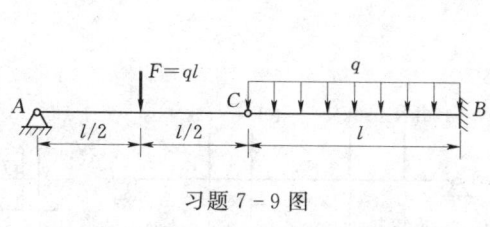 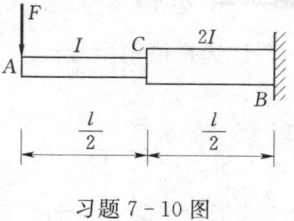

习题 7-9 图   习题 7-10 图

7-11 试用积分法计算习题 7-11 图所示外伸梁 B 和 D 截面的挠度。已知钢梁是由 18 号工字钢制成，$E=210\text{GPa}$。

7-12 习题 7-12 图所示各梁的抗弯刚度 EI 均为常数。试用叠加法计算梁的最大转角和最大挠度。

7-13 习题 7-13 图所示各梁的抗弯刚度 EI 均为常数。试用叠加法计算截面 B 的转角和截面 C 的挠度。

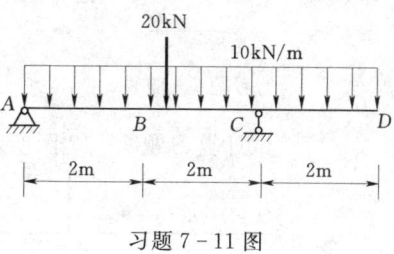

习题 7-11 图

7-14 习题 7-14 图所示各梁的抗弯刚度 EI 均为常数。试用叠加法计算自由端截面的转角和挠度。

7-15 习题 7-15 图所示梁右端由拉杆支承。已知梁截面为 $b \times h$ 的矩形，拉杆的横

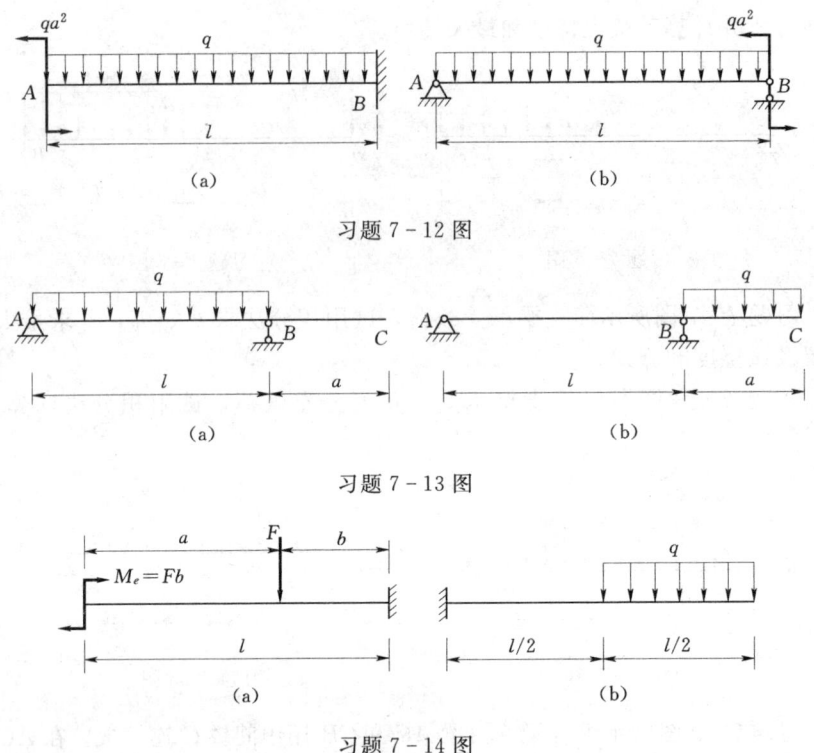

习题 7-12 图

习题 7-13 图

习题 7-14 图

截面面积为 A，材料的弹性模量 E 相同，试计算拉杆的伸长以及梁的跨中挠度。

7-16 习题 7-16 图所示简支梁承受 4 个集中载荷。该梁由两根槽钢组成。已知钢的许用弯曲正应力 $[\sigma]=170\text{MPa}$，弹性模量 $E=210\text{GPa}$，梁的许可挠度与跨度比值 $\left[\dfrac{\omega}{l}\right]=\dfrac{1}{400}$。试选择槽钢型号。

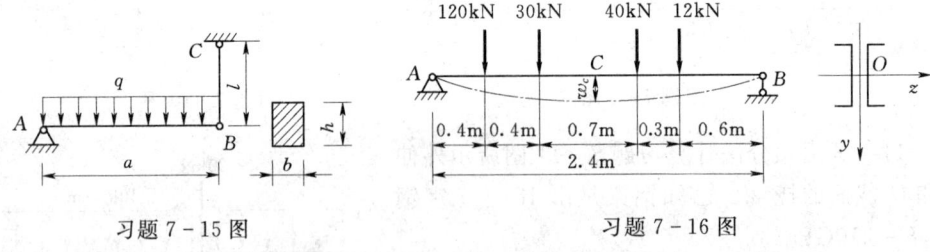

习题 7-15 图　　　　　习题 7-16 图

7-17 试计算习题 7-17 图所示超静定梁的支反力，并作弯矩图。

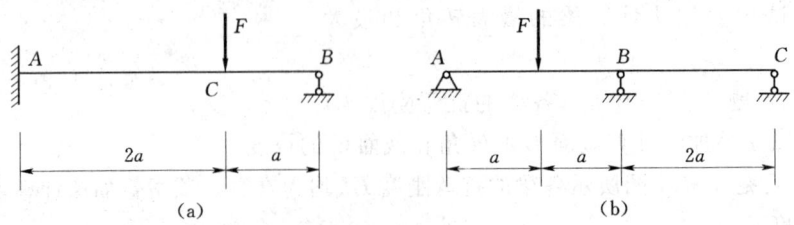

习题 7-17 图

7-18 试计算习题 7-18 图所示超静定梁的支反力，并作弯矩图。

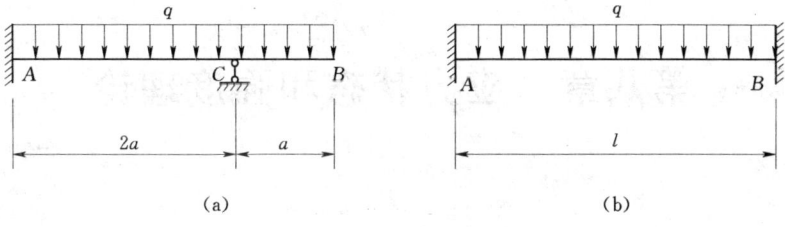

习题 7-18 图

第八章 应力状态和强度理论

第一节 应力状态的概念

在研究杆件的基本变形时,讨论过轴向拉伸或压缩和圆轴扭转时斜截面上的应力,这些应力都是随着斜截面的位置的变化而变化的。通过杆件上某一点作无数个不同方位的截面,这些截面上的应力情况就称为一点的应力状态。

研究一点的应力状态,称为应力分析。理论分析已经证明,在过受力构件中一点的所有截面中,只要有 3 个正交面上的应力是已知的,则所有其他截面上的应力都能确定。因此,在研究受力构件内某点的应力状态时,关键是围绕该点切取一个各个面上应力都已知的微小正六面体。这个微小正六面体称为原始单元体。由于单元体边长为无穷小量,可以认为:

(1) 单元体各面上的应力均匀分布,并且平行面上应力大小和正负都是相同的;

(2) 单元体各个截面上的应力也就代表受力构件内过该点对应截面上的应力。

例如,在图 8-1(a)中,围绕轴向拉伸杆件上一点 K 切取的原始单元体,如图 8-1(b)所示。该单元体的左、右平面与杆件的横截面重合,上、下平面和前、后平面则与杆件的纵截面重合,而平面 3456 则代表了过 K 点与杆轴线成 45°角的斜截面。

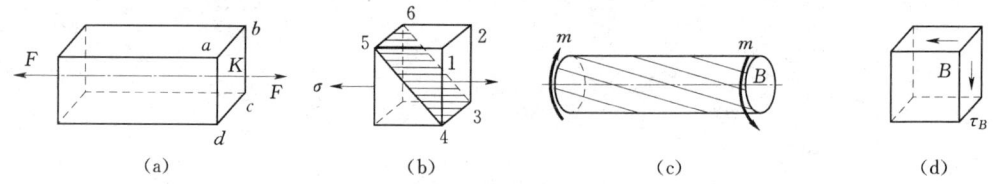

图 8-1 原始单元体
(a) 轴向拉伸杆;(b) K 点原始单元体;(c) 扭转圆轴;(d) B 点原始单元体

图 8-1(c)表示一扭转圆轴,B 为其上一点,B 点的原始单元体示于图 8-1(d)中。图 8-2(a)所示悬臂梁上 A、B、C 三点的原始单元体分别如图 8-2(b)、(c)、(d)所示。可以注意到,从杆件上截取原始单元体时,总是有两个平面与杆件的横截面重合,其余 4 个平面则与杆的纵截面重合。

如果单元体的某一个面上只有正应力分量而没有切应力分量,则这个面称为主平面。主平面上的正应力称为主应力。可以证明,在受力构件内的任意点总可以找到 3 个互相垂直的主平面,因此总存在 3 个互相垂直的主应力,通常用 σ_1、σ_2、σ_3 表示。规定 σ_1、σ_2、σ_3 按代数值大小排列,即 $\sigma_1 \geqslant \sigma_2 \geqslant \sigma_3$。

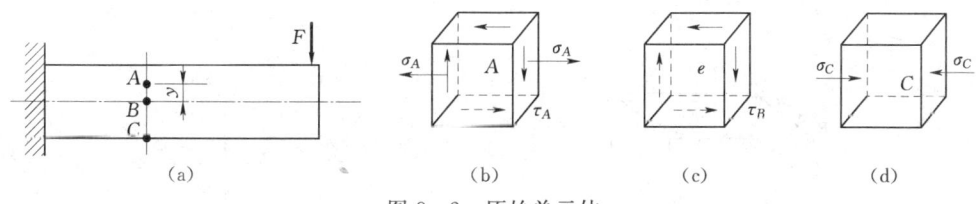

图 8-2 原始单元体

(a) 悬臂梁；(b) A 点原始单元体；(c) B 点原始单元体；(d) C 点原始单元体

根据主应力的情况，应力状态可分为 3 种：

(1) 3 个主应力中只有一个不等于 0，这种应力状态称为单向应力状态。例如，轴向拉伸或压缩杆件内任一点的应力状态就属于单向应力状态。

(2) 3 个主应力中有两个不等于 0，这种应力状态称为二向应力状态。例如，横力弯曲梁内任一点（该点不在梁的表面）的应力状态。圆轴扭转时一点的应力状态都属于二向应力状态。

(3) 3 个主应力均不等于 0 的应力状态称为三向应力状态。例如，钢轨受到机车车轮、滚珠轴承受到滚珠压力作用点处，还有建筑物中基础内的一点均属于三向压应力状态，受轴向拉伸的螺纹根部各点则为三向拉应力状态。

单向应力状态也称为简单应力状态，二向应力状态和三向应力状态统称为复杂应力状态。

从几何意义上划分，单向应力状态和二向应力状态均称平面应力状态；三向应力状态别称为空间应力状态。在材料力学中重点讨论平面应力状态，对三向应力状态只作简要介绍，更详细的讨论可参考弹性力学。

第二节　平面应力状态分析

一、任意斜截面上的应力—解析法

图 8-3 (a) 所示的单元体为平面应力状态的一般情况，外法线与 z 轴重合的平面是主平面，其上的主应力为 0。因为前后面上什么应力都没有，可将其简化为如图 8-3 (b) 所示的平面图形。现在要确定任意与 x 参考面间的夹角为 α 的斜截面上应力。α 是斜截面外法线 n 轴与参考面内法线 x 轴间的夹角，规定 α 从 x 轴到 n 轴逆时针转向为正，顺时针转向为负。

设想用 α 截面将单元体切分为两部分，取其左下部分为分离体，斜截面上的正应力和切应力分别以 σ_α、τ_α 表示，如图 8-3 (c) 所示。为了方便，取与 α 斜截面相切和垂直的坐标轴如图 8-3 (d) 所示，并设 α 斜截面面积为 $\mathrm{d}A$，由分离体的平衡条件可得如下平衡方程。

$\sum F_n = 0$：

$\sigma_\alpha \mathrm{d}A + (\tau_x \mathrm{d}A\cos\alpha)\sin\alpha - (\sigma_x \mathrm{d}A\cos\alpha)\cos\alpha + (\tau_y \mathrm{d}A\sin\alpha)\cos\alpha - (\sigma_y \mathrm{d}A\sin\alpha)\sin\alpha = 0$

$\sum F_t = 0$：

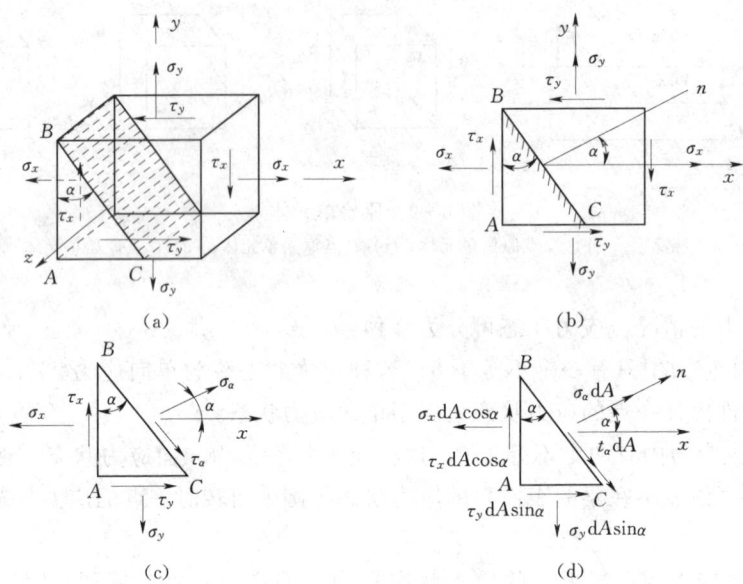

图 8-3 原始单元体任意斜截面上的应力—解析法
(a) 平面应力状态；(b) 简化图形；(c) 分离体；(d) 受力图

$$\tau_a dA - (\tau_x dA\cos\alpha)\cos\alpha - (\sigma_x dA\cos\alpha)\sin\alpha + (\tau_y dA\sin\alpha)\sin\alpha + (\sigma_y dA\sin\alpha)\cos\alpha = 0$$

考虑到切应力互等定理 $\tau_x = \tau_y$ 和如下三角关系：

$$\cos^2\alpha = \frac{1+\cos2\alpha}{2}, \quad \sin^2\alpha = \frac{1-\sin2\alpha}{2}, \quad 2\sin\alpha\cos\alpha = \sin2\alpha$$

平衡方程整理后得

$$\sigma_a = \frac{\sigma_x + \sigma_y}{2} + \frac{\sigma_x - \sigma_y}{2}\cos2\alpha - \tau_x\sin2\alpha \tag{8-1}$$

$$\tau_a = \frac{\sigma_x - \sigma_y}{2}\sin2\alpha + \tau_x\cos2\alpha \tag{8-2}$$

式（8-1）和式（8-2）即平面应力状态任意斜截面 α 上的正应力和切应力公式。式中：σ_x 和 τ_x 分别为参考面上的正应力和切应力；σ_y 和 τ_y 则是与参考面正交的平面上的正应力和切应力；σ_x、σ_y、τ_x 均为代数量。

可以看出，σ_a、τ_a 都是斜截面位置 α 的函数，随 α 的变化而变化。使用这些公式计算斜截面上的应力时，参考面是任意选定的。为计算简便，选择参考面时，尽可能使 2α 为锐角。

如果取一个与 α 平面正交的斜截面 α_1，即 $\alpha_1 = \alpha + \frac{\pi}{2}$，由式（8-1）可得

$$\sigma_{a1} = \frac{\sigma_x + \sigma_y}{2} + \frac{\sigma_x - \sigma_y}{2}\cos2\alpha_1 - \tau_x\sin2\alpha_1 = \frac{\sigma_x + \sigma_y}{2} - \frac{\sigma_x - \sigma_y}{2}\cos2\alpha + \tau_x\sin2\alpha$$

将此式与式（8-1）两边相加，可得

$$\sigma_a + \sigma_{a1} = \sigma_x + \sigma_y \tag{8-3}$$

式（8-3）表明互相正交的两个面上的正应力的和为常数。

第二节 平面应力状态分析

【例 8-1】 求如图 8-4（a）、(c) 所示平面应力状态下斜截面上的应力（图中应力单位是 MPa），并用图表示出来。

解：（1）求图 8-4（a）中单元体指定斜截面上的应力。取右截面为参考平面，则已知 $\sigma_x = 30\text{MPa}$，$\sigma_y = -40\text{MPa}$，$\tau_x = 60\text{MPa}$，$\alpha = 30°$，将各数值代入式（8-1）和式（8-2），得斜截面的应力：

$$\sigma_{30°} = \frac{30-40}{2} + \frac{30+40}{2}\cos 60° - 60\sin 60° = -39.46(\text{MPa})$$

$$\tau_{30°} = \frac{30+40}{2}\sin 60° + 60\cos 60° = 60.31(\text{MPa})$$

将 $\sigma_{30°}$、$\tau_{30°}$ 方向画在斜截面上，如图 8-4（b）所示。

（2）求图 8-4（c）中单元体指定斜截面上的应力。取右截面为参考平面，则 $\sigma_x = -80\text{MPa}$，$\sigma_y = 0$，$\tau_x = -40\text{MPa}$，$\alpha = 120°$，将各数值代入式（8-1）和式（8-2），得斜截面上的应力：

$$\sigma_{120°} = -\frac{80}{2} - \frac{80}{2}\cos 240° + 40\sin 240° = -54.64(\text{MPa})$$

$$\tau_{120°} = -\frac{80}{2}\sin 240° - 40\cos 240° = 54.64(\text{MPa})$$

将 $\sigma_{120°}$、$\tau_{120°}$ 方向画在斜截面上，如图 8-4（d）所示。

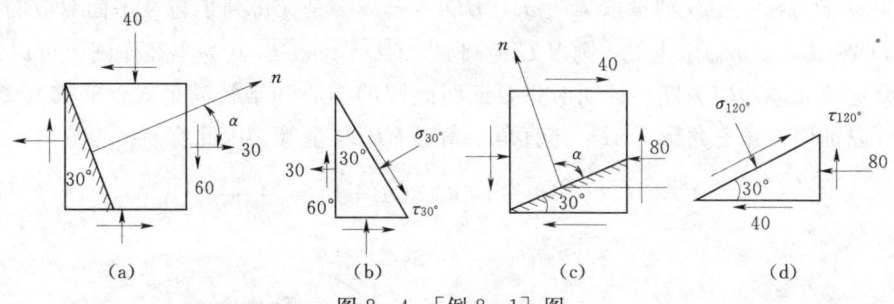

图 8-4 ［例 8-1］图
(a) 单元体；(b) 分离体受力图；(c) 单元体；(d) 分离体受力图

二、平面应力状态分析—图解法

由平面应力状态分析法解析方程式（8-1）和式（8-2）可以得到平面应力状态分析的另一种解法—图解法。

将式（8-1）改写为

$$\sigma_\alpha - \frac{\sigma_x + \sigma_y}{2} = \frac{\sigma_x - \sigma_y}{2}\cos 2\alpha - \tau_x \sin 2\alpha \tag{8-4}$$

再将式（8-4）和式（8-2）两边平方，然后相加，注意到 $\sin^2 2\alpha + \cos^2 2\alpha = 1$ 便可得出

$$\left(\sigma_\alpha - \frac{\sigma_x + \sigma_y}{2}\right)^2 + \tau_\alpha^2 = \left(\frac{\sigma_x - \sigma_y}{2}\right)^2 + \tau_x^2 \tag{8-5}$$

对于所研究单元体 σ_x、σ_y、τ_x 是常量；σ_α、τ_α 是变量。可以注意到，式（8-5）是以

σ_a、τ_a 为变量，以 $\sqrt{\left(\dfrac{\sigma_x-\sigma_y}{2}\right)^2+\tau_x^2}$ 为半径的圆的方程。方程表明，当通过受力构件上一点的截面位置（即角 α）连续变化时，作用在其上的正应力 σ_a 和切应力 τ_a 的变化规律是一个圆。

若以 σ 为横坐标，τ 为纵坐标，建立平面直角坐标系，则在 σ-τ 坐标系中，该圆的圆心坐标为 $\left(\dfrac{\sigma_x+\sigma_y}{2},0\right)$。这样画出的圆，其上每一点的两个坐标分别对应两个应力，故称为应力圆。因为应力圆是德国学者莫尔（O. Mohr）于 1882 年最先提出的，所以又叫莫尔圆。

应力圆是应力状态分析简明、快捷的工具。为了利用应力圆进行平面应力状态分析，必须建立与应力圆与其相应的单元体间的对应关系。为此，在绘制应力圆时须遵循一定的步骤。

设平面应力状态单元体如图 8-5（a）所示，互相垂直的两个面上的应力 σ_x、σ_y、τ_x、τ_y 已知，且设 $\sigma_x>\sigma_y>0$，$\tau_x>0$。在作单元体的应力圆时，首先选择好比例尺，避免使画出的圆过大或过小。之后，按比例尺在 σ 轴上量取线段 $\overline{OA}$，令其按比例尺等于 σ_x，即 $\overline{OA}=\sigma_x$。过 A 点作 σ 轴的垂线，在此垂线上量取 $\overline{AD_1}=\tau_x$，因为 $\tau_x>0$，所以 $\overline{AD_1}$ 在横轴的上方。这样，根据参考面上的应力，就在 σ-τ 坐标系中得到了一个与 x 平面对应的点 D_1。按同样的方法，沿 σ 轴量取 $\overline{OB}=\sigma_y$，$\overline{BD_2}=\tau_y$，于是又得到了与 y 平面对应的点 D_2，连接点 D_1 和 D_2 交 σ 轴于点 C，则以 C 为圆心，$\overline{CD_1}$（或 $\overline{CD_2}$）为半径作圆，可以证明此圆即为给定单元体的应力圆。证明时只要证明此圆的圆心和半径满足式（8-5）。利用几何关系可以证明直角三角形 CAD_1 与直角三角形 CBD_2 全等，因此有

$$\overline{CA}=\overline{CB}=\dfrac{\sigma_x-\sigma_y}{2},\quad \overline{OC}=\overline{OB}+\overline{BC}=\dfrac{\sigma_x+\sigma_y}{2} \tag{8-6}$$

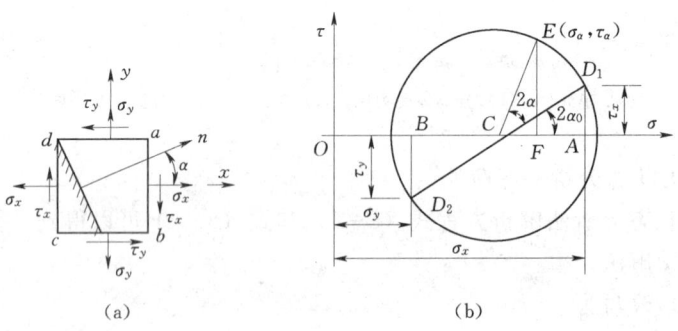

图 8-5 应力圆
(a) 单元体；(b) 应力圆画法

可见按上述步骤画出的应力圆的圆心为 $\left(\dfrac{\sigma_x+\sigma_y}{2},0\right)$，圆的半径为

$$\overline{CD_1}=\sqrt{\overline{CA}^2+\overline{AD_1}^2}=\sqrt{\left(\dfrac{\sigma_x-\sigma_y}{2}\right)^2+\tau_x^2} \tag{8-7}$$

故此，上述结论获证。

按上述作图方法绘制应力圆，可以得出应力圆与单元体之间有如下对应关系：

（1）应力圆上的一个点，对应单元体上的一个面，如图上的点 D_1，即对应单元体上 x 平面。

（2）应力圆上一点的横、纵坐标即对应该点单元体相应面上的正应力和切应力，例如 D_1 点的两个坐标，即对应 x 平面上的 σ_x、τ_x。

（3）单元体上斜截面的方位角为 α，应力圆上斜截面的对应点与参考点 D_1 的夹角为 2α，且二者的转向相同。如单元体的 y 平面与 x 平面（参考面）夹角为 $90°$，则应力圆上与 y 平面对应的点 D_1' 与 x 平面对应的点 D_1（参考点）夹角为 $180°$，且都是正号。

有了上述对应关系，若用图解法去求单元体任意斜截面上的应力，只需将应力圆上过参考点 D_1 的半径沿 α 的方向旋转 2α，即可得到 α 斜截面在应力圆上的对应点 E，则 E 点的纵横坐标即为 α 斜截面上的切应力 τ_α 和正应力 σ_α，这个结果可作如下证明。

过 E 点作 EF 垂直 σ 轴，则

$$\begin{aligned}
\overline{OF} &= \overline{OC} + \overline{CF} = \overline{OC} + \overline{CE}\cos(2\alpha + 2\alpha_0) \\
&= \overline{OC} + \overline{CE}\cos 2\alpha_0 \cos 2\alpha - \overline{CE}\sin 2\alpha_0 \sin 2\alpha \\
&= \overline{OC} + \overline{CD_1}\cos 2\alpha_0 \cos 2\alpha - \overline{CD_1}\sin 2\alpha_0 \sin 2\alpha \\
&= \overline{OC} + \overline{CA}\cos 2\alpha - \overline{AD_1}\sin 2\alpha \\
&= \frac{\sigma_x + \sigma_y}{2} + \frac{\sigma_x - \sigma_y}{2}\cos 2\alpha - \tau_x \sin 2\alpha
\end{aligned}$$

这就是前面用解析法得出的结论。同理可证，E 点的纵坐标等于斜截面上的切应力，读者可自己证明。

【例 8-2】 用图解法求解［例 8-1］。

解：（1）按单元体上的已知应力作应力圆如图 8-6（b）所示。

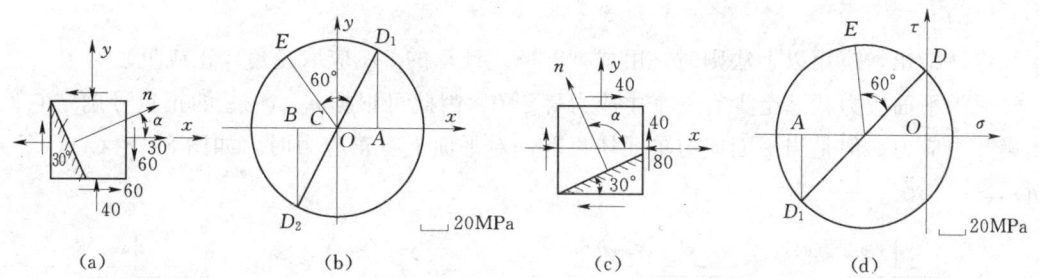

图 8-6 ［例 8-2］图
(a) 单元体；(b) 应力圆；(c) 单元体；(d) 应力圆

指定斜截面的外法线与 σ_x 间的夹角 $\alpha=30°$，从应力圆上的 D_1 得 E 点，量出 E 点的横、纵坐标，按比例尺换算后得 $\sigma_E = -40\text{MPa}$、$\tau_E = 60\text{MPa}$。

（2）按单元体上的已知应力，作应力圆如图 8-6（d）所示。

指定斜截面的外法线与 y 间的夹角 $2\alpha = 60°$，从应力圆上的 D 点逆时针量取圆心角 $60°$，得 E 点，量出 E 点的横、纵坐标得 $\sigma_E = -55\text{MPa}$、$\tau_E = 55\text{MPa}$。

三、主应力及主平面的确定

应力分析的目的之一就是确定一点的主应力和主平面。正应力的确定也可以用解析法和图解法。

1. 解析法

根据主应力的定义,由式(8-2),令 $\tau_\alpha=0$,便可得出单元体主平面的位置。设主平面外法线与 x 轴的夹角为 α_0,则

$$\tan 2\alpha_0 = -\frac{2\tau_x}{\sigma_x - \sigma_y} \quad (8-8)$$

其中,α_0 有两个根,即 α_0 和 $\alpha_0+90°$,因此说明由式(8-8)可以确定两个互相垂直的主平面。

利用式(8-8)可以得出

$$\cos 2\alpha_0 = \pm \frac{\frac{\sigma_x-\sigma_y}{2}}{\sqrt{\left(\frac{\sigma_x-\sigma_y}{2}\right)^2+\tau_x^2}}, \quad \sin 2\alpha_0 = \pm \frac{\tau_x}{\sqrt{\left(\frac{\sigma_x-\sigma_y}{2}\right)^2+\tau_x^2}}$$

代入式(8-1),整理后便可得到主应力计算公式

$$\sigma_{\min}^{\max} = \frac{\sigma_x+\sigma_y}{2} \pm \sqrt{\left(\frac{\sigma_x-\sigma_y}{2}\right)^2+\tau_x^2} \quad (8-9)$$

由式(8-9)得出的主应力有两个,由式(8-8)计算出的角度 α_0 也有两个,那么 α_0 是 x 轴和 $\sigma_{\max}$ 之间的夹角还是 x 轴和 $\sigma_{\min}$ 之间的夹角,可按以下法则来判断:

(1) 当 $\sigma_x > \sigma_y$ 时,α_0 是 x 轴和 $\sigma_{\max}$ 之间的夹角。

(2) 当 $\sigma_x < \sigma_y$ 时,α_0 是 x 轴和 $\sigma_{\min}$ 之间的夹角。

(3) 当 $\sigma_x = \sigma_y$ 时,$\alpha_0 = 45°$,主应力的方位可由单元体上切应力的情况判断[图 8-7(a)、(b)]。

应该指出,应用以上法则时,由式(8-8)计算的 $2\alpha_0$ 应取锐角(正或负)。

因为平面应力状态至少有一个主应力等于0,因此可根据 $\sigma_{\max}$,$\sigma_{\min}$ 的正负号确定它们是第几主应力。但是当平面应力单元体只有一对平面上有正应力时,如图 8-8(a)、(b)所示。

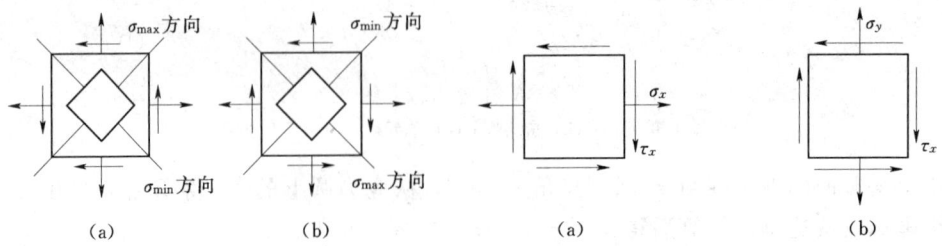

图 8-7 $\alpha_0=45°$ 时主应力方位的确定
(a) 切应力指向右上角;(b) 切应力指向左上角

图 8-8 平面应力单元体主应力的确定
(a) x 方向;(b) y 方向

可以断定,按式(8-9)得出的两个主应力一定是 σ_1 和 σ_3,因为此时

第二节 平面应力状态分析

$$\sigma_3^1 = \frac{\sigma_x}{2} \pm \sqrt{\left(\frac{\sigma_x}{2}\right)^2 + \tau_x^2} \qquad (8-10)$$

$$\sigma_3^1 = \frac{\sigma_y}{2} \pm \sqrt{\left(\frac{-\sigma_y}{2}\right)^2 + \tau_x^2} \qquad (8-11)$$

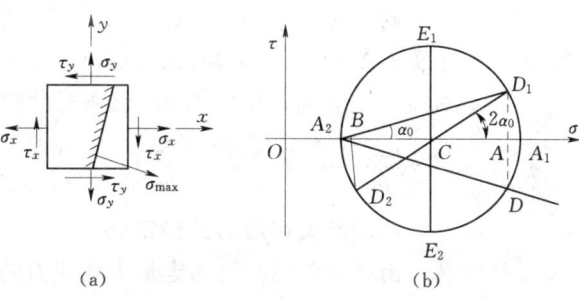

图 8-9 图解法确定主应力与主平面方位
(a) 单元体；(b) 应力圆

2. 图解法

利用应力圆很容易确定主应力与主平面方位。应力圆与 σ 轴的交点 A_1 和 A_2 [图 8-9 (b)] 的纵坐标 τ 等于 0，所以 A_1、A_2 点对应于单元体上两个主平面，其横坐标即为主应力的值。又因 $\overline{OA_1} > \overline{OA_2}$，故 A_1、A_2 分别对应 σ_{max}、σ_{min}。因为 D_1 代表单元体上的参考平面，所以从 $D_1 \to A_1$ 的圆弧所对的则是圆心角 $\angle D_1 C A_1$ 的一半也就是 σ_{max} 所在平面的方位角。从几何上来说也就是圆周角 $\angle D_1 A_2 A_1$。若从 $D_1 \to A_1$ 为逆时针，该角为正，反之为负。

【例 8-3】 试用解析法求如图 8-10 (a) 所示应力状态的主应力及其方向，并在单元体上表示出来（应力单位：MPa）。

解：$\sigma_{min}^{max} = \frac{\sigma_x + \sigma_y}{2} \pm \sqrt{\left(\frac{\sigma_x - \sigma_y}{2}\right)^2 + \tau_x^2} = \frac{-30+50}{2} \pm \sqrt{\left(\frac{-30-50}{2}\right)^2 + 20^2}$

$= 10 \pm 44.72 = {}^{54.72}_{-34.72}$ (MPa)

$$\tan 2\alpha_0 = -\frac{2\tau_x}{\sigma_x - \sigma_y} = -\frac{2 \times 20}{-30 - 50} = 0.5$$

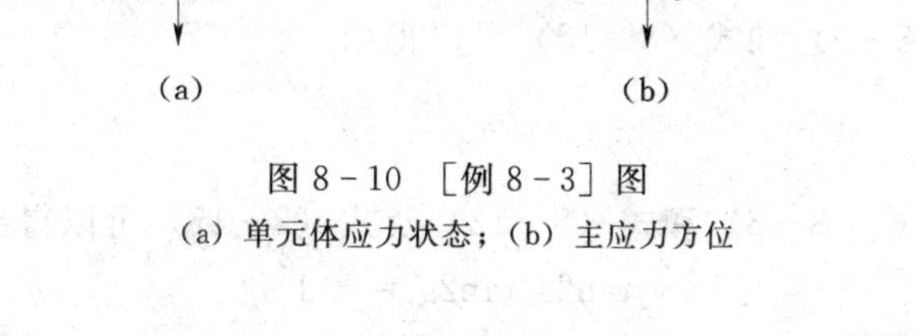

图 8-10 [例 8-3] 图
(a) 单元体应力状态；(b) 主应力方位

第八章 应力状态和强度理论

$$\alpha_0 = 13°17'$$

因 $\sigma_x < \sigma_y$，所以从 σ_x（x 轴）逆时针方向量取 $13°17'$ 即为 $\sigma_{\min}$ 的方向，画到单元体上如图 8-10（b）所示。

【例 8-4】 试用图解法计算上例。

解： 根据已知条件画出应力圆如图 8-11 所示，从图上得 $OA_1 = \sigma_{\max} = 55\text{MPa}$，$OA_2 = \sigma_{\min} = -35\text{MPa}$。因 D_1 点对应于 x 截面，所以 D_1A_2 弧所对的圆周角 $\angle D_1A_1A_2$ 即为 $\sigma_{\min}$ 的方位角，量得 $\alpha \approx 13°$。在应力圆上的真实方向为 A_1D。

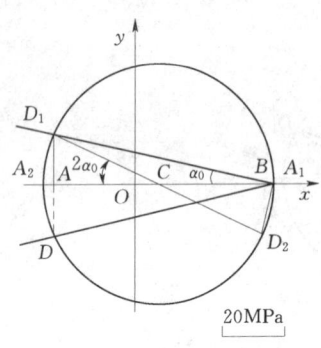

图 8-11 ［例 8-4］图

四、最大切应力的确定

由式（8-2）可确定最大切应力的大小及所在的位置。

1. 解析法

令 $\dfrac{\mathrm{d}\tau_\alpha}{\mathrm{d}\alpha} = 0$，则可求得切应力极值所在的平面方位角 α_1 的计算公式：

$$\tan 2\alpha_1 = \frac{\sigma_x - \sigma_y}{2\tau_x} \tag{8-12}$$

由式（8-12）可以确定相差 $90°$ 的两个面分别作用着最大切应力和最小切应力，其值可用下式计算：

$$\tau_{\min}^{\max} = \pm\sqrt{\left(\frac{\sigma_x - \sigma_y}{2}\right)^2 + \tau_x^2} \tag{8-13}$$

如果已知主应力，则切应力极值的另一形式计算公式：

$$\tau_{\min}^{\max} = \pm\frac{\sigma_{\max} - \sigma_{\min}}{2} = \pm\sqrt{\left(\frac{\sigma_x - \sigma_y}{2}\right)^2 + \tau_x^2} \tag{8-14}$$

比较式（8-8）及式（8-12）得

$$\tan 2\alpha_1 = -\cot 2\alpha_0 \tag{8-15}$$

即 $\alpha_1 = \alpha_0 + 45°$，说明切应力的极值平面和主平面成 $45°$ 角。

2. 图解法

应力圆上最高点 E_1 及最低点 E_2 显然是 $\tau_{\max}$、$\tau_{\min}$ 对应的位置如图 8-9（b）所示，因此两点的纵坐标分别为 $\tau_{\max}$、$\tau_{\min}$ 值；其方位角由 D_1E_1 弧和 D_1E_2 弧所对的圆周角的一半（或该弧所对的圆周角）量得。

五、最大主应力与最大切应力的关系

由上面的讨论可以注意到最大主应力与最大切应力从数值到作用面的方位都存在一定关系。

数值上，由式（8-9）和式（8-13）可以得出

$$\sigma_{\max} = \frac{\sigma_x + \sigma_y}{2} \pm \tau_{\max} \tag{8-16}$$

作用面的方位由式（8-8）和式（8-12）及式（8-15）可以得出

$$\tan 2\alpha_0 \tan 2\alpha_1 = -1$$

由此可知，$\alpha_1 = \alpha_0 + \dfrac{\pi}{4}$

【例 8-5】 如图 8-12（a）所示为矩形截面简支梁，矩形尺寸为 $b=80\text{mm}$，$h=160\text{mm}$，跨中作用集中载荷 $F=20\text{kN}$。试计算距离左端支座 $x=0.3\text{m}$ 的 D 处截面中性层以上 $y=20\text{mm}$ 某点 K 的主应力、最大切应力及其方位，并用单元体表示出主应力。

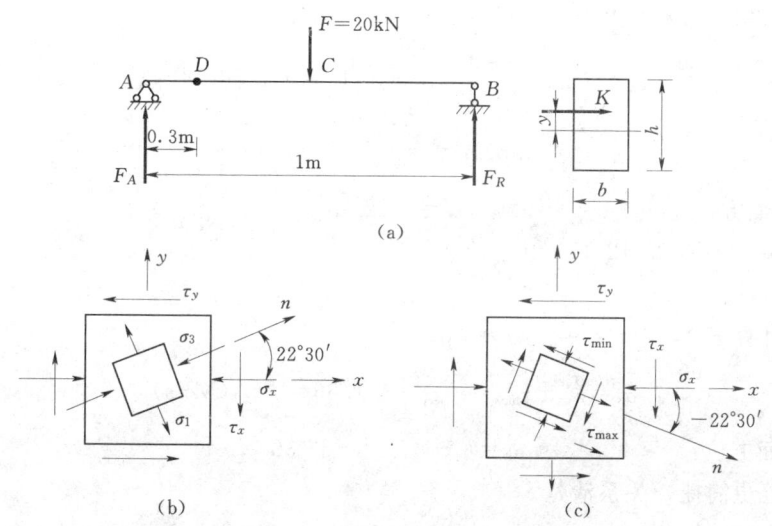

图 8-12 [例 8-5] 图
(a) 简图；(b) K 点单元体；(c) 主应力

解：（1）计算 D 处截面的剪力及弯矩。

$$F_{QD} = F_A = 10\text{kN}, \quad M_D = F_A x = 10 \times 0.3 = 3 \text{ (kN·m)}$$

（2）计算 D 处截面中性层以上 20mm 处 K 点的正应力及切应力。

$$\sigma_k = -\dfrac{M_D y}{I_Z} = \dfrac{3 \times 10^3 \times 20 \times 10^{-3}}{\dfrac{1}{12} \times 80 \times 160^3 \times 10^{-12}} = -2.2(\text{MPa})$$

$$\tau_k = \dfrac{F_{QD} S_Z^*}{I_Z b} = \dfrac{F_{QD} b \left(\dfrac{h}{2} - y\right) \times \dfrac{1}{2}\left(\dfrac{h}{2} + y\right)}{I_Z b}$$

$$= \dfrac{10 \times 10^3 \times 80 \times 10^{-3} \times \left(\dfrac{160 \times 10^{-3}}{2} - 20 \times 10^{-3}\right) \times \dfrac{1}{2}\left(\dfrac{160 \times 10^{-3}}{2} + 20 \times 10^{-3}\right)}{\dfrac{1}{12} \times 80 \times 160^3 \times 10^{-12} \times 80 \times 10^{-3}}$$

$$= 1.1(\text{MPa})$$

（3）计算主应力及其方位。

取 K 点单元体如图 8-12（b）所示，$\sigma_x = \sigma_K = -2.2\text{MPa}$，因梁的纵向纤维之间互不挤压，故 $\sigma_y = 0$；$\tau_x = \tau_K = 1.1\text{MPa}$。由式（8-10）可得

$$\sigma_3^1 = \dfrac{-2.2}{2} \pm \sqrt{\left(\dfrac{-2.2}{2}\right)^2 + 1.1^2} = \begin{matrix}0.46\\-2.66\end{matrix}(\text{MPa})$$

主平面：
$$\tan 2\alpha_0 = -\frac{2\times 1.1}{-2.2} = 1$$
$$\alpha_0 = 22°30'$$

因 $\sigma_x < \sigma_y$，所以 α_1 是 σ_3 所在截面与 σ_x 作用面的夹角，表示到单元体上如图 8-12 (b) 所示。

计算最大切应力及其方位：
$$\tau_{\min}^{\max} = \pm\sqrt{\left(\frac{-2.2}{2}\right)^2 + 1.1^2} = \pm 1.56 (\text{MPa})$$
$$\tan 2\alpha_1 = -\frac{2.2}{2\times 1.1} = -1$$

$\tau_{\max}$ 作用面方位：
$$\alpha_1 = -22°30'$$

计算结果示于图 8-12 (c) 中。

另一种解法：

此题先计算 $\tau_{\min}^{\max}$，则
$$\sigma_3^1 = \frac{\sigma_x}{2} \pm \tau_{\max} = \frac{-2.2}{2} \pm 1.56 = {}^{0.46}_{2.66} (\text{MPa})$$

σ_1 作用面方位：
$$\alpha_0 = \alpha_1 - 45° = -67°30'$$

整个计算更简捷，关系清楚。

*第三节　主应力迹线的概念及应用

一、主应力迹线的概念

应力状态分析在结构设计中有重要应用。例如在钢筋混凝土梁设计中，如果知道了梁中主拉应力方向的变化情况，就可以判断梁上可能发生的裂缝的方向，从而恰当地配置钢筋，以便更有效地发挥钢筋的抗拉作用。在工程设计中解决这个问题的方法，是根据构件上各点计算主应力的方向，绘制出两组彼此正交的曲线，在这些曲线上任意一点处的切线的方向就是在该点处的主应力的方向，这种曲线叫做主应力轨迹线，简称主应力迹线。其中的一组是主拉应力 σ_1 的迹线，另一组是主压应力 σ_3 的迹线。下面来讨论主应力迹线的绘制方法。

二、主应力迹线的绘制

在横力弯曲梁中，一般的点均处于平面应力状态，在梁的横截面上既有正应力 σ_x，又有切应力 τ_x。由于纵截面上无挤压，正应力 $\sigma_y = 0$，所以这些点可根据式（8-10）计算：即一个主应力必定是拉应力，另一个必定是压应力。由于梁的横截面上各点的正应力、切应力大小不相等，所以主应力大小和方向沿截面高度是连续变化的。如图 8-13 所示，梁上任取一横截面 $m—m$，从上到下选取的五个点 1、2、3、4、5，用应力圆可以很方便地确定出各点主应力的方向。

可以看出，沿截面高度自上而下，主拉应力 σ_1 的方向由竖直按逆时针旋转至水平，主压应力 σ_3 的方向则由水平按逆时针旋转至竖直。在中性轴处与 x 轴相交成 $45°$。这就是同一截面上各点处主应力的变化规律。

第三节 主应力迹线的概念及应用

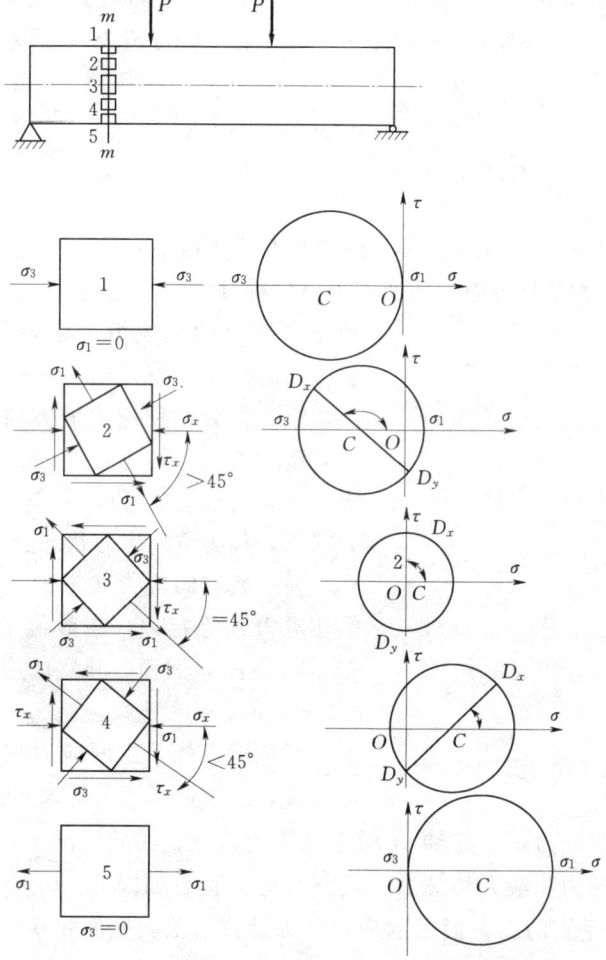

图 8-13 梁同一截面上各点处主应力的变化规律

如果沿梁的纵向用与梁的轴线垂直的直线将梁均匀地划分为若干等份,然后从某一切面上的一点开始,按上述方法求出该点处两个主应力的方向后,把其中一个主应力的方向延长与相邻横线相交。再求出交点的主应力方向,再将其延长与下一个相邻横截面相交。依次类推,我们将得到一条折线,它的极限将是一条曲线。在这样的曲线上,任一点的切线即代表该点主应力的方向。这就是上面所说的主应力迹线。经过每一点有两条相互垂直的主应力迹线。

图 8-14 中绘出了简支梁在均布载荷作用下的两组主应力迹线,虚线为主压应力迹线,实线为主拉应力迹线。通过对梁的主应力迹线的分析,可以看出,对于承受均布载荷的简支梁,在梁的上、下边缘附近的主应力轨迹线是水平线;在梁的中性层处,主应力轨迹线的倾角为 45°。如果是钢筋混凝土梁,水平方向的主拉应力 σ_1 可能使梁

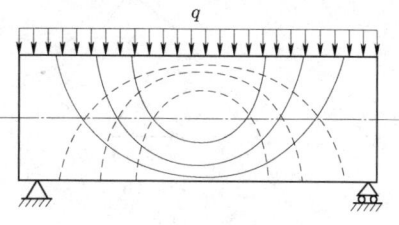

图 8-14 主应力的迹线

发生竖向的裂缝，倾斜方向的主拉应力 σ_1 可能使梁发生斜向的裂缝。因此在钢筋混凝土中，不但要配置纵向抗拉钢筋（尽可能使钢筋沿主拉应力迹线），而且常常还要配置斜向弯起钢筋。

第四节 空间应力状态

受力物体内一点的应力状态，最一般的情况是所取单元体 6 个面上都作用有正应力 σ 和切应力 τ，为计算方便将各面上的切应力沿坐标轴方向分解为两个分量，如图 8-15 所示 x 平面上的正应力为 σ_x，切应力为 τ_{xy} 和 τ_{xz}。切应力的两个下标，第一个表示切应力所在的平面，第二个表示切应力的方向。同理，在 y 平面上有正应力 σ_y，切应力 τ_{yx} 和 τ_{yz}；在 z 平面上有正应力 σ_z，切应力 τ_{zx} 和 τ_{zy}。这种单元体所代表的应力状态，称为空间应力状态。

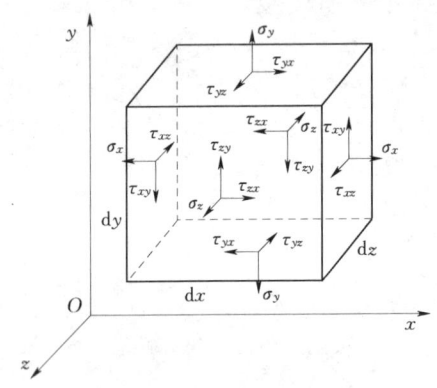

图 8-15 空间应力状态

在一般空间应力状态的 9 个应力分量中，根据切应力互等定理，在数值上有 $\tau_{xy}=\tau_{yx}$，$\tau_{yz}=\tau_{zy}$，$\tau_{xz}=\tau_{zx}$，因而，独立的应力分量是 6 个，即 σ_x、σ_y、σ_z、τ_{xy}、τ_{yz}、τ_{xz}。

对危险点处空间应力状态下的构件进行强度计算，通常需确定其最大正应力和最大切应力。在这里只讨论 3 个主应力 σ_1、σ_2 和 σ_3 均为已知的情况。在此情况下，利用应力圆，可确定该点处的最大正应力和最大切应力。设空间应力状态如图 8-16（a）所示，先研究与主应力 σ_3 的作用面垂直的斜截面上的应力。为此，沿该斜截面将单元体截一分为二，并研究其左边部分平衡。由图 8-16（b）可以看出，主应力 σ_3 在前后两个面上的合力是一对平衡的力，对斜截面上的应力无影响。因此，这族斜截面上的应力只与 σ_1、σ_2 有关。

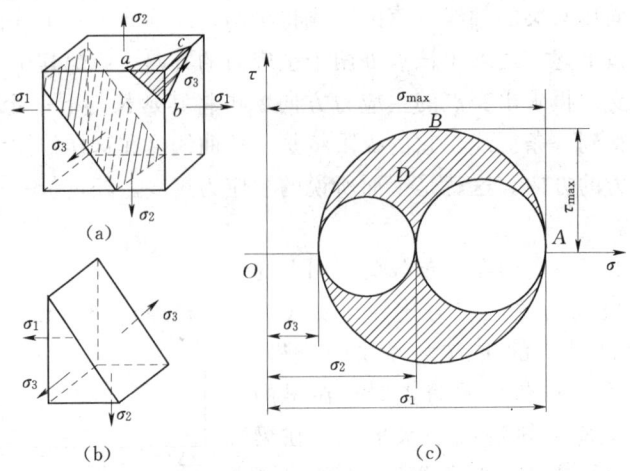

图 8-16 空间应力状态下最大正应力和最大切应力的确定
(a) 单元体；(b) 分离体；(c) 应力圆

第四节 空间应力状态

按平面应力分析的方法,由 σ_1 与 σ_2 作应力圆,则该应力圆上点的坐标即代表这一族平面上的正应力和切应力。该应力圆最高点的纵坐标即代表这一族平面上的最大切应力,由图 8-16 (b) 可以确定,其大小为 $\tau_{12}=\dfrac{\sigma_1-\sigma_2}{2}$;同理,在与 σ_2(或 σ_1)作用面垂直的斜截面上的正应力和切应力,可用由 σ_1、σ_3(或 σ_2、σ_3)作出的应力圆来确定。这两个应力圆的最高点的纵坐标即代表达两族平面上的最大切应力 τ_{13} 和 τ_{23},其值分别为 $\tau_{13}=\dfrac{\sigma_1-\sigma_3}{2}$、$\tau_{23}=\dfrac{\sigma_2-\sigma_3}{2}$。进一步的研究证明,与 3 个主平面斜交的任意斜截面,如图 8-16 (a) 中的 abc 截面,在 $\sigma-\tau$ 坐标系中的对应点 D,必位于上述 3 个应力圆所围成的阴影范围内,如图 8-16 (c) 所示。因此在三向应力状态中,任一斜截面上的正应力 σ 的数值不会高于 σ_1,也不会低于 σ_3,即 $\sigma_3 \leqslant \sigma \leqslant \sigma_1$。

三向应力状态单元体的最大正应力和最大切应力,可由最大应力图上点的横、纵坐标确定,即

$$\sigma_{\max}=\sigma_1 \tag{8-17}$$

$$\tau_{\max}=\frac{\sigma_1-\sigma_3}{2} \tag{8-18}$$

最大切应力的作用面与主应力 σ_1 和 σ_3 均构成 $45°$ 夹角。

上述两个公式同样适用于平面应力状态,只需将具体问题中的主应力求出,并按代数值 $\sigma_1 \geqslant \sigma_2 \geqslant \sigma_3$ 的顺序排列。

【例 8-6】 已知如图 8-17 (a) 所示应力状态中的应力 $\tau_x=40\text{MPa}$,$\sigma_y=-60\text{MPa}$,$\sigma_z=60\text{MPa}$,试作三向应力圆,并求主应力和最大切应力。

解:(1)作三向应力圆。

单元体上的 σ_z 是主应力,由 (σ_z, 0) 在 $\sigma-\tau$ 坐标系中确定一点 A_1。与 σ_z 平行的斜截面上的应力和 σ_z 无关,故可由 x 截面的应力和 y 截面上的应力按平面应力状态的方法作应力圆,即可得图 8-17 (b) 中过点 D_x、D_y 的圆。该圆与 σ 轴的交点为 A_2,A_3。过点 A_1,A_2 作应力圆;再过 A_1,A_3 作应力圆,即得三向应力圆。

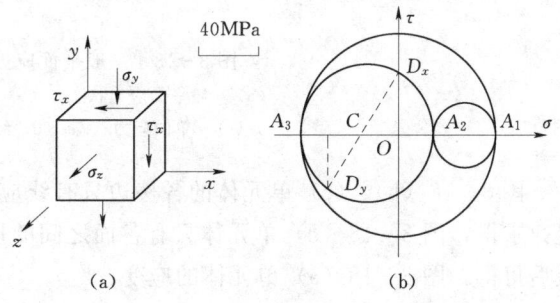

图 8-17 [例 8-6] 图
(a) 单元体;(b) 应力圆

(2)确定主应力、最大正应力。

σ_1、σ_2、σ_3 分别为点 A_1,A_2,A_3 的横坐标,量得

$$\sigma_{\max}=\sigma_1=\sigma_z=60\text{MPa},\quad \sigma_2=20\text{MPa},\quad \sigma_3=-80\text{MPa}$$

(3)确定最大切应力。

$$\tau_{\max}=\frac{\sigma_1-\sigma_3}{2}=\frac{60-(-80)}{2}=70(\text{MPa})$$

也可通过量取最大应力圆的半径得到。

第五节　复杂应力状态下的应力和应变之间的关系

前面已经学习了单向和纯剪切应力状态下的胡克定律，本节介绍复杂应力状态下的应力-应变关系，即广义胡克定律。

在建立复杂应力状态下的应力-应变关系时，再次明确讨论问题的范围，仅限于各向同性材料、弹性小变形。在这样的条件下，有如下的简化结果：

(1) 单元体各棱边的线应变只与该单元体各面上的正应力有关，与切应力无关；同样，各正交的坐标面间的切应变也只与切应力有关，而与正应力无关。

(2) 每个应力分量对相应的应变分量的影响是独立的。因此当 n 个应力分量同时存在时，对同一应变的影响可以使用叠加原理，先分别单独考虑每一个应力分量的影响，再叠加得出最后结果。

一、广义胡克定律

1. 平面应力状态下的应力-应变关系

考虑图 8-18 (a) 所示的一般平面应力状态。按上述分析方法，将图 8-18 (a) 中所示单元体的应力状态看成是图 8-18 (b)、(c)、(d) 三种情况的叠加，单元体的某应变等于图 8-18 (b)、(c)、(d) 单元体同一应变的代数和。

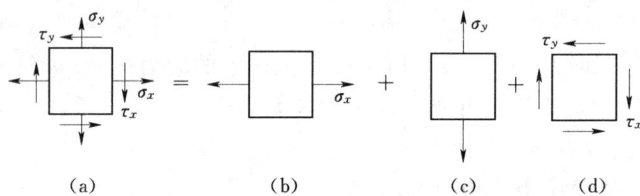

图 8-18　一般平面应力状态的合成
(a) 一般平面应力状态；(b) x 单向应力状态；
(c) y 单向应力状态；(d) 纯剪切应力状态

图 8-18 (b)、(c) 单元体的各棱边只有线应变，线应变的大小可利用单向拉压胡克定律求得，图 8-18 (d) 单元体只有各面之间的切应变，其值可利用剪切胡克定律求取。最后可得，图 8-18 (a) 单元体的应变：

$$\left.\begin{array}{l}\varepsilon_x=\dfrac{1}{E}(\sigma_x-\mu\sigma_y)\\[4pt]\varepsilon_y=\dfrac{1}{E}(\sigma_y-\mu\sigma_z)\\[4pt]\varepsilon_z=-\dfrac{\mu}{E}(\sigma_x+\sigma_y)\end{array}\right\}\left.\begin{array}{l}\gamma_x=\dfrac{\tau_x}{G}\\[4pt]\gamma_y=\dfrac{\tau_y}{G}\end{array}\right\} \quad (8-19)$$

该式为一般平面应力状态下的应力-应变关系。

2. 空间应力状态下的应力-应变关系

对于图 8-19 (a) 所示的一般空间应力状态，可以像平面应力状态一样，利用叠加法导出其应力-应变关系。

第五节 复杂应力状态下的应力和应变之间的关系

$$\left.\begin{array}{l}\varepsilon_x=\dfrac{1}{E}[\sigma_x-\mu(\sigma_y+\sigma_z)]\\[4pt]\varepsilon_y=\dfrac{1}{E}[\sigma_y-\mu(\sigma_z+\sigma_x)]\\[4pt]\varepsilon_z=\dfrac{1}{E}[\sigma_z-\mu(\sigma_x+\sigma_y)]\end{array}\right\} \quad \left.\begin{array}{l}\gamma_{xy}=\dfrac{\tau_{xy}}{G}\\[4pt]\gamma_{yz}=\dfrac{\tau_{yz}}{G}\\[4pt]\gamma_{xz}=\dfrac{\tau_{xz}}{G}\end{array}\right\} \qquad (8-20)$$

如果是主单元体，如图 8-19（b）所示，则应力-应变关系为

$$\left.\begin{array}{l}\varepsilon_1=\dfrac{1}{E}[\sigma_1-\mu(\sigma_2+\sigma_3)]\\[4pt]\varepsilon_2=\dfrac{1}{E}[\sigma_2-\mu(\sigma_3+\sigma_1)]\\[4pt]\varepsilon_3=\dfrac{1}{E}[\sigma_3-\mu(\sigma_1+\sigma_2)]\end{array}\right\} \qquad (8-21)$$

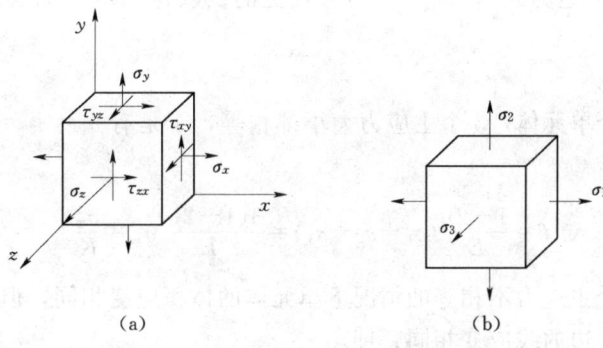

图 8-19 一般平面应力状态的合成
（a）一般空间应力状态；（b）主单元体

对于各向同性材料，由上式定出的线应变称为主应变。可以证明，ε_1、ε_2、ε_3 方向分别与 σ_1、σ_2、σ_3 平行，且 $\varepsilon_1 \geqslant \varepsilon_2 \geqslant \varepsilon_3$，$\varepsilon_1$ 和 ε_3 为一点处各方向线应变中的最大值和最小值。

二、体积应变

构件在受力变形后，通常将引起体积变化。每单位体积的体积变化，称为体积应变，用 θ 表示。

设某点的主单元体如图 8-19（b）所示，单元体各边原始长度分别为 dx、dy、dz，变形后分别为 $(1+\varepsilon_1)dx$、$(1+\varepsilon_2)dy$、$(1+\varepsilon_3)dz$，则变形前后的体积分别为

$$dV=dxdydz, \quad dV'=(1+\varepsilon_1)dx(1+\varepsilon_2)dy(1+\varepsilon_3)dz$$

按定义，单元体的体积应变为

$$\theta=\frac{dV'-dV}{dV}=(1+\varepsilon_1)(1+\varepsilon_2)(1+\varepsilon_3)-1\approx\varepsilon_1+\varepsilon_2+\varepsilon_3 \qquad (8-22)$$

式（8-22）表明，单元体的体积应变在数值上是 3 个主应变之和。

若将广义胡克定律代入式（8-22），整理后可得

$$\theta=\frac{1-2\mu}{E}(\sigma_1+\sigma_2+\sigma_3) \qquad (8-23)$$

式（8-23）说明，单位体积的体积改变 θ 只与 3 个主应力之和有关，至于 3 个主应力之间的比例，对 θ 并无影响。

引入符号：

$$K = \frac{E}{3(1-2\mu)} \quad (8-24)$$

$$\sigma_m = \frac{\sigma_1 + \sigma_2 + \sigma_3}{3} \quad (8-25)$$

则上式可写为

$$\theta = \frac{\sigma_m}{K} \quad (8-26)$$

式中：K 称为体积弹性模量；σ_m 是 3 个主应力的平均值，称为平均主应力。

将式（8-23）表达为式（8-26）的形式更能反映体积应变的实质，只要 σ_m 相同，则 θ 相同。

特例：

(1) 若设想一个单元体，3 个主应力大小都相等，于是有 $\sigma_1 = \sigma_2 = \sigma_3 = \sigma_m$，则此单元体的体积应变：

$$\theta = \frac{1-2\mu}{E}(\sigma_1 + \sigma_2 + \sigma_3) = \frac{3(1-2\mu)}{E}\sigma_m = \frac{\sigma_m}{K} \quad (8-27)$$

这个结果与 3 个主应力不相等的情况下单元体的体积应变相同，但应注意到，在这种情况下，单元体各棱边的线应变相同，即

$$\varepsilon_1 = \frac{1}{E}[\sigma_m - \mu(\sigma_m + \sigma_m)] = \frac{1-2\mu}{E}\sigma_m = \varepsilon_2 = \varepsilon_3 \quad (8-28)$$

表明在这种情况下，单元体没有形状的改变，只有体积的改变。

(2) 若某个单元体的 3 个主应力之和为 0，即 $\sigma_1 + \sigma_2 + \sigma_3 = 0$，于是单元体的体积应变为 0，这种情况下单元体没有体积的改变，只有形状的改变。

式（8-22）还表明，体积应变 θ 与平均应力 σ_m 成正比，此即体积胡克定律。

【例 8-7】 试求纯剪切应力状态的体积应变。

解： 首先求出纯剪切应力状态的主应力为 $\sigma_1 = \tau$，$\sigma_2 = 0$，$\sigma_3 = -\tau$。于是

$$\theta = \frac{1-2\mu}{E}(\sigma_1 + \sigma_2 + \sigma_3) = \frac{(1-2\mu)}{E}(\tau + 0 - \tau) = 0$$

由上例可知，切应力并不影响体积应变。因此，用一般单元体图 8-19 (a) 可导出体积应变的一般式：

$$\theta = \frac{1-2\mu}{E}(\sigma_x + \sigma_y + \sigma_z)$$

体积应变的计算式与广义胡克定律的适用条件是相同的。

【例 8-8】 边长 $a=0.1\text{m}$ 的铜立方块，无间隙地放入刚性凹槽中，如图 8-20 (a) 所示。已知铜的弹性模量 $E=100\text{GPa}$，泊松比 $\mu=0.34$。当受到 $F=300\text{kN}$ 的均布压力作用，试求铜块的主应力、体应变以及最大切应力。

第六节 复杂应力状态下的应变能密度

解：铜块横截面上的压应力为

$$\sigma_y = -\frac{F}{A} = -\frac{-300\times 10^3}{0.1^2}$$

$$= -30\times 10^6 (\text{Pa}) = -30\text{MPa}$$

铜块受到轴向压缩将产生膨胀，但受到刚性凹槽壁的阻碍，使铜块在 x 和 z 方向的线应变等于 0。于是，铜块与壁槽接触面间将产生均匀的压应力 σ_x 和 σ_z，如图 8-20（b）所示。按照广义胡克定律公式可得

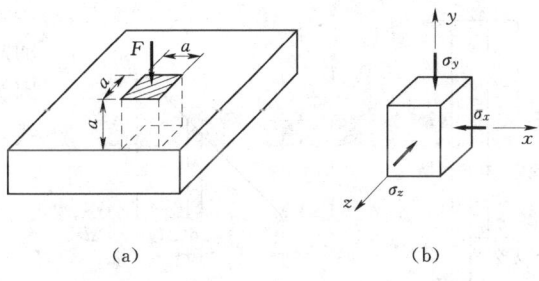

图 8.20 [例 8-8] 图
(a) 结构示意图；(b) 铜块受力图

$$\varepsilon_x = \frac{1}{E}[\sigma_x - \mu(\sigma_y + \sigma_z)] = 0 \tag{1}$$

$$\varepsilon_z = \frac{1}{E}[\sigma_z - \mu(\sigma_y + \sigma_x)] = 0 \tag{2}$$

联解（1）、（2）两式，可得

$$\sigma_x = \sigma_z = \mu\frac{(1+\mu)}{1-\mu^2}\sigma_y = \frac{0.34(1+0.34)}{1-0.34^2}\times(-30) = -15.5(\text{MPa})$$

按主应力的代数值顺序排列，得铜块的主应力为

$$\sigma_1 = \sigma_2 = -15.5\text{MPa}, \quad \sigma_3 = -30\text{MPa}$$

将以上数据带入计算体应变公式，可得铜块的体应变为

$$\theta = \frac{1-2\mu}{E}(\sigma_1+\sigma_2+\sigma_3) = \frac{1-2\times 0.34}{100\times 10^9}(-15.5-15.5-30)\times 10^6 = 1.95\times 10^{-4}$$

将有关的主应力值代入式（8-18），可得

$$\tau_{\max} = \frac{\sigma_1-\sigma_3}{2} = \frac{1}{2}(-15.5+30) = 7.25(\text{MPa})$$

*第六节　复杂应力状态下的应变能密度

弹性体因外力作用而变形。在变形过程中，外力所做功将转变为储存于弹性体内的能量。当外力逐渐减小时，弹性体又释放出储存的能量而做功。在外力作用下，弹性体因变形而储存的能量，称为变形能或应变能。

现在讨论直杆轴向拉伸或压缩时的变形能计算。设受拉杆上端固定，如图 8-21（a）所示。作用于下端的拉力 P 缓慢由零增加到 P。在应力小于比例极限的范围内，拉力 P 与伸长量 Δl 的关系是一条斜直线，如图 8-21（b）所示。

在逐渐加力的过程中，当拉力为 P_1 时，杆件的伸长为 Δl_1。如再增加一个 dP_1，杆件相应的变形增量为 $d(\Delta l_1)$。于是已经作用于杆件上的 P_1 因位移 $d(\Delta l_1)$ 而做功，且所做的功为

$$dW = P_1 d(\Delta l_1) \tag{8-29}$$

可以看出 dW 等于图中阴影部分的微分面积。把拉力 P 看作是一系列 dP_1 的积累，

第八章　应力状态和强度理论

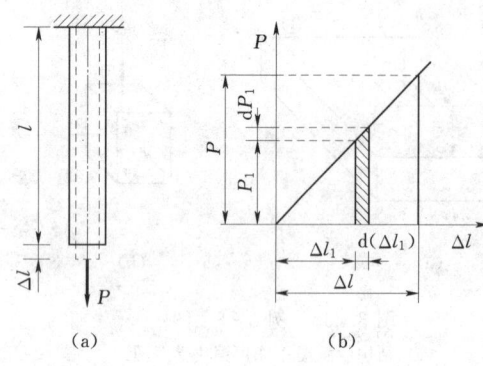

图 8-21　轴向拉伸杆应变能
(a) 拉杆的变形；(b) 拉杆的 $P-\Delta l$ 曲线

则拉力 P 所作的总功 W 应为上述微分面积的总和。即 W 等于 $P-\Delta l$ 曲线下面的面积。因为在弹性范围内，$P-\Delta l$ 曲线为一斜直线，故有

$$W = \frac{1}{2} P \Delta l \tag{8-30}$$

根据功能原理，拉力 P 所做的功应等于杆件所储存的能量。问题是，杆件受拉时将引起哪几种能量的变化，变化数量是多少？对金属杆来说，拉伸或压缩自然也会引起热能的变化，但数量甚微，只占外力做功的极小部分，可以略去不计。其次，在缓慢加载的情况下，动能也无明显变化。这样就可认为杆内只储存了变形能，且变形能 V_ε 的数量等于拉力 P 所做的功 W。即

$$V_\varepsilon = W = \frac{1}{2} P \Delta l \tag{8-31}$$

由胡克定律，$\Delta l = \dfrac{Pl}{EA}$，故

$$V_\varepsilon = \frac{1}{2} P \Delta l = \frac{P^2 l}{2EA} \tag{8-32}$$

若在拉压杆的整个体积内，各点的受力是均匀的，则每一单位体内储存的变形能都相同。以杆件的体积 V 除变形能 V_ε，得到单位体积的应变能密度的计算公式为

$$v = \frac{V_\varepsilon}{V} = \frac{1}{2} \frac{P}{A} \frac{\Delta l}{l} = \frac{1}{2} \sigma \varepsilon \tag{8-33}$$

v 称为比能或应变能密度。对线弹性材料，由胡克定律，$\sigma = E\varepsilon$，于是上式又可写成

$$v = \frac{1}{2} \sigma \varepsilon = \frac{E \varepsilon^2}{2} \tag{8-34}$$

式中的 σ、ε 相应于载荷的最后值，与加载的过程无关。在二向应力状态下，这个概念仍然是正确的。因为如果不同的加力次序可以得到不同的应变能，那么，按一个储存能量较多的次序加力，而按一个储存能量较少的次序解除外力，完成一个循环，弹性体内能量将增加。显然，这与能量守恒原理相矛盾。由于应变能与加载过程无关，这样就可选一个便于计算应变能的加力次序，所得应变能与按其他加力次序是相同的。为此，假定应力按比例同时从 0 增加到最终值，在线弹性的情况下，每一主应力与相应的主应变之间仍保持线性关系，因而与每一主应力相应的应变能密度仍可按式 (8-33) 计算。于是三向应力状态下的应变能密度是

$$v = \frac{1}{2} (\sigma_1 \varepsilon_1 + \sigma_2 \varepsilon_2 + \sigma_3 \varepsilon_3) \tag{8-35}$$

当单元体的周围 6 个面皆为主平面，如图 8-21 (a) 所示，应用广义胡克定律，则式 (8-35) 变为

$$v = \frac{1}{2E}[\sigma_1^2 + \sigma_2^2 + \sigma_3^2 - 2\nu(\sigma_1\sigma_2 + \sigma_2\sigma_3 + \sigma_3\sigma_1)] \quad (8-36)$$

一般来说，单元体的变形既有体积的改变，又有形状的改变。因此，应变能密度 v_ε 也可以分为两部分：一部分是因为体积变化而储存的应变能，称为体积改变应变能，体积应变能密度用 v_V 表示；一部分是因为形状变化而储存的应变能，称为形状改变应变能，形状应变能密度用 v_d 表示。v_d 亦称为畸变能密度。而总的应变能：

$$v = v_d + v_V \quad (8-37)$$

为了计算 v_V 和 v_d，将图 8-22（a）中的单元体分解为图 8-22（b）、(c) 两种情况的叠加，图中 σ_m 为平均主应力，即

$$\sigma_m = \frac{1}{3}(\sigma_1 + \sigma_2 + \sigma_3) \quad (8-38)$$

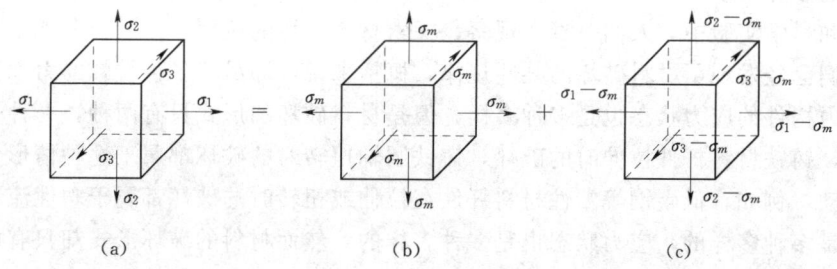

图 8-22 单元体应变能
(a) 单元体示意图；(b) 体积改变，形状不变；(c) 体积不变，形状改变

由前面的讨论可知，图 8-22（b）中的单元体在平均应力作用下，单元体的形状不变，仅发生体积改变，且其 3 个主应力之和与图 8-22（a）所示单元体的 3 个主应力之和相等，故其应变能密度就等于图 8-22（a）所示单元体的体积改变能密度 v_V。

按照前述计算复杂应力状态应变能的方法，用式（8-36）可得图 8-22（b）所示单元体的体积改变能密度

$$v_V = \frac{1}{2E}[\sigma_m^2 + \sigma_m^2 + \sigma_m^2 - 2\mu(\sigma_m^2 + \sigma_m^2 + \sigma_m^2)] = \frac{3(1-2\mu)}{2E}\sigma_m^2 = \frac{1-2\mu}{6E^2}(\sigma_1 + \sigma_2 + \sigma_3)^2$$

$$(8-39)$$

图 8-22（c）所示单元体的 3 个主应力之和为 0，故其体积不变，仅发生形状改变。于是，其应变能密度就等于图 8-22（a）所示单元体的形状改变应变能密度 v_d。其值可由式（8-36）经整理简化后可得

$$v_d = v - v_V = \frac{1+\mu}{6E}[(\sigma_1 - \sigma_2)^2 + (\sigma_2 - \sigma_3)^2 + (\sigma_3 - \sigma_1)^2] \quad (8-40)$$

第七节 强 度 理 论

一、关于强度理论的理念

在研究杆件的基本变形时已经讨论过强度问题，并且建立了强度条件，这些强度条件有两种，即

$$\sigma_{\max} \leqslant [\sigma] \tag{8-41}$$
$$\tau_{\max} \leqslant [\tau] \tag{8-42}$$

在建立上述两个强度条件时，$[\sigma]$、$[\tau]$ 都是直接通过试验确定的，并没有考虑材料的破坏机制。这样的强度条件称为实验强度条件。实验强度条件直观、简便，但是只能用于应力状态比较简单、最大正应力与最大切应力有简单的比例关系（如单向应力状态和纯剪切状态），正应力和切应力都可以通过实验测定的情况。

对一般情况下的二向和三向应力状态，材料的破坏与各主应力都有关系。材料是多种多样的，使材料破坏的主应力的组合变化也是无穷的，要把各种应力状态下材料的极限应力（失效应力）都依靠实验一一确定下来，既不可能也没有科学意义。所以，在一般复杂应力状态下的强度计算，不可能再单纯依靠实验。必须采用判断和推理的方法，从理论上研究材料的破坏机制。

生产和科学实验中，人们一直在观察、探索材料破坏的机制。作为长期观察和研究的结果，人们已经发现了材料破坏的某些规律，概括来说，即尽管各种材料的力学性质千差万别，受力构件的应力状态也是多种多样，但是材料破坏的形式只有两种：一种是脆性断裂，例如，铸铁材料杆件拉伸时的破坏，铸铁圆轴扭转时的破坏都属于这种情形；另一种是屈服流动，例如，低碳钢等塑性材料杆件在拉伸或扭转时的破坏都属于塑性流动破坏。

材料是多种多样的，应力状态也是多种多样的，然而材料的破坏形式却只有两种，说明材料的每种破坏形式必定存在共同的破坏基因。既然是这样，只要找出这两种破坏形式的破坏基因，则所有的强度问题都可以解决。至于每一种破坏形式的破坏基因，则可以通过使材料在这种形式下破坏的任意一个试验来确定。这就是强度理论的理念。按照这样的理念人们对强度失效提出过各种假说，这些假说就称为强度理论。但是，作为一种假说，它是否正确，或在什么条件、什么范围内正确，必须由生产实践来检验。经过长期的实践检验和完善，比较符合实际的就保留下来，而不能较好地符合实际的就被淘汰了。

这里只介绍 4 种常用强度理论和莫尔强度理论。这些都是在常温、静载荷下，适用于均匀、连续、各向同性材料的强度理论。当然，强度理论远不止这几种。而且，现有的各种强度理论还不能说已经圆满地解决了所有强度问题。这方面仍然有待发展。

二、常用的四个强度理论

前面已经提到，强度失效的主要形式有两种，即屈服与断裂，相应的强度理论也分成两类：一类是解释断裂失效的，其中有最大拉应力理论和最大伸长线应变理论；另一类是解释屈服失效的，其中有最大切应力理论和畸变能密度理论。现依次介绍如下。

1. 第一强度理论——最大拉应力理论

17 世纪，伽利略根据直观提出了这一理论。该理论认为：最大拉应力是引起材料脆性断裂的基因。也就是说，不论什么材料、也不论材料处于什么应力状态，只要最大拉应力达到与材料性质有关的某一极限值 σ_u，材料就直接发生断裂破坏。

按第一强度理论，材料脆性断裂的条件为

$$\sigma_1 = \sigma_u \tag{8-43}$$

σ_u 的数值可由实验确定。因为强度理论是寻找破坏形式的基因，并未限定材料和应力状态，所以确定拉应力极限值的试验可以任意选择。因此，可用轴向拉伸实验。在轴向拉伸实验中，若材料为塑性材料，材料的失效是先屈服后断裂，与理论观点中的直接脆性断裂不符；对脆性材料，当最大拉应力 σ_1 达到强度极限 σ_b 时，材料直接脆断，所以 $\sigma_u = \sigma_b$。由此可以得出材料脆性断裂的条件：

$$\sigma_1 = \sigma_b \tag{8-44}$$

式（8-44）是一个破坏条件，要保证构件正常工作，将极限应力 σ_b 除以安全因数 n，得到许用应力 $[\sigma]$，于是得出按第一强度理论建立的强度条件为

$$\sigma_1 \leqslant [\sigma] \tag{8-45}$$

使用这个强度理论时应注意：必须有拉应力存在；材料的破坏是脆性断裂（直接断裂）。铸铁等脆性材料在单向拉伸时，试件沿横截面直接断裂。脆性材料扭转时试件沿拉应力最大的斜面也是脆性断裂。这些都与最大拉应力理论相符。但是，当脆性材料在 3 个方向均受压力时，由于没有拉应力存在这个强度理论不再适用；低碳钢等塑性材料，单向拉伸时先屈服后断裂，与理论观点不符。但是，塑性材料三向受拉，且数值接近相等时，表现出脆性，适合采用这一强度理论。不过在这种情况下，式（8-45）中的许用应力 $[\sigma]$ 不是由塑性材料单轴拉伸时的失效应力除以安全因数得出的，而是用脆性断裂时的最大拉应力除以安全因数得出的。

第一强度理论没有考虑 σ_2、σ_3 的影响，是其不完善的一面。

2. 第二强度理论——最大伸长线应变理论

该理论是 1682 年由马里奥持（E. Mariotte）提出的。该理论认为：最大伸长线应变是引起材料脆性断裂的主要原因，即不论什么材料、材料处于什么应力状态，只要最大伸长线应变 ε_1 达到与材料性质有关的某一极限值 ε_u，材料即发生断裂。由此得材料脆性断裂的条件为

$$\varepsilon_1 = \varepsilon_u \tag{8-46}$$

在三向应力状态下，根据广义胡克定律，最大伸长线应变的算式为

$$\varepsilon_1 = \frac{1}{E}[\sigma_1 - \mu(\sigma_2 + \sigma_3)] \tag{8-47}$$

式（8-46）右边的极限应变 ε_u 可用单向拉伸实验来确定。但是应该注意，当 ε_1 按式（8-47）计算时，这是一个弹性应变，则等式（8-46）右边的 ε_u 也应是弹性应变。既是弹性应变，又是断裂时的应变，这就要求材料一直到拉断都服从胡克定律。由第二章的讨论可知，只有脆性材料近似有这种性质。于是，拉断时伸长线应变的极限值：

$$\varepsilon_u = \frac{\sigma_b}{E} \tag{8-48}$$

将式（8-47）和式（8-48）代入到式（8-46）中，整理后脆性断裂条件可写为

$$\sigma_1 - \mu(\sigma_2 - \sigma_3) = \sigma_b \tag{8-49}$$

将极限应力 σ_b 除以安全因数得许用应力 $[\sigma]$，于是按第二强度理论建立的强度条件为

$$\sigma_1 - \mu(\sigma_2 + \sigma_3) \leqslant [\sigma] \tag{8-50}$$

石料或混凝土等脆性材料受轴向压缩时，如果在加力器与试件的接触面上加添润滑剂，减小摩擦力的影响，则试块将沿垂直于压力的方向裂开。裂开的方向也就是 ε_1 的方

向。铸铁在拉-压二向应力状态,且压应力较大的情况下,试验结果也与这一理论相近。

按照这一理论,若使试块二向受压,其强度应与单向受压不同。但混凝土、花岗石和砂岩的试验资料表明,两种情况的强度并无明显差别。对金属材料,$\mu = 0.25 \sim 0.35$,若按这一强度理论,金属材料在单向或二向拉伸时应比单向拉伸安全,这与实际情况不符。对这种情况,还是第一强度理论接近试验结果。

3. 第三强度理论——最大切应力理论

该理论是由库仑(C. A. Coulomb)在 1773 年提出的。该理论认为:最大切应力是引起屈服的主要因素,即认为不论什么材料、也不管材料处于什么应力状态,只要最大切应力 τ_{max} 达到与材料性质有关的某一极限值,则材料就发生屈服。按此强度理论建立起来的材料的破坏条件为

$$\tau_{max} = \tau_u \tag{8-51}$$

式中的极限切应力 τ_u 由单向拉伸实验确定。低碳钢等塑性材料单向拉伸,当试件横截面上的最大应力 $\sigma_{max} = \sigma_s$ 时,材料发生屈服。此时,45°的斜截面上 $\tau_{max} = \frac{1}{2}\sigma_s$。由此可知 τ_u 等于塑性材料屈服极限的一半,即

$$\tau_u = \frac{1}{2}\sigma_s \tag{8-52}$$

由式(8-18)知,任意应力状态下:

$$\tau_{max} = \frac{\sigma_1 - \sigma_3}{2} \tag{8-53}$$

将式(8-52)、式(8-53)代入式(8-51),整理后写成

$$\sigma_1 - \sigma_3 = \sigma_s \tag{8-54}$$

式(8-54)是按第三强度理论建立起来的材料屈服流动破坏的条件。将 σ_s 除以安全因数,得出许用应力 $[\sigma]$,即可得到按第三强度理论建立的强度条件为

$$\sigma_1 - \sigma_3 \leqslant [\sigma] \tag{8-55}$$

最大切应力理论较为满意地解释了塑性材料的屈服现象。例如,低碳钢拉伸至屈服时,沿与轴线成 45°的方向出现滑移线,就是材料内部沿这一方向滑移的痕迹。实验证明,除三轴接近等值受拉外,最大切应力理论适用于各种塑性材料及三轴接近等值受压的脆性材料。

第三强度理论没有考虑第二主应力的影响,结果偏于安全。但是其形式简单,便于计算,在工程上应用较多,尤其是在初步设计阶段。

在三向接近等值受拉状态下,材料表现脆性,该理论不适用。

4. 第四强度理论——畸变能密度理论

该理论最早是由贝尔特拉密(E. Beltrami)于 1885 年提出的,但未被实验所证实,后于 1904 年由波兰力学家胡勃(M. T. Huber)修改。该理论认为:畸变能密度是引起屈服流动破坏的主要因素。即认为不论什么材料、也不论材料处于什么应力状态,只要畸变能密度 v_d 达到与材料性质有关的某一极限值,则材料就发生屈服。按照第四度理论的观点,材料塑性流动破坏的条件为

$$v_d = v_{du} \tag{8-56}$$

在任意应力状态下，畸变能密度由公式（8-40）计算：

$$v_d = \frac{1+\mu}{6E}\left[(\sigma_1-\sigma_2)^2+(\sigma_2-\sigma_3)^2+(\sigma_3-\sigma_1)^2\right] \quad (8-57)$$

畸变能密度的极限值 v_{du} 由实验确定。在单向拉伸时，塑性材料的屈服应力为 σ_s，相应的畸变能密度：

$$v_{du} = \frac{1+\mu}{6E}(2\sigma_s^2) \quad (8-58)$$

将式（8-57）、式（8-58）代入式（8-56），整理后即得由第四强度理论建立的屈服流动破坏条件：

$$\sqrt{\frac{1}{2}\left[(\sigma_1-\sigma_2)^2+(\sigma_2-\sigma_3)^2+(\sigma_3-\sigma_1)^2\right]} = \sigma_s \quad (8-59)$$

将 σ_s 除以安全因数，得出许用应力 $[\sigma]$，即得到按第四强度理论建立的强度条件为

$$\sqrt{\frac{1}{2}\left[(\sigma_1-\sigma_2)^2+(\sigma_2-\sigma_3)^2+(\sigma_3-\sigma_1)^2\right]} \leqslant [\sigma] \quad (8-60)$$

第四强度理论的适用范围与第三强度理论相同。实验资料表明，畸变能密度屈服条件与实验资料相当吻合，通常称其为精确理论。

综合式（8-45）、式（8-50）、式（8-55）、式（8-60）4 个强度条件，写成统一形式：

$$\sigma_r \leqslant [\sigma] \quad (8-61)$$

式中的 σ_r 称为相当应力，它是主应力按一定形式组合而成。按照从第一强度理论到第四强度理论的顺序，相当应力依次为

$$\left.\begin{aligned}
\sigma_{r1} &= \sigma_1 \\
\sigma_{r2} &= \sigma_1 - \mu(\sigma_2+\sigma_3) \\
\sigma_{r3} &= \sigma_1 - \sigma_3 \\
\sigma_{r4} &= \sqrt{\frac{1}{2}\left[(\sigma_1-\sigma_2)^2+(\sigma_2+\sigma_3)^2+(\sigma_3+\sigma_1)^2\right]}
\end{aligned}\right\} \quad (8-62)$$

以上介绍了 4 个常用强度理论。这 4 个强度理论可以分为两组：一组为脆断型，包括第一、二强度理论，铸铁、石料、混凝土、玻璃等脆性材料，通常以断裂的形式失效，宜采用第一或第二强度理论。一组为塑性流动型，包括第三、四强度理论，碳钢、铜、铝等塑性材料，通常以屈服的形式失效，宜采用第三或第四强度理论。

应该指出，不同材料固然可以发生不同形式的失效，但即使是同一材料，在不同应力状态下也可能有不同的失效形式。例如，碳钢在单向拉伸下以屈服的形式失效。但碳钢制成的螺钉受拉时，因螺纹根部处于三向受拉状态，将会发生断裂。又如，铸铁单向受拉时以断裂的形式失效。但如以淬火钢球在铸铁板上加压，接触点附近的材料处于三向受压状态，随着压力的增大，铸铁板会出现明显的凹坑，这表明已出现屈服现象。以上例子说明材料的失效形式与材料有关，也与应力状态有关。无论是塑性或脆性材料，在三向拉应力相近的情况，都将以断裂的形式失效，宜采用最大拉应力理论。在三向压应力相近的情况，都将可引起塑性变形，宜采用第三或第四强度理论。

【例 8-9】 一个铸铁零件，在危险点处的应力状态主应力 $\sigma_1 = 24\text{MPa}$，$\sigma_2 = 0$，$\sigma_3 =$

-36MPa。已知材料的 $[\sigma_t]=35\text{MPa}$，$\mu=0.25$，试校核其强度。

解：因为铸铁是脆性材料，且二向应力状态中主压应力 σ_3 的绝对值大于主拉应力，适于选用第二强度理论。其相当应力：

$$\sigma_{r2}=\sigma_1-\mu(\sigma_2+\sigma_3)=24-0.25\times(0-36)=33(\text{MPa})\leqslant[\sigma_t]=35\text{MPa}$$

所以零件是安全的。

如果选用第三强度理论，其相当应力

$$\sigma_{r3}=\sigma_1-\sigma_3=24-(-36)=60(\text{MPa})>[\sigma_t]=35\text{MPa}$$

即按第三强度理论计算，零件不安全。但实际是安全的，这是因为铸铁属脆性材料，不适合于应用第三强度理论。

第八节 莫尔强度理论

除以上 4 个强度理论外，在工程地质与土力学中还经常用到莫尔强度理论。该理论是由综合实验结果建立的，以各种状态下材料的破坏试验结果为依据，而不是简单地假设材料破坏是由某一个因素达到了极限值而引起的，从而建立起来的带有一定经验性的强度理论。单向拉伸实验时，失效应力为屈服极限 σ_s 或强度极限 σ_b。在 $\sigma-\tau$ 平面内，以失效应力为直径作应力圆 OA'，称为极限应力圆（图 8-23）。同样，由单向压缩实验确定的极限应力圆 OB'。由纯剪切实验确定的极限应力圆是以 OC' 为半径的圆。对任意的应力状态，设想 3 个主应力按比例增加，直至以屈服或断裂的形式失效。这时，由 3 个主应力可确定 3 个应力圆。现在只作 3 个应力圆中最大的一个，亦即由 σ_1 和 σ_3 确定的应力圆。如图 8-23 中的圆周 $D'E'$。按上述方式，在 $\sigma-\tau$ 平面内得到一系列的极限应力圆。于是可以作它们的包络线 $F'G'$。包络线当然与材料的性质有关，不同的材料包络线也不一样，但对同一材料则认为它是唯一的。

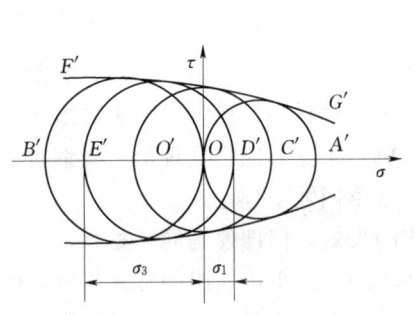

图 8-23 极限应力圆的包络线

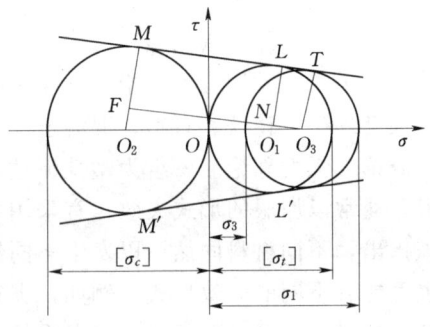

图 8-24 公切线代替包络线

对一个已知的应力状态 σ_1、σ_2、σ_3，如由 σ_1 和 σ_3 的应力圆在上述包络线之内，则这一应力状态不会引起失效。如恰与包络线相切，就表明这一应力状态已达到失效状态。

在实用中，为了利用有限的试验数据近似地确定包络线，常以单向拉伸和压缩的两个极限应力圆的公切线代替包络线。如再除以安全系数，便可得到图 8-24 所示情况。

如图中 $[\sigma_t]$ 和 $[\sigma_c]$ 分别为材料的抗拉和抗压许用应力。若由 σ_1 和 σ_3 确定的应力圆在

公切线 ML 和 $M'L'$ 之内，则这样的应力状态是安全的。当应力圆与公切线相切时，便是许可状态的最高界限。这时从图 8-23 可以看出

$$\frac{\overline{O_1N}}{\overline{O_2F}}=\frac{\overline{O_3O_1}}{\overline{O_3O_2}} \tag{8-63}$$

容易求出

$$\overline{O_1N}=\overline{O_1L}-\overline{O_3T}=\frac{[\sigma_t]}{2}-\frac{\sigma_1-\sigma_3}{2}$$

$$\overline{O_2F}=\overline{O_2M}-\overline{O_3T}=\frac{[\sigma_c]}{2}-\frac{\sigma_1-\sigma_3}{2}$$

$$\overline{O_3O_1}=\overline{O_3O}-\overline{O_1O}=\frac{\sigma_1+\sigma_3}{2}-\frac{[\sigma_t]}{2}$$

$$\overline{O_3O_2}=\overline{O_3O}-\overline{O_2O}=\frac{\sigma_1+\sigma_3}{2}-\frac{[\sigma_c]}{2}$$

将以上诸式代入式 (8-63)，经简化后得出

$$\sigma_1-\frac{[\sigma_t]}{[\sigma_c]}\sigma_3=[\sigma_t] \tag{8-64}$$

对实际的应力状态来说，由 σ_1 和 σ_3 确定的应力圆应该在公切线之内。设想 σ_1 和 σ_3 要加大 k 倍后 ($k\geqslant 1$)，应力圆才与公切线相切，亦即才满足条件式 (8-64)，于是有

$$k\sigma_1-\frac{[\sigma_t]}{[\sigma_c]}k\sigma_3=[\sigma_t]$$

由于 $k\geqslant 1$，故得莫尔强度理论的强度条件为

$$\sigma_1-\frac{[\sigma_t]}{[\sigma_c]}\sigma_3\leqslant[\sigma_t] \tag{8-65}$$

仿照式 (8-65)，莫尔强度理论的相当应力写成

$$\sigma_{rM}=\sigma_1-\frac{[\sigma_t]}{[\sigma_c]}\sigma_3 \tag{8-66}$$

对抗拉和抗压强度相等的材料，$[\sigma_t]=[\sigma_c]$，式 (8-65) 写为

$$\sigma_1-\sigma_3\leqslant[\sigma_t]$$

这也就是最大切应力理论的强度条件。可以看出，与最大切应力理论相比，莫尔理论考虑了材料抗拉和抗压强度不相等的情况。

因为由莫尔理论可以得出第三理论的强度条件，所以往往把它看作是第三理论的推广。其实，莫尔理论是在实验的基础上，经过合理的综合分析得出的，并不像前面的强度理论以对失效提出假说为基础。无疑，莫尔理论的方法是比较正确的。

第九节　各种强度理论的应用

前面介绍了几种工程中常用的强度理论，所有强度理论的提出是以生产实践和科学试验为基础的，而每一个强度理论的建立都需要经受实验与实践的检验。强度理论着眼于材料的破坏规律。实验表明，不同材料的破坏因素可能不同，而同一材料在不同的应力状态

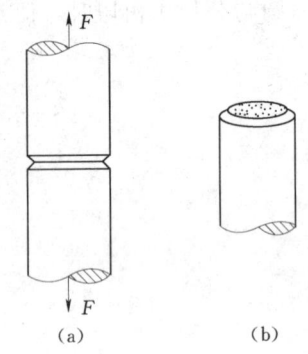

图 8-25　低碳钢试件拉伸脆断
(a) 拉伸；(b) 断口

下也可能具有不同的破坏因素。例如，带尖锐环形深切槽的低碳钢试样，在单轴拉伸时直至拉断均无明显的塑性变形，而是沿切槽根部截面发生脆性断裂（图 8-25）。又如，圆柱形大理石试样在轴向压缩时，在圆柱体侧面施加均匀的径向压力，则大理石试样也会发生明显的塑性变形，而被压成腰鼓形。

根据实验资料，可把各种强度理论的适用范围归纳如下：

(1) 本章所述强度理论均仅适用于常温、静载条件下的均质、连续、各向同性材料。

(2) 脆性材料：应力状态为单向、二向、三向拉应力状态或 σ_2 偏大的三向拉、压应力状态，采用第一强度理论；应力状态为单向、二向受压，主压应力绝对值大于主拉应力的二向拉、压及 σ_2 偏小的三向拉、压应力状态，可采用第二强度理论；当为三向接近等值的压应力状态时，应采用第二或第四强度理论。

在复杂应力状态的最大和最小主应力分别为拉应力和压应力的情况下，由于材料的许用拉应力和许用压应力不等，采用莫尔强度理论更为适宜。

(3) 塑性材料：除 3 个主应力接近的三向拉应力状态应采用第一强度理论外，其他各种应力情况都采用第三或第四强度理论。

上述一些观点目前在一般的工程设计规范中都有所反映。例如，对钢梁的强度计算一般均采用第四强度理论；又如对承受内压作用的钢管进行计算时，多采用第二强度理论。应该指出，强度理论的选用并不单纯是力学问题，而与有关工程技术部门长期积累的经验，以及根据这些经验制定的一整套计算方法和规定的许用应力数值有关。所以在不同的工程技术部门中，对于强度理论的选用，在看法上并不完全一致。

根据强度理论，可以建立材料在单轴拉伸时的许用拉应力 $[\sigma_t]$ 与在纯剪切应力状态下的许用切应力 $[\tau]$ 的关系。在纯剪切应力状态下，一点处的两个主应力分别为 $\sigma_1=\tau$，$\sigma_2=0$，$\sigma_3=-\tau$。对于低碳钢一类的塑性材料，由实验结果可知，在纯剪切和单轴拉伸两种应力状态下，材料均发生屈服破坏。所以，若按畸变能强度理论来建立强度条件，则从式 (8-60) 可得

$$\sqrt{\frac{1}{2}[(\tau-0)^2+(0+\tau)^2+(-\tau-\tau)^2]}=\sqrt{3}\tau\leqslant[\sigma_t]$$

或

$$\tau\leqslant\frac{[\sigma_t]}{\sqrt{3}} \tag{8-67}$$

式中，$[\sigma_t]$ 为材料在单轴拉伸时的许用拉应力。将式 (8-67) 与在纯剪切应力状态下的强度条件 $\tau\leqslant[\tau]$ 相比较，即得这类材料在纯剪切应力状态下的许用切应力 $[\tau]$ 与在单轴拉伸时的许用拉应力 $[\sigma]$ 间的关系为

第九节 各种强度理论的应用

$$[\tau] \leqslant \frac{[\sigma_t]}{\sqrt{3}} = 0.557[\sigma_t]$$

【例 8-10】 两端简支的组合工字钢梁承受载荷如图 8-26（a）所示。已知材料为 Q235 号钢，许用应力 $[\sigma]=170\text{MPa}$，$[\tau]=100\text{MPa}$，试按强度条件选择工字钢的型号。

解：（1）确定危险截面。

求梁的支座反力，画出梁的剪力图和弯矩图如图 8-26（b）、（c）所示。由图可知，$C_左$、$D_右$ 截面为危险截面。因其危险程度相当，故选择其中 $C_左$ 截面进行计算，$M_{\max}=84\text{kN}\cdot\text{m}$，$F_{Q\max}=200\text{kN}$。

（2）先按正应力强度条件选择截面。

由正应力强度条件： $\sigma_{\max} \leqslant [\sigma]$

求出所需的抗弯截面模量：

$$W_z = \frac{M_{\max}}{[\sigma]} = \frac{84 \times 10^3}{170 \times 10^6} = 494 \times 10^{-6} (\text{m}^3)$$

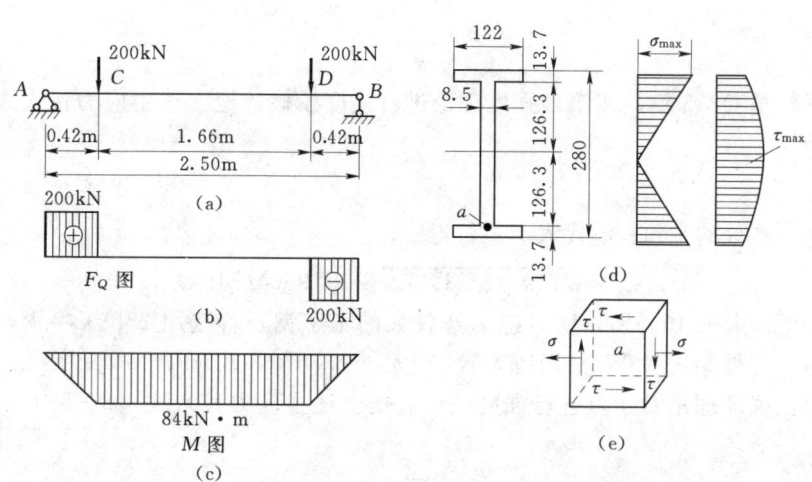

图 8-26 ［例 8-10］图
(a) 简图；(b) 剪力图；(c) 弯矩图；(d) 应力图；(e) 单元体

查型钢表，如选用 28a 号工字钢，则其截面的 $W_z = 508 \text{cm}^3$。显然，这一截面满足正应力强度条件的要求。

（3）再按切应力强度条件进行校核。

对于 28a 号工字钢的截面，查表得

$$I_z = 7114 \text{cm}^4, \quad \frac{I_z}{S_z} = 24.62 \text{cm}, \quad d = 8.5 \text{mm}$$

则 $\tau_{\max} = \dfrac{F_{Q\max} S_z}{I_z d} = \dfrac{200 \times 10^3}{24.62 \times 10^{-2} \times 8.5 \times 10^{-3}} = 95.5$ （MPa）$< [\tau] = 100\text{MPa}$

由此可见，选用 28a 号工字钢满足切应力强度条件。

（4）应用强度理论校核。

以上考虑了危险截面上的最大正应力和最大切应力。但是，对于工字形截面，危险截面上腹板与翼缘交界处的正应力和切应力同时有较大的数值,且为平面应力状态,因此该处的主应力可能很大,是危险点,应进行强度校核。为此在该处取 a 点,围绕该点取单元体 [图 8-26 (e)],计算单元体上的应力:

$$\sigma = \frac{M_{max} y}{I_z} = \frac{84 \times 10^3 \times 0.1263}{7114 \times 10^{-8}} = 149.1 (\text{MPa})$$

$$\tau = \frac{F_{smax} S_z}{I_z d} = \frac{200 \times 10^3 \times 223 \times 10^{-6}}{7114 \times 10^{-8} \times 8.5 \times 10^{-3}} = 73.8 (\text{MPa})$$

上式中的 S_z 为横截面的下翼缘面积对中性轴的静矩,其值为

$$S_z = (122 \times 13.7) \times \left(126.3 + \frac{13.7}{2}\right) = 223000 (\text{mm}^3) = 223 \times 10^{-6} \text{m}^3$$

在图 8-26 (e) 所示的应力状态下,该点的 3 个主应力为

$$\sigma_1 = \frac{\sigma}{2} + \sqrt{\left(\frac{\sigma}{2}\right)^2 + \tau^2}$$

$$\sigma_2 = 0$$

$$\sigma_3 = \frac{\sigma}{2} - \sqrt{\left(\frac{\sigma}{2}\right)^2 + \tau^2}$$

由于材料是 Q235 钢,按第四强度理论进行强度校核,把上述主应力代入式 (8-60) 强度条件为

$$\sqrt{\sigma^2 + 3\tau^2} \leqslant [\sigma]$$

将上述 a 点处的 σ 和 τ 值代入上式,得

$$\sigma_{r4} = \sqrt{149.1^2 + 3 \times 73.8^2} = 196.4 (\text{MPa})$$

因 σ_{r4} 较 $[\sigma]$ 大了 15.5%,所以应另选较大的工字钢。若选用 28b 工字钢,再按上述方法,算得 a 点处的 $\sigma_{r4} = 173.2$ MPa,较 $[\sigma]$ 大了 1.88%,故选用 28b 工字钢。

若按第三强度理论对 a 点进行强度校核,把上述主应力代入式 (8-55) 后,得强度条件为

$$\sqrt{\sigma^2 + 4\tau^2} \leqslant [\sigma]$$

然后将上述 a 点处的 σ 和 τ 值代入上式进行计算。

应该指出,[例 8-10] 中对于点 a 的强度校核,只对组合工字钢截面是必要的,组合工字钢截面是由三块钢板焊接而成的,对于符合国家标准的型钢(工字钢、槽钢)来说,并不需要对腹板和翼缘交界处的点进行校核。因型钢截面在腹板与翼缘交界处有圆弧,且工字钢翼缘的内边又有 1:6 的坡度,从而增加了交界处的截面宽度,这就保证了在截面上、下边缘处的正应力和中性轴上的切应力都不超过许用应力的情况下,腹板与翼缘交界处的各点一般不会发生强度不够的问题。

【**例 8-11**】 水库岸边为花岗岩体。已知花岗岩的许用拉应力 $[\sigma_t] = 2$ MPa,许用压应力 $[\sigma_c] = 16$ MPa,库岸岩体内危险点的主应力 $\sigma_1 = -4$ MPa,$\sigma_3 = -26$ MPa。试用莫尔强度理论对岸边岩体进行强度校核。

解:由莫尔强度条件式 (8-65),得

$$\sigma_{rM} = \sigma_1 - \frac{[\sigma_t]}{[\sigma_c]} \sigma_3 = -4 - \frac{2 \times (-26)}{16} = -0.75 (\text{MPa}) < [\sigma_t]$$

可知水库岸边岩体强度足够。

小 结

（1）一点处应力状态的概念是指过一点各个方位截面上的应力情况。一点处的应力状态用单元体来表示。

（2）应力状态的分类包括平面应力状态与空间应力状态。

（3）主平面与主应力。如果单元体的某一个面上只有正应力分量而无切应力分量，则这个面称为主平面，主平面上的正应力称为主应力。通常用 σ_1、σ_2、σ_3 表示 3 个主应力，而且按代数值大小排列，即 $\sigma_1 \geqslant \sigma_2 \geqslant \sigma_3$。根据主应力的情况，应力状态可分为 3 种：单向应力状态、二向应力状态和三向应力状态。

（4）用解析法求斜面上的应力，即

$$\begin{cases} \sigma_\alpha = \dfrac{\sigma_x + \sigma_y}{2} + \dfrac{\sigma_x - \sigma_y}{2}\cos2\alpha - \tau_x\sin2\alpha \\ \tau_\alpha = \dfrac{\sigma_x - \sigma_y}{2}\sin2\alpha + \tau_x\cos2\alpha \end{cases}$$

（5）用图解法求斜截面上的应力-应力圆。

（6）主应力的大小和方位，即

$$\begin{cases} \sigma_{\min}^{\max} = \dfrac{\sigma_x + \sigma_y}{2} \pm \sqrt{\left(\dfrac{\sigma_x - \sigma_y}{2}\right)^2 + \tau_x^2} \\ \tan2\alpha_0 = -\dfrac{2\tau_x}{\sigma_x - \sigma_y} \end{cases}$$

（7）空间应力圆

$$\tau_{\max} = -\dfrac{\sigma_1 - \sigma_3}{2}$$

（8）广义胡克定律表示为

$$\begin{cases} \varepsilon_x = \dfrac{1}{E}[\sigma_x - \mu(\sigma_y + \sigma_z)] \\ \varepsilon_y = \dfrac{1}{E}[\sigma_y - \mu(\sigma_x + \sigma_z)] , \\ \varepsilon_z = \dfrac{1}{E}[\sigma_z - \mu(\sigma_x + \sigma_y)] \end{cases} \quad \begin{cases} \gamma_{xy} = \dfrac{1}{G}\tau_{xy} \\ \gamma_{yz} = \dfrac{1}{G}\tau_{yz} \\ \gamma_{zx} = \dfrac{1}{G}\tau_{zx} \end{cases}$$

（9）4 个强度理论和相当应力

$$\begin{cases} \sigma_{r1} = \sigma_1 \\ \sigma_{r2} = \sigma_1 - \mu(\sigma_2 + \sigma_3) \\ \sigma_{r3} = \sigma_1 - \sigma_3 \\ \sigma_{r4} = \sqrt{\dfrac{1}{2}[(\sigma_1 - \sigma_2)^2 + (\sigma_2 + \sigma_3)^2 + (\sigma_3 + \sigma_1)^2]} \end{cases}$$

（10）莫尔强度理论

$$\sigma_{rM} = \sigma_1 - \dfrac{[\sigma_t]}{[\sigma_c]}\sigma_3$$

思 考 题

8-1 围绕构件内一点，如何取出单元体，为什么说单元体的应力状态可以代表一点的应力状态？

8-2 有读者认为，思考题 8-2 图所示的单元体，围 z 轴方向上既没有切应力，也没有正应力，因此它一定属于二向应力状态，对吗？

8-3 什么是主平面？什么是主应力？

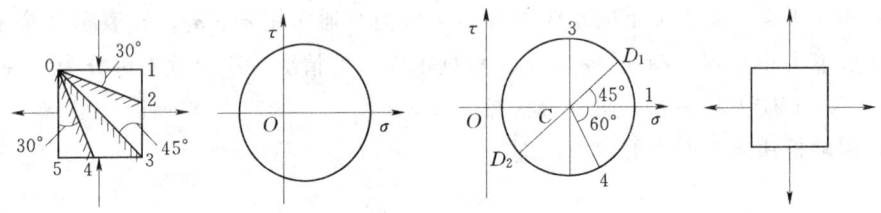

思考题 8-2 图   思考题 8-6 图

8-4 最大切应力平面上的正应力是否一定相等？

8-5 为什么应用"规则"判断主平面方位时还要限制"$2\alpha_0$ 取锐角"这个条件？

8-6 用应力圆确定某截面上应力时，为什么 2α 总是从 D_1 点（D_1 点代表 x 截面），而不是从 D_2 点量取？如思考题 8-6 图所示。

8-7 试用应力圆证明，过一点两个互相垂直截面上的正应力之和为常量，这个常量等于多少？

8-8 怎样根据单元体各面上的已知应力作出应力圆？

8-9 什么是梁的主应力迹线？它有什么特点，研究梁的主应力迹线有什么意义？

8-10 广义胡克定律的应用条件是什么？对于各向同性材料，一点处的最大、最小正应变与最大、最小正应力有什么关系？

8-11 怎样计算一点处的应变能密度和畸变能密度？

8-12 什么是强度理论？金属材料的典型破坏形式有几种，常用的强度理论有哪些？

8-13 通常情况下，塑性材料适用什么强度理论？脆性材料适用什么强度理论？

习 题

8-1 已知应力状态如习题 8-1 图（a）、（b）、（c）所示，求指定斜截面 ab 上的应

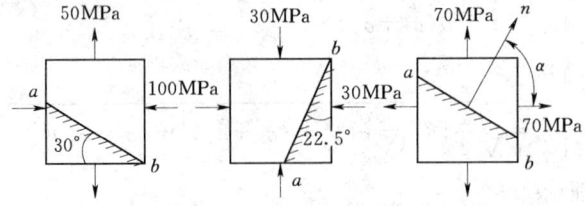

习题 8-1 图

力,并画在单元体上。

8-2 木制构件中的微元受力如习题 8-2 图所示,其中所示的角度为木纹方向与铅垂方向的夹角。试求:

(1) 平行于木纹方向的切应力;

(2) 垂直于木纹方向的正应力。

8-3 已知应力状态如习题 8-3 图所示,图中应力单位皆为 MPa。试用解析法和图解法求:

(1) 主应力大小,主平面位置;

(2) 在单元体上绘出主平面位置及主应力方向;

(3) 切应力极值。

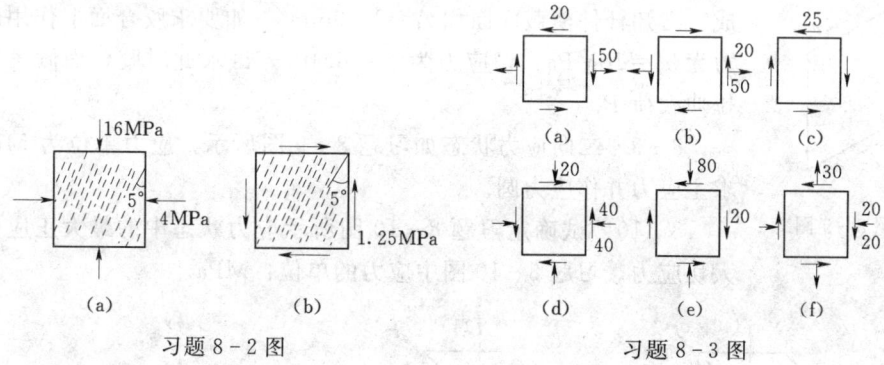

习题 8-2 图　　　　　习题 8-3 图

8-4 如习题 8-4 图所示,锅炉直径 $D=1\text{m}$,壁厚 $L=10\text{mm}$,内受蒸汽压力 $p=3\text{MPa}$。试求:

(1) 壁内主应力及切应力极值;

(2) 斜截面 ab 上的正应力及切应力。

8-5 从构件中取出的微元受力如习题 8-5 图所示,其中 AC 为自由表面(无外力作用)。试求 σ 和 τ。

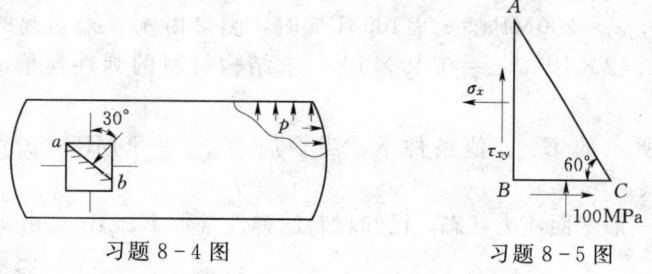

习题 8-4 图　　　　　习题 8-5 图

8-6 某点处的应力如习题 8-6 图所示,设 σ_a、τ_a 及 σ_y 值为已知,试考虑如何根据已知数值直接做出应力圆。

8-7 一圆轴受力如习题 8-7 图所示,已知固定端横截面上的最大弯曲正应力为 40MPa,最大扭转切应力为 30MPa,因剪力而引起的最大弯曲应力为 6kPa。试求:

(1) 用单元体画出在 A、B、C、D 各点处的应力状态;

(2) 求 A 点处的主应力和切应力极值及其作用面的方位。

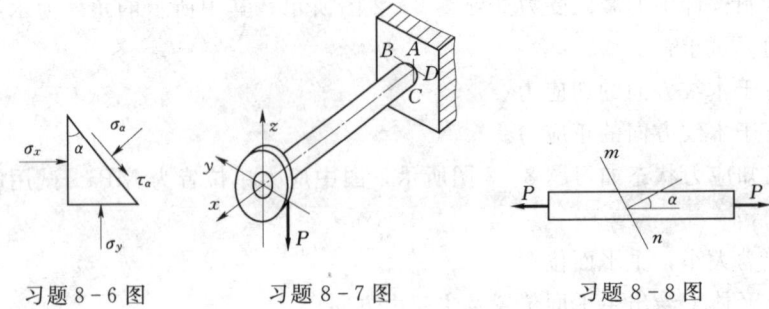

习题 8-6 图　　　习题 8-7 图　　　习题 8-8 图

8-8　如习题 8-8 图所示，有一拉杆，有两段杆沿 mn 面胶合而成。已知杆件横截面面积 $A=2000\text{mm}^2$，如要求胶合面上作用的拉应力为 $\sigma_a=10\text{MPa}$，切应力为 $\tau_a=6\text{MPa}$。试求此时胶合面倾角和轴向拉伸载荷 P。

8-9　二向应力状态如习题 8-9 图所示，应力单位为 MPa。试求主应力并作应力圆。

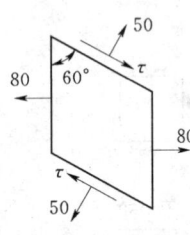

习题 8-9 图

8-10　试确定习题 8-10 图所示应力状态中的最大正应力和最大切应力。习题 8-10 图中应力的单位：MPa。

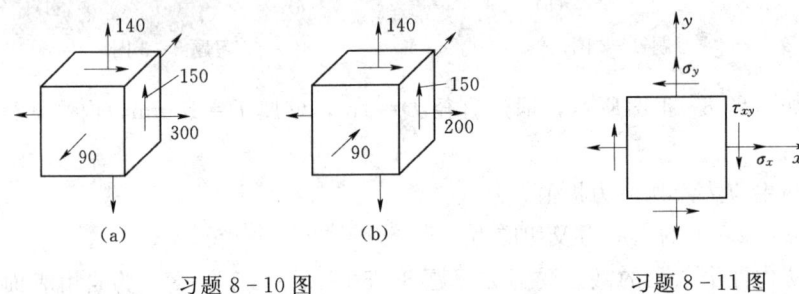

习题 8-10 图　　　习题 8-11 图

8-11　结构中某一点处的应力状态如习题 8-11 图所示。试求：

(1) 当 $\sigma_x=0$，$\sigma_z=200\text{MPa}$，$\sigma_y=100\text{MPa}$ 时，测得由 σ_x、σ_y 引起的 x、y 方向的正应变分别为 $\varepsilon_x=2.42\times 10^3$，$\varepsilon_y=0.49\times 10^3$。求结构材料的弹性模量 E 和泊松比 μ 的数值。

(2) 在上述所示的 E、μ 值条件下，当切应力 $\tau_{xy}=80\text{MPa}$，$\sigma_z=200\text{MPa}$，$\sigma_y=100\text{MPa}$ 时，求 γ_{zy}。

8-12　对于一般平面应力状态，已知材料的弹性常数 E、μ，且由实验测得 ε_x 和 ε_y，试证明

$$\sigma_x=E\frac{\varepsilon_x+\mu\varepsilon_y}{1-\mu^2},\ \sigma_y=E\frac{\varepsilon_y+\mu\varepsilon_x}{1-\mu^2},\ \sigma_z=E\frac{\mu(\varepsilon_x+\varepsilon_y)}{1-\mu^2}$$

8-13　试求习题 8-13 图（a）所示的纯剪切应力状态旋转 45°后各面上的应力分量，并将其标于习题 8-13 图（b）中，然后应用一般应力状态应变能密度的表达式

$$v_\xi=\frac{1}{2E}[\sigma_x^2+\sigma_y^2+\sigma_z^2-2\mu(\sigma_x\sigma_y+\sigma_y\sigma_z+\sigma_z\sigma_x)]+\frac{1}{2G}(\tau_{xy}^2+\tau_{yz}^2+\tau_{zx}^2)$$

分别计算习题 8-13 图 (a)、图 (b) 两种情形下的应变比能，并令二者相等，从而证明：

$$G = \frac{E}{2(1+\mu)}$$

8-14 从某铸铁构件内取出的危险点处的单元体，其各面上的应力分量如习题 8-14 图所示。已知铸铁材料的横向变形系数 $\mu = 0.25$，许用拉应力 $[\sigma_t] = 30\text{MPa}$，许用压应力 $[\sigma_c] = 90\text{MPa}$。试按第一和第二强度理论校核其强度。

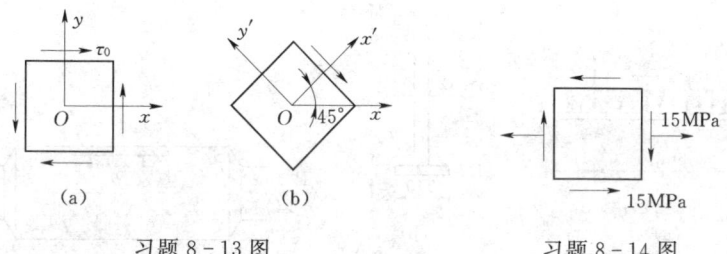

习题 8-13 图　　　　　习题 8-14 图

8-15 车轮与钢轨接触点处的主应力为 -800MPa、-900MPa、-1100MPa。若 $[\sigma] = 300\text{MPa}$，试对接触点做强度校核。

8-16 炮筒横截面如习题 8-16 图所示。在危险点处 $[\sigma_t] = 550\text{MPa}$，$[\sigma_c] = 350\text{MPa}$，第三个主应力垂直于图面是拉应力，且其大小为 420MPa。试按第三和第四强度理论，计算其相当应力。

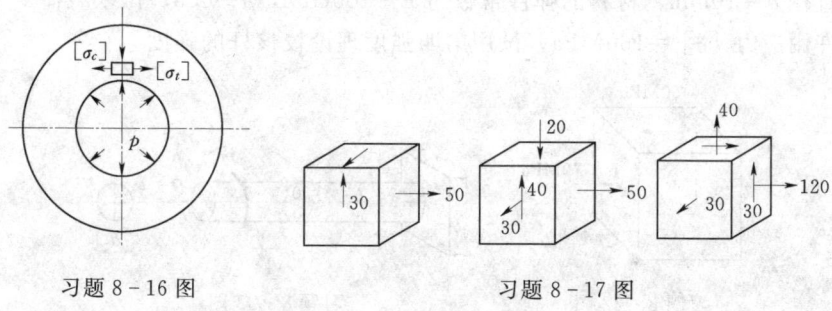

习题 8-16 图　　　　　习题 8-17 图

8-17 对习题 8-17 图所示各应力状态（应力单位为 MPa），写出四个常用强度理论的相当应力。设 $\mu = 0.3$。如材料为中碳钢，指出该用哪一理论。

8-18 对习题 8-18 图所示各应力状态（应力单位为 MPa），写出四个常用理论及莫尔强度理论的相当应力。设 $\mu = 0.25$，$\dfrac{[\sigma_t]}{[\sigma_c]} = \dfrac{1}{4}$。

8-19 薄壁锅炉的平均直径为 1250mm，最大内压力为 23atm（$1\text{atm} \approx 0.1\text{MPa}$），在高温下工作，屈服点 $\sigma_s = 182.5\text{MPa}$。若安全系数为 1.8，试按第三和第四强度理论设计锅炉的壁厚。

8-20 一简支钢板梁受载荷如习题 8-20 图

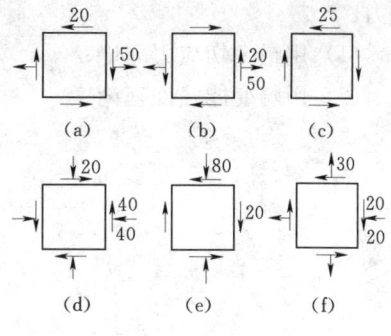

习题 8-18 图

(a) 所示，截面尺寸如习题 8-20 图（b）所示。已知钢材的许用应力为 $[\sigma]=170\text{MPa}$，$[\tau]=100\text{MPa}$。试校核梁内的最大正应力和最大切应力，并按第四强度理论对危险截面上的 a 点作强度校核（若 a 位置为翼缘与腹板的交界处）。

8-21 铸铁薄管如习题 8-21 图所示。管的外径为 200mm，壁厚 $\delta=15\text{mm}$，内压 $p=4\text{MPa}$，$P=200\text{kN}$。铸铁的抗拉和抗压许用应力分别为 $[\sigma_t]=30\text{MPa}$，$[\sigma_c]=120\text{MPa}$，$\mu=0.25$，试用第二强度理论及莫尔强度理论校核薄管的强度。

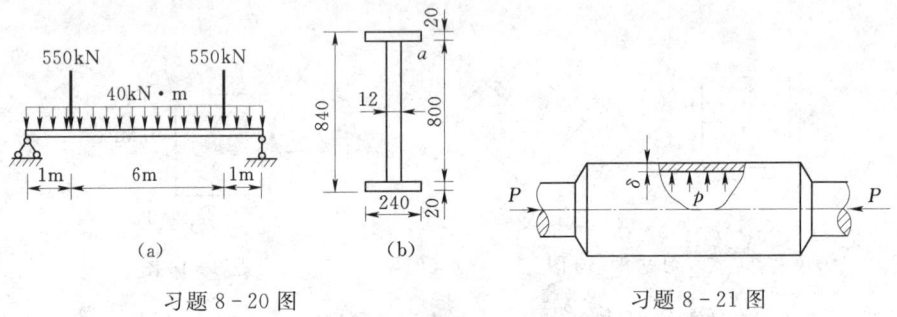

习题 8-20 图　　　　　　　习题 8-21 图

8-22 设有单元体如习题 8-22 图所示，材料的许用拉应力为 $[\sigma_t]=60\text{MPa}$，许用压应力为 $[\sigma_c]=180\text{MP}$。试按莫尔强度理论作强度校核。

8-23 用 Q235 钢制成的实心圆截面杆，受轴向拉力 F 及扭转力矩 m 共同作用，$m=0.1Fd$。现测得圆杆表面 k 点处沿习题 8-23 图所示方向的线应变 $\varepsilon_0=57.33\times10^{-5}$。已知该杆直径 $d=10\text{mm}$，材料的弹性常数为 $E=200\text{GPa}$，$\mu=0.3$。试求载荷 F 和 m。

若其许用应力 $[\sigma]=160\text{MPa}$，试用第四强度理论校核杆的强度。

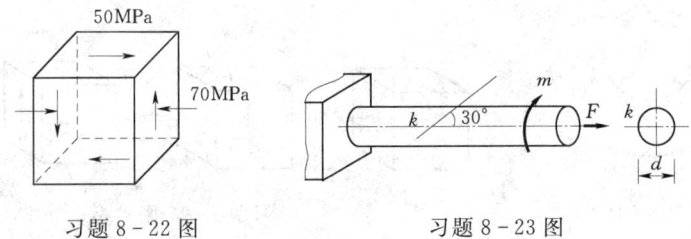

习题 8-22 图　　　　　　　习题 8-23 图

8-24 钢制圆柱形薄壁容器承受内压作用，已知平均直径 $D=1.8\text{m}$，壁厚 $\delta=14\text{mm}$，材料屈服极限 $\sigma_s=400\text{MPa}$，安全系数 $n=6.0$，试确定此容器所能承受的最大内应力：

（1）用最大切应力理论；

（2）用畸变能强度理论。

第九章 组 合 变 形

第一节 概 述

前面各章已经分别讨论了杆件在轴向拉伸（压缩）、剪切、扭转和弯曲等基本变形时的强度和刚度计算。但在实际工程中，杆件的受力情况非常复杂。很多杆件受力后的变形往往是由两种或两种以上的基本变形组合而成，这种变形称为组合变形。

如图 9-1 所示的烟囱，除了受到自重引起的轴向压缩变形外，还承受由于风力作用而引起的弯曲变形；如图 9-2 所示设有吊车的厂房立柱，由屋架和吊车传给立柱的载荷分别为 P_1、P_2，它们的合力一般与柱子的轴线不重合，存在偏心，若将合力简化到轴线上，则存在的附加力偶矩将引起弯曲变形，简化到轴线的合力使柱子发生压缩变形。

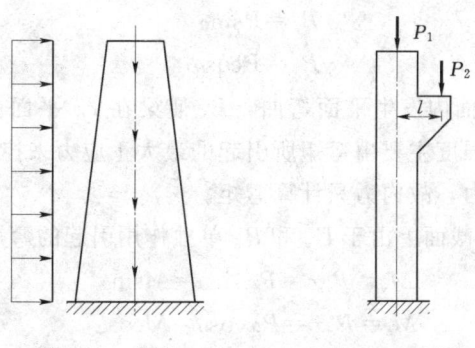

图 9-1 烟囱　　图 9-2 厂房立柱

在组合变形的分析和计算中，通常将作用在杆件上的任意载荷进行简化或分解，使杆件在简化或分解后的每组载荷作用下只发生一种基本变形。在线弹性范围内和小变形前提下，其中任意一种基本变形都不会改变另一种基本变形所引起的内力和变形，即每组载荷引起的变形都是相互独立、互不影响的。分别分析杆件在每组载荷作用下的内力、应力和变形，再利用叠加原理求出组合变形的内力、应力和变形，并对杆件的承载能力进行校核。

本章主要讨论以下几种组合变形的强度计算：
(1) 斜弯曲。
(2) 拉伸（压缩）与弯曲的组合。
(3) 偏心拉伸（或压缩）。
(4) 扭转与弯曲的组合。

第九章 组合变形

第二节 斜 弯 曲

在第五章至第七章分别讨论了平面弯曲的内力、应力和变形的计算问题。所谓平面弯曲，就是指对于横截面具有对称轴的梁，当外力作用在该对称轴与轴线所组成的纵向对称平面内时，梁的轴线在变形后将变成一条平面曲线（挠曲线），但该曲线仍然在外力作用的纵向对称面内，这种变形称为平面弯曲。当横向外力作用平面只通过梁横截面的弯曲中心连线，而不与梁的形心主惯性轴平面重合或平行时，则梁变形后的挠曲线不再位于外力作用平面内，这种弯曲形式称为斜弯曲。

下面以图9-3所示矩形截面悬臂梁为例来说明斜弯曲时应力和变形的具体计算方法。设在自由端作用一垂直于轴线的集中力 P，其作用面通过截面形心，并与截面形心主轴 y 夹角为 α。

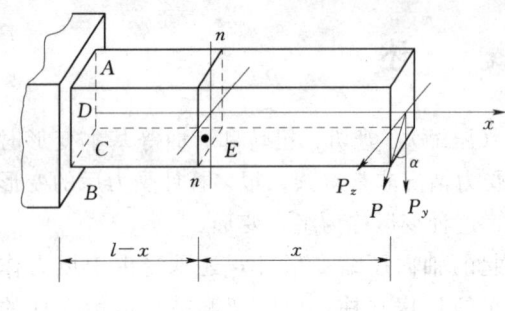

图9-3 悬臂梁斜弯曲受力图

将外力 P 沿 y 轴和 z 轴分解为

$$P_z = P\sin\alpha$$
$$P_y = P\cos\alpha \tag{9-1}$$

分力 P_y 使梁在 xy 平面内发生平面弯曲，P_z 使梁在 xz 平面内发生平面弯曲。在一般情况下，斜弯曲时梁的强度主要由弯矩所引起的最大正应力来控制。在应力计算时，通常只考虑弯矩引起的正应力，故内力只计算弯矩。

在距自由端 x 处的横截面上由于 P_y 和 P_z 单独作用引起的弯矩为

$$M_y = P_z x = Px\sin\alpha = M\sin\alpha$$
$$M_z = P_y x = Px\cos\alpha = M\cos\alpha \tag{9-2}$$

式中，$M = Px$ 是集中力 P 在距自由端 x 处的横截面上引起的总弯矩。

1. 应力分析和中性轴的确定

在横截面 n—n 上第一象限内的任一点 $E(y,z)$ 处，由于 xy 平面内的平面弯曲而引起的正应力为

$$\sigma' = -\frac{M_z y}{I_z} = -\frac{Pxy\cos\alpha}{I_z} = -\frac{My\cos\alpha}{I_z} \tag{9-3}$$

由于 xz 平面内的平面弯曲而引起的正应力为

$$\sigma'' = -\frac{M_y z}{I_y} = -\frac{Pxz\sin\alpha}{I_y} = -\frac{Mz\sin\alpha}{I_y} \tag{9-4}$$

式中，I_y 和 I_z 分别为横截面对 z 轴和 y 轴的轴惯性矩。

根据叠加原理，$E(y,z)$ 处的总应力为

$$\sigma = -M\left(\frac{\cos\alpha}{I_z}y + \frac{\sin\alpha}{I_y}z\right) \tag{9-5}$$

第二节 斜 弯 曲

为了对该等直梁进行强度计算，必须求出最大的正应力 σ_{max}。由第六章弯曲应力可知，最大正应力发生在 M_{max} 所在的截面上离中性轴最远处。为了求出最大正应力，必须先确定出中性轴的位置。

在中性轴上各点处正应力均为 0，如果令 y_0、z_0 为中性轴上任一点的坐标，将 y_0、z_0 代入式（9-5）后所得到的正应力等于 0，即

$$\sigma = -M\left(\frac{\cos\alpha}{I_z}y_0 + \frac{\sin\alpha}{I_y}z_0\right) = 0 \quad (9-6)$$

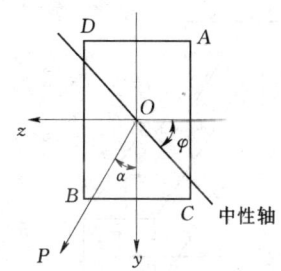

图 9-4 横截面中性轴位置图

则

$$\frac{\cos\alpha}{I_z}y_0 + \frac{\sin\alpha}{I_y}z_0 = 0 \quad (9-7)$$

式（9-7）即为中性轴的方程，它是一条通过形心的直线，设它与 z 轴的夹角为 φ（图 9-4），则

$$\tan\varphi = \left|\frac{y_0}{z_0}\right| = \frac{I_z}{I_y}\tan\alpha \quad (9-8)$$

由式（9-7）和式（9-8）可知，当外力 P 通过第一、第三象限时，中性轴通过第二、第四象限。在一般情况下，$I_y \neq I_z$，所以 $\tan\varphi \neq \tan\alpha$，$\varphi \neq \alpha$，即中性轴不垂直于外力作用的平面。如果横截面为圆形或正方形，则通过形心的任意坐标轴均为形心主轴且 $I_y = I_z$，这时，$\tan\varphi = \tan\alpha$，$\varphi = \alpha$，中性轴垂直于外力作用的平面。

2. 强度条件

对于如图 9-3 所示的悬臂梁，危险截面就是固定端所在的截面。危险点是在危险截面上离中性轴最远的点处。

对于在工程中常用的矩形、工字型等截面都有两个对称轴且具有棱角，将棱角点的坐标代入式（9-5）得到最大拉应力和最大压应力；对于没有对称轴和棱角的截面，利用式（9-7）先确定中性轴位置，然后作平行于中性轴且与截面相切的直线，将切点坐标代入式（9-5）得到最大拉应力和最大压应力。

由式（9-5）得强度条件为

$$\sigma_{max} = \frac{M_{zmax}}{W_z} + \frac{M_{ymax}}{W_y} \leqslant [\sigma] \quad (9-9)$$

式中：$W_z = \dfrac{I_z}{y_{max}}$，$W_y = \dfrac{I_y}{z_{max}}$。

3. 变形计算

梁发生斜弯曲时的变形，可以利用叠加原理进行计算。下面以图 9-3 所示简支梁为例，求梁在自由端的挠度。

将集中力 P 分解为 P_y 和 P_z 后，分别计算梁在 xy 平面和 xz 平面内的自由端挠度：

$$\begin{aligned} f_y &= \frac{P_y l^3}{3EI_z} = \frac{Pl^3}{3EI_z}\cos\alpha \\ f_z &= \frac{P_z l^3}{3EI_y} = \frac{Pl^3}{3EI_y}\sin\alpha \end{aligned} \quad (9-10)$$

梁自由端在 P 作用下引起的总挠度为
$$f=\sqrt{f_y^2+f_z^2} \tag{9-11}$$
其方向（总挠度 f 与 y 轴的夹角为 θ）为
$$\tan\theta=\frac{f_z}{f_y}=\frac{I_z\sin\alpha}{I_y\cos\alpha}=\tan\varphi \tag{9-12}$$
即
$$\theta=\varphi$$

可见挠度 f 的方向总是垂直于中性轴。一般情况下，$I_z\neq I_y$，则 $\varphi\neq\alpha$，即挠曲线平面与载荷作用平面不重合。

【**例 9-1**】 杆件受力如图 9-5 所示，$E=10\text{GPa}$，求杆内最大正应力、最大切应力和最大挠度。

解： 该问题属于斜弯曲问题，杆件的危险截面在固定端。

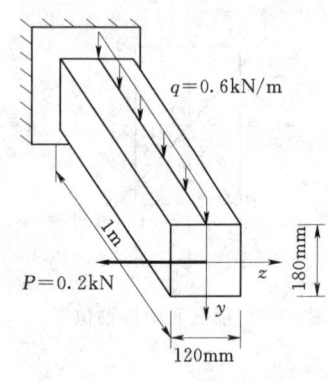

图 9-5 [例 9-1] 图

$$M_z=\frac{1}{2}ql^2=\frac{1}{2}\times0.6\times10^3\times1^2=300(\text{N}\cdot\text{m})$$

$$M_y=Pl=0.2\times10^3\times1=200(\text{N}\cdot\text{m})$$

$$F_{Qy}=ql=600(\text{N})$$

$$F_{Qz}=P=200(\text{N})$$

$$W_z=\frac{1}{6}\times0.12\times0.18^2(\text{m}^3)$$

$$W_y=\frac{1}{6}\times0.18\times0.12^2(\text{m}^3)$$

最大正应力为

$$\sigma_{\max}=\frac{M_z}{W_z}+\frac{M_y}{W_y}=\left(\frac{300\times6}{0.12\times0.18^2}+\frac{200\times6}{0.18\times0.12^2}\right)=0.926(\text{MPa})$$

最大切应力：在固定端角点上

$$\tau_y=1.5\frac{F_{Qy}}{A}=\frac{1.5\times600}{0.12\times0.18}=41.7(\text{kPa})$$

$$\tau_z=1.5\frac{F_{Qz}}{A}=\frac{1.5\times200}{0.12\times0.18}\text{Pa}=13.9(\text{kPa})$$

$$\tau_{\max}=\sqrt{\tau_y^2+\tau_z^2}=\sqrt{41.7^2+13.9^2}=43.9(\text{kPa})$$

最大挠度发生在自由端，y、z 方向的最大挠度分别为

$$f_y=\frac{ql^4}{8EI_z},\ f_z=\frac{Pl^3}{3EI_y}$$

故

$$f=\sqrt{f_y^2+f_z^2}=0.288(\text{mm})$$

第三节　弯曲与拉压的组合变形

如果作用在杆件上的力除了横向力以外，还有轴向力，杆件将发生拉伸（压缩）与弯曲的组合变形。如图 9-1 所示的烟囱，在自重的作用下，烟囱将发生轴向压缩变形，在

第三节 弯曲与拉压的组合变形

风载荷作用下烟囱发生弯曲变形,因此,烟囱的变形是轴向压缩和弯曲的组合变形。

下面以图 9-6 所示矩形截面简支梁为例,说明杆件在拉伸与弯曲组合变形时的强度计算问题。如图 9-6 所示,在其纵向对称面内有横向力 P 和轴向拉力 F 共同作用。

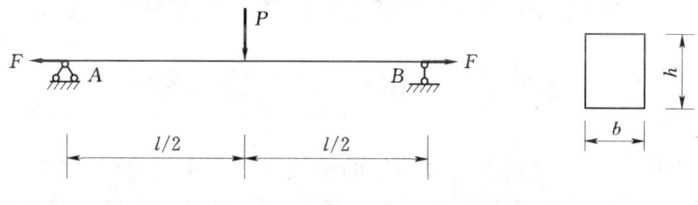

图 9-6 梁受拉弯组合变形图

在轴向拉力 F 作用下,杆件各个横截面上具有相同的轴力 $F_N = F$。而在图示横向力作用下,杆件跨中截面上弯矩最大,$M_{\max} = \dfrac{Pl}{4}$。因此,跨中截面是杆的危险截面。

与轴力 F_N 对应的拉伸正应力 σ_t 在该截面上各点处均相等,其值为

$$\sigma_t = \frac{F_N}{A} = \frac{F}{A} \tag{9-13}$$

与 $M_{\max}$ 对应的最大弯曲正应力 σ_M,出现在该截面的上、下边缘处,其绝对值为

$$\sigma_M = \frac{M_{\max}}{W} = \frac{Pl}{4W} \tag{9-14}$$

杆件危险截面上的最大正应力为

$$\left.\begin{array}{l}\sigma_{t\max}\\ \sigma_{c\max}\end{array}\right\} = \frac{F}{A} \pm \frac{M_{\max}}{W} \tag{9-15}$$

在危险截面上确定危险点,即拉应力和压应力达到最大的点,然后计算拉应力和压应力,其中绝对值大的应力值作为强度计算的依据,强度条件为

$$\sigma_{\max} = \left|\frac{F}{A} \pm \frac{M_{\max}}{W}\right|_{\max} \leqslant [\sigma] \tag{9-16}$$

若材料的许用拉应力 $[\sigma_t]$ 和许用压应力 $[\sigma_c]$ 不同,则分别对最大拉应力和最大压应力作强度计算。

【例 9-2】 如图 9-7 所示 25a 工字钢简支梁受到均布载荷 q 及轴向压力 P 的作用。已知 $q = 10\text{kN/m}$,$l = 3\text{m}$,$P = 20\text{kN}$,试求最大正应力。

解:(1)最大弯矩 $M_{\max}$ 发生在梁的跨中截面上,其值为

$$M_{\max} = \frac{1}{8}ql^2 = \frac{1}{8} \times 10 \times 10^3 \times 3^2 = 11250(\text{N·m})$$

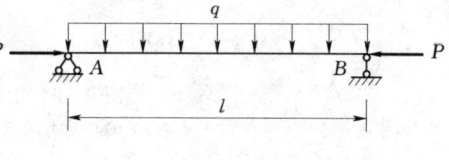

图 9-7 [例 9-2] 图

(2)查附表得:25a 工字钢 $W_z = 402\text{cm}^3$,$A = 48.5\text{cm}^2$

由弯矩引起的最大正应力为

$$\sigma_{\max} = \frac{M_{\max}}{W_z} = \frac{11250}{402 \times 10^{-6}} = 28(\text{MPa})$$

由轴力引起的压应力为

$$\sigma_c = \frac{F_N}{A} = -\frac{20 \times 10^3}{48.5 \times 10^{-4}} = -4.12 \text{ (MPa)}$$

(3) 最大总压应力为

$$\sigma_{c,\max} = \sigma_c + \sigma_{\max} = -28 - 4.12 = -32.12 \text{(MPa)}$$

第四节 偏心拉伸（或压缩）

作用在直杆上的外力，当其作用线与杆的轴线平行但不重合时，将引起偏心拉伸或偏心压缩。例如图9-2所示的厂房立柱，由屋架传来的载荷 P_1 和吊车梁传来的载荷 P_2，它们的合力一般不可能正好作用在立柱的轴线上，这样的载荷不是引起立柱的简单轴向压缩，而是引起立柱的一种组合变形——偏心压缩。图中 P_1 和 P_2 称为偏心载荷，e 为偏心矩。

下面以图9-8（a）所示横截面具有两对对称轴的等直杆承受距截面形心 e 的偏心拉力 P 为例，说明偏心拉伸（偏心压缩）的应力和强度计算。

一、外力分解和内力分析

如图9-8所示，力 P 平行于轴线，作用在 $A(e_y, e_z)$ 点，将力 P 向 O 点简化，得到轴向拉力 P，力偶矩 $m_y = Pe_z$ 和 $m_z = Pe_y$，它们分别产生轴向拉伸和绕 y、z 轴的两个平面弯曲。

利用截面法可知，各个截面上的内力都相同，$F_N = P$，$M_y = m_y = Pe_z$，$M_z = m_z = Pe_y$。

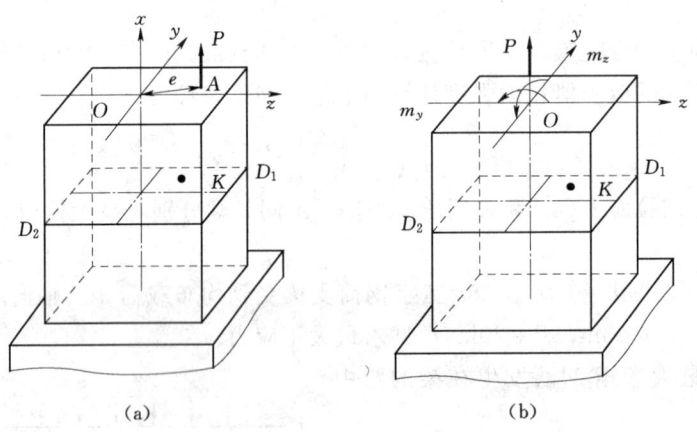

图9-8 矩形截面偏心受力示意图
(a) 偏心受力示意图；(b) 力向形心简化示意图

二、应力分析和中性轴的确定

某截面上任一点 $K(y, z)$ 处，由于轴向拉伸引起的正应力为

$$\sigma' = \frac{P}{A} \tag{9-17}$$

由于在 xy 平面内弯曲而引起的正应力为

$$\sigma'' = \frac{M_z y}{I_z} = \frac{Pe_y y}{I_z} \tag{9-18}$$

由于在 xz 平面内弯曲而引起的正应力为

$$\sigma''' = \frac{M_y z}{I_y} = \frac{Pe_z z}{I_y} \tag{9-19}$$

根据叠加原理可得，$K(y,z)$ 处总应力为

$$\sigma = \frac{P}{A} + \frac{M_y z}{I_y} + \frac{M_z y}{I_z}$$

$$= \frac{P}{A} + \frac{Pe_y y}{I_z} + \frac{Pe_z z}{I_y} = \frac{P}{A}\left(1 + \frac{e_y y}{i_z^2} + \frac{e_z z}{i_y^2}\right) \tag{9-20}$$

式中，$i_z = \sqrt{\frac{I_z}{A}}$，$i_y = \sqrt{\frac{I_y}{A}}$ 分别为截面对 z、y 轴的惯性半径。

在中性轴上各点处正应力均为 0，如果令 y_0、z_0 为中性轴上任一点的坐标，将 y_0、z_0 代入式（9-20）后得到的正应力等于 0，即

$$\sigma = \frac{P}{A}\left(1 + \frac{e_y y_0}{i_z^2} + \frac{e_z z_0}{i_y^2}\right) = 0 \tag{9-21}$$

则

$$1 + \frac{e_y y_0}{i_z^2} + \frac{e_z z_0}{i_y^2} = 0 \tag{9-22}$$

当 $y_0 = 0$ 时，$z_0 \neq 0$，所以中性轴是一条不通过截面形心的直线，对式（9-22）分别令 $y_0 = 0$ 和 $z_0 = 0$，可以求出中性轴在 y 轴和 z 轴上的截距为

$$a_y = -\frac{i_z^2}{e_y}, \quad a_z = -\frac{i_y^2}{e_z} \tag{9-23}$$

由上式就可以确定中性轴的位置，力作用点坐标 e_z、e_y 越大，截距 a_y 和 a_z 越小；反之亦然。充分说明，外力作用点越靠近截面形心，则中性轴越远离形心。

三、强度条件

在图 9-8 所示的偏心拉伸中，各个截面上的内力均相等，因此，任一截面都是危险截面，危险点应该在危险截面上离中性轴最远的点处。

对于在工程中常用的矩形、工字型等截面都有两个对称轴且具有棱角，将棱角点的坐标代入式（9-20）得到最大拉应力和最大压应力为

$$\sigma_{\max} = \frac{P}{A} \pm \frac{M_y}{W_y} \pm \frac{M_z}{W_z} \tag{9-24}$$

对于没有对称轴和棱角的截面，利用式（9-23）先确定中性轴位置，然后作平行于中性轴且与截面相切的直线，将切点坐标代入式（9-20）得到最大拉应力和最大压应力。

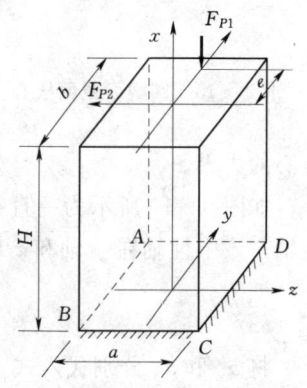

图 9-9 [例 9-3] 图

【例 9-3】 校核如图 9-9 所示矩形截面松木短柱的强度。已知 $F_{P1} = 50$ kN，$e = 20$ mm，$F_{P2} = 5$ kN，材料许用应力 $[\sigma_t] = 10$ MPa，$[\sigma_c] = 12$ MPa，$H = 1.2$ m，$a = 0.2$ m，$b = 0.12$ m。

解：在 F_{P1} 作用下杆件发生偏心压缩，F_{P2} 作用下杆件发生平面弯曲。

固定端截面为危险截面，其内力为

$$F_N = 50\text{kN}$$
$$M_z = F_{P1}e = 50 \times 0.02 = 1(\text{kN} \cdot \text{m})$$
$$M_y = F_{P2}H = 5 \times 1.2 = 6(\text{kN} \cdot \text{m})$$

由题意可知，A 点处有最大压应力，C 点处有最大拉应力，材料拉压许用应力值不相等，所以，应对这两个危险点的强度分别进行校核，即

$$W_z = \frac{ab^2}{6} = \frac{0.2 \times 0.12^2}{6}(\text{m}^3)$$

$$W_y = \frac{ba^2}{6} = \frac{0.12 \times 0.2^2}{6}(\text{m}^3)$$

$$A = 0.2 \times 0.12(\text{m}^2)$$

在 A 点处：$\quad |\sigma_c|_{\max} = \left| -\frac{F_N}{A} - \frac{M_y}{W_y} - \frac{M_z}{W_z} \right| = 11.67(\text{MPa}) < [\sigma_c]$

在 C 点处：$\quad |\sigma_t|_{\max} = -\frac{F_N}{A} + \frac{M_y}{W_y} + \frac{M_z}{W_z} = 7.5(\text{MPa}) < [\sigma_t]$

所以，满足强度要求。

四、截面核心

中性轴将横截面分成两部分，一部分受拉伸，另一部分受压缩。对于工程实际中的一些脆性材料，例如砖石、混凝土等制成的构件，因其抗拉强度较低，在承受偏心压力作用时，应设法避免出现拉应力。由式（9-23）可知，对于给定的截面，e_z、e_y 越小，截距 a_y 和 a_z 越大，即外力作用点离形心越近，中性轴距形心就越远。因此，当外力作用点位于截面形心附近的一个区域内时，就可以保证中性轴不穿过横截面，这个区域称为截面核心。

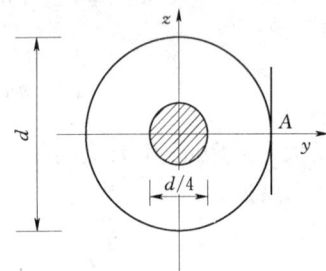

图 9-10 圆截面截面核心

当外力作用在截面核心的边界上时，与其对应的中性轴正好与截面的周边相切。利用这一性质，可以确定截面核心的边界。

如图 9-10 所示为一直径为 d 的圆截面，把与截面边界相切于 A 点的直线看作是中性轴，该中性轴在 y 轴和 z 轴上的截距分别为

$$a_y = \frac{d}{2}, \quad a_z = \infty$$

将 a_y 和 a_z 分别代入式（9-23），得截面核心与该中性轴对应点的坐标值为

$$e_y = -\frac{i_z^2}{a_y} = -\frac{\frac{d^2}{16}}{\frac{d}{2}} = -\frac{d}{8}, \quad e_z = -\frac{i_y^2}{a_z} = 0$$

由于圆截面是极对称图形，因而截面核心也是极对称的。所以，直径为 d 的圆形截面的截面核心是一个直径为 $\frac{d}{4}$ 的圆。

对于图 9-11 所示边长为 b 和 h 的矩形截面，y、z 对称轴是该截面形心主轴。由于矩形截面的惯性半径平方为

$$i_y^2 = \frac{I_y}{A} = \frac{hb^3}{12}/hb = \frac{b^2}{12}, \quad i_z^2 = \frac{h^2}{12}$$

当中性轴①与 AB 边重合时，它在 y、z 轴上的截距为

$$a_y = \frac{h}{2}, \quad a_z = \infty$$

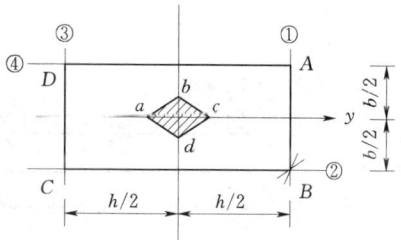

图 9-11 矩形截面截面核心

将 a_y、a_z 代入式（9-23），求得截面核心周边上点 a 的坐标为

$$e_{ya} = -\frac{i_z^2}{a_y} = -\frac{\frac{h^2}{12}}{\frac{h}{2}} = -\frac{h}{6}, \quad e_{za} = -\frac{i_y^2}{a_z} = 0$$

同理，再做中性轴②、③、④与 BC、CD、AD 三边相重合，求得核心边界上其相对应 b、c、d 点的坐标分别为

$$e_{yb} = 0, \quad e_{zb} = \frac{b}{6}; \quad e_{yc} = \frac{h}{6}, \quad e_{zc} = 0; \quad e_{yd} = 0, \quad e_{zd} = -\frac{b}{6}$$

当中性轴绕 B 点从 AB 边转到 BC 边的过程中，力作用点的轨迹方程，由式（9-22）可得

$$1 + \frac{e_y y_B}{i_z^2} + \frac{e_z z_B}{i_y^2} = 0 \tag{9-25}$$

式中，z_B、y_B 是 B 点的坐标，由上式可知，力作用点由 a 到 b 的轨迹是一条直线。用直线将 a、b、c、d 顺序相连成的菱形即为所求的矩形截面核心。

第五节 扭转与弯曲的组合

扭转与弯曲的组合变形是机械工程中常见的情况，下面以图 9-12（a）所示圆截面直角曲拐为例，说明弯曲与扭转组合变形的强度计算。

一、受力分解和内力分析

将外力 P 向 B 截面形心简化，得到一集中力 P 和一力偶矩 $m = Pa$［图 9-12（b）］。可见，杆件 AB 将发生弯曲和扭转的组合变形。

分别作杆件 AB 的扭矩图和弯矩图［图 9-12（c）、(d)］，危险截面为固定端截面 A，最大弯矩 $M_{\max} = Pl$，最大扭矩为 $M_{x,\max} = Pa$。

二、应力分析

由危险截面 A 的弯曲正应力分布可知，在该横截面上、下两端点处弯曲正应力最大；由扭转时横截面上切应力分布可知，在该截面周边上的剪应力最大。因此，固定端截面 A 上、下两点就是危险截面上的危险点。

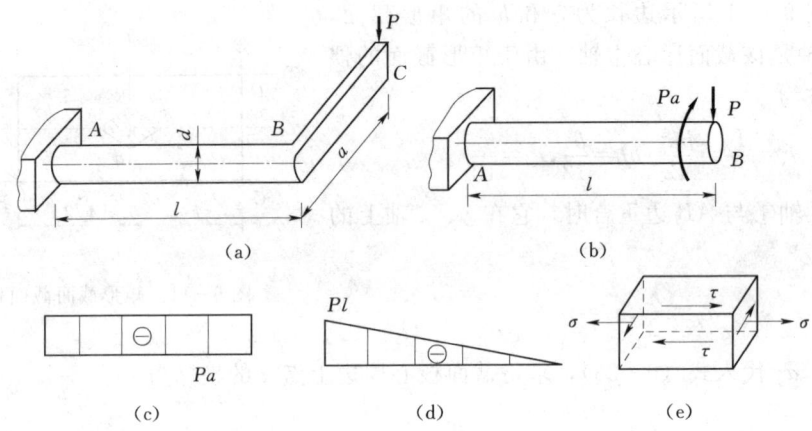

图 9-12 扭转与弯曲组合变形
(a) 载荷图；(b) 杆件 AB 载荷图；(c) 杆件 AB 扭矩图；(d) 杆件 AB 弯矩图；(e) 单元体图

在圆轴横截面 A 的上、下两点处截取单元体，该单元体处于平面应力状态 [图 9-12 (e)]

$$\sigma=\frac{M_{\max}}{W_z}$$

$$\tau=\frac{M_x}{W_p}$$

按照平面应力状态中主应力的计算公式求主应力，即得

$$\genfrac{}{}{0pt}{}{\sigma_1}{\sigma_3}=\frac{\sigma}{2}\pm\sqrt{\left(\frac{\sigma}{2}\right)^2+\tau^2} \tag{9-26}$$

采用第三、第四强度理论校核时，其相当应力为

$$\sigma_{rd3}=\sqrt{\sigma^2+4\tau^2}\leqslant[\sigma] \tag{9-27}$$

$$\sigma_{rd4}=\sqrt{\sigma^2+3\tau^2}\leqslant[\sigma] \tag{9-28}$$

对于圆截面杆件，$W_p=2W_z$，式（9-27）和式（9-28）可分别写成

$$\sigma_{rd3}=\frac{1}{W_z}\sqrt{M^2+M_x^2}\leqslant[\sigma] \tag{9-29}$$

$$\sigma_{rd4}=\frac{1}{W_z}\sqrt{M^2+0.75M_x^2}\leqslant[\sigma] \tag{9-30}$$

式（9-29）和式（9-30）是适用于圆截面杆的弯扭组合变形，该公式同样适用于空心圆杆。

【例 9-4】 如图 9-12（a）所示曲拐，$P=20$kN，$[\sigma]=160$MPa，$l=150$mm，$a=140$mm，试按第三强度理论确定轴 AB 的直径 d。

解：危险截面为 A 点所在截面

$$M_{\max}=Pl=15\times0.15=2.25(\text{kN}\cdot\text{m})$$

$$M_x=Pa=15\times0.14=2.1(\text{kN}\cdot\text{m})$$

代入式 (9-29)，得

$$\frac{\sqrt{M_{\max}^2 + M_x^2}}{\dfrac{\pi d^3}{32}} \leqslant [\sigma]$$

得到 $d \geqslant 63.9\text{mm}$，取 $d = 64\text{mm}$。

小　结

1. 组合变形的概念

构件受力之后，同时产生两种或两种以上的基本变形，称为组合变形。

2. 组合变形构件强度分析方法

组合变形构件强度是在各种基本变形应力计算基础上进行的。具体步骤如下：

(1) 对外力进行分解，分解成几组基本变形构件受力情况。

(2) 分析基本变形的内力，确定危险截面。

(3) 计算危险截面上的应力，确定危险点位置。

(4) 根据危险点应力状态和，建立相应的强度理论。

3. 常见几种组合变形强度条件

斜弯曲　　　　　$\sigma_{\max} = \dfrac{M_{z\max}}{W_z} + \dfrac{M_{y\max}}{W_y} \leqslant [\sigma]$

拉(压)与弯曲　　$\sigma_{\max} = \left| \dfrac{F}{A} \pm \dfrac{M_{\max}}{W} \right|_{\max} \leqslant [\sigma]$

偏心拉(压)　　　$\sigma_{\max} = \dfrac{P}{A} \pm \dfrac{M_y}{W_y} \pm \dfrac{M_z}{W_z} \leqslant [\sigma]$

扭转与弯曲　　　$\sigma_{rd3} = \sqrt{\sigma^2 + 4\tau^2} \leqslant [\sigma]$

$\sigma_{rd4} = \sqrt{\sigma^2 + 3\tau^2} \leqslant [\sigma]$

如果为圆轴，则　$\sigma_{rd3} = \dfrac{1}{W_z}\sqrt{M^2 + M_x^2} \leqslant [\sigma]$

$\sigma_{rd4} = \dfrac{1}{W_z}\sqrt{M^2 + 0.75 M_x^2} \leqslant [\sigma]$

思　考　题

9-1　什么是叠加原理？利用叠加原理讨论组合变形的强度计算问题需要满足什么条件？

9-2　平面弯曲与斜弯曲的区别是什么？

9-3　什么是截面核心？确定截面核心时应注意什么？

9-4　针对本章各种组合变形，分别列举几个工程实例。

9-5　在以下关于实心截面梁斜弯曲中性轴的结论中，哪一个是错误的？（　　）

A. 中性轴上正应力必为 0　　　　　　B. 中性轴必过横截面的形心

C. 中性轴必垂直于载荷作用面　　　　　　D. 中性轴不垂直于载荷作用面

9-6　斜弯曲时中性轴的位置如何确定？

9-7　怎样求梁在斜弯曲时的变形？

9-8　偏心拉压时，横截面的中性轴与斜弯曲时横截面的中性轴有何区别？

习　题

9-1　习题 9-1 图所示矩形截面的悬臂梁。已知材料的许用应力 $[\sigma]=12\mathrm{MPa}$，弹性模量 $E=10^4\mathrm{MPa}$，试求：(1) 矩形截面的尺寸 b,h（设 $h=2b$）；(2) 自由端的挠度；(3) 左半段和右半段梁的中性轴位置。

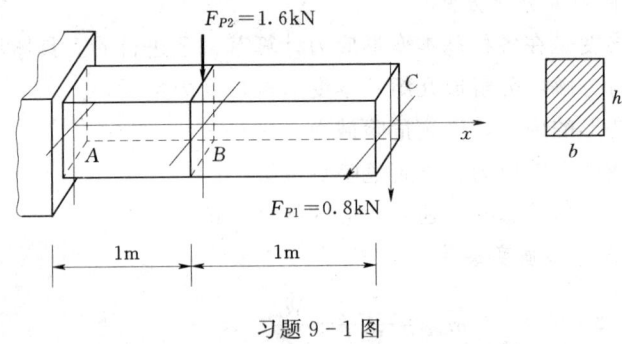

习题 9-1 图

9-2　习题 9-2 图所示木质拉杆，截面原为边长为 a 的正方形，拉力 P 与杆轴重合。后因使用上的需要，在杆长的某一段范围内开一 $a/2$ 宽的切口。试求 m—m 截面上的最大拉应力和最大压应力，并问此最大拉应力是截面削弱以前的拉应力值的几倍？

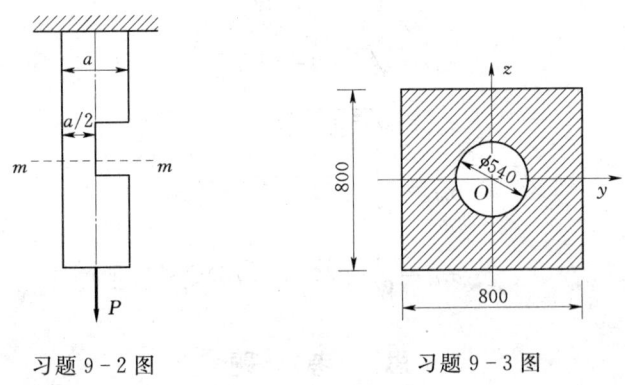

习题 9-2 图　　　　　　习题 9-3 图

9-3　试确定习题 9-3 图所示各截面的截面核心边界（单位：mm）。

9-4　习题 9-4 图所示矩形截面檩条梁长 $l=3\mathrm{m}$，受集度为 $q=800\mathrm{N/m}$ 的均布载荷作用，檩条材料为杉木，$[\sigma]=12\mathrm{MPa}$，许可挠度为 $[f]=\dfrac{l}{200}$，$E=9\times10^3\mathrm{MPa}$。试选择其截面尺寸（设高宽比 $h/b=1.5$）。

9-5　习题 9-5 图所示直径 $d=30\mathrm{mm}$ 的圆轴，承受扭转力矩 M_1 及水平面内的力偶矩 M_2 的联合作用，现测得圆轴表面沿轴线方向和与轴线成 45°方向的线应变分别为 $\varepsilon_x=$

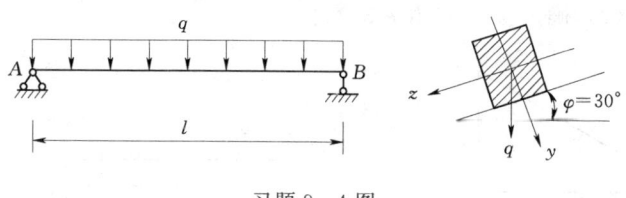

习题 9-4 图

5×10^{-4}，$\varepsilon_{45°}=4.26\times10^{-4}$，已知材料的弹性模量 $E=210\text{GPa}$，泊松比 $\mu=0.28$，试求 M_1 和 M_2 的值。

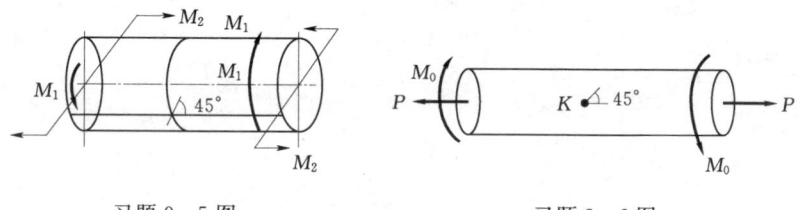

习题 9-5 图　　　　　　　　习题 9-6 图

9-6　习题 9-6 图所示圆杆，$d=200\text{mm}$，$P=628\text{kN}$，$E=200\text{GPa}$，$\mu=0.3$，$[\sigma]=170\text{MPa}$，在杆表面上 K 点处的 $\varepsilon_{45°}=3\times10^{-4}$。用第四强度理论校核强度。

9-7　习题 9-7 图所示一矩形截面柱，受压力 P_1 和 P_2 作用，$P_1=100\text{kN}$，$P_2=45\text{kN}$，P_2 与轴线有一个偏心距 $e=200\text{mm}$。$h=300\text{mm}$，$b=180\text{mm}$。试求 $\sigma_{\max}$ 及 $\sigma_{\min}$。欲使柱截面内不出现拉应力，试问截面高度 h 应为多少？此时的 $\sigma_{\min}$ 为多大？

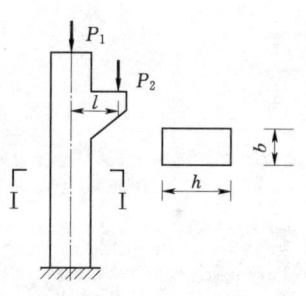

习题 9-7 图

9-8　习题 9-8 图所示受集度为 $q=2\text{kN/m}^2$ 的均布载荷作用的矩形截面简支梁，其载荷作用面与梁的纵向对称面间的夹角为 $\alpha=30°$。已知该梁材料的弹性模量 $E=10\text{GPa}$；梁的尺寸为 $l=4\text{m}$，$h=160\text{mm}$，$b=120\text{mm}$；许用应力 $[\sigma]=12\text{MPa}$；许可挠度 $[f]=\dfrac{l}{150}$。试校核此梁的强度和刚度。

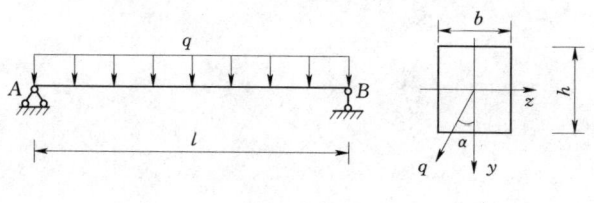

习题 9-8 图

9-9　习题 9-9 图所示混凝土坝，坝高 $l=2\text{m}$，在混凝土坝的一侧整个面积上作用着静水压力，水的重度 $\gamma_0=10\text{kN/m}^2$。混凝土的重度 $\gamma=22\text{kN/m}^3$。求坝中不出现拉应力时的 b 值（设坝厚 1m）。

9-10　习题 9-10 图所示矩形截面钢杆，用应变片测得上、下表面的轴向线应变分别为 $\varepsilon_a=1\times10^{-3}$，$\varepsilon_b=-0.4\times10^{-3}$，材料的弹性模量 $E=210\text{MPa}$。（1）试绘制横截面

上正应力分布图；(2) 确定拉力 P 和 e 的数值。

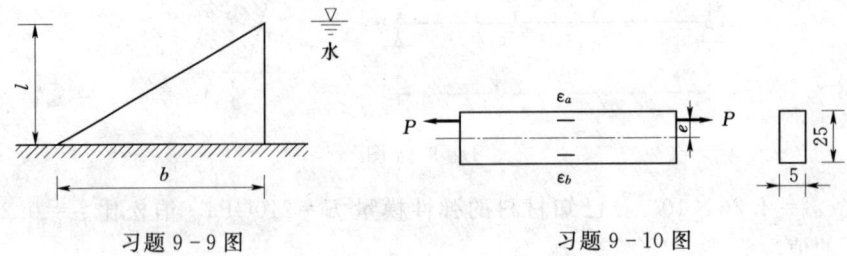

习题 9-9 图　　　　　习题 9-10 图

第十章 能 量 方 法

第一节 概 述

任何弹性体在外力作用下都要发生变形,在变形过程中,弹性体上外力作用点的位置将随之发生变化,因而外力在相应的位移上要做功,这种外力在其相应位移上所做的功称为外力功,用 W 表示。

同时,在外载荷的作用下,弹性体由于发生变形积蓄了一定的能量,这种由于弹性变形而积蓄的能量称为弹性变形能,简称变形能或应变能,用 V_ε 表示。

根据能量守恒定律,当外力从 0 开始缓慢地增加到最终值时,作用在弹性体上的外力始终处于平衡状态,动能及其他能量的变化很小可以忽略不计。因此,储存于弹性体内的变形能,其数值等于外力功,即

$$V_\varepsilon = W \tag{10-1}$$

通常将式 (10-1) 表达的原理成为弹性体的功能原理。

利用功能原理计算和分析构件及结构的位移、变形和内力等问题的方法称为能量法。

能量法不仅可以计算各类构件和桁架、刚架、曲杆等在载荷及其他因素作用下的位移、变形和内力,同时在压杆稳定、动载荷等方面的计算和分析方面具有广泛的应用。

第二节 应变能·余能

一、应变能

1. 拉(压)杆的应变能

设长为 l,如图 10-1 (a) 所示横截面面积为 A 的等直杆,一端固定,另一端从 0 开始缓慢加载。当杆内应力不超过比例极限时,P 与 Δl 呈线性关系,如图 10-1 (b) 所示。

力 P 所做的功 W 为

$$W = \frac{1}{2} P \Delta l \tag{10-2}$$

根据功能原理,积蓄在杆内的应变能为

$$V_\varepsilon = \frac{1}{2} P \Delta l \tag{10-3}$$

若杆件内的轴力为常量,且 $F_N = P$,并利用胡克定律 $\Delta l = \dfrac{F_N l}{EA}$,则式 (10-3) 可以改写成

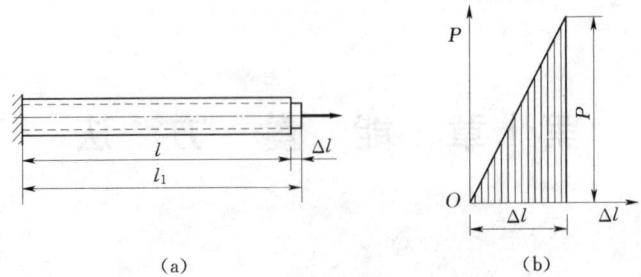

图 10-1 轴向受拉杆外力的功
(a) 受拉直杆；(b) P 与 Δl 关系

$$V_\varepsilon = \frac{F_N^2 l}{2EA} = \frac{EA}{2l}(\Delta l)^2 \tag{10-4}$$

由于拉（压）杆各横截面上所有点处的应力均相同，故杆单位面积内所积蓄的应变能就等于杆的应变能除以杆的体积。单位体积内的应变能称为应变能密度或比能，并用 v 来表示，于是，拉（压）杆的应变能密度为

$$v = \frac{\sigma^2}{2E} = \frac{E\varepsilon^2}{2} \tag{10-5}$$

若外力比较复杂，轴力 F_N 沿杆件轴线为变量时，可先计算长为 dx 微段内的变形能，然后再利用积分的办法计算整个杆件的应变能为

$$V_\varepsilon = \int_V \frac{\sigma^2}{2E} dV = \int_V \frac{E\varepsilon^2}{2} dV = \int_l \frac{F_N^2(x)}{2EA} dx \tag{10-6}$$

对于受力复杂拉（压）杆，应变能密度为

$$v = \int_0^\varepsilon \sigma d\varepsilon \tag{10-7}$$

则整个杆件的应变能可由下式计算：

$$V_\varepsilon = \int_V v dV \tag{10-8}$$

对于桁架结构，上式变为

$$V_\varepsilon = \sum_{i=1}^n \frac{F_{Ni}^2 l_i}{2E_i A_i} \tag{10-9}$$

2. 扭转应变能

构件发生扭转时，构件内部将积蓄应变能。构件在线弹性变形过程中，扭转应变能 V_ε 在数值上等于作用在构件上的外力所的功 W。

在线弹性范围内，等直圆截面杆的扭转角 φ 与外力偶矩 M_e 的关系，可以用图 10-2 所示的斜直线来表示。

在变形过程中外力偶所做的功为

$$W = \frac{1}{2} M_e \varphi \tag{10-10}$$

若圆截面杆上的扭矩 $M_x = M_e$，且 $\varphi = \dfrac{M_x l}{GI_P}$，根据功能原理，积蓄在杆件内的扭转应

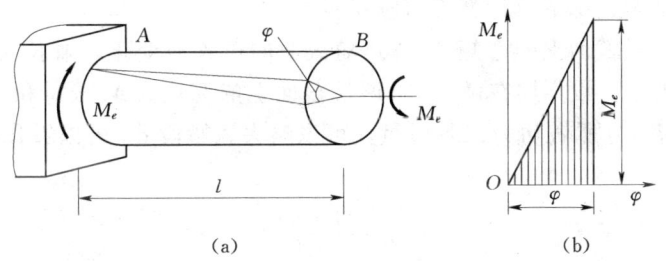

图 10-2 圆轴扭转
(a) 圆轴受扭；(b) M_e-φ 关系

变能为

$$V_\varepsilon = \frac{M_e^2 l}{2GI_P} = \frac{GI_P}{2l}\varphi^2 \tag{10-11}$$

若扭矩沿轴线为变量时，先计算微段 $\mathrm{d}x$ 内的变形能，然后对整个杆件积分，即得整个杆件的应变能为

$$V_\varepsilon = \int_l \frac{M_e^2}{2GI_P}\mathrm{d}x \tag{10-12}$$

扭转时应变能密度为

$$v = \frac{\tau^2}{2G} = \frac{G}{2}\gamma^2 \tag{10-13}$$

3. 弯曲应变能

梁发生弯曲时，梁内将积蓄应变能。在线弹性变形过程中，弯曲应变能 V_ε 在数值上等于作用在梁上的外力所做功 W。

梁发生纯弯曲 [图 10-3 (a)] 时，梁各个横截面上的弯矩 M 都等于外力偶矩 m。如果外力偶矩从 0 逐渐增加到最终值 m，则 m 与 θ 的关系是一条斜直线 [图 10-3 (b)]。

外力偶矩在变形中所做的功，在数值上等于 m-θ 图中斜直线下的面积，即

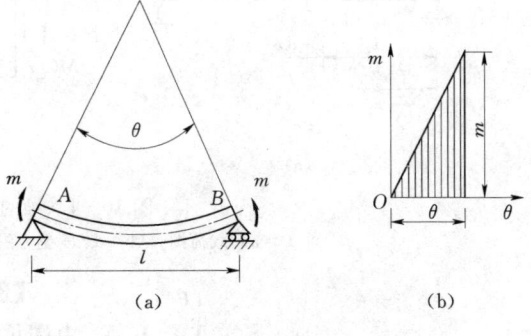

图 10-3 梁纯弯曲
(a) 梁纯弯曲变形；(b) m-θ 关系

$$W = \frac{1}{2}M\theta \tag{10-14}$$

可知

$$\theta = \frac{Ml}{EI} \tag{10-15}$$

根据功能原理，则得纯弯曲时梁的弯曲变形能为

$$V_\varepsilon = W = \frac{M^2 l}{2EI} = \frac{EI}{2l}\theta^2 \tag{10-16}$$

在横力弯曲情况下，梁横截面上既有弯矩又有剪力。因而存在两种变形能：与弯曲变形相应的弯曲变形能和与剪切变形相应的剪切变形能。对于细长梁中，剪切变形能很小，

可以忽略不计。通常情况下只计算弯曲应变能。

横力弯曲时,横截面上的弯矩 $M(x)$ 随截面的位置而变化,取长为 dx 的微段来研究,如图 10-4 所示。设作用在微段 dx 两端截面上的弯矩为 $M(x)$ 和 $M(x)+dM(x)$。由于弯矩增量 $dM(x)$ 所做功为二阶微量,可以略去。微段 dx 可以看作纯弯曲,则微段 dx 的弯曲应变能为

$$dV_\varepsilon = \frac{M^2(x)}{2EI}dx \tag{10-17}$$

全梁的弯曲应变能为

$$V_\varepsilon = \int_l \frac{M^2(x)}{2EI}dx \tag{10-18}$$

4. 组合变形应变能

当杆件发生组合变形时,在线弹性、小变形条件下,每一种基本变形的内力对其他的基本变形不做功,故组合变形的应变能等于各基本变形应变能的综合。如果组合变形杆横截面上的内力包括轴力、弯矩和扭矩时,且三者均为截面位置 x 的函数,不计剪力影响,组合变形杆件的应变能表示为

$$V_\varepsilon = \int_l \frac{F_N^2(x)}{2EA}dx + \int_l \frac{M^2(x)}{2EI}dx + \int_l \frac{M_x^2(x)}{2GI_P}dx \tag{10-19}$$

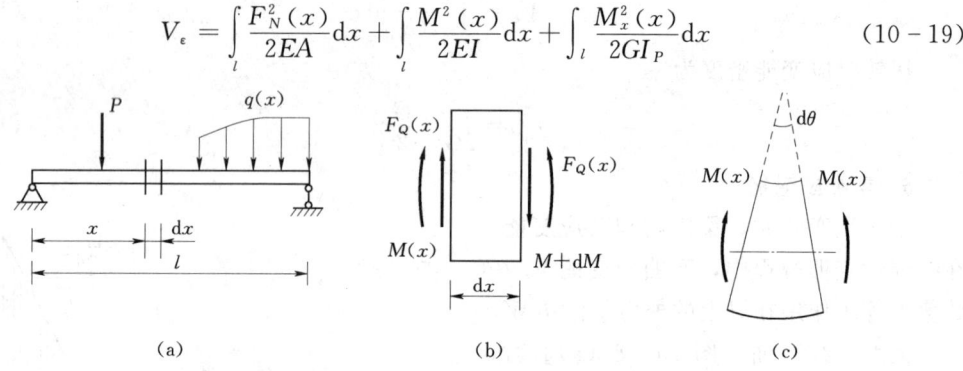

图 10-4 梁的横力弯曲
(a) 载荷图;(b) dx 段受力图;(c) 弯矩引起变形图

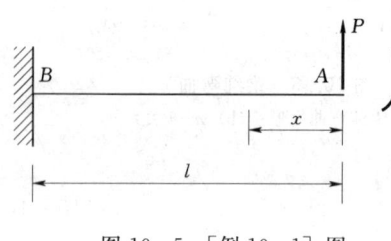

图 10-5 [例 10-1] 图

【例 10-1】 如图 10-5 所示的悬臂梁在自由端承受集中力 P 及集中力偶 M_0 作用。设 EI 为常数,试求该梁的应变能。

解:取图 10-5 所示 x 坐标,梁的弯矩方程为

$$M(x) = M_0 + Px$$

不计剪切应变能,可得该梁的应变能为

$$V = \int_0^l \frac{M^2(x)}{2EI}dx$$

$$= \frac{1}{2EI}\int_0^l (M_0 + Px)^2 dx$$

$$= \frac{M_0^2 l}{2EI} + \frac{M_0 Pl^2}{2EI} + \frac{P^2 l^3}{6EI}$$

【例 10-2】 如图 10-6（a）所示三角形架承受载荷 P 的作用，AB、AC 两杆的横截面面积均为 A。若已知 A 点的水平位移 Δ_{Ax}（向左）和铅垂位移 Δ_{Ay}（向下），试按下列情况分别计算此三角架的应变能 V_ε，将 V_ε 表达成 Δ_{Ax} 和 Δ_{Ay} 的函数。

（1）若此三角架由线弹性材料制成，EA 为已知；

（2）若此三角架由非线弹性材料制成，其应力-应变关系为 $\sigma = B\sqrt{|\varepsilon|}$ [图 10-6（b）]，B 为常数，这一关系对拉伸和压缩相同。

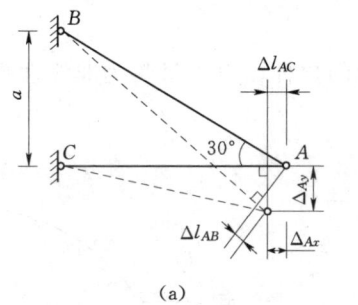 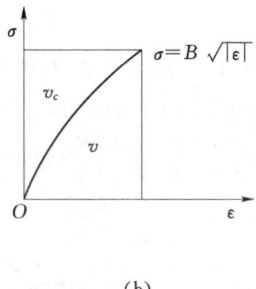

(a) (b)

图 10-6 三角架受力图
(a) 变形图；(b) 材料应力-应变关系

解：(1) 根据胡克定律 $\Delta l_i = \dfrac{F_{Ni} l_i}{EA}$，得 $F_{Ni} = \dfrac{EA \Delta l_i}{l_i}$，代入式（10-9）得

$$V_\varepsilon = \sum_{i=1}^{2} \frac{EA}{2 l_i} (\Delta l_i)^2 \tag{1}$$

由图 10-6（a）中变形图得变形几何关系

$$\begin{cases} \Delta l_{AB} = \dfrac{1}{2}(\Delta_{Ay} - \sqrt{3}\Delta_{Ax}) \\ \Delta l_{AC} = \Delta_{Ax} \end{cases} \tag{2}$$

将式（2）代入式（1）得

$$V_\varepsilon = \frac{EA}{4a}\left[\frac{1}{2}(\Delta_{Ay} - \sqrt{3}\Delta_{Ax})\right]^2 + \frac{EA}{2\sqrt{3}a}\Delta_{Ax}^2$$

$$= \frac{EA}{48a}\left[(9 + 8\sqrt{3})\Delta_{Ax}^2 - 6\sqrt{3}\Delta_{Ax}\Delta_{Ay} + 3\Delta_{Ay}^2\right]$$

（2）由式（10-7）可得

$$v = \int_0^\varepsilon \sigma d\varepsilon = \int_0^\varepsilon B|\varepsilon|^{\frac{1}{2}} d\varepsilon = \frac{2}{3} B|\varepsilon|^{\frac{3}{2}}$$

则应变能为

$$V_\varepsilon = \int_V v dV = \int_l \frac{2}{3} B|\varepsilon|^{\frac{3}{2}} A dx = \frac{2}{3} BAl|\varepsilon|^{\frac{3}{2}}$$

对于桁架结构，上式变为

$$V_\varepsilon = \sum_{i=1}^{n} \frac{2}{3} BA_i l_i |\varepsilon_i|^{\frac{3}{2}} \tag{3}$$

由式（2）可得

$$\begin{cases} \varepsilon_{AB} = \dfrac{\Delta l_{AB}}{l_{AB}} = \dfrac{1}{4a}(\Delta_{Ay} - \sqrt{3}\Delta_{Ax}) \\ |\varepsilon_{AC}| = \left|\dfrac{\Delta l_{AC}}{l_{AC}}\right| = \dfrac{\Delta_{Ax}}{\sqrt{3}a} \end{cases} \quad (4)$$

将式（4）代入式（3）得

$$V_\varepsilon = \dfrac{BA}{18\sqrt{a}}\left[3(\Delta_{Ay} - \sqrt{3}\,\Delta_{Ax})^{\frac{3}{2}} + 4(\sqrt{3}\,\Delta_{Ax})^{\frac{3}{2}}\right]$$

二、余能

如图 10-7（a）所示非线性弹性材料所制的拉杆，由于材料为非线性弹性，则拉杆的 P-Δ 曲线如图 10-7（b）所示。

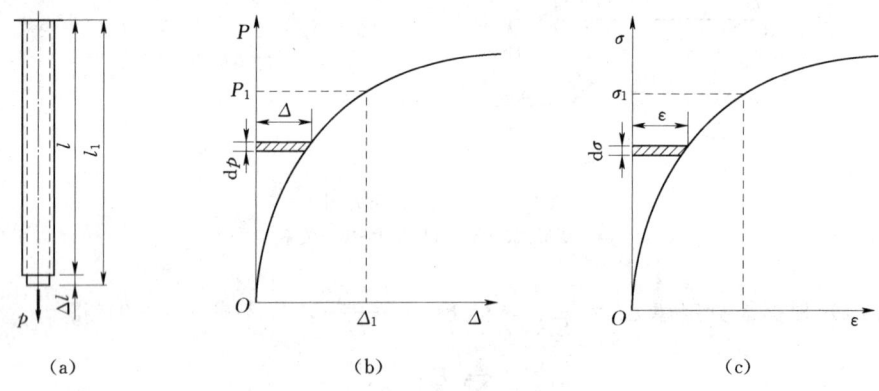

图 10-7 非线性弹性拉杆
(a) 拉杆受力图；(b) P-Δ 关系；(c) σ-ε 关系

当外力从 0 增加到 P_1 时，仿照外力功的表达式计算另一积分：

$$\int_0^{P_1}\Delta\mathrm{d}P$$

上式积分是 P-Δ 曲线与纵坐标轴间的面积，与外力功 $\int_0^{\Delta_1}P\mathrm{d}\Delta$ 之和等于矩形面积 $P_1\Delta_1$，称为"余功"，其量纲与外力功相同，用 W_c 表示，则

$$W_c = \int_0^{P_1}\Delta\mathrm{d}P \quad (10-20)$$

由于材料是非线性弹性的，参照功与应变能相等的关系，将与余功相应的能称为余能，用 V_c 表示。由于余功与余能在数值上相等，则

$$V_c = W_c = \int_0^{P_1}\Delta\mathrm{d}P \quad (10-21)$$

仿照应变能密度的计算方式，得到余能密度 v_c 计算表达式：

$$v_c = \int_0^{\sigma_1}\varepsilon\mathrm{d}\sigma \quad (10-22)$$

余能也可以由下式计算得到

$$V_c = \int_V v_c\mathrm{d}V \quad (10-23)$$

【例 10-3】 求 [例 10-2] 两种情况下的余能。

解：（1）对于线弹性情况，余能与变形能相等，即 $V_\varepsilon = V_c$。

（2）由 $\sigma = B\sqrt{|\varepsilon|}$ 得 $|\varepsilon| = \dfrac{\sigma^2}{B^2}$，代入式（10-22）得

$$v_c = \int_0^\sigma |\varepsilon| \mathrm{d}\sigma = \int_0^\sigma \frac{\sigma^2}{B^2} \mathrm{d}\sigma = \frac{\sigma^3}{3B^2}$$

代入式（10-23）得

$$V_c = \int_V v_c \mathrm{d}V = \int_l \frac{\sigma^3}{3B^2} A \mathrm{d}x = \frac{\sigma^3 A l}{3B^2} \tag{5}$$

由 [例 10-2] 的式（4）可得

$$\begin{cases} \sigma_{AB} = B\sqrt{\varepsilon_{AB}} = \dfrac{B}{2\sqrt{a}}(\Delta_{Ay} - \sqrt{3}\Delta_{Ax})^{\frac{1}{2}} \\ \sigma_{AC} = B\sqrt{\varepsilon_{AC}} = \dfrac{B}{\sqrt{3}a}(\sqrt{3}\Delta_{Ax})^{\frac{1}{2}} \end{cases}$$

代入式（5）得

$$V_c = \frac{2aA\sigma_{AB}^3}{3B^2} + \frac{\sqrt{3}aA\sigma_{AC}^3}{3B^2} = \frac{AB}{36\sqrt{a}}\left[3(\Delta_{Ay} - \sqrt{3}\Delta_{Ax})^{\frac{3}{2}} + 4(\sqrt{3}\Delta_{Ax})^{\frac{3}{2}}\right]$$

第三节 莫 尔 定 理

一、虚位移原理

对于任一处于平衡状态下的可变形杆件，其外力和内力对任意给定的虚位移所作的总虚功必然等于 0，即

$$W_e + W_i = 0 \tag{10-24}$$

式中，W_e 和 W_i 分别代表外力和内力对虚位移所作的虚功。式（10-24）为虚位移原理的表达式。

下面以图 10-8 所示简支梁为例，来推导虚位移原理的具体表达式。

图 10-8（a）所示简支梁上的外力为载荷 P_1、P_2、$q(x)$ 和支座反力 R_A、R_B。当梁上给定任一虚位移时，除了两支座不可能有虚位移外，所有梁上载荷作用点均有与其相应的虚位移 [图 10-8（b）]。因此，梁上所有外力（包括载荷和支座反力）对于虚位移所做虚功为

$$W_e = R_A \times 0 + R_B \times 0 + P_1 \Delta_1 + P_2 \Delta_2 + \int_{l_1} q(x)\Delta(x)\mathrm{d}x = \sum_{i=1}^n P_i \Delta_i \tag{10-25}$$

在梁 AB 中任取一微段 $\mathrm{d}x$ [图 10-8（a）、（b）、（c）]，假设作用在微段 $\mathrm{d}x$ 左右两个截面上的内力分别为剪力 F_Q、$F_Q + \mathrm{d}F_Q$ 和弯矩 M、$M + \mathrm{d}M$，微段变形虚位移如图 10-8（d）、（e）所示，微段 $\mathrm{d}x$ 上的总虚功为

$$M\left(\frac{\mathrm{d}\theta}{2}\right) + (M + \mathrm{d}M)\left(\frac{\mathrm{d}\theta}{2}\right) + F_Q\left(\frac{\mathrm{d}\lambda}{2}\right) + (F_Q + \mathrm{d}F_Q)\left(\frac{\mathrm{d}\lambda}{2}\right)$$

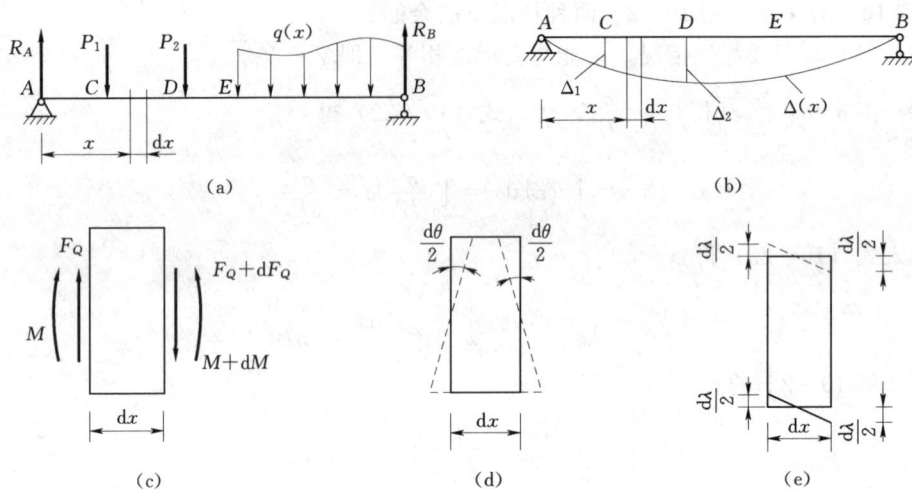

图 10-8 简支梁受力图
(a) 载荷图；(b) 虚位移图；(c) dx 段受力图；(d) 弯矩引起 dx 段变形图；
(e) 剪力引起 dx 段变形图

略去高阶小量，即得
$$Md\theta + F_Q d\lambda$$

根据虚位移原理，微段 dx 上的内力虚功 dW_i 和外力虚功 $Md\theta + F_Q d\lambda$ 之和等于 0，即
$$dW_i + Md\theta + F_Q d\lambda = 0$$

整个梁上的内力虚功为
$$W_i = \int_l dW_i = -\int_l (Md\theta + F_Q d\lambda) \tag{10-26}$$

将式（10-25）和式（10-26）代入式（10-24），可得
$$\sum_{i=1}^n P_i \Delta_i - \int_l (Md\theta + F_Q d\lambda) = 0 \tag{10-27}$$

若所研究对象为发生组合变形的杆件，其任意截面上的内力有弯矩 M、剪力 F_Q、轴力 F_N 和扭矩 M_x，作用在杆上的载荷为 P_i，则杆件的虚位移原理表达如下：
$$\sum_{i=1}^n P_i \Delta_i = \int_l (Md\theta + F_Q d\lambda + F_N d\delta + M_x d\varphi) \tag{10-28}$$

式中，Δ_i、$d\theta$、$d\lambda$、$d\delta$ 和 $d\varphi$ 分别为微段上与力 P_i、弯矩 M、剪力 F_Q、轴力 F_N 和扭矩 M_x 相对应的虚位移。

二、莫尔定理

莫尔定理亦称为单位载荷法或单位力法，是马克斯威尔（J. C. Maxwell）和莫尔（O. Mohr）分别在 1864 年和 1874 年单独建立的。由于该方法可以直接计算构件（或结构）指定点在指定方向上的位移，因而是一种计算构件（或结构）位移的普遍方法。

若要确定在实际载荷作用下杆件某一截面沿某一指定方向（或转向）的位移 Δ，就可以在该点附近施加一个相应的单位力，设在该单位力作用下引起的各个横截面上的内力分

第四节 图形互乘法

别为 $\overline{M}$、$\overline{F}_Q$、$\overline{F}_N$ 和 $\overline{M}_x$。根据式 (10-28)，虚位移原理表示成

$$\Delta = \int_l (\overline{M}d\theta + \overline{F}_Q d\lambda + \overline{F}_N d\delta + \overline{M}_x d\varphi) \tag{10-29}$$

式中，Δ 为单位力所做虚功；$d\theta$、$d\lambda$、$d\delta$ 和 $d\varphi$ 为实际载荷引起的分别与 $\overline{M}$、$\overline{F}_Q$、$\overline{F}_N$ 和 $\overline{M}_x$ 相应的变形位移，在式 (10-29) 看作虚位移。

对于线弹性体构件，由实际载荷引起的微段 dx 两端横截面间的变形位移为

$$d\delta = \frac{F_N}{EA}dx, \quad d\theta = \frac{M}{EI}dx, \quad d\lambda = \frac{\alpha_s F_Q}{GA}dx, \quad d\varphi = \frac{M_x}{GI_P}dx \tag{10-30}$$

式中的 M、F_Q、F_N 和 M_x 为实际载荷引起的内力；α_s 为切应力实际不均匀并与截面形状有关的修正因数。将上式代入式 (10-29) 可得

$$\Delta = \int_0^l \overline{F}_N \frac{F_N}{EA}dx + \int_0^l \overline{M}\frac{M}{EI}dx + \int_0^l \overline{F}_Q \frac{\alpha_s F_Q}{GA}dx + \int_0^l \overline{M}_x \frac{M_x}{GI_P}dx \tag{10-31}$$

【例 10-4】 试利用莫尔定理求如图 10-9 所示简支梁中点 C 的挠度。

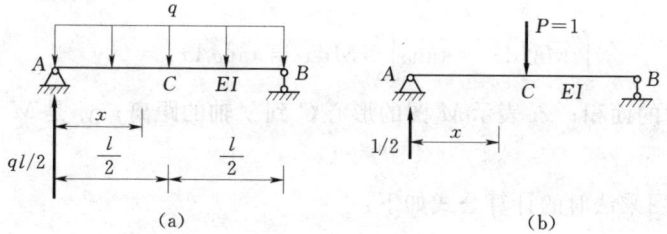

图 10-9 ［例 10-4］ 图
(a) 实际位移状态；(b) 虚设力状态

解： 根据莫尔定理，在 C 点施加单位力 $P=1$ ［图 10-9 (b)］载荷和单位力作用下的弯矩方程分别为

$$M(x) = \frac{ql}{2}x - \frac{q}{2}x^2 \quad (0 \leqslant x \leqslant l)$$

$$\overline{M}(x) = \frac{1}{2}x \quad \left(0 \leqslant x \leqslant \frac{l}{2}\right)$$

利用式 (10-31)，并考虑梁上弯矩的对称性，得 C 点挠度：

$$\Delta_c = \int_l \frac{M(x)\overline{M}(x)}{EI}dx = \frac{2}{EI}\int_0^{\frac{l}{2}}\left(\frac{ql}{2}x - \frac{q}{2}x^2\right)\frac{x}{2}dx = \frac{5ql^4}{384EI}(\downarrow)$$

第四节 图形互乘法

在计算梁和刚架这类以弯曲为主的杆件位移时，采用如下公式：

$$\Delta = \int_0^l \overline{M}\frac{M}{EI}dx \tag{10-32}$$

在满足一定条件下，式 (10-32) 的积分运算可以用四则运算代替，这种数学计算方

法称为图乘法，这一方法是 1924 年由维力沙金（А. Н. Верещаги）首先提出来的。故又称为维力沙金法。

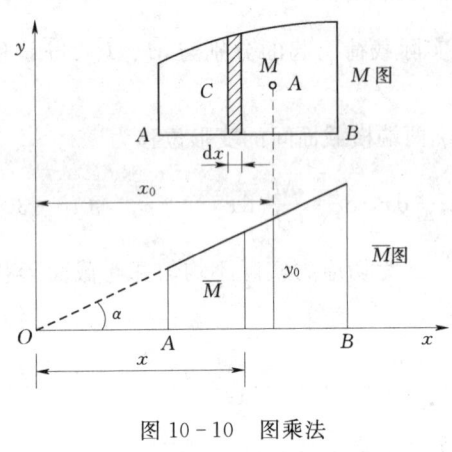

图 10-10 图乘法

图乘法必须满足的两个基本条件：

（1）等截面直杆（杆件的 EI 为常数或可分为若干常数段）。

（2）$M(x)$ 和 $\overline{M}(x)$ 图中至少有一个是直线图形。

下面来推导图乘法的计算方法。

图 10-10 所示为一直杆或直线段 AB 的两个弯矩图，其中有一个弯矩图是直线（如 $\overline{M}$）。

以 $\overline{M}$ 图中两直线的交点 O 作为坐标原点，以 α 表示 $\overline{M}$ 图直线的斜率，则 $\overline{M}$ 中任一点标距可表示为

$$\overline{M}=x\tan\alpha \quad (10-33)$$

因此
$$\int_A^B \overline{M}M\mathrm{d}x = \tan\alpha\int_A^B xM\mathrm{d}x = \tan\alpha A x_c = A y_c \quad (10-34)$$

式中：A 为 M 图的面积；x_c 表示 M 图的形心 C 到 y 轴的距离；y_c 是 M 图形心 C 对应处的 $\overline{M}$ 图标距。

因此，利用图乘法时的计算公式如下：

$$\Delta = \int_0^l \overline{M}\frac{M}{EI}\mathrm{d}x = \frac{A y_c}{EI} \quad (10-35)$$

在利用上式进行计算时应当注意：

（1）竖距必须取自相同斜率段的直线图形中，面积取自另一图形。若 M 图和 $\overline{M}$ 图均为直线图形，则可在任意图形中取竖距，另一图形中取面积。

（2）若直杆各段的 EI 为不同的常数时，应当分段图乘。

（3）若 M 图和 $\overline{M}$ 图在基线同侧，图乘结果为正值，反之为负值。

（4）在实际计算若遇到更为复杂的图形，进行图乘时，将其分解为几个简单图形，图乘后再叠加。

在图 10-11 中，给出了位移计算中几种常见图形的面积公式和形心位置。

【例 10-5】 外伸梁 $EI=$ 常数，受力如图 10-12 所示，试求外伸端 A 的挠度和截面转角。

解： 做原载荷作用下弯矩图，如图 10-12（b）所示，在 A 施加单位力和单位力偶下的弯矩图如图 10-12（c），（d）所示。

利用图乘法得

$$\Delta_A = \frac{1}{EI}\left(\frac{1}{3}\times\frac{1}{2}qa^2\times a\times\frac{3}{4}a + \frac{1}{2}\times\frac{1}{2}qa^2\times 2a\times\frac{2}{3}a - \frac{2}{3}\times\frac{1}{2}qa^2\times 2a\times\frac{a}{2}\right) = \frac{qa^4}{8EI}$$

$$\theta_A = \frac{1}{EI}\left(\frac{1}{3}\times\frac{1}{2}qa^2\times a\times 1 + \frac{1}{2}\times\frac{1}{2}qa^2\times 2a\times\frac{2}{3} - \frac{2}{3}\times\frac{1}{2}qa^2\times 2a\times\frac{1}{2}\right) = \frac{qa^3}{6EI}$$

第四节 图形互乘法

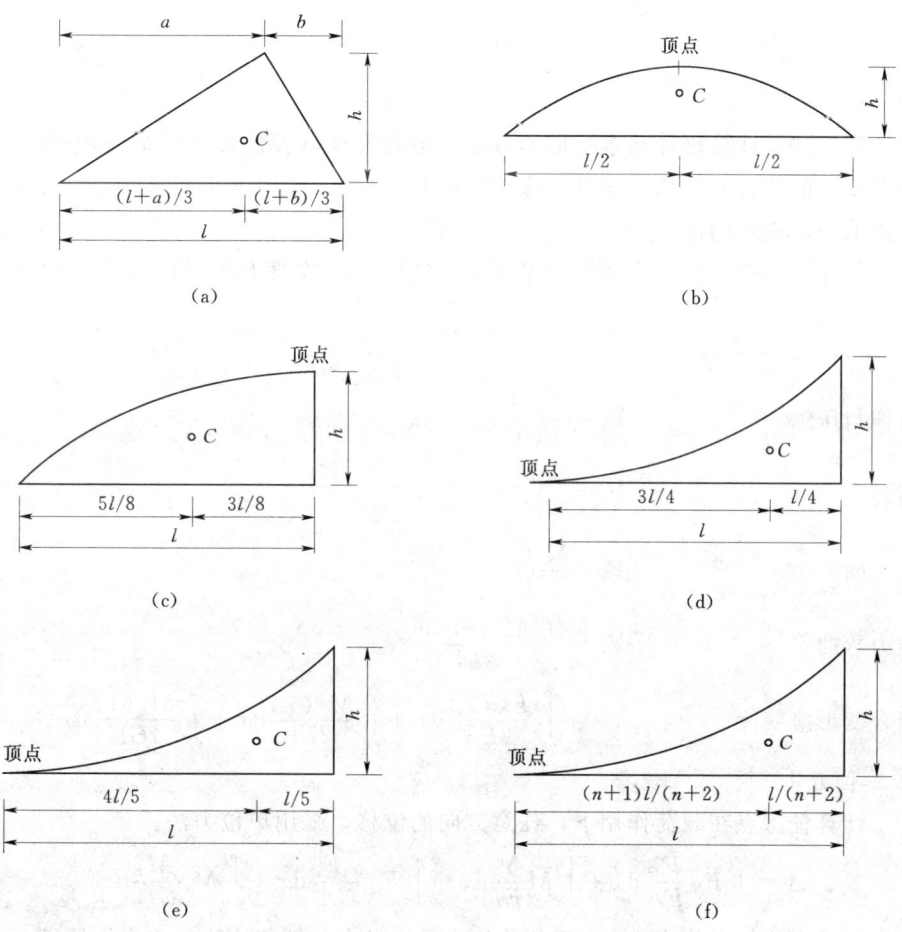

图 10-11 常见图形的面积公式和形心位置

(a) 三角形 $A=\frac{1}{2}lh$;(b) 二次抛物线 $A=\frac{2}{3}lh$;(c) 二次抛物线 $A=\frac{2}{3}lh$;(d) 二次抛物线 $A=\frac{1}{3}lh$;

(e) 三次抛物线 $A=\frac{1}{4}lh$;(f) n 次抛物线 $A=\frac{1}{n+1}lh$

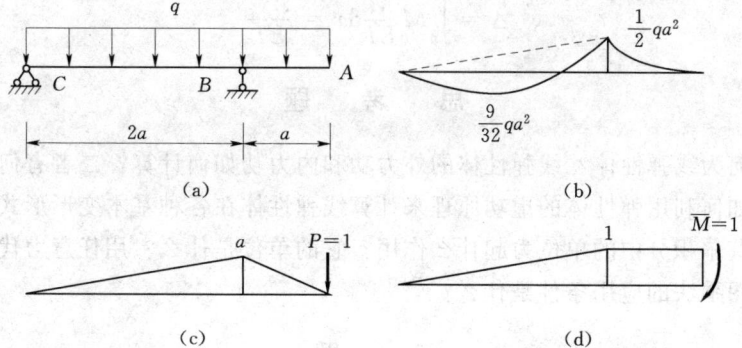

图 10-12 [例 10-5] 图

(a) 荷载图;(b) 弯矩图;(c) 单位力作用下弯矩图;(d) 单位力偶下弯矩图

215

小 结

1. 应变能

前几章叙述了计算每种基本变形的方法。但是发现，弹性体在载荷作用下发生变形，载荷在其相应的位移上作功，同时，弹性体内储存能量。这个能量叫应变能。本章通过能量的方法求构件变形的位移。

由能量守恒定律，积蓄在弹性体内的应变能 V_ε 在数值上等于载荷所作的功 W，即 $V_\varepsilon = W$。

2. 构件变形应变能

拉伸与压缩 $\quad V_\varepsilon = \dfrac{F_N^2 l}{2EA}$

扭转 $\quad V_\varepsilon = \dfrac{M_x^2 l}{2GI_P}$

纯弯曲 $\quad V_\varepsilon = \dfrac{M^2 l}{2EI}$

横力弯曲 $\quad V_\varepsilon = \int_l \dfrac{M^2(x)\,\mathrm{d}x}{2EI}$

组合变形应变能 $\quad V_\varepsilon = \int_l \dfrac{F_N^2(x)}{2EA}\mathrm{d}x + \int_l \dfrac{M^2(x)}{2EI}\mathrm{d}x + \int_l \dfrac{M_x^2(x)}{2GI_P}\mathrm{d}x$

3. 单位力法

为了计算任意点在载荷作用下，任意方向的位移，采用单位力法。

$$\Delta = \int_0^l \overline{F}_N \dfrac{F_N}{EA}\mathrm{d}x + \int_0^l \overline{M}\dfrac{M}{EI}\mathrm{d}x + \int_0^l \overline{F}_Q \dfrac{\alpha_s F_Q}{GA}\mathrm{d}x + \int_0^l \overline{M}_x \dfrac{M_x}{GI_P}\mathrm{d}x$$

注意：在所求点施加单位力 1，这里的单位力是广义力，即集中力、集中力偶等。

4. 图形互乘法

采用图形互乘法省去繁琐的积分过程，通过寻找弯矩图图形面积及形心、形心对应截面的弯矩值，然后进行乘积。

$$\Delta = \int_0^l \overline{M}\dfrac{M}{EI}\mathrm{d}x = \dfrac{A y_c}{EI}$$

思 考 题

10-1 何为线弹性体？线弹性体的外力功和内力功如何计算？二者有何联系？

10-2 如何利用弹性体的虚功原理来计算线弹性体在各种基本变形形式下的变形能？

10-3 莫尔积分中的单位力起什么作用？它的单位是什么？用任意力代替可以吗？

10-4 图乘法的应用条件是什么？

习 题

10-1 一端固定的圆杆，长度为 l，截面直径为 d，受集度为 m 的均布扭转力偶作用，试求杆的变形能。

10-2 试求习题 10-2 图所示阶梯截面杆的变形能。

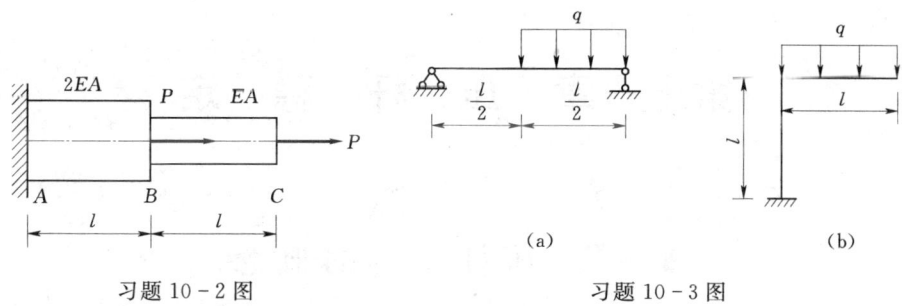

习题 10-2 图

习题 10-3 图

10-3 计算习题 10-3 图所示结构的变形能，略去剪力的影响，EI 均为已知。

10-4 利用莫尔定理求习题 10-4 图所示梁的中点 C 的挠度 Δ_C。

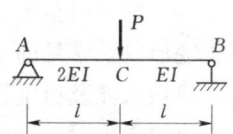

习题 10-4 图

10-5 用图乘法求习题 10-5 图所示各梁 C 点处的竖向位移。

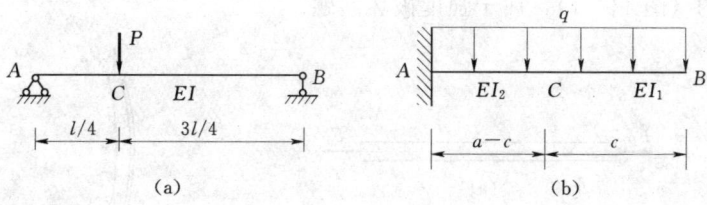

习题 10-5 图

10-6 试求习题 10-6 图所示桁架中杆件 DB 与 EB 之间的相对转角。已知各杆截面积为 $A=20\text{cm}^2$，$d=2\text{m}$，$P=40\text{kN}$，$E=21000\text{kN}/\text{cm}^2$。

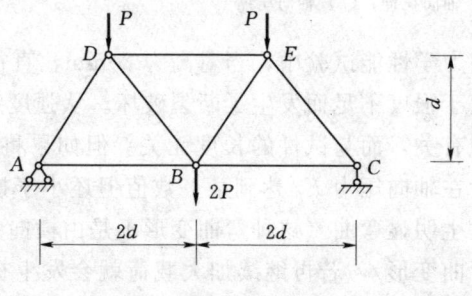

习题 10-6 图

第十一章 压杆稳定

第一节 压杆稳定的概念

在绪论中已指出，衡量构件承载能力的指标有强度、刚度、稳定性，关于构件的各种基本变形以及常见的组合变形下的强度和刚度问题，在前面各章节中已作了较详细的阐述，但均未涉及稳定性问题。本章将讨论受压构件的稳定性问题。

第二章中讨论轴向拉伸（压缩）杆件的强度问题时指出，对于受拉杆件或受压短粗杆，当应力达到屈服极限或强度极限时，杆件将发生塑性变形或断裂失效，这种破坏是强度不足而引起的（图 11-1），属于强度破坏问题。

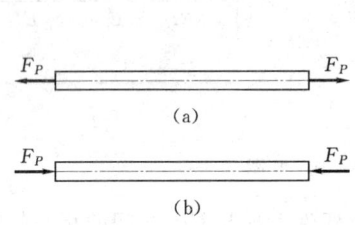

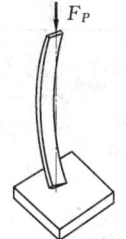

图 11-1 轴向拉伸和压缩
(a) 轴向拉伸；(b) 轴向压缩

图 11-2 细长杆受压

在材料的拉伸和压缩力学性能试验中，当对高为 20mm，直径为 10mm 的短粗铸铁试件进行压缩试验时，其由于强度不足而发生了断裂破坏。从强度条件出发，该试件的承载能力应只与其横截面面积有关，而与试件的长度无关。但如果将该试件加到足够的长度，再对其施加轴向压力时，在轴向压力 F_p 达到某一数值但还小于按抗压强度极限所确定的载荷时，会突然向一侧发生明显弯曲（这种弯曲变形不是由横向力引起，而是由轴向压力引起的，所以称为纵向弯曲变形），若再继续加大载荷就会发生折断，从而丧失了承载能力。我们把受压直杆突然变弯的现象称为失稳。读者可以用一根细长的木条进行实验（图 11-2），就能看出这种情况。由此可见，这时压杆的承载能力并不取决于强度，而是与它受压时的弯曲刚度有关，即与压杆的稳定性有关。

压杆的失稳，轻则引起构件失效，重则引起整个机器或结构的破坏，造成严重的事故。在工程建设中，由于对压杆稳定问题没有引起足够的重视或设计不合理，曾发生了多起严重的工程事故。例如 1907 年，魁北克的圣劳伦斯河上一座跨度为 548m 的钢桥正在修建时，由于两根压杆失去稳定，造成了全桥突然坍塌的严重事故。19 世纪末，瑞士的一座铁桥，当一辆客车通过时，桥桁架中的压杆失稳，致使桥发生灾难性坍塌，大约有

200人遇难。1983年10月4日，中国社会科学研究院科研楼工地的钢管脚手架距地面5～6m处突然外拱（图11-3），刹那间，这座高达54.2m，长17.25m，总重565.4kN的大型脚手架轰然坍塌，5人死亡，7人受伤，脚手架所用建筑材料大部分报废，而导致这一灾难性事故的直接原因就是脚手架结构本身存在严重缺陷，致使结构失稳坍塌。实际上，早在1744年，出生于瑞士的著名科学家欧拉（L. Euler）就对理想压杆在弹性范围内的稳定性进行了研究，并导出了计算细长压杆临界压力的计算公式，即欧拉公式。但是，同其他科学问题一样，压杆稳定性的研究和发展与生产力发展的水平密切相关。欧拉公式面世后，在相当长的时间里之所

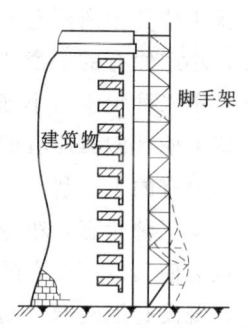

图11-3 失稳实例

以未被认识和重视，就是因为当时在工程与生活建造中使用的木桩、石柱都不是细长的。直到1788年熟铁轧制的型材开始生产，然后出现了钢结构。特别是19世纪，随着铁路金属桥梁的大量建造，细长压杆的大量出现，相关工程事故的不断发生，才引起人们对压杆稳定问题的重视，并进行了不断深入的研究。

失稳现象并不限于压杆，例如狭长的矩形截面梁，在横向载荷作用下，会出现侧向弯曲和绕轴线的扭转［图11-4（a）］；受外压作用的圆柱形薄壳，当外压过大时，其形状可能突然变成椭圆［图11-4（b）］；圆环形拱受径向均布压力时，也可能产生失稳［图11-4（c）］。本章中，我们只研究受压杆件的稳定性，这类问题通常简称"压杆稳定"。

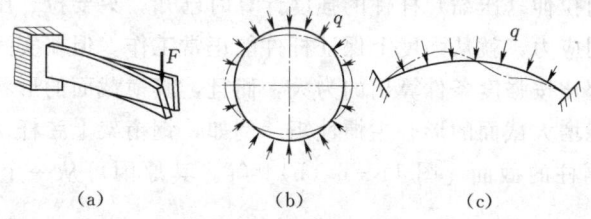

图11-4 几种其他形式的稳定性问题
(a) 狭长矩形截面梁的侧弯失稳；(b) 圆柱形薄壳的失稳；(c) 圆环形拱的失稳

所谓的稳定性是指杆件保持原有直线平衡形式的能力。实际上它是指平衡状态的稳定性。现以图11-5所示小球的3种平衡状态作比较，对平衡状态的稳定性加以说明。小球在图11-5所示的3个位置虽然都可以保持平衡，但这些平衡状态对干扰的反应能力不同。

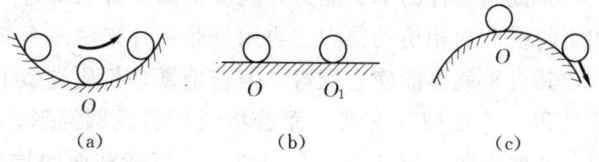

图11-5 稳定、临界、不稳定平衡示意图
(a) 稳定平衡；(b) 临界平衡；(c) 不稳定平衡

第一种状态，小球在凹面内的O点处于平衡状态，如图11-5（a）所示。先用外加

干扰力使其偏离原有的平衡位置,然后再把干扰力去掉,小球能回到原来的平衡位置。因此,小球原有的平衡状态是稳定平衡。

第二种状态,小球在凸面上的 O 点处于平衡状态,如图 11-5(c)所示。当用外加干扰力使其偏离原有的平衡位置后,小球将继续下滚,不再回到原来的平衡位置。因此,小球原有的平衡状态是不稳定平衡。

第三种状态,小球在平面上的 O 点处于平衡状态,如图 11-5(b)所示,当用外加干扰力使其偏离原有的平衡位置后,把干扰力去掉后,小球将在新的位置 O_1 再次处于平衡,既没有恢复原位的趋势,也没有继续偏离的趋势。因此,我们称小球原有的平衡状态为临界平衡。

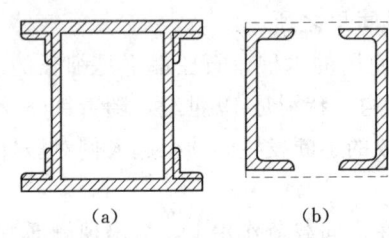

图 11-6 压杆横截面
(a)钢桁架上弦杆(压杆)的截面;
(b)厂房钢柱的截面

显然,小球的平衡状态从"稳定"变到"不稳定",是与曲面从凹变到凸有关,其间的分界线是平面,即临界状态。临界状态具有了不稳定状态的特点,所以可以视为不稳定平衡的开始。

同样,在外力作用下处于平衡的构件,经过外部小的干扰后仍能保持它原有的平衡状态时,就称这个构件处于稳定平衡状态;相反,如不能保持它原来的平衡状态,则称这个构件原来就处于不稳定的平衡状态。

在前面讨论轴向拉伸(压缩)杆件的强度计算时已知,只要拉、压杆横截面上的正应力不超过材料的许用应力,就从强度上保证杆件能正常工作。但在实际结构中,受压杆件的横截面尺寸一般都比按强度条件算出的为大,而且,其横截面的形状往往与梁的横截面形状相仿,即尽可能增大截面的形心主惯性矩。例如,钢桁架上弦杆(压杆)的截面[图 11-6(a)]、厂房钢柱的截面[图 11-6(b)]等。其原因可从一个简单的实验来加以说明。

取一根长为 300mm 的钢尺,其横截面尺寸为 20mm×1mm。若钢的许用应力为 [σ] =196MPa,则按强度条件算得钢尺所能承受的轴向压力应为

$$F_P = (20 \times 1 \times 10^{-6}) \times (196 \times 10^6) = 3.92 \text{(kN)}$$

但若将此钢尺竖立在桌上,用手压其上端,则当压力不到 40N 时,钢尺就被明显压弯。显然,这个压力要比 3.92kN 小两个数量级。当钢尺被明显压弯时,就不可能再承担更多的压力。由此可见,钢尺的承载能力并不取决于轴向压缩的抗压强度,而是与钢尺受压时变弯有关。因此,要提高压杆的承载能力,就应提高压杆的抗弯刚度。这就是压杆的横截面之所以做成和梁的横截面相仿的原因。再用一张纸片来做一个简单的实验:把一张平的纸片竖放在桌上,其自重就可能使它变弯。但若把纸片折成类似于角钢的形状,就须在其顶端放上一个轻砝码,才能使其变弯。而若将纸片卷成圆筒形,则虽放上一个轻砝码,也不能使它变弯。这就表明,压杆是否会变弯,与杆横截面的抗弯刚度有关。而且,实际的压杆在制造时其轴线不可避免地会存在初曲率,作用在压杆上的外力的合力作用线也不可能毫无偏差地与杆的轴线相重合,压杆的材料本身也不可避免地存在不均匀性。这些因素都可能使压杆在外加压力作用下除了发生轴向压缩变形外,还发生附加的弯曲变

形。为了便于说明问题,可以把这些因素都用外加压力的偏心来模拟。容易得到,这种受偏心压力作用的杆件,不论压力的偏心距多么小,压杆的次要变形——弯曲变形都有可能随着压力的增大而加速增长,并逐渐转化为主要变形,从而导致压杆丧失承载能力。

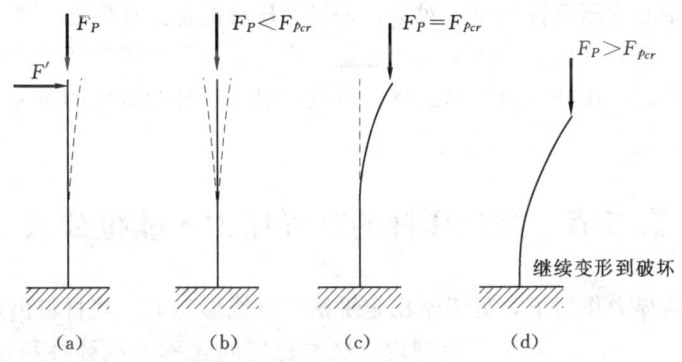

图 11-7 细长压杆的平衡形式
(a) 受水平干扰力的杆件微弯;(b) 稳定平衡;(c) 临界平衡;(d) 不稳定平衡

对细长压杆而言,使其失去承载能力的主要原因并不是强度问题,而是稳定性问题。我们以图 11-7(a)所示一端固定一端自由受轴向压力的均质细长直杆为例来说明关于压杆稳定性的基本概念。当杆只受到逐渐增大的轴向压力 F_P 作用时,由于不存在使压杆产生弯曲变形的初始因素,因此,杆可以始终保持为直线平衡状态。为此,在分析压杆时,当压杆承受轴向压力后,假想地在杆上施加一微小横向干扰力[图 11-7(a)中的力 F'],使杆发生弯曲变形,然后撤去横向力。在轴向压力 F_P 由小变大的过程中,可以观察到:

(1) 当压力值 F_P 较小时,如图 11-7(b)所示,若去掉横向干扰力后,压杆将在直线平衡位置左右摆动,最终将恢复到原来的直线平衡位置。所以,该杆原有直线平衡状态是稳定平衡状态。

(2) 当压力值 F_P 超过某一限度 F_{Pcr} 时,如图 11-7(d)所示,平衡状态的性质发生了质变。这时,只要有一轻微的横向干扰,压杆就会继续弯曲,不再恢复原状。因此,该杆原有直线平衡状态是不稳定平衡状态。

(3) 界于前二者之间,存在着一种临界状态,如图 11-7(c)所示。当压力值正好等于 F_{Pcr} 时,一旦去掉横向干扰力,压杆将在被干扰成的微弯状态下,达到新的平衡,既不恢复原状,也不再继续弯曲。因此,该杆原有直线平衡状态是临界平衡状态。

临界平衡状态是杆件从稳定平衡向不稳定平衡转化的极限状态。压杆处于临界状态时的轴向压力称为临界压力(或简称为临界力),用 F_{Pcr} 表示。在临界压力 F_{Pcr} 的作用下,压杆可能保持直线平衡,也可能在受到干扰后在微弯情况下保持平衡,这表明原来的直线平衡已经丧失稳定性。将压杆丧失其直线形状的平衡而过渡为曲线形状的平衡,并失去承载能力的现象,称为丧失稳定,或简称为"失稳"。由此可见,所谓压杆稳定是指细长压杆在轴向力作用下保持其原有直线形状下平衡状态的能力。

以上所述"材料均匀、轴线为直线、压力作用线通过轴线"的等直压杆又称为理想的

"中心受压直杆"。而实际的压杆由于材料的不均匀、初曲率或加载的偏心等因素的影响,均可引起压杆变弯。故实际压杆会在达到理想压杆临界压力之前就突然变弯而失去承载能力。故实际压杆的轴向压力极限值一定低于理想压杆的临界压力 F_{pcr}。但为了便于研究,本章主要以理想中心受压直杆为研究对象,来讨论压杆的稳定性问题。

由上述可知,压杆的原有直线平衡状态是否稳定,与所受轴向压力大小有关。当轴向压力达到临界压力时,压杆即向失稳过渡。所以,对于压杆稳定性的研究,关键在于确定压杆的临界压力。

第二节 细长压杆的临界压力·欧拉公式

细长压杆在临界力作用下,处于不稳定平衡的直线形态下,其材料仍处于理想的线弹性范围内,这类稳定问题称为线弹性稳定问题,它是压杆稳定问题中最简单也是最基本的情况。

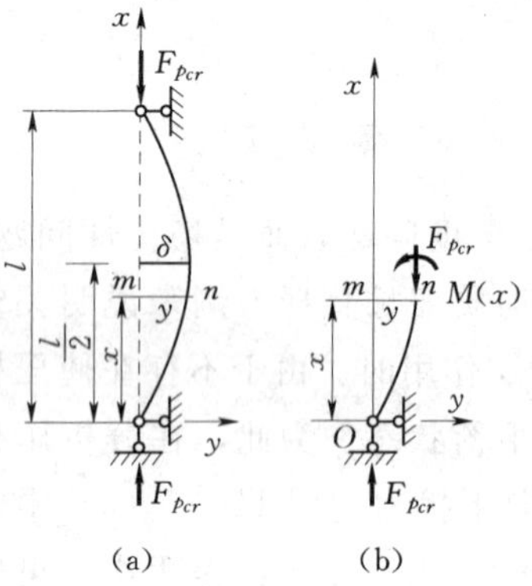

一、两端铰支细长压杆的临界压力

图 11-8(a) 所示为一两端为球形铰支、长度 l 的理想中心受压细长直杆,推导其临界压力 F_{pcr} 的计算公式。

根据上一节的讨论,轴向压力达到临界压力时,压杆的直线平衡状态将由稳定转变为不稳定。在微小横向干扰力解除后,它将在微弯状态下保持平衡。可见,临界压力 F_{pcr} 就是使压杆保持微弯平衡的最小压力。

图 11-8 两端铰支压杆的平衡形式
(a) 细长压杆的受压平衡;(b) 细长压杆受压局部受力分析

建立如图 11-8(a) 所示坐标系,假想从距坐标原点 O 为 x 处将杆件截开,取其一部分为研究对象[图 11-8(a)],则在截面上除了有轴向压力 F_{pcr} 外,还作用有弯矩 $M(x)$,弯矩值为

$$M(x) = F_{pcr} y \tag{a}$$

当压杆的应力不超过材料的比例极限时,即在线弹性工作条件下,可利用式(7-5a),即梁在小变形条件下挠曲线近似微分方程,即

$$\frac{d^2 y}{dx^2} = -\frac{M(x)}{EI} \tag{b}$$

需要说明的是,由于压杆两端是球铰支座,它对端截面在任何方向的转角都没有限制,因而,杆件的微小弯曲变形一定发生在抗弯能力最小的纵向平面内,所以上式中的 I 应该是横截面的最小惯性矩。

将式(a)代入式(b)可得杆轴微弯成曲线的近似微分方程为

$$\frac{d^2 y}{dx^2} = -\frac{F_{pcr} y}{EI} \tag{c}$$

令

$$k^2 = \frac{F_{pcr}}{EI} \tag{d}$$

可得一常系数线性二阶齐次微分方程

$$\frac{d^2y}{dx^2}+k^2y=0 \tag{e}$$

此微分方程的通解为

$$y=A\sin kx+B\cos kx \tag{f}$$

式中的 A 和 B 为积分常数，可由压杆杆端的边界条件来确定，即

当 $x=0$ 时，$y=0$

当 $x=l$ 时，$y=0$

将上述边界条件分别代入式（f），即得

$$\left.\begin{array}{l}B=0\\A\sin kl+B\cos kl=0\end{array}\right\} \tag{g}$$

显然，上列线性齐次方程组（g）的零解（即 $A=0$、$B=0$）不是我们需要的，因这样会使式（f）变为 $y=0$，其表示压杆任一横截面的挠度均等于 0，即压杆并无弯曲而处于直线平衡状态，而这与在临界力作用下压杆保持微弯的平衡状态这一前提不符。我们需要的是式（g）的非零解，这就要求由待定积分常数 A 和 B 的系数所组成的行列式等于 0，即

$$\begin{vmatrix}0 & 1\\\sin kl & \cos kl\end{vmatrix}=0 \tag{h}$$

通常将式（h）表示的方程称为稳定的特征方程，由它即可得临界力。例如将式（h）展开，可得

$$\sin kl=0$$

使上式成立的 kl 值为 $\quad kl=n\pi$

其中 n 为任意整数 $(n=0,1,2,3,\cdots)$。

由此可得

$$k=\frac{n\pi}{l}$$

将其代入式（d）中，则

$$k^2=\frac{F_{pcr}}{EI}=\frac{n^2\pi^2}{l^2}$$

可得

$$F_{pcr}=n^2\frac{\pi^2 EI}{l^2}$$

由上式可知：n 为任意整数，所以使压杆保持微弯平衡状态的压力，在理论上可以有无穷多个。而这些压力中，使压杆保持微弯平衡状态的最小压力，才是临界压力。取 $n=0$，没有意义，只能取 $n=1$。于是得到两端铰支细长压杆的临界压力公式：

$$F_{pcr}=\frac{\pi^2 EI}{l^2} \tag{11-1}$$

式（11-1）又称为欧拉公式。

在此临界 F_{pcr} 的作用下，$k=\frac{n\pi}{l}$，则式（f）可改写为

$$y=A\sin\frac{\pi x}{l} \tag{i}$$

由此式可以看出，两端铰支细长压杆在临界压力作用下处于微弯状态时的挠曲线是条半波正弦曲线，如图 11-8（a）所示。

由图 11-8（a）可知，当 $x=\dfrac{l}{2}$ 时，$y=\delta$（δ 为压杆中点的挠度值），将其代入式（i）中可得

$$A=\delta$$

上式说明积分常数 A 的物理意义为压杆中点处所发生的最大挠度，则压杆的挠曲线方程又可以表示为

$$y=\delta\sin\dfrac{\pi x}{l}$$

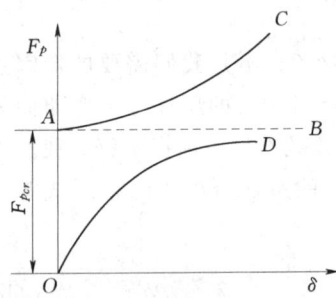

图 11-9　压杆的 $F_p-\delta$ 曲线图

在此处 δ 可为任意的微小位移值，即当 $F_p<F_{pcr}$ 时，$\delta=0$，即压杆处于稳定平衡状态而保持为直线；当 $F_p=F_{pcr}$ 时，在横向因素的干扰下，压杆可在 δ 为任意微小值的情况下而保持微弯平衡状态。若我们以 F_p 作为纵坐标，以 δ 作为横坐标，画出 $F_p-\delta$ 曲线图，则曲线会成为折线 OAB 的形状，如图 11-9 所示。

δ 的不确定性之所以存在，是因为我们在求欧拉公式时，以近似的曲率 $\dfrac{\mathrm{d}^2y}{\mathrm{d}x^2}$ 代替了准确的曲率，$\dfrac{\mathrm{d}^2y}{\mathrm{d}x^2}\bigg/\left[1+\left(\dfrac{\mathrm{d}y}{\mathrm{d}x}\right)^2\right]^{2/3}$，而近似公式只在曲率很小时才适用的缘故。若用准确的曲率来代替近似公式，则所得出的 $F_p-\delta$ 曲线应由曲线 OAC 来代表，从这条曲线可以看出，当 $F_p>F_{pcr}$ 时，杆的挠度虽然增加得很快，但仍有一定的数值，故 δ 的不确定性实际上并不存在。

在以上讨论中，假设压杆为理想中心受压直杆，但工程实际中的压杆并非如此。压杆的轴线难以避免有一些初弯曲，压力也无法保证没有偏心，材料也经常有不均匀或存在缺陷的情况。实际压杆的这些与理想压杆不符的因素，就相当于作用在杆件上的压力有一个微小的偏心距 e。试验结果表明，实际压杆的 F_p 与 δ 关系如图 11-9 中的曲线 OD 表示，偏心距 e 越小，曲线越靠近 OAC。

【例 11-1】　如图 11-10 所示细长圆截面连杆，长度 $l=800\mathrm{mm}$，直径 $d=20\mathrm{mm}$，材料为 Q235 钢，弹性模量 $E=200\mathrm{GPa}$。试计算连杆的临界压力。

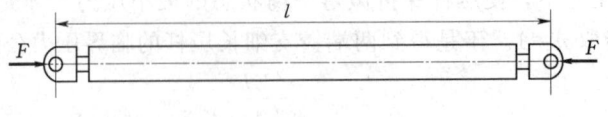

图 11-10　[例 11-1] 图

解： 该连杆为两端铰支细长压杆，由式（11-1）可知，其临界压力为

$$F_{pcr}=\dfrac{\pi^2EI}{l^2}=\dfrac{\pi^2E}{l^2}\dfrac{\pi d^4}{64}=\dfrac{\pi^3Ed^4}{64l^2}=\dfrac{\pi^3\times200\times10^9\times20^4\times10^{-12}}{64\times0.8^2}=24.2(\mathrm{kN})$$

Q235 钢的屈服极限 $\sigma_s=235\mathrm{MPa}$，因此，使连杆左支右压缩屈服的轴向压力为

$$F_s=A\sigma_s=\dfrac{\pi d^2}{4}\sigma_s=\dfrac{\pi\times20^2\times10^{-6}\times235\times10^6}{4}=73.8(\mathrm{kN})>F_{pcr}$$

上述计算说明，细长压杆的承压能力是由稳定性要求确定的。

【例 11-2】 两端铰支的中心细长压杆，长 1m，材料的弹性模量 $E=200\text{GPa}$，考虑采用 3 种不同截面，如图 11-11 所示。试比较这 3 种截面的压杆的稳定性。

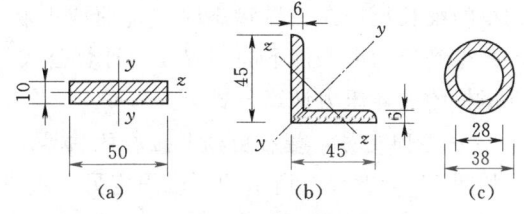

图 11-11 ［例 11-2］图
(a) 矩形截面；(b) 角钢；(c) 圆管截面

解：(1) 矩形截面。

$$I_{\min,1}=I_z=\frac{1}{12}\times 50\times 10^3=4166.6(\text{mm}^4)$$

$$F_{pcr}=\frac{\pi^2\times 200\times 10^9\times 4166.6\times 10^{-12}}{1^2}=8.255(\text{kN})$$

(2) 等边角钢 L45×6 截面。

查表得 L45×6 的最小惯性矩为

$$I_{\min,2}=I_z=3.89\times 10^4(\text{mm}^4)$$

$$F_{pcr}=\frac{\pi^2\times 200\times 10^9\times 3.89\times 10^4\times 10^{-12}}{1^2}=76.79(\text{kN})$$

(3) 圆管截面。

$$I_{\min,3}=\frac{\pi}{64}(D^4-d^4)=\frac{\pi}{64}(38^4-28^4)=72182(\text{mm}^4)$$

$$F_{pcr}=\frac{\pi^2\times 200\times 10^9\times 72182\times 10^{-12}}{1^2}=142.48(\text{kN})$$

讨论：3 种截面的面积依次为

$A_1=500\text{mm}^2$，$A_2=507.36\text{mm}^2$，$A_3=\frac{\pi}{4}(38^2-28^2)=518.4\text{mm}^2$，$A_1:A_2:A_3=1:1.02:1.04$

所以，三根压杆所用材料的量相差无几，但是

$$F_{pcr,1}:F_{pcr,2}:F_{pcr,3}=I_{\min,1}:I_{\min,2}:I_{\min,3}=1:9.34:17.32$$

由此可见，当端部各个方向的约束相同时，对用同样多的材料制成的压杆，要提高其临界压力就要设法提高 $I_{\min}$ 的值，不要让 $I_{\max}$ 和 $I_{\min}$ 相差太大。因为对稳定而言，$I_{\max}$ 再大也无益，最好让 $I_{\max}=I_{\min}$。从这方面看，圆管截面是最合理的截面。但须注意，应避免为使材料尽量远离中性轴而把圆管直径定得太大，因为在材料消耗量不变的情况下会使管壁太薄，从而可能发生杆的轴线不弯曲，但管壁突然出现绉痕的局部失稳现象。

二、不同杆端约束细长压杆临界力的欧拉公式

压杆受到轴向压力作用而发生微小弯曲时，其挠曲线的形式将与杆端的约束情况有直接的关系，这说明在其他条件相同的情况下，压杆两端的约束不同，其临界压力也不同。但是，不论杆端具有怎样的约束条件，都可以依照两端铰支形式的方法来推导其临界压力计算公式，这里不详细讨论。需要注意的是，由于杆端支承的约束程度不同，在推导过程中所用的杆的边界条件也应做相应的改变。另外，也可以利用对比的方法，即将杆端为某种约束的细长压杆在临界状态时的挠曲线形状与两端铰支压杆的挠曲线形状进行对比分析,来得到该约束条件下的临界压力计算公式。本节采用对比的方法导出几种常见约束条件下压杆的临界压力计算公式。

1. 一端固定另一端自由细长压杆的临界压力

如图 11-12（a）所示的一端固定另一端自由的压杆,当压杆处于临界状态时,它在曲线形式下保持平衡。将挠曲线 AB 对称于固定端 A 向下延长,如图 11-12（a）中所示。延长后挠曲线是一条半波正弦曲线,与两端铰支细长压杆的挠曲线一样。所以,对于一端固定另一端自由且长为 l 的压杆,其临界压力等于两端铰支长为 $2l$ 的压杆的临界压力,即

$$F_{pcr} = \frac{\pi^2 EI}{(2l)^2} \tag{11-2}$$

2. 两端固定细长压杆的临界压力

在这种杆端约束条件下,挠曲线如图 11-12（b）所示。该曲线在距上、下端为 $\frac{l}{4}$ 长度处各有一拐点 C 和 D,该两点的弯矩等于 0,这相当于在杆的点 C 和 D 处存在着铰的作用。居于中间的 $\frac{l}{2}$ 长度内,挠曲线是半波正弦曲线。所以,对于两端固定且长为 l 的压杆,其临界压力等于两端铰支长为 $\frac{l}{2}$ 的压杆的临界压力,即

$$F_{pcr} = \frac{\pi^2 EI}{(l/2)^2} \tag{11-3}$$

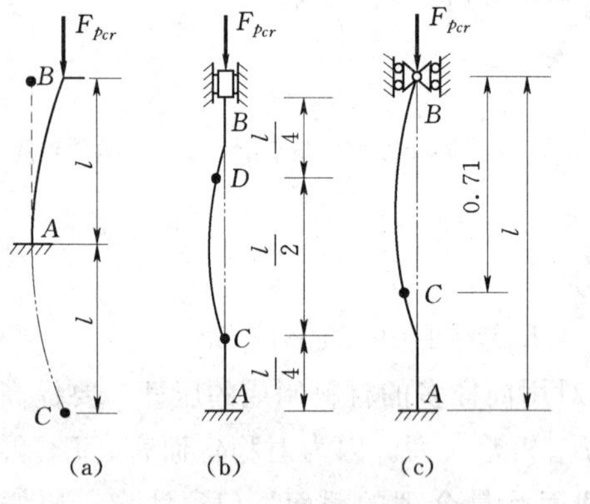

3. 一端固定另一端铰支细长压杆的临界压力

在这种杆端约束条件下,挠曲线如图 11-12（c）所示,挠曲线在距铰支端约为 $0.7l$ 处有一拐点 C。因此,在 $0.7l$ 长度内,挠曲线是一条半波正弦曲线。所以,对于一端固定另一端铰支且长为 l 的压杆,其临界压力等于两端铰支长为 $0.7l$ 的压杆的临界压力,即

$$F_{pcr} = \frac{\pi^2 EI}{(0.7l)^2} \tag{11-4}$$

图 11-12 不同杆端约束细长压杆的临界压力
(a) 一端固定一端自由压杆; (b) 两端固定压杆;
(c) 一端固定一端铰支压杆

从上述分析比较可见,对具有各种不同杆端约束的压杆临界压力计算公式与两端铰支压杆的临界压力计算公式,仅是长度参数的不同。这样,可以将具有各种不同杆端约束的压杆临界压力计算公式归纳为如下的统一形式:

$$F_{pcr} = \frac{\pi^2 EI}{(\mu l)^2} = \frac{\pi^2 EI}{l_0^2} \tag{11-5}$$

称为欧拉公式的一般形式。由式（11-5）可见,杆端约束对临界压力的影响表现在系数 μ 上。μ 称为压杆的长度系数,与压杆的杆端约束情况有关;$l_0 = \mu l$ 称为原压杆的计算长度,又称为相当长度,其物理意义就是在各种不同支承情况下挠曲线上两拐点之间的

长度,即挠曲线上相当于半波正弦曲线的一段长度,而 l 则是压杆的实际长度。

压杆在不同支承情况下的临界压力和长度系数 μ 的计算公式见表 11-1。

表 11-1　　各种支承约束条件下等截面细长压杆临界压力的欧拉公式

杆端支承情况	两端铰支	一端固定 一端铰支	两端固定	一端固定 一端自由	两端固定但可 沿横向相对移动
失稳时挠 曲线形状			C、D 为挠 线拐点		C、D 为挠 曲线拐点
临界压力 (欧拉公式)	$F_{pcr}=\dfrac{\pi^2 EI}{l^2}$	$F_{pcr}\approx\dfrac{\pi^2 EI}{(0.7l)^2}$	$F_{pcr}=\dfrac{\pi^2 EI}{(0.5l)^2}$	$F_{pcr}=\dfrac{\pi^2 EI}{(2l)^2}$	$F_{pcr}=\dfrac{\pi^2 EI}{l^2}$
计算长度	$l_0=l$	$l_0=0.7l$	$l_0=0.5l$	$l_0=2l$	$l_0=l$
长度系数 μ	$\mu=1$	$\mu\approx 0.7$	$\mu=0.5$	$\mu=2$	$\mu=1$

显然,上面所介绍的压杆的几种支承方式都是理想的和典型的,在工程实际中,压杆的实际支承情况通常比较复杂,因此,我们必须根据压杆的实际支承情况,将其恰当地化为上述的典型形式,或认定它是处在哪两种情况之间,从而定出适当的相当长度。对于常用压杆的相当长度,在各种设计规范都有具体的规定。

三、对临界压力计算公式的一些分析

为了进一步了解压杆的一些基本性质,下面我们再对计算临界压力的公式(11-5)即 $F_{pcr}=\dfrac{\pi^2 EI}{(\mu l)^2}$ 进行一些分析。

首先,应注意我们在推导式(11-5)时曾利用了挠曲线的近似微分方程式(7-5a) $\dfrac{d^2 y}{dx^2}=-\dfrac{M(x)}{EI}$,而式(7-5a)是建立在材料必须符合拉压胡克定律的基础上的。因此,临界压力公式(11-5)只适用于材料处于线弹性的情况下,即只当压杆中应力不超过材料的比例极限 σ_p 时才适用。

其次,由式(11-5)可以看出:临界压力 F_{pcr} 与压杆的几何尺寸、杆端的支承情况及材料的弹性模量等有关,而与材料的强度无关。若有几何尺寸和杆端支承情况完全一样的两细长杆,一是用普通的碳素钢制成,另一是用高强度的低合金钢制成,尽管这两种钢的强度相差很大,但因它们的弹性模量 E 的数值非常接近,两杆所具有的抵抗失稳的能力基本上是相同的。由此可知,在一般情况下,用高强度材料制造细长压杆是不经济的,因在这种情况下,材料的强度不可能得到充分的发挥。

第三,由式(11-5)还可看出:要使压杆具有较大的临界压力,就要尽可能地采用弹性模量 E 较高的材料和具有较大惯性矩 I 的截面形式。例如:有两横截面面积完全相同的压杆,其中一根做成直径较小的实心圆截面,另一根做成空心圆截面,则在其他条件相同的情况下，由于后者的 I 比前者大，其抵抗失稳的能力也比前者大。由此可以推论，在压杆的横截面面积不变的条件下，若将其横截面形状做成薄壁的（如圆筒和方箱形等），则其整体稳定性将比实心的或厚壁的截面杆好得多。当然，压杆的壁也不能做得太薄，压杆可能在整体失稳之前就出现局部失稳现象，例如工字形截面压杆在受到压力作用时，其腹板部分或翼缘部分都可能在整体失稳前出现局部的翘曲现象。

最后，在应用式（11-5）计算压杆的临界压力时，要仔细研究压杆可能在哪一纵向平面内失稳，这与杆端的支承情况以及压杆的抗弯刚度 EI 有密切的关系。当杆端支承在各个方向的约束情况相同，即压杆在各个方向有相同的计算长度 l_0 时，压杆的失稳必将在杆抗弯能力最弱的纵向平面内发生，即压杆的临界力 F_{pcr} 决定于压杆的最小抗弯刚度 EI_{min}。反之，当杆横截面在各个方向的 EI 都相同时，则失稳发生在约束最薄弱的平面内，故在计算临界压力时，应采用压杆在此平面内的相当长度。

【例 11-3】 有一支承混凝土模板的圆截面木支柱。已知柱长 $l=4$m 其横截面的平均直径 $d=120$mm，木材的 $E=10$GPa。若材料处于弹性阶段，试求此受压木柱的临界压力。

解：（1）计算柱截面的惯性矩：

$$I=\frac{\pi d^4}{64}=\frac{\pi \times 120^4}{64}=10.2\times 10^6 (\text{mm}^4)$$

（2）确定柱的相当长度：由于模板的支柱是可随时装拆的临时构件，其两端可看做是铰支，故柱的长度系数 $\mu=1$，$l=4$m。

（3）计算支柱的临界力：

$$F_{pcr}=\frac{\pi^2 EI}{(\mu l)^2}=\frac{\pi^2\times 10\times 10^9\times 10.2\times 10^6\times 10^{-12}}{(1\times 4)^2}=63(\text{kN})$$

【例 11-4】 如图 11-13（a）、（b）所示为一横截面为矩形的细长压杆，其两端都是用图 11-13（c）所示"柱形铰"与其他构件相连接。若杆在工作过程中其材料仍处于弹性阶段，试确定杆截面尺寸 b 和 h 之间的应有关系。

解： 因连杆的两端是用"柱形铰"与其他构件相连接，可认为在垂直于铰轴的平面［图 11-13（a）］内是铰接支承，而在包含铰轴的平面［图 11-13（b）中的 xOz 平面］内则是固定支承。故在设计时，必须分别计算在上述两个平面内的临界压力，并加以比较。

（1）若压杆在 xOy 平面内失稳，则如前所述，可认为其两端是铰接支承，相当长度 $\mu l=l$；压杆横截面对 z 轴的惯性矩 $I_z=bh^3/12$。由式（11-5）可求得其临界压力为

$$F'_{pcr}=\frac{\pi^2 EI}{l^2}=\frac{\pi^2 Ebh^3}{12l^2}$$

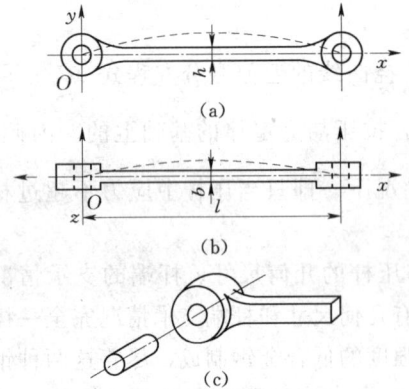

图 11-13 ［例 11-4］图
(a) 正视图；(b) 俯视图；(c) 柱形铰

(2) 若压杆在 xOz 平面内失稳，则如前所述，可认为其两端是固定支承，相当长度 $\mu l=0.5l$；压杆横截面对 y 轴的惯性矩 $I_y=hb^3/12$。由式（11-5）可求得其临界力为

$$F''_{pcr}=\frac{\pi^2 EI}{(0.5l)^2}=\frac{4\pi^2 Ehb^3}{12l^2}=\frac{\pi^2 Ehb^3}{3l^2}$$

(3) 压杆横截面的合理尺寸，应使压杆在 xOy 和 xOz 两个平面内具有相同的稳定性。即应使

$$F'_{pcr}=F''_{pcr}$$

或

$$\frac{\pi^2 Ebh^3}{12l^3}=\frac{\pi^2 Ehb^3}{3l^2}$$

由此可得 $\qquad h^2=4b^2$

即其合理的截面尺寸关系为 $\qquad h=2b$

第三节 压杆的临界应力·临界应力总图

一、临界应力的概念

当直杆中心所受压力等于临界压力仍旧直立，其横截面上的平均正应力称为临界应力，以记号 σ_{cr} 表示，设横截面面积为 A，则

$$\sigma_{cr}=\frac{F_{pcr}}{A}=\frac{\pi^2 EI}{(\mu l)^2 A}$$

式中，比值 I/A 是一个只与横截面的形状和尺寸有关的几何量，将其用 i^2 表示，即 $i^2=I/A$ 或 $i=\sqrt{I/A}$，称为截面的惯性半径，参见附录 I。则临界应力公式为

$$\sigma_{cr}=\frac{\pi^2 E}{(\mu l/i)^2}$$

令

$$\lambda=\frac{\mu l}{i} \tag{11-6}$$

则有

$$\sigma_{cr}=\frac{\pi^2 E}{\lambda^2} \tag{11-7}$$

上式即为压杆临界应力公式，是欧拉公式的另一表达形式。式中，λ 称为压杆的柔度或长细比，为无量纲的量。它综合地反映了压杆的长度（l）、杆端支承情况（μ）以及横截面形状和尺寸（i）等因素对压杆临界应力的影响。由式（11-7）可以看出，压杆的临界应力与其柔度的平方成反比，压杆的柔度值越大，其临界应力越小，压杆越容易失稳。因此，在压杆稳定问题中，柔度 λ 是压杆稳定计算的一个重要参数。

二、欧拉公式的适用范围

对于受压杆件而言，在什么条件下需要以强度为原则进行分析，而什么情况下又需考虑其稳定性呢？事实上，在推导压杆临界压力欧拉公式时，曾使用了梁的挠曲线近似微分方程，而该方程是在材料服从胡克定律基础上的，故必须在临界应力 σ_{cr} 不超过材料的比例极限 σ_p 时欧拉公式才适用，即

$$\sigma_{cr}=\frac{\pi^2 E}{\lambda^2}\leqslant\sigma_p$$

若将上式改写为
$$\lambda^2 \geqslant \frac{\pi^2 E}{\sigma_p}$$

或
$$\lambda \geqslant \sqrt{\frac{\pi^2 E}{\sigma_p}}$$

上式中比例极限 σ_p 及弹性模量 E 均是只与材料有关的参量，可令

$$\lambda_p = \pi \sqrt{\frac{E}{\sigma_p}} \tag{11-8}$$

则
$$\lambda \geqslant \lambda_p \tag{11-9}$$

式（11-9）即为欧拉公式的适用范围。也就是说，只有当压杆的实际柔度 λ 大于或等于与材料的比例极限 σ_p 所对应力的柔度值 λ_p 时，欧拉公式才适用。

由此可知，前面所称的细长压杆，应为其柔度不小于 λ_p，即 $\lambda \geqslant \lambda_p$ 的压杆。通常称将 $\lambda \geqslant \lambda_p$ 的压杆称为大柔度杆，或细长压杆。而当压杆的柔度 $\lambda < \lambda_p$ 时，就不能用欧拉公式。

由式（11-8）可知，λ_p 值仅与压杆材料的弹性模量 E 及比例极限 σ_p 有关，即不同的材料有不同的 λ_p 值。例如，对于常用的 Q235 钢，$E = 200\text{GPa}$，$\sigma_p = 200\text{MPa}$，代入式（11-8）得

$$\lambda_p = \pi \sqrt{\frac{E}{\sigma_p}} = \pi \sqrt{\frac{200 \times 10^9}{200 \times 10^6}} \approx 100$$

因而，由 Q235 钢制成的压杆，只有当其柔度 $\lambda \geqslant 100$，才能应用式（11-5）和式（11-7）计算其临界压力、临界应力。同样可以求出其他一些常用材料的 λ_p 值，见表 11-2。

将式（11-7）所得的压杆临界应力 σ_{cr} 与压杆柔度 λ 间的关系用图 11-14 中的双曲线来表示，从此曲线可以看出 σ_{cr} 的数值将随着 λ 的增大而迅速地减小；反之，当 λ 较小时，它的数值又远远地超过了材料的比例极限 σ_p。显然，图中的实线部分 BA 是欧拉公式适用范围内的曲线，而虚线部分则无意义，因为当 $\lambda < \lambda_p$ 时，$\sigma_{cr} > \sigma_p$，欧拉公式已不再适用。

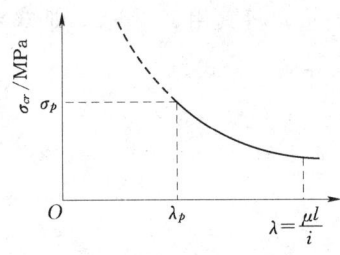

图 11-14 欧拉曲线

三、临界应力的经验公式

在工程实际中，常见压杆的柔度往往小于 λ_p 即为非细长压杆，其临界应力 σ_{cr} 超过材料的比例极限 σ_p，属于非弹性稳定问题。这类压杆的临界应力可通过解析方法求得，但通常采用经验公式进行计算。这些公式是在试验与分析的基础上建立的，常用的有直线型经验公式和抛物线型经验公式等。

1. 直线公式

对于由合金钢、铝合金、灰口铸铁与松木等制作的非细长压杆，可采用直线型经验公式计算临界应力，该公式的一般表达式为

$$\sigma_{cr} = a - b\lambda \tag{11-10}$$

上式表明，压杆的临界应力与其柔度成线性关系。式中，a 和 b 为与材料性能有关的常数，单位为 MPa。几种常用材料的 a 和 b 值见表 11-2。

第三节 压杆的临界应力·临界应力总图

表 11-2　　　　　　　几种常用材料的 a，b，λ_p 及 λ_0 值

材料（σ_s、σ_b 的单位为 MPa）	a/MPa	b/MPa	λ_p	λ_0
Q235 号钢（$\sigma_s=240$MPa，$\sigma_b\geqslant372$MPa）	304	1.12	100	61.4
优质碳钢（$\sigma_s=306$MPa，$\sigma_b=471$MPa）	460	2.57	100	60
硅钢（$\sigma_s=353$MPa，$\sigma_b\geqslant510$MPa）	577	3.74	100	60
铬钼钢	980	5.3	55	40
硬铝（铝合金）	372	2.14	50	
铸铁	332	1.45	80	
松木	28.7	0.2	59	

直线公式虽然是以 $\lambda<\lambda_p$ 的压杆建立的，但绝不能认为凡是 $\lambda<\lambda_p$ 的压杆都可以应用直线公式。因为当 λ 值很小时，按直线公式求得的临界应力较高，可能早已超过了材料的屈服极限 σ_s 或强度极限 σ_b，这是杆件强度条件所不允许的。因此，只有在临界应力 σ_{cr} 不超过材料的屈服极限 σ_s 或强度极限 σ_b 时，直线公式才能适用。若以塑性材料为例，它的应用条件可表示为

$$\sigma_{cr}=a-b\lambda\leqslant\sigma_s \text{ 或 } \lambda\geqslant\frac{a-\sigma_s}{b}$$

若用 λ_0 表示对应于 σ_s 时的柔度值，则

$$\lambda_0=\frac{a-\sigma_s}{b} \tag{11-11}$$

这里，柔度值 λ_0 是直线公式成立时压杆柔度 λ 的最小值，它仅与材料有关。对于 Q235 钢来说，$\sigma_s=235$MPa，$a=304$MPa，$b=1.12$MPa。将这些数值代入式（11-11），得

$$\lambda_0=\frac{a-\sigma_s}{b}=\frac{304-235}{1.12}=61.6$$

如果将式（11-11）中的 σ_s 换成脆性材料的强度极限 σ_b，即得到由脆性材料制成压杆的 λ_0 值。几种常用材料的 λ_0 值可由表 11-2 中查得。

可见，当压杆的柔度 λ 值满足 $\lambda_0\leqslant\lambda<\lambda_p$ 条件时，临界应力用直线公式（11-10）计算，这样的压杆被称为中柔度杆或中长杆。

当压杆的柔度 λ 值满足 $\lambda<\lambda_0$ 条件时，这样的压杆被称为小柔度杆或短粗杆。实验证明，小柔度杆主要是由于应力达到材料的屈服极限 σ_s（或强度极限 σ_b）而发生破坏，破坏时很难观察到失稳现象。所以说小柔度杆是由于强度不足而引起破坏的，应当以材料的屈服极限 σ_s（或强度极限 σ_b）作为极限应力，属于强度问题。

2. 抛物线公式

$$\sigma_{cr}=\sigma_{cu}-a\lambda^2 \tag{11-12}$$

式中：σ_{cu} 为材料的极限应力（屈服极限 σ_s 或强度极限 σ_b）；a 为与材料有关的常数。

对于由结构钢与低合金结构钢等材料制作的非细长压杆，可采用抛物线型经验公式计算临界应力，该公式的一般表达式为

$$\sigma_{cr}=a_1-b_1\lambda^2 \quad (0<\lambda<\lambda_p) \tag{11-13}$$

式中，a_1 与 b_1 为与材料有关的常数。上述抛物线型经验公式也可写成下述形式，二者差

别不大。

$$\sigma_{cr} = \sigma_s \left(1 - \frac{\lambda^2}{2\lambda_p^2}\right) \tag{11-14}$$

对于非细长压杆，除以上两种经验公式以外，其临界应力的计算还有很多不同的观点，如折减弹性模量理论等，可参阅有关的书籍。

四、压杆的分类及临界应力总图

综上所述，压杆也可根据其柔度来分类，即

$\lambda \geqslant \lambda_p$ 的为细长压杆或大柔度杆，其临界应力 $\sigma_{cr} \leqslant \sigma_p$，可用欧拉公式计算；

$\lambda_0 \leqslant \lambda < \lambda_p$ 的为中长杆或中柔度杆，其临界应力 $\sigma_p < \sigma_{cr} < \sigma_s(\sigma_b)$，应用经验公式计算；

$\lambda < \lambda_0$ 条件时，这样的压杆被称为短粗杆或小柔度杆，其临界应力 $\sigma_{cr} = \sigma_s(\sigma_b)$，应按强度问题处理。

综上所述，在不同 λ 范围内，压杆的临界应力 σ_{cr} 随压杆柔度 λ 的变化情况可用图 11-15 所示的曲线表示，称为临界应力总图。

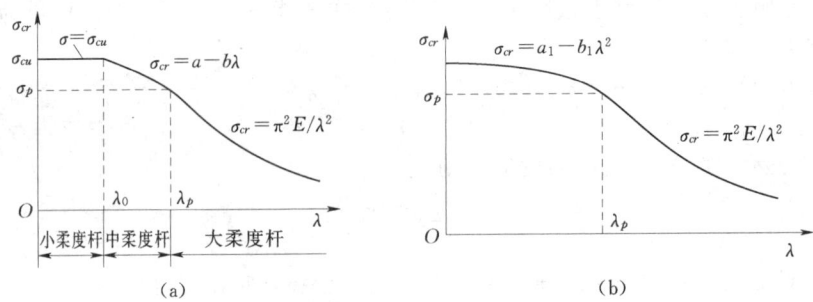

图 11-15 临界应力总图
(a) 采用直线型经验公式；(b) 采用抛物线型经验公式

总结以上分析，求解压杆临界压力或临界应力的思路如下。

(1) 判断压杆的失稳平面。在计算压杆的临界压力或临界应力时，首先必须仔细地判断压杆在哪个纵向平面内失稳，即压杆的失稳平面。由压杆的临界应力总图可以看出，压杆的柔度越大其临界应力或临界压力越小，压杆越容易发生失稳。因此，柔度最大的纵向平面为压杆的失稳平面。由柔度的计算式（11-6）可知：

1) 当压杆在各个纵向平面内的杆端约束相同（即 μ 相同）时，则在抗弯刚度 EI 最小（即 i 最小）的纵向平面内，也就是抗弯刚度最小的形心主惯性平面内，压杆的柔度最大，因而该平面为压杆的失稳平面。

2) 当压杆在各个纵向平面内的抗弯刚度 EI 相同（即 i 相同）时，则在杆端约束最弱（即 μ 最大）的纵向平面内，压杆的柔度最大，因而该平面为压杆的失稳平面。

3) 当压杆在各个纵向平面内的杆端约束和抗弯刚度均各不相同时，则根据中心受压直杆失稳时只发生平面弯曲变形的假设，只要计算压杆在两个形心主惯性平面内的柔度值，并加以比较，柔度较大的形心主惯性平面即为压杆的失稳平面。

(2) 选择临界压力或临界应力的计算公式。在确定了压杆失稳平面后，再由失稳平面内压杆的柔度 λ 的值，选取相应的临界压力或临界应力的计算公式。对于大柔度压杆，采用欧拉公式计算；对于中柔度杆采用经验公式计算；对于小柔度杆采用强度条件进行计算。

【例 11-5】 一两端铰支的空心圆管，其外径 $D=60\text{mm}$，内径 $d=45\text{mm}$，材料的 $\lambda_p=120$，$\lambda_0=70$，其直线经验公式为 $\sigma_{cr}=304-1.12\lambda$。试求：(1) 可应用欧拉公式计算该压杆临界应力的最小长度 $l_{\min}$；(2) 当压杆长度为 $\frac{3}{4}l_{\min}$ 时，其临界应力的值。

解：(1) 由式 (11-6) 可知压杆的柔度为

$$\lambda=\frac{\mu l}{i}$$

且惯性半径

$$i=\sqrt{\frac{I}{A}}=\frac{1}{4}\sqrt{D^2+d^2}=\frac{1}{4}\sqrt{60^2+45^2}=\frac{75}{4}\ (\text{mm})$$

由欧拉公式的适用范围

$$\lambda=\frac{\mu l}{i}\geqslant\lambda_p=120$$

且由两端铰支可知长度系数 $\mu=1$，则

$$l\geqslant\frac{\lambda_p i}{\mu}=\frac{120\times 75}{1\times 4}=2250(\text{mm})=2.25\text{m}$$

所以压杆可应用欧拉公式的最小长度为

$$l_{\min}=2.25\text{m}$$

(2) 当压杆长度为 $\frac{3}{4}l_{\min}$ 时，其柔度值为

$$\lambda=\frac{\mu l}{i}=\frac{3}{4}\times\frac{\mu l_{\min}}{i}=\frac{3}{4}\lambda_p=\frac{3}{4}\times 120=90$$

因为

$$\lambda_0<\lambda<\lambda_p$$

所以压杆为中长杆，应用直线经验公式 $\sigma_{cr}=304-1.12\lambda$ 可得

$$\sigma_{cr}=304-1.12\times 90=203.2(\text{MPa})$$

【例 11-6】 钢柱长为 7m，两端固定，材料是 Q235 钢，横截面由两个 10 号槽钢组成，如图 11-16 所示。已知 $E=200\text{GPa}$。试求当两槽钢靠紧 [图 11-16 (a)] 和离开 [图 11-16 (b)] 时钢柱的临界压力。

解：(1) 两槽钢靠紧的情形。
从型钢表中查得

$$A=2\times 12.74=25.48(\text{cm}^2)$$

$$I_{\min}=I_y=2\times 54.9=109.8(\text{cm}^4)$$

$$i_{\min}=i_y=\sqrt{\frac{I_y}{A}}=\sqrt{\frac{109.8}{25.48}}=2.08(\text{cm})$$

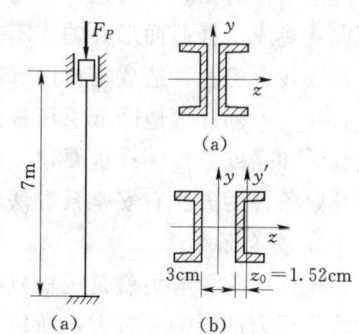

图 11-16 [例 11-6] 图
(a) 两槽钢靠紧；(b) 两槽钢离开

由式 (11-6) 可求得柔度为

$$\lambda_y=\frac{\mu l}{i_y}=\frac{0.5\times 700}{2.08}=168>\lambda_p=100$$

故可用欧拉公式计算临界压力，即

$$F_{pcr1}=\sigma_{cr}A=\frac{\pi^2 EA}{\lambda^2}=\frac{\pi^2\times200\times10^9\times25.48\times10^{-4}}{168}=178.2(\text{kN})$$

(2) 两槽钢离开的情形。

从型钢表中查得

$$I_z=2\times198.3=396.6(\text{cm}^4), i_z=\sqrt{\frac{I_z}{A}}=\sqrt{\frac{396.6}{25.48}}=3.95(\text{cm})$$

$$I_y=2[I_y+(1.5+z_0)^2\times12.74]=2\times[25.6+3.02^2\times12.74]=283.6(\text{cm}^4)$$

$$i_y=\sqrt{\frac{I_y}{A}}=\sqrt{\frac{283.6}{25.48}}=3.34(\text{cm})$$

比较以上数值可知，应取 $I_{\min}=I_y$，$i_{\min}=i_y$，由式(11-6)可求得柔度为

$$\lambda_y=\frac{\mu l}{i_y}=\frac{0.5\times700}{3.34}=104.8>\lambda_p=100$$

由欧拉公式求得其临界压力为

$$F_{pcr2}=\sigma_{cr}A=\frac{\pi^2 EA}{\lambda^2}=\frac{\pi^2\times200\times10^9\times25.48\times10^{-4}}{104.8^2}=457.5(\text{kN})$$

比较以上两种计算，可知 F_{pcr1} 比 F_{pcr2} 小得多。因此，为了提高压杆的稳定性，可将两槽钢离开一定距离，以增强它对 y 轴的惯性矩；离开的距离最好能使 I_z 与 I_y 尽可能相等，以便使压杆在两个方向有相等的抵抗失稳的能力。根据这样的原则来设计压杆的横截面是合理的。

第四节 压杆的稳定计算

一、压杆的稳定条件

通过以上几节的讨论，对各种柔度的理想压杆，都可以求出其临界压力。但实际压杆与理想压杆有很大的区别，因为实际压杆常常带有初始缺陷。这些初始缺陷主要有：①初弯曲，造成压杆截面形心轴线不是理想直线；②初偏心，造成压力作用点与截面形心不重合；③残余应力，造成钢材内部留有初应力；④材质不可能是完全均匀连续的。这些缺陷的存在，不同程度地降低了压杆的稳定承载能力。因此，为了保证受压杆件具有足够的稳定性，和强度条件一样也要建立压杆相应的稳定条件，据此进行稳定计算。常用的建立压杆稳定条件的方法有安全系数法和稳定系数法。

1. 安全系数法

压杆的临界应力就是压杆具有稳定性的极限应力。但由于前述的实际压杆的初始缺陷对临界压力的影响非常大，所以，需将由欧拉公式或经验公式计算出的临界应力 σ_{cr} 除以一个大于1的稳定安全系数 n_{st}，可得压杆的稳定许用应力：

$$[\sigma_{cr}]=\frac{\sigma_{cr}}{n_{st}}$$

将 $[\sigma_{cr}]$ 作为压杆具有稳定性的极限应力，则可得压杆的稳定条件为

$$\sigma=\frac{F_p}{A}\leqslant[\sigma_{cr}] \tag{11-15}$$

第四节 压杆的稳定计算

或以载荷表示

$$F = \frac{F_{pcr}}{n_{st}} \leqslant [F_{pcr}] \tag{11-16}$$

上述稳定条件也可以写成安全系数的形式,即

$$n = \frac{\sigma_{cr}}{\sigma} \geqslant n_{st} \tag{11-17}$$

或

$$n = \frac{F_{pcr}}{F_p} \geqslant n_{st} \tag{11-18}$$

上述各式中:n 为压杆的工作安全系数;n_{st} 为规定稳定安全系数;$[\sigma_{cr}]$ 为稳定许用应力;$[F_{pcr}]$ 为稳定许用压力。

稳定安全系数一般都大于强度安全系数,原因是一些难以避免的因素(例如压杆的初弯曲、材料不均匀、压力偏心、支座缺陷等)对压杆稳定性影响远远超过对强度的影响。稳定安全系数的取值,在有关设计规范或设计手册中均有具体规定。几种常见压杆的稳定安全系数见表 11-3。

表 11-3　　　　　　　　几种常见压杆的稳定安全系数

实际压杆	金属结构中的压杆	矿山、冶金设备中的压杆	机床丝杠	精密丝杠	水平长丝杠	磨床油缸活塞杆	低速发动机挺杆	高速发动机挺杆
n_{st}	1.8~3.0	4~8	2.5~4	>4	>4	2~5	4~6	2~5

与强度条件类似,压杆的稳定条件同样可以解决三类问题,即压杆的稳定性校核、设计压杆尺寸和确定许可载荷。

还应指出,由于压杆的稳定性取决于整个杆件的弯曲刚度,因此,在确定压杆的临界载荷或临界应力时,可不必考虑杆件局部削弱(如开孔、开槽等)的影响,而应按未削弱截面计算横截面的惯性矩与面积。但是,对于受削弱的横截面,则还应进行强度校核。

【例 11-7】 在 [例 11-4] 中,若已知矩形截面的高 $h=60\mathrm{mm}$,宽 $b=28\mathrm{mm}$,压杆长度 $l=1.5\mathrm{m}$。压杆的材料为 Q235 钢,规定的稳定安全系数 $n_{st}=3$,当压杆受到 $F=90\mathrm{kN}$ 的压力作用时,试校核压杆的稳定性。

解:(1)计算柔度 λ。

压杆若在 xOy 平面内失稳,由 [例 11-4] 及图 11-13 可知,在该平面内压杆可视为两端铰支,即长度系数 $\mu=1$,此时横截面绕 z 轴转动,所以惯性半径为

$$i_z = \sqrt{\frac{I_z}{A}} = \sqrt{\frac{\frac{bh^3}{12}}{bh}} = \frac{h}{2\sqrt{3}} = \frac{60}{2\sqrt{3}} = 17.32(\mathrm{mm})$$

所以柔度为

$$\lambda_z = \frac{\mu l}{i_z} = \frac{1 \times 1500}{17.32} = 86.6$$

而若在 xOz 平面内失稳,则压杆可视为两端固定,即长度系数 $\mu=0.5$,此时横截面绕 y 轴转动,所以惯性半径为

$$i_y = \sqrt{\frac{I_y}{A}} = \sqrt{\frac{\frac{hb^3}{12}}{bh}} = \frac{b}{2\sqrt{3}} = \frac{28}{2\sqrt{3}} = 8.08 (\text{mm})$$

所以柔度为

$$\lambda_y = \frac{\mu l}{i_y} = \frac{0.5 \times 1500}{8.08} = 92.8$$

比较两个方向的柔度值，因为 $\lambda_y > \lambda_z$，故压杆必先在 xOz 平面内失稳，所以应 λ_y 来计算压杆的临界应力。

（2）计算临界应力。

查表 11-2 可知，Q235 钢的 $\lambda_p = 100$，$\lambda_0 = 61.4$，所以 $\lambda_0 < \lambda_y < \lambda_p$，说明压杆为中长杆，应由直线经验公式进行计算。由 Q235 钢的经验公式 $\sigma_{cr} = 304 - 1.12\lambda$ 可得

$$\sigma_{cr} = 304 - 1.12\lambda = 304 - 1.12 \times 92.8 = 200.1 (\text{MPa})$$

（3）稳定性校核。

由稳定性条件式（11-15），且压杆的许用临界应力为

$$[\sigma_{cr}] = \frac{\sigma_{cr}}{n_{st}} = \frac{200.1}{3} = 66.7 (\text{MPa})$$

则

$$\sigma = \frac{F_N}{A} = \frac{90 \times 10^3}{60 \times 28 \times 10^{-6}} = 53.6 (\text{MPa}) < [\sigma_{cr}]$$

所以，压杆的稳定性满足要求。

在本例中还可用安全系数法对压杆进行稳定性校核，即

由稳定性条件式（11-17）

$$n = \frac{\sigma_{cr}}{\sigma} = \frac{200.1}{60} = 3.73 > n_{st} = 3$$

可知，压杆是稳定的。另外，亦可采用式（11-16）或式（11-18）对压杆进行稳定校核，可自行分析计算。

【例 11-8】 一两端铰支的圆截面压杆，长度 $l = 2\text{m}$，材料的弹性模量 $E = 200\text{GPa}$，$\sigma_p = 200\text{MPa}$，最大的轴向压力 $F = 20\text{kN}$，规定的稳定安全系数 $n_{st} = 4$，试按稳定条件设计压杆的直径 d。

解： 设杆属细长杆，先由欧拉公式（11-5）计算其临界压力。两端铰支，长度系数 $\mu = 1$，所以

$$F_{pcr} = \frac{\pi^2 EI}{(\mu l)^2} = \frac{\pi^2 \times 200 \times 10^9 \times 10.2 \times \pi d^4}{(1 \times 2)^2 \times 64} = \frac{25 \times 10^9 \pi^3 d^4}{32} \quad (\text{kN})$$

由式（11-18）

$$n = \frac{F_{pcr}}{F_P} = \frac{25 \times 10^9 \pi^3 d^4}{32 \times 20 \times 10^3} \geq n_{st} = 4$$

解得

$$d \geq 0.0426\text{m}, \quad \text{取 } d = 43\text{mm}$$

此时压杆的惯性半径为

$$i_z = \sqrt{\frac{I_z}{A}} = \sqrt{\frac{\frac{\pi d^4}{64}}{\frac{\pi d^2}{4}}} = \frac{d}{4} = \frac{43}{4} = 10.8 (\text{mm})$$

则柔度值为

$$\lambda = \frac{\mu l}{i} = \frac{1 \times 2000}{10.8} = 185.2$$

由式（11-8）知

$$\lambda_p = \pi \sqrt{\frac{E}{\sigma_p}} = \pi \sqrt{\frac{200 \times 10^9}{200 \times 10^6}} = 99.3$$

可见，$\lambda > \lambda_p$，所以应用欧拉公式计算是正确的，可取 $d = 43 \text{mm}$。

2. 稳定系数法

在工程实际中，也常采用所谓稳定系数法进行稳定性计算。在这种情况下，稳定许用应力被写成

$$[\sigma]_{st} = \varphi[\sigma] \tag{11-19}$$

式中：$[\sigma]$ 为强度计算时的许用压应力；$[\sigma_{st}]$ 为稳定许用应力；φ 为小于 1 的系数，称为稳定系数或折减系数，其值与压杆的柔度及所用材料有关。

因此，式（11-15）表示的压杆的稳定条件可表达为

$$\sigma = \frac{F_p}{A} \leqslant \varphi[\sigma] \tag{11-20a}$$

通常改写为

$$\frac{F_p}{\varphi A} \leqslant [\sigma] \tag{11-20b}$$

式中：F_p 为压杆承受的轴向力；A 为压杆的横截面面积。如前所述，当压杆由于钉孔或其他原因而使截面有局部削弱时，在稳定计算中不必考虑局部截面削弱的影响，而以毛截面面积进行计算。但在强度计算中，危险截面为局部被削弱的截面，应按净面积进行计算。

利用稳定条件式（11-20）同样可以用来解决稳定计算的三类问题：稳定性校核、设计压杆尺寸和确定许可载荷。

二、实际压杆的稳定系数

在压杆稳定条件的稳定系数法中，将压杆的稳定许用应力 $[\sigma_{st}]$ 写作材料的强度许用应力 $[\sigma]$ 乘以一个随压杆柔度 λ 而改变的稳定系数 $\varphi = \varphi(\lambda)$，以反映压杆的稳定许用应力随压杆柔度改变的这一特点。在稳定系数 $\varphi = \varphi(\lambda)$ 中，也考虑了压杆的稳定安全系数 n_{st} 随压杆柔度而改变的因素。

我国《钢结构设计规范》（GB 50017—2003），根据国内常用构件的截面形式、尺寸和加工条件，规定了相应的残余应力变化规律，并考虑了 $l/1000$ 的初曲率，计算了 96 根压杆的稳定系数 φ 与柔度 λ 间的关系值，然后把承载能力相近的截面归并为 a、b、c 三类截面在不同柔度 λ 下的 φ 值（对于 Q235 号钢，可查表 11-4），以供压杆设计时应用。其中 a 类的残余应力影响较小，稳定性较好；c 类的残余应力影响较大，或截面没有双对称轴，需考虑扭转失稳的影响，其稳定性较差。b 类为除 a 类和 c 类以外的其他各种截面，

基本上多数情况可取作 b 类。表 11-4 只列出了 b 类截面的稳定系数 φ 值，其他可查阅《钢结构设计规范》（GB 50017—2003）。

对于木压杆的稳定系数 φ 值，可查阅《木结构设计规范》（GB 50005—2003）。

表 11-4　　　　Q235 号钢 b 类截面中心受压直杆的稳定系数 φ

λ	0	1.0	2.0	3.0	4.0	5.0	6.0	7.0	8.0	9.0
0	1.000	1.000	1.000	0.999	0.999	0.998	0.997	0.996	0.995	0.994
10	0.992	0.991	0.989	0.987	0.985	0.983	0.981	0.978	0.976	0.973
20	0.970	0.967	0.963	0.960	0.957	0.953	0.950	0.946	0.943	0.939
30	0.936	0.932	0.929	0.925	0.922	0.918	0.914	0.910	0.906	0.903
40	0.899	0.895	0.891	0.887	0.882	0.878	0.874	0.870	0.865	0.861
50	0.856	0.852	0.847	0.842	0.838	0.833	0.828	0.823	0.818	0.813
60	0.807	0.802	0.797	0.791	0.786	0.780	0.774	0.769	0.763	0.757
70	0.751	0.745	0.739	0.732	0.726	0.720	0.714	0.707	0.701	0.694
80	0.688	0.681	0.675	0.668	0.661	0.655	0.648	0.641	0.635	0.628
90	0.621	0.614	0.608	0.601	0.594	0.588	0.581	0.575	0.568	0.561
100	0.555	0.549	0.542	0.536	0.529	0.523	0.517	0.511	0.505	0.499
110	0.493	0.487	0.481	0.475	0.470	0.464	0.458	0.453	0.447	0.442
120	0.437	0.432	0.426	0.421	0.416	0.411	0.406	0.402	0.397	0.392
130	0.387	0.383	0.378	0.374	0.370	0.365	0.361	0.357	0.353	0.349
140	0.345	0.341	0.337	0.333	0.329	0.326	0.322	0.318	0.315	0.311
150	0.308	0.304	0.301	0.298	0.285	0.291	0.288	0.285	0.282	0.279
160	0.276	0.273	0.270	0.267	0.265	0.262	0.259	0.256	0.254	0.251
170	0.249	0.246	0.244	0.241	0.239	0.236	0.234	0.232	0.229	0.227
180	0.225	0.223	0.220	0.218	0.216	0.214	0.212	0.210	0.208	0.206
190	0.204	0.202	0.200	0.198	0.197	0.195	0.193	0.191	0.190	0.188
200	0.186	0.184	0.183	0.181	0.180	0.178	0.176	0.175	0.173	0.172
210	0.170	0.169	0.167	0.166	0.165	0.163	0.162	0.160	0.159	0.158
220	0.156	0.155	0.154	0.153	0.151	0.150	0.149	0.148	0.146	0.145
230	0.144	0.143	0.142	0.141	0.140	0.138	0.137	0.136	0.135	0.134
240	0.133	0.132	0.131	0.130	0.129	0.128	0.127	0.126	0.125	0.124

三、压杆横截面尺寸的设计

在用稳定条件式（11-20）设计压杆的截面尺寸时，一般是已知压杆的材料、杆长、杆端的约束条件即计算 l_0 长度，所受的轴向压力和材料的许用应力 $[\sigma]$，但横截面面积 A 和稳定系数 φ 都是未知的。为了确定 A 必须知道 φ，但 φ 又取决于长细比 λ，λ 又取决于截面的惯性半径 i，i 又取决于横截面的形状与面积 A。由此可见，A 与 φ 这两个量值是相互依赖的，故在设计压杆的横截面时必须采用试算的方法。步骤如下：

（1）先直接假定 φ 值（一般是假定 $\varphi=0.5$），再用式（11-20）求得初选 A；

(2) 根据初选的 A，利用已有的图表（例如型钢表）或根据实践经验，选择型钢号码或求得截面的具体尺寸；

(3) 根据选定的截面尺寸，查得或算得惯性半径 i，算出压杆的柔度 λ。根据 λ 重新计算 φ 值。若此 φ 值和在步骤（1）中假定的 φ 值相差较大，则需在这两个 φ 值之间再选一个 φ 值（一般取两者之和的一半），重新按以上步骤进行计算，直到求得的 φ 值与假定的 φ 值比较接近为止。最后，根据求得的 φ 值，按式（11-20）验算是否满足稳定条件。若能满足，又不是过分安全，则所选得的截面就是所需的截面。若不满足或过分安全，则应参考验算结果，对截面尺寸作适当的调整，然后再进行验算，直至满足要求为止。

【例 11-9】 一端固定、另一端自由的工字钢立柱，高 $l=1.8\text{m}$，顶部承受轴向压力 $F_p=200\text{kN}$，材料为 Q235 钢，许用压应力 $[\sigma]=160\text{MPa}$，并符合钢结构设计规范中 b 类截面中心受杆的要求。试选择工字钢型号。

解： 由稳定性条件式（11-20）可知，立柱的横截面面积应满足 $A \geqslant \dfrac{F_p}{\varphi[\sigma]}$。由于此时未知，所以只能采用逐次试算的方法。

(1) 第一次试算。

假设 $\varphi_1=0.5$，于是可确定立柱横截面面积为

$$A \geqslant \frac{200 \times 10^3}{0.5 \times 160 \times 10^6} = 25.0(\text{cm}^2)$$

从型钢表中查得，16 号工字钢的横截面面积 $A=26.1\text{cm}^2$，最小惯性半径 $i_{\min}=18.9\text{mm}$，所以，如果选用该型钢作立柱，则其柔度与横截面上的工作应力分别为

$$\lambda = \frac{\mu l}{i_{\min}} = \frac{2 \times 1800}{18.9} = 191$$

$$\sigma = \frac{F_p}{A} = \frac{200 \times 10^3}{26.1 \times 10^{-4}} = 76.6(\text{MPa})$$

查表 11-4 得 $\lambda=191$ 时 $\varphi_1'=0.202$，所以，立柱的稳定许用应力为

$$[\sigma_{st}] = \varphi[\sigma] = 0.202 \times 160 = 32.3(\text{MPa})$$

由上式可知工作应力超过稳定许用应力过多，需进一步试算。

(2) 第二次试算。

取

$$\varphi_2 = \frac{\varphi_1 + \varphi_1'}{2} = \frac{0.5 + 0.202}{2} = 0.351$$

得

$$A \geqslant \frac{200 \times 10^3}{0.352 \times 160 \times 10^6} = 35.6(\text{cm}^2)$$

从型钢表中查得，20b 号工字钢的横截面面积 $A=39.6\text{cm}^2$，最小惯性半径 $i_{\min}=20.6\text{mm}$，所以，如果选用该型钢作立柱，则其柔度与横截面上的工作应力分别为

$$\lambda = \frac{\mu l}{i_{\min}} = \frac{2 \times 1800}{20.6} = 175$$

$$\sigma = \frac{F_p}{A} = \frac{200 \times 10^3}{39.6 \times 10^{-4}} = 50.5 \text{（MPa）}$$

查表 11-4 得 $\lambda=175$ 时 $\varphi_2'=0.236$，所以，立柱的稳定许用应力为

$$[\sigma_{st}] = \varphi[\sigma] = 0.236 \times 160 = 37.8 \text{(MPa)}$$

由上式可知工作应力仍超过稳定许用应力，需进一步试算。

(3) 第三次试算。

取
$$\varphi_3 = \frac{\varphi_2 + \varphi_2'}{2} = \frac{0.351 + 0.236}{2} = 0.294$$

得
$$A \geqslant \frac{200 \times 10^3}{0.294 \times 160 \times 10^6} = 42.5 \text{(cm}^2\text{)}$$

从型钢表中查得，22b 号工字钢的横截面面积 $A = 46.5 \text{cm}^2$，最小惯性半径 $i_{\min} = 22.7\text{mm}$，所以，如果选用该型钢作立柱，则其柔度与横截面上的工作应力分别为

$$\lambda = \frac{\mu l}{i_{\min}} = \frac{2 \times 1800}{22.7} = 160$$

$$\sigma = \frac{F_p}{A} = \frac{200 \times 10^3}{46.5 \times 10^{-4}} = 43.0 \text{(MPa)}$$

查表 11-4 得 $\lambda = 160$ 时 $\varphi_3' = 0.276$，所以，立柱的稳定许用应力为

$$[\sigma_{st}] = \varphi[\sigma] = 0.276 \times 160 = 44.1 \text{(MPa)}$$

这时的工作应力已小于稳定许用应力，故最终选择 22b 号工字钢符合稳定性要求。

第五节　提高压杆稳定性的措施

提高压杆的稳定性，就是要提高压杆的临界压力。由以上各节的讨论可知，影响压杆稳定性的因素有：压杆的截面形状和尺寸、压杆的长度和约束条件、材料的力学性能等。所以，提高压杆稳定性的措施也主要是从以上几个方面入手。下面分别加以讨论。

一、选择合理的截面形状

从欧拉公式可知，截面的惯性矩 I 越大，临界压力 F_{pcr} 越高。从各类计算压杆临界应力的公式中也可以看出，柔度 λ 越小，临界应力越高。由于 $\lambda = \frac{\mu l}{i}$，所以提高惯性半径 i 的数值就能减小 λ 的数值。可见，在不增加压杆横截面面积的前提下，应尽可能把材料放在离截面形心较远处，以取得较大的惯性矩 I 和 i，提高临界压力。如图 11-17 (a) 所示，当面积相同时，空心的圆环截面要比实心的圆形截面合理；图 11-17 (b) 中由四个等边角钢组成的截面，分散布置形式的组合截面要比集中布置形式的组合截面合理。当

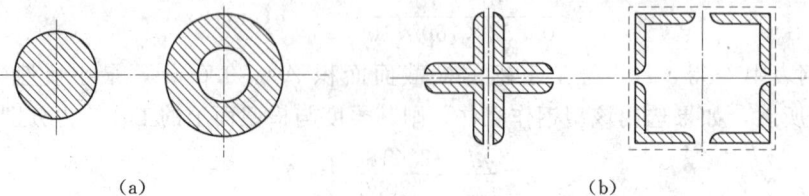

(a)　　　　　　　　　　　　(b)

图 11-17　压杆截面形状的合理性
(a) 实心截面与空心截面；(b) 集中布置的组合截面和分散布置的组合截面

第五节 提高压杆稳定性的措施

然,对于圆环截面压杆,也不能为了增加截面的惯性矩而过分地加大圆环截面的直径并减小其壁厚,这样将会由于压杆管壁过薄而发生局部折皱导致整体失稳;对于由型钢组成的组合压杆,也要用足够强的缀条或缀板把分开放置的型钢连成一个整体以提高其整体稳定性,相关内容将在钢结构课程中介绍。

此外,在按上述原则选择截面时,还应考虑压杆在各纵向平面内应具有相同的稳定性,即应使压杆在各纵向平面内具有相同的柔度值。若杆端在各个弯曲平面内的约束性质相同(如球形铰),则应使截面各方向的惯性矩相同,如圆形、圆环形、正多边形等截面;若约束性质不同(如柱形铰),应采用对两个形心主惯性轴惯性半径不等的截面形状,如矩形截面或工字形截面,以使压杆在两个纵向平面内的柔度值尽量相等($\lambda_y \approx \lambda_z$)。这样,在两个相互垂直的主惯性纵向平面内有接近相同的稳定性。

二、尽量减小压杆长度

由 $\lambda = \dfrac{\mu l}{i}$ 可知,压杆的柔度与压杆的长度成正比。在结构允许的情况下,应尽可能减小压杆的长度,这样可明显地提高压杆的稳定性。如结构不允许减小杆长,也可采用增加支座的方法。如两端铰支的细长压杆,在中点增加一铰链支座[图11-18(c)],长度减小一半,临界力可以提高到原来的4倍。

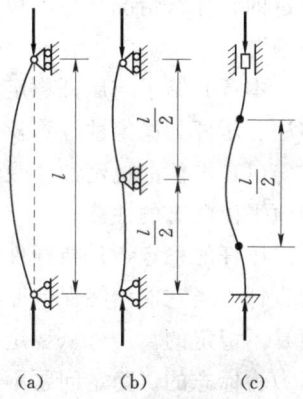

图 11-18 两端铰支的压杆
(a) 原来的杆;(b) 中点增加一个支座;(c) 两端改为固定端

三、改善约束条件

对细长压杆来说,临界压力与反映杆端约束条件的长度系数 μ 的平方成反比。通过加强杆端约束的紧固程度可以降低 μ 值,从而提高压杆的临界压力。例如,长为 l 两端铰支的细长压杆,其 $\mu = 1$,$F_{pcr} = \dfrac{\pi^2 EI}{l^2}$。若在其中点增加一个中间支座或者把杆的两端改为固定端(图 11-18),则相当长度变为 $\mu l = \dfrac{l}{2}$,临界力变为

$$F_{pcr} = \frac{\pi^2 EI}{\left(\dfrac{l}{2}\right)^2} = \frac{4\pi^2 EI}{l^2}$$

可见,临界力变为原来的4倍。一般来说,增加压杆的约束,使其更不容易发生弯曲变形,都可以提高压杆的稳定性。

四、合理选用材料

对于细长杆,临界应力与材料的弹性模量 E 有关。因此,选择 E 值大的材料可以提高压杆的稳定性。例如钢杆的临界压力大于铜、铁、木杆的临界压力。但应注意,对细长杆,临界应力与材料的强度指标无关,而各种钢材的弹性模量 E 大致相等,所以选用优质钢材对提高压杆的稳定性作用不大。对于中长杆,无论是根据经验公式或理论分析,都说明临界应力与材料的强度有关,因此选用优质高强度钢在一定程度上可以提高中长杆临界应力的数值。至于短粗杆,本来就是强度问题,选择优质钢材自然可以提高其强度。

小　结

稳定性和强度、刚度一样，是材料力学研究的重要内容。受到轴向压力的细长杆件，当压力达到或超过临界压力以后，若受到微小的横向扰动，其直线的平衡形式会突然变为弯曲形式，使杆件丧失正常的工作能力，并可能导致整个结构的破坏。这是区别于强度失效、刚度失效的又一种失效形式，称为稳定失效。受压杆件的直线平衡，在什么情况下是稳定的，什么情况下是不稳定的，如何保证压杆正常、可靠地工作等问题，统称为"稳定问题"。

本章介绍了与压杆稳定问题有关的基本概念、各种柔度压杆临界力和临界应力的计算方法、压杆的稳定性计算及提高压杆稳定的措施，现归纳如下。

(1) 平衡的稳定性。受到外力作用而偏离平衡状态的物体在外力作用消失后能否恢复到原平衡状态的性能。

压杆的稳定，是指杆件在轴向压力作用下能保持其原有平衡形式的稳定。受轴向压力的直杆，当它能始终保持原有的直线形式的平衡时，原来直线形式的平衡是稳定的，否则便是不稳定的。压杆从稳定平衡转为不稳定平衡就是失稳，压杆是否会失稳，则是以临界压力为标志的。稳定问题不同于强度问题，压杆失稳时，并非抗压强度不足被压坏，而是由于失稳，不能保持原有的直线平衡形式而发生弯曲。

临界压力是受压杆件的直线平衡形式由稳定向不稳定转变的临界点所对应的压力，用 F_{pcr} 表示。

(2) 压杆临界压力和临界应力的计算，应按压杆柔度的大小分别进行。

1) 细长杆（大柔度杆）：$\lambda \geqslant \lambda_p$，其临界压力和临界应力可用欧拉公式计算。

$$F_{pcr} = \frac{\pi^2 EI}{(\mu l)^2}, \; \sigma_{cr} = \frac{\pi^2 E}{\lambda^2}$$

2) 中长杆（中柔度杆）：$\lambda_0 \leqslant \lambda < \lambda_p$，临界应力可经验公式计算。

①直线经验公式：　　　$\sigma_{cr} = a - b\lambda$

②抛物线经验公式：　　$\sigma_{cr} = \sigma_{cu} - a\lambda^2$ [结构钢 $\sigma_{cr} = a_1 - b_1\lambda^2 (0 < \lambda < \lambda_p)$]

3) 短粗杆（小柔度杆）：$\lambda < \lambda_0$，属强度问题，应按强度条件进行计算。

(3) 柔度 λ 是一个无量纲量，又称为压杆的长细比，用 λ 表示，$\lambda = \dfrac{\mu l}{i}$。

它是压杆稳定计算中的一个重要物理量，不论是计算压杆的临界力（或临界应力），还是根据稳定条件对压杆进行稳定计算，都需首先算出 λ 值。从物理意义上看，λ 值综合地反映了压杆的长度、截面的形状和尺寸、杆两端支承情况对临界力（或临界应力）的影响，杆的 λ 值越大，越容易失稳。当两个方向的 λ 值不同时，杆总是沿 λ 值大的方向失稳。

(4) 本章介绍了工程中的两种压杆稳定计算方法，即安全系数法与稳定系数法。与强度条件类似，利用稳定条件可解决稳定计算中的三类典型问题，即校核稳定、选择（设计）截面和确定许可载荷。

1) 安全系数法，其稳定条件为：$n = \dfrac{\sigma_{cr}}{\sigma} \geqslant n_{st}$ 或 $n = \dfrac{F_{pcr}}{F_p} \geqslant n_{st}$

2）稳定系数法，其稳定条件为：$\sigma = \dfrac{F_p}{A} \leqslant \varphi[\sigma]$

进行压杆稳定计算应注意以下几点：
①根据压杆杆端的约束情况，确定压杆长度系数 μ；
②根据压杆在两个纵向平面内的约束情况，判断压杆可能在那个平面内首先失稳，以便计算其惯性半径 i 及柔度 λ；
③计算临界压力或临界应力时，首先考虑压杆的柔度 λ，根据 λ 的大小确定应采用欧拉公式还是经验公式；

（5）提高压杆稳定性可以从这几方面考虑：选取合理的截面形状和尺寸，尽量减小压杆长度，改善约束条件，合理选用材料等。

思 考 题

11-1 受压杆的强度问题和稳定性问题有什么区别和联系？

11-2 压杆因丧失稳定而产生的弯曲变形与梁在横向力作用下产生的弯曲变形有什么不同？

11-3 试说明压杆的临界压力和临界应力的含义。其临界压力是否与压杆所受作用力有关？

11-4 若将压杆的长度增加一倍，其临界压力和临界应力将有什么变化？若将圆截面压杆的直径增加一倍，其临界压力和临界应力又有什么变化？

11-5 欧拉公式在什么范围内适用？如果把中长杆误断为细长杆应用欧拉公式计算临界压力，则会导致什么后果？

11-6 何谓压杆的柔度？它与哪些因素有关？它对于压杆稳定性的作用如何？

11-7 一端固定、一端自由的压杆，其横截面如思考题图11-7所示的几种形状，问当压杆失稳时其横截面会绕哪一根轴转动？

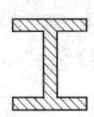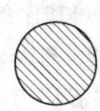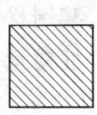

思考题 11-7 图

11-8 如果压杆横截面 $I_y > I_z$，那么杆件失稳时，横截面一定绕 z 轴转动而失稳吗？

11-9 若两根压杆的材料相同、柔度相等，这两杆压杆的临界应力是否一定相等？临界压力是否一定相等？为什么？

11-10 大、中、小柔度的压杆是怎样区分的？它们各自的临界应力与哪些因素有关？应怎样进行计算？

11-11 压杆稳定的条件是什么？为什么稳定安全系数规定的比强度安全系数要高？既然稳定安全系数比强度安全系数高，为什么对压杆还要进行强度校核？

11-12 为了提高细长压杆的承载能力，把压杆材料由普通碳素钢改为优质钢是否可行？为什么？

第十一章 压杆稳定

习 题

11-1 习题11-1图所示各根压杆的材料及直径均相同，但长度和支承不同，试比较它们的临界压力的大小，并从大到小排出顺序。

11-2 习题11-2图所示细长压杆的两端为球形铰支，弹性模量$E=200\text{GPa}$，试用欧拉公式计算临界压力。

(1) 圆形截面：$d=25\text{mm}$，$l=1\text{m}$；(2) 矩形截面：$h=2b=40\text{mm}$，$l=1\text{m}$；(3) 16号工字钢，$l=2\text{m}$。

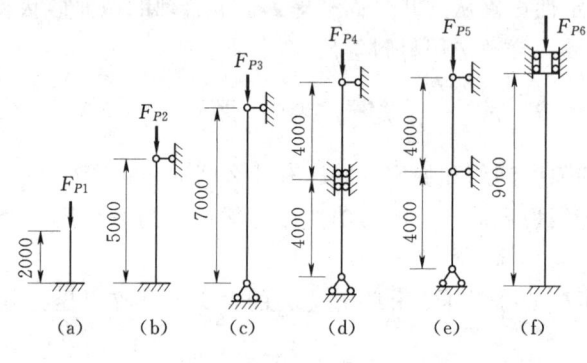

习题 11-1 图

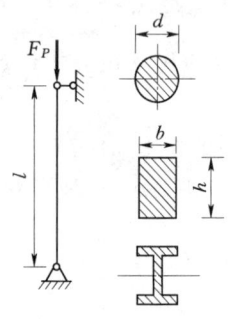

习题 11-2 图

11-3 三根圆截面压杆，直径均为$d=160\text{mm}$，材料的弹性模量$E=200\text{GPa}$，$\sigma_s=240\text{MPa}$。两端均为铰支，长度分别为l_1、l_2和l_3，且$l_1=2l_2=4l_3=5\text{m}$，试求各杆临界压力F_{pcr}。

11-4 一根$30\text{mm}\times 50\text{mm}$的矩形截面压杆，材料的弹性模量$E=200\text{GPa}$，比例极限$\sigma_p=200\text{MPa}$，两端为球形铰支。试问压杆长度$l$为多少时即可用欧拉公式计算临界压力。

11-5 某钢材，已知其比例极限$\sigma_p=230\text{MPa}$，屈服极限$\sigma_s=247\text{MPa}$，弹性模量$E=200\text{GPa}$，经验公式$\sigma_{cr}=338-1.22\lambda$。试计算$\lambda_p$和$\lambda_0$值，并绘制临界应力总图。

11-6 习题11-6图所示为某型飞机起落中承受轴向压力的斜撑杆。杆为空心圆管，外径$D=52\text{mm}$，内径$d=44\text{mm}$，$l=950\text{mm}$，材料为30CrMnSiNi2A，$\sigma_b=1600\text{MPa}$，$\sigma_p=1200\text{MPa}$，$E=210\text{GPa}$。试求压杆的临界压力F_{pcr}和临界应力σ_{cr}。

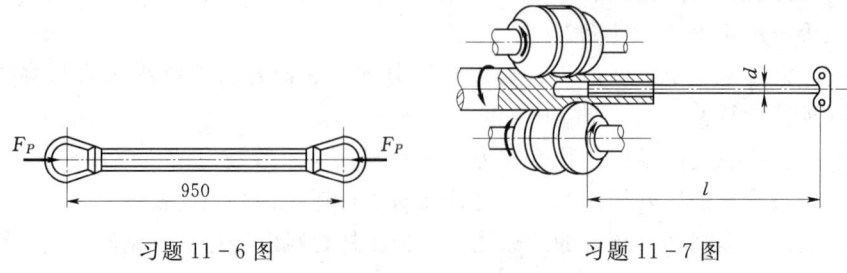

习题 11-6 图 习题 11-7 图

11-7 无缝钢管厂的穿孔顶杆如习题11-7图所示。杆端承受压力。杆长$l=4.5\text{m}$，

横截面直径 $d=15$cm。材料为低合金钢，$E=210$GPa，两端可简化为铰支座，规定稳定安全系数 $n_{st}=3.3$。试求顶杆的许用载荷。

11-8 习题 11-8 图所示一钢托架，已知 DC 杆的直径 $d=40$mm，材料为低碳钢，弹性模量 $E=206$GPa，规定的稳定安全系数 $n_{st}=2$。试校核该压杆是否安全？

11-9 习题 11-9 图所示铰接杆系 ABC 由两根具有相同截面和同样材料的细长压杆所组成。若由于杆件在平面 ABC 内失稳而引起毁坏，试确定载荷 F_P 为最大时的 θ 角（假设 $0<\theta<\dfrac{\pi}{2}$）。

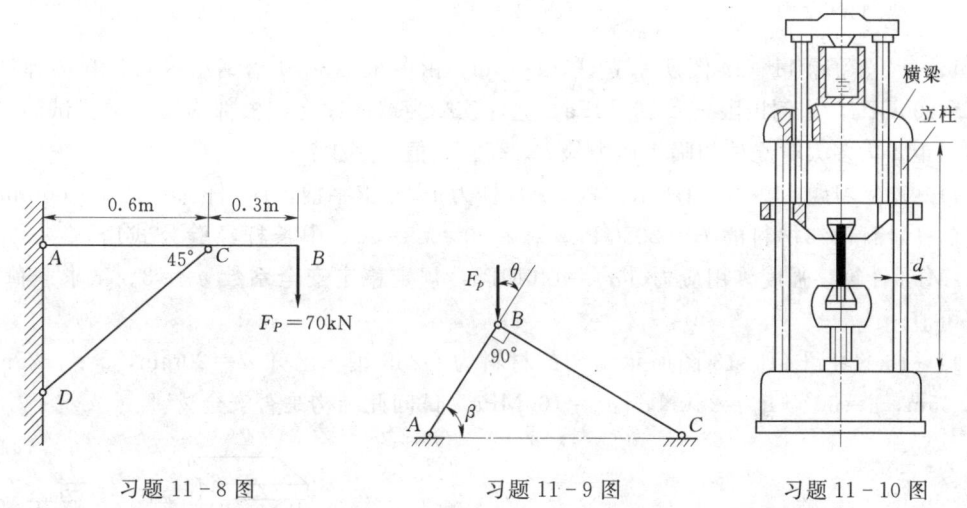

习题 11-8 图   习题 11-9 图   习题 11-10 图

11-10 习题 11-10 图所示万能材料试验机，作拉伸实验时，两根立柱受压，立柱直径 $d=70$mm，$l=1.4$m，材料为 Q235 钢，立柱下端固定。在图平面内，上端不能转动，而允许水平方向微小移动，取 $\mu=1$。在垂直图平面内，上端自由，取 $\mu=2$。试求最大拉力为 250kN 时的工作安全系数。

11-11 某内燃机挺杆为中空圆截面，外径 $D=10$mm，内径 $d=7$mm，两端均为球铰支座，挺杆受载荷 $F_p=1.4$kN，材料为 Q235 钢，$E=206$GPa。杆长 $l=456$mm，规定稳定安全系数 $n_{st}=3$，试校核挺杆的稳定性。

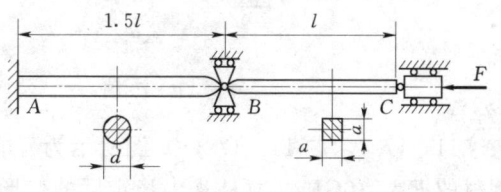

习题 11-12 图

11-12 在习题 11-12 图所示结构中，AB 为圆截面杆，直径 $d=80$mm，BC 杆为正方形截面，边长 $a=70$mm，两杆均为 Q235 钢，它们可以各自独立发生弯曲而互不影响，已知 A 端为固定，B、C 为球铰，$l=3$m，规定稳定安全系数 $n_{st}=2.5$。试求此结构的许用载荷 $[F_p]$（$E=200$GPa）。

11-13 简易吊车的摇臂如习题 11-13 图所示，最大载重量 $F_p=20$kN，已知 AB 杆的外径 $D=50$mm，内径 $d=40$mm，材料为 Q235 钢，许用应力 $[\sigma]=140$MPa。试按稳定系数法校核此压杆是否稳定。

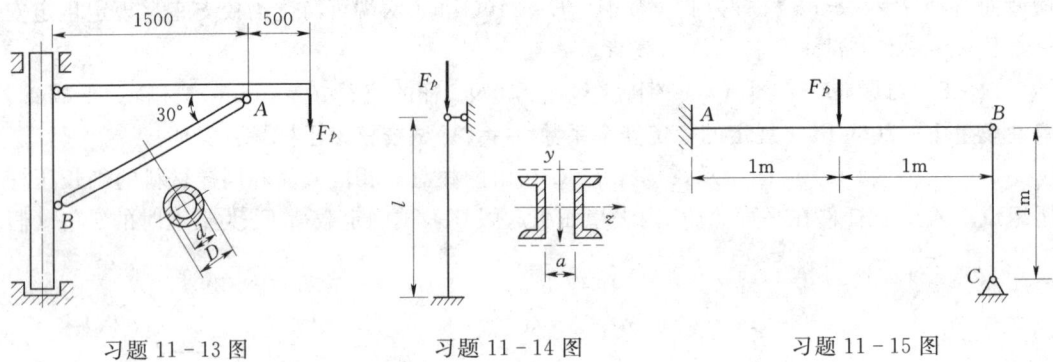

习题 11-13 图　　　　　　习题 11-14 图　　　　　　习题 11-15 图

11-14　习题 11-14 图所示立柱，$l=6$m，由两根 No.10 槽钢组成，材料的弹性模量 $E=200$GPa，比例极限 $\sigma_p=200$MPa。立柱顶端为球形铰支，根部为固定端。试问当两槽钢间距 a 为多大时立柱的临界压力最 F_{pcr} 高？其值为多少？

11-15　习题 11-15 图所示结构，AB 杆为 16 号工字钢，BC 杆为直径 $d=60$mm 的圆截面杆，且已知材料的 $E=205$GPa，$\lambda_p=90$，$\lambda_0=50$，中长杆经验公式用 $\sigma_{cr}=338-1.22\lambda$MPa 计算，强度许用应力 $[\sigma]=140$MPa，规定稳定安全系数 $n_{st}=3$。试求载荷 F_p 的许可值。

11-16　习题 11-16 图所示结构的材料为 Q235 钢，已知 $d=20$mm，$a=1.25$m，$l=0.55$m，$\alpha=30°$，$F_p=25$kN，$[\sigma]=160$MPa，试问此结构是否安全。

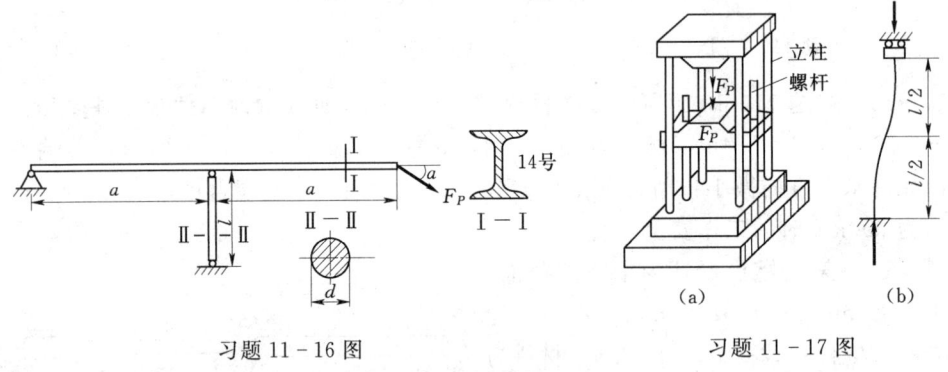

习题 11-16 图　　　　　　　　　　习题 11-17 图

11-17　习题 11-17（a）图所示为万能实验机的示意图，四根立柱的长度为 $l=3$m，钢材的 $E=210$GPa。立柱丧失稳定后的变形曲线如习题 11-17（b）图所示。若 F_p 的最大值为 1000kN，规定的稳定安全系数为 $n_{st}=4$，试按稳定条件设计立柱的直径。

第十二章 动 载 荷

第一节 概 述

前面各章讨论了构件在静载荷作用下的应力、应变及位移计算问题。所谓静载荷，是指加载过程缓慢，其大小从 0 开始增加到一定值，即不再随时间而改变的载荷。在加载的过程中，构件内各质点的加速度很小，它对变形和应力的影响可以忽略不计。

实际工程中，有很多构件受到动载荷作用。所谓动载荷，是指随时间作急剧变化的载荷，以及作加速运动或转动的系统中构件的惯性力。例如，起重机加速吊升重物时，吊索受到惯性力的作用，汽锤打桩时，桩受到冲击载荷等。上述吊索、桩都承受动载荷。

工程中常见的动载荷有下列几种：

(1) 作匀加速直线运动或匀速转动物体（构件）的惯性力。例如起重机在起吊重物时起重机吊索受到的惯性力，飞轮旋转时其轮缘上的惯性力等。

(2) 冲击载荷。这种载荷的特点是能在一瞬时内，就把载荷加到被冲击物上面。例如土建工程中打桩时汽锤对桩的冲击力，吊车突然刹车时对吊车梁的冲击力等。

(3) 振动载荷。这种载荷的特点是其大小和方向都随时间作周期性的变化。例如工业厂房中转动的机械设备对楼板与楼板梁的振动载荷、地震时的地震载荷等。

(4) 交变载荷。例如机械中各类旋转轴受到的弯曲交变载荷。

构件由动载荷所引起的应力和变形分别称为动应力和动变形。构件在动载荷作用下同样有强度、刚度和稳定性问题。实验结果表明，在静载荷作用下服从胡克定律的材料，在动载荷作用下，只要动应力不超过材料的比例极限，胡克定律仍然适用。

若构件内的应力随时间作周期性交替变化，则称为交变应力。构件长期在交变应力作用下，虽然最大工作应力远低于材料的屈服极限，且无明显的塑性变形，却往往会发生骤然断裂。这种破坏称为疲劳破坏。因此，在交变应力作用下的构件还应校核疲劳强度。

本章将研究构件作匀加速直线运动或匀速转动和冲击的动载荷问题，另外，对交变应力和疲劳破坏的概念作简略介绍。

第二节 构件作匀加速直线运动或匀速转动时的应力计算

构件作匀加速直线运动或匀速转动时，构件内各质点将产生惯性力。在这类问题中，由于加速度很容易确定，因而可应用动静法求解构件的动应力问题。动静法是把动载荷问题转化为静载荷问题进行求解的方法，即先求出构件内各点的加速度，并在构件上假想地附加相应的惯性力，使构件在外力、约束反力和惯性力共同作用下处于假想的平衡状态，再利用静载荷的方法就可计算出构件中的内力、应力、变形等,进而进行构件的强度和刚度计算。

一、构件作匀加速直线运动时的应力

图 12-1(a)所示的桥式起重机,以匀加速度 a 吊起一重为 P 的物体。若钢索横截面面积为 A,材料密度为 ρ,现分析和计算钢索截面上的动应力。

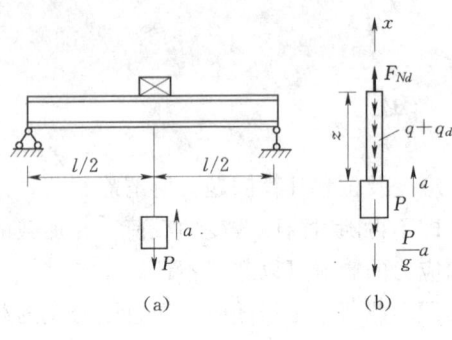

图 12-1 桥式起重机吊索动应力分析
(a) 起重机简图;(b) 钢索和吊物受力图

先计算钢索任一 x 横截面上的内力。应用截面法,取出如图 12-1(b)所示的部分钢索和吊物作为研究对象。作用于其上的外力有吊物自重 P,长为 x 的一段钢索的自重,吊物和该段钢索的惯性力,以及截开面上的动内力 F_{Nd}。钢索的自重是均布的轴向力,集度为 $q=\rho g A$,其惯性力也是均布的轴向力,集度为 $q_d = \dfrac{\rho g A}{g} a$,吊物的惯性力为 $\dfrac{P}{g} a$。惯性力的方向均与加速度 a 的方向相反,如图 12-1(b)所示。

钢索横截面上的动内力可以由取出部分的平衡求得,即

$$F_{Nd} = P + \frac{P}{g}a + qx + q_d x = P + \frac{P}{g}a + \rho g A x + \frac{\rho g A}{g} a x = (P + \rho g A x)\left(1 + \frac{a}{g}\right)$$

式中:$P + \rho g A x$ 为同一截面上的静内力 F_{Nst}。

因此上式可写成

$$F_{Nd} = k_d F_{Nst} \tag{12-1}$$

其中

$$k_d = 1 + \frac{a}{g} \tag{12-2}$$

称为动荷系数,其值为动内力与静内力之比。可见,钢索横截面上的动内力等于该截面上的静内力乘以动荷系数。

进而可以计算钢索横截面上的动应力。按照拉压杆件横截面上的正应力公式,有

$$\sigma_d = \frac{F_{Nd}}{A} = \frac{k_d F_{Nst}}{A} = k_d \sigma_{st} \tag{12-3}$$

可见,钢索横截面上的动应力为该截面上的静应力乘以动荷系数。

显然,求解这类动荷载问题的关键是求出动荷系数。

由式(12-1)可知,钢索的危险截面,即动内力最大的截面在钢索的上端,该截面的动应力也将最大。由式(12-3),得

$$\sigma_{dmax} = k_d \sigma_{stmax}$$

计算出最大动应力后,就可按如下的强度条件进行钢索的强度计算:

$$\sigma_{dmax} = k_d \sigma_{stmax} \leqslant [\sigma] \tag{12-4}$$

由于在动荷系数 k_d 中已经包含了动载荷的影响,所以上式中 $[\sigma]$ 仍采用静载荷情况的许用应力值。

由此可见,动荷系数的概念在结构的动力计算中是非常有用的,因为通过它可将动力

第二节 构件作匀加速直线运动或匀速转动时的应力计算

计算问题转化为静力计算问题，即只需把由静力计算所的结果乘以动荷系数就是所需要的结果。

一般情况下，结构不同，动荷系数也不尽相同，同种结构承受不同载荷时，动荷系数也不一样。

从以上的讨论可知，作匀加速直线运动的构件，其横截面上的内力和应力可以通过动静法求得。对动静法应明确两点：

(1) 对作匀加速运动的物体上所加的惯性力是假想的。由理论力学可知，惯性力是加速运动物体对施力物体的反作用力，它并非作用在图 12-1 (b) 所确定的运动物体上。把惯性力假想地加在运动物体上，目的是使原来作加速运动的动力学问题转化为静力学问题，这样便可通过静力平衡条件求解。

(2) 惯性力的方向总是与加速度的方向相反。

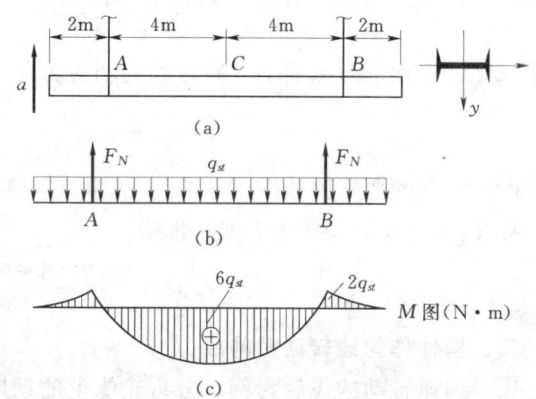

图 12-2 [例 12-1] 图
(a) 计算简图；(b) 受力图；(c) M 图

【**例 12-1**】 一长度 $l=12\text{m}$ 的 16 号工字钢，用横截面面积为 $A=108\text{mm}^2$ 的钢索起吊，如图 12-2 (a) 所示，并以等加速度 $a=10\text{m/s}^2$ 上升。若只考虑工字钢的重量而不计吊索自重，试求吊索的动应力，以及工字钢在危险点处的动应力 $\sigma_{d\max}$。

解：(1) 吊索的动应力。

根据动静法，将集度为 $q_d = A\rho a$ 的惯性力加在工字钢上，使工字钢上的起吊力与其重量和惯性力假想地组成平衡力系。若工字钢单位长度的重量记为 q_{st}，则惯性力集度为

$$q_d = q_{st}\frac{a}{g}$$

于是，工字钢上总的均布力集度为

$$q = q_{st} + q_d = q_{st}\left(1+\frac{a}{g}\right) = k_d q_{st}$$

式中：$k_d = 1+\dfrac{a}{g}$ 为动荷系数。

于是，以下的内力、应力计算，可按工字钢自重（静荷载）计算，乘以动荷系数 k_d，即得动载荷（考虑惯性力）的内力和应力。

由对称关系可知，两吊索的轴力 F_N [图 12-2 (b)] 相等，其值可由平衡方程式：

$$\sum F_y = 0,\ 2F_{Nst} - q_{st}l = 0$$

求得

$$F_{Nst} = \frac{1}{2}q_{st}l$$

吊索的静应力为

$$\sigma_{st}=\frac{F_{Nst}}{A}=\frac{q_{st}l}{2A}$$

故得吊索的动应力为

$$\sigma_d=k_d\sigma_{st}=\left(1+\frac{a}{g}\right)\frac{q_{st}l}{2A}$$

由型钢表查得 $q_{st}=20.5\text{kg/m}$ 及已知数据代入上式，即得

$$\sigma_d=\left(1+\frac{10}{9.81}\right)\times\frac{(20.5\times 9.81)\times 12}{2\times 108\times 10^{-6}}=2.02\times 11.2=22.6(\text{MPa})$$

（2）工字钢危险截面上危险点处的动应力。

$$\sigma_{d\max}=k_d\sigma_{st\max}=\left(1+\frac{a}{g}\right)\frac{M_{\max}}{W_z}$$

由工字钢的弯矩图 [图 12-2（c）] 可知，$M_{\max}=6q_{st}$，并由型钢表查得 $W_z=21.2\times 10^{-6}\text{m}^3$ 以及已知数据代入上式，即得

$$\sigma_{d\max}=2.02\times\frac{6\times 20.5\times 9.81}{21.2\times 10^{-6}}=115(\text{MPa})$$

二、构件作匀速转动时的应力

以一匀速转动的飞轮为例，分析轮缘上的动应力。通常飞轮的轮缘较厚，而中间的轮辐较薄。因此，当飞轮的直径 D 远大于圆环的厚度 δ 时，可略去轮辐的影响，将飞轮简化为直径为 D 的薄壁圆环，如图 12-3（a）所示。

设圆环以角速度 ω 绕圆心 O 且垂直于纸面的轴匀速转动。设圆环的横截面面积为 A，材料的密度为 ρ。圆环匀速转动时，各质点只有向心加速度。由于圆环的厚度 δ 远小于圆环直径 D，可认为圆环沿径向各点的向心加速度与圆环中线上各点处的向心加速度相等，均为 $a_n=\dfrac{\omega^2 D}{2}$。因而，沿圆环中线上将有均布的离心惯性力，其集度 $q_d=\dfrac{\rho gA}{g}a_n=\dfrac{\rho gA\omega^2 D}{2g}$，如图 12-3（b）所示。

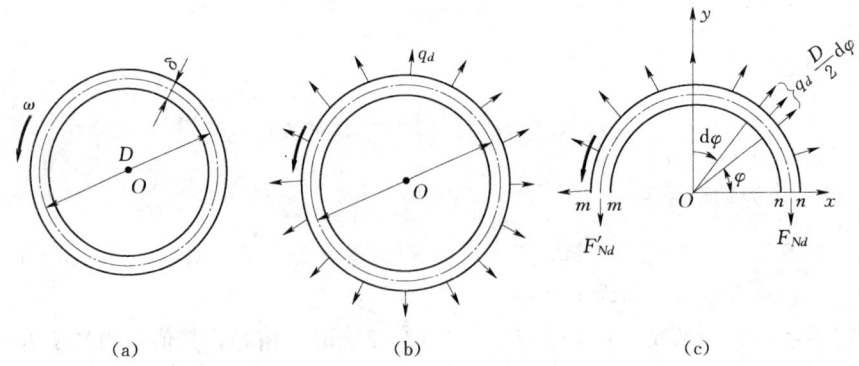

图 12-3 匀速转动的飞轮
(a) 飞轮原图；(b) 飞轮受力图；(c) 飞轮上半部的受力图

按动静法，离心惯性力 q_d 自身组成一平衡力系。为了求得圆环的周向应力，先求通过直径截面上的应力。按假想将圆环沿水平直径面截开，取上半部分进行研究。这部分上

第二节　构件作匀加速直线运动或匀速转动时的应力计算

的外力如图 12-3（c）所示，在 $\mathrm{d}\varphi$ 范围内的外力为 $q_d \dfrac{D}{2} \mathrm{d}\varphi$，由平衡方程 $\sum F_y = 0$ 得

$$-2F_{Nd} + \int_0^\pi q_d \dfrac{D}{2} \mathrm{d}\varphi \cdot \sin\varphi = 0$$

将 q_d 代入，得到截面 m—m 和 n—n 上的内力为

$$F_{Nd} = \dfrac{\rho g A \omega^2 D^2}{g \cdot 4} = \rho A v^2$$

式中，$v = \dfrac{D\omega}{2}$ 为圆环中线上的各点的线速度。

圆环横截面上的动应力为

$$\sigma_d = \dfrac{F_{Nd}}{A} = \dfrac{\rho \omega^2 D^2}{4} = \rho v^2$$

圆环的强度条件为

$$\sigma_d = \rho v^2 \leqslant [\sigma]$$

从以上两式看出，环内应力与横截面面积 A 无关。要保证强度，应限制圆环的转速，增加横截面面积 A 无济于事。工程上，为保证飞轮的安全，必须控制飞轮的转速 ω，即限制轮缘的线速度 v。由上述计算可知，轮缘容许的最大线速度即临界速度为

$$[v] = \sqrt{\dfrac{[\sigma]}{\rho}}$$

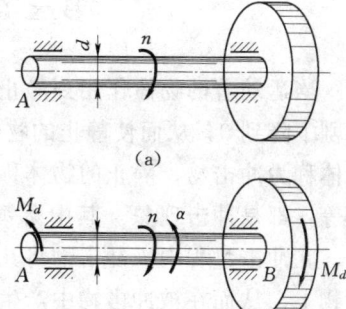

图 12-4　[例 12-2] 图
(a) 飞轮简图；(b) 受力图

【例 12-2】　直径 $d = 100\mathrm{mm}$ 的圆轴，一端有重量 $P = 0.6\mathrm{kN}$、直径 $D = 400\mathrm{mm}$ 的飞轮，以均匀转速 $n = 1000\mathrm{r/min}$ 旋转，如图 12-4（a）所示。现因在轴的另一端施加了制动的外力偶矩 M_d，而在 $t = 0.01\mathrm{s}$ 内停车。若轴的质量与飞轮相比很小而可略去不计，试求轴内最大动切应力 $\tau_{d\max}$。

解： 由于轴在制动时产生角加速度，故轴的最大动切应力应按动静法求解。

由动力学原理可知，若不计轴的质量，则飞轮的惯性力矩为

$$M_d = I_0 \alpha \tag{1}$$

式中：I_0 为飞轮的转动惯量，其单位为 $\mathrm{N \cdot m \cdot s^2}$；$\alpha$ 为角加速度，其单位为 $\mathrm{rad/s^2}$。

在制动时，若为匀减速旋转，则 $\alpha = -\dfrac{\omega}{t}$，而 $\omega = \dfrac{2\pi n}{60}$，故

$$\alpha = -\dfrac{\pi n}{30t}$$

代入式（1），得

$$M_d = I_0 \left(\dfrac{\pi n}{30t}\right) \tag{2}$$

上式仅考虑 M_d 的大小，不计其负号。

根据动静法，沿与 α 相反的转向，将惯性力偶矩 M_d 作用于轴上，如图 12-4（b）所

示,从而得到一个假想的平衡力偶系。由截面法可得轴横截面上的扭矩 M_{xd} 为

$$M_{xd}=M_d=\frac{I_0\pi n}{30t} \tag{3}$$

由圆轴扭转的切应力公式得轴的最大动切应力 $\tau_{d\max}$ 为

$$\tau_{d\max}=\frac{M_{xd}}{W_p}=\frac{I_0\pi n}{\frac{\pi d^3}{16}\times 30t}=\frac{8I_0 n}{15d^3 t} \tag{4}$$

根据所给数据,算出飞轮的转动惯量:

$$I_0=\frac{PD^2}{8g}=\frac{600\times 0.4^2}{8\times 9.81}=1.223(\text{N}\cdot\text{m}\cdot\text{s}^2)$$

与已知数据一起代入式(4),得

$$\tau_{d\max}=\frac{8I_0 n}{15d^3 t}=\frac{8\times 1.223\times 1000}{15\times 0.1^3\times 0.01}=65.2(\text{MPa})$$

第三节 冲击时的应力计算

当运动着的物体作用到静止的物体上时,在相互接触的极短时间内,运动物体的速度急剧下降到0,从而使静止的物体受到很大的作用力,这种现象称为冲击。冲击中的运动物体称为冲击物,静止的物体称为被冲击物。工程中的落锤打桩、汽锤锻造和飞轮突然制动等,都是冲击现象。其中落锤、汽锤、飞轮就是冲击物,而桩、锻件、轴就是被冲击物。在冲击过程中,冲击物将获得很大的负加速度,于是,它将很大的惯性力作用在被冲击物上,从而在被冲击物中产生很大的冲击应力和变形。

在冲击问题中,由于冲击物的速度在极短时间内发生很大变化,所以负值加速度很难确定,因此,不能采用附加惯性力的动静法进行计算。由于影响冲击的因素很多,而且存在各种能量耗散,如热能、声能等,因此,冲击问题的精确计算十分困难。工程中通常采用近似的但偏于安全的能量方法,用以确定被冲击物的内力、应力、变形。为简化计算,可作出如下假设:

(1) 冲击时,冲击物本身不发生变形,即当作刚体;
(2) 不考虑被冲击物的质量;
(3) 冲击物与被冲击物接触后无回弹;
(4) 冲击后,被冲击构件的材料仍服从胡克定律,并不计能量损耗。

下面将讨论自由落体冲击和水平冲击两种情况。

一、自由落体冲击

设一重量为 P 的物体,从高度 h 处自由下落到一直杆的顶端,使杆受到竖向冲击而发生压缩变形如图 12-5 所示。现以此为例,说明冲击应力和变形的计算方法。

冲击物落到被冲击物顶端、即将与之接触时,具有速度 v。当其与直杆接触后,将贴合在一起运动,速度迅

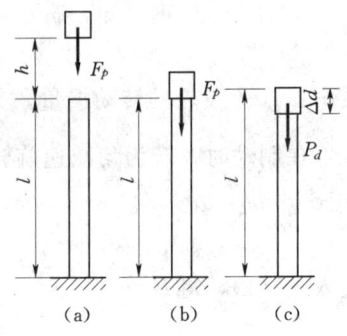

图 12-5 自由落体冲击
(a) 冲击模型;(b) 冲击物落到杆顶端;
(c) 杆的顶端到达最低位置

第三节 冲击时的应力计算

速减小，最后降到 0；与此同时，被冲击物的变形也达到最大值 Δ_d。构件因此受到冲击载荷 F_d 并产生冲击应力 σ_d。

因在冲击过程中不计其他能量的损耗，则按能量守恒原理，冲击物在冲击前后所减少的动能 T 和位能 V 应与被冲击物所获得的应变能 V_{ed} 相等（因略去了杆的质量，故杆的动能和位能变化也略去不计），即

$$T+V=V_{ed} \tag{a}$$

当杆的顶端达到最低位置时 [图 12-5 (c)]，冲击物所减少的位能为

$$V=P(h+\Delta_d) \tag{b}$$

由于冲击物的初速度和末速度均为 0，因而，其动能无变化，即

$$T=0 \tag{c}$$

另一方面，在冲击过程中，被冲击物（直杆）所增加的应变能，则可通过冲击载荷 F_d 对位移 Δ_d 所作的功来计算。由于材料服从胡克定律，于是有

$$V_{ed}=\frac{1}{2}F_d\Delta_d \tag{d}$$

根据杆件在弹性范围内 F_d 与 Δ_d 之间成线性关系，即

$$F_d=\frac{EA}{l}\Delta_d \tag{e}$$

将上式代入式 (d)，即得

$$V_{ed}=\frac{1}{2}\left(\frac{EA}{l}\right)\Delta_d^2 \tag{f}$$

将式 (b)、(c) 和 (f) 代入式 (a)，即得

$$P(h+\Delta_d)=\frac{1}{2}\left(\frac{EA}{l}\right)\Delta_d^2 \tag{g}$$

注意到 $\dfrac{Pl}{EA}=\Delta_{st}$，即重物 P 作为静载荷作用在杆的顶端时，构件沿冲击方向的静位移（即杆的静缩短）。于是，式 (g) 可简化为

$$\Delta_d^2-2\Delta_{st}\Delta_d-2\Delta_{st}h=0 \tag{h}$$

由此解得

$$\Delta_d=\Delta_{st}\pm\sqrt{\Delta_{st}^2+2h\Delta_{st}}=\Delta_{st}\left(1\pm\sqrt{1+\frac{2h}{\Delta_{st}}}\right) \tag{i}$$

为了求得 Δ_d 的最大值，上式根号前应取正号，故有

$$\Delta_d=\Delta_{st}\left(1+\sqrt{1+\frac{2h}{\Delta_{st}}}\right) \tag{g}$$

将上式中的 Δ_d 代入式 (e)，即得冲击载荷 F_d 为

$$F_d=\frac{EA}{l}\Delta_{st}\left(1+\sqrt{1+\frac{2h}{\Delta_{st}}}\right) \tag{k}$$

显然，$\dfrac{EA}{l}\Delta_{st}=P$，并将上式右端的括号记为

$$k_d=1+\sqrt{1+\frac{2h}{\Delta_{st}}} \tag{12-5a}$$

式中：k_d 称为冲击动荷系数。

于是，式（k）改写为

$$F_d = k_d P \qquad (l)$$

由此可见，冲击动荷系数 k_d 表示冲击载荷与冲击物重量的比值。在自由落体冲击这一特殊情况下，冲击动荷系数 k_d 可按式（12-5a）计算。而在其他的冲击问题中，冲击动荷系数的计算公式与式（12-5a）并不相同。

求得冲击动荷系数后，杆横截面上的冲击应力可表达为

$$\sigma_d = \frac{F_d}{A} = k_d \frac{P}{A} = k_d \sigma_{st} \qquad (m)$$

由式（g）、（l）和（m）可见，冲击位移、冲击载荷和冲击应力均等于将冲击物的重量 P 作为静载荷作用时，相应的量乘以同一个冲击动荷系数 k_d。由此可见，冲击载荷问题计算的关键，在于确定相应的冲击动荷系数。

由冲击动荷系数 k_d 的计算式（12-5a）可见：

（1）当 $h=0$ 时，$k_d=2$。表明构件的动应力和动变形都是静载荷作用下的两倍。这种载荷称为突加荷载。

（2）若已知冲击物自由下落、刚接触被冲击物时的速度为 v，则 h 可用 $\dfrac{v^2}{2g}$ 代替，动荷系数成为

$$k_d = 1 + \sqrt{1 + \frac{v^2}{g\Delta_{st}}} \qquad (12-5b)$$

（3）在实际计算中，我们常作如下的近似处理，即：当 $\dfrac{2h}{\Delta_{st}} > 10$ 或 $\dfrac{v^2}{g\Delta_{st}} > 10$ 时，略去冲击动荷系数 k_d 计算式中根号内的"1"，使 $k_d = 1 + \sqrt{\dfrac{2h}{\Delta_{st}}}$ 或 $k_d = 1 + \sqrt{\dfrac{v^2}{g\Delta_{st}}}$；当 $\dfrac{2h}{\Delta_{st}} > 100$ 或 $\dfrac{v^2}{g\Delta_{st}} > 100$ 时，同时略去冲击动荷系数 k_d 计算式中根号外与根号内的"1"，使 $k_d = \sqrt{\dfrac{2h}{\Delta_{st}}}$ 或 $k_d = \dfrac{v}{\sqrt{g\Delta_{st}}}$。

在实际冲击过程中，不可避免地会有声、热等其他能量损耗，因此，被冲击构件内所增加的应变能 V_{ed} 将小于冲击物所减少的能量（$T+V$）。表明由能量守恒原理计算出的冲击动荷系数 k_d 是偏大的，因而，这种近似计算方法是偏于安全的。

二、水平冲击

图 12-6（a）所示一重量为 P 的物体，水平冲击在的竖杆的 A 点，使杆发生弯曲。仍作出自由落体冲击时的假设，并仍应用由能量守恒原理所得的计算式 $T+V=V_{ed}$ 进行分析。

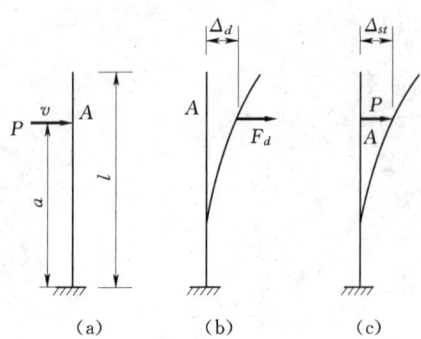

图 12-6 水平冲击
(a) 冲击模型；(b) 动载荷作用；(c) 静载荷作用

第三节 冲击时的应力计算

冲击物即将接触到 A 点时的速度为 v。当与被冲击物接触后便一起运动，速度迅速降到 0；与此同时，被冲击物受到的冲击载荷 F_d 和产生的冲击变形 Δ_d 都达到最大值。如图 12-6（b）所示。冲击前后冲击物减少的动能为 $T=\dfrac{P}{2g}v^2$；由于水平冲击，冲击前后位能无变化，故减少的位能为 $V=0$。同时，被冲击物受冲击后获得的应变能为 $V_{\varepsilon d}=\dfrac{1}{2}F_d\Delta_d$。由 $T+V=V_{\varepsilon d}$，得

$$\frac{P}{2g}v^2=\frac{1}{2}F_d\Delta_d \tag{n}$$

将 $F_d=\dfrac{\Delta_d}{\Delta_{st}}P$ 代入上式得

$$\frac{P}{2g}v^2=\frac{1}{2}\frac{P}{\Delta_{st}}\Delta_d^2 \tag{o}$$

由式（o）解得

$$\Delta_d=\sqrt{\frac{v^2\Delta_{st}}{g}}=\sqrt{\frac{v^2}{g\Delta_{st}}}\Delta_{st}=k_d\Delta_{st} \tag{p}$$

其中

$$k_d=\sqrt{\frac{v^2}{g\Delta_{st}}} \tag{12-6}$$

称为水平冲击动荷系数。其中 Δ_{st} 是将冲击物重量 P 作为静载荷，水平作用于被冲击物上，构件在冲击点处沿冲击方向的静位移（即挠度），如图 12-6（c）所示。

通过上述计算求出动荷系数 k_d 后，与自由落体冲击的情况相似，可求得冲击应力 σ_d 和冲击变形 Δ_d。

无论是自由落体冲击或水平冲击，在求得被冲击物中的最大动应力 $\sigma_{d\max}$ 后，均可按下述强度条件进行强度计算：

$$\sigma_{d\max}\leqslant[\sigma]$$

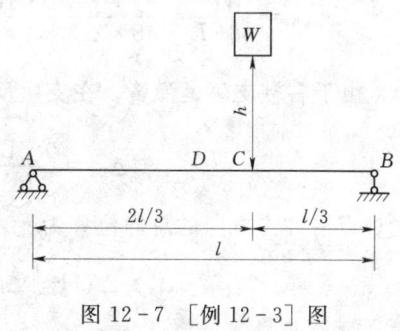

图 12-7 ［例 12-3］图

【例 12-3】 重量 $W=150\text{N}$ 的物体，从高 $h=75\text{mm}$ 处自由落下，冲击在简支梁的 C 点，如图 12-7 所示。已知梁长 $l=2\text{m}$，截面为边长 $a=50\text{mm}$ 的正方形，材料的弹性模量 $E=2\times10^5\text{MPa}$。试求梁的最大冲击应力 $\sigma_{d\max}$ 和梁跨中 D 点的冲击变形 Δ_{Dd}，不计梁的自重。

解： 梁受到自由落体冲击，应按式（12-5a）计算动荷系数，首先计算 Δ_{st}，即将 $W=150\text{N}$ 作为静载荷作用于 C 点时该点的变形。其大小为

$$\Delta_{st}=\frac{4Wl^3}{243EI_z}=\frac{4\times150\times2^3}{243\times2\times10^{11}\times(0.05)^4/12}=0.1896\times10^{-3}(m)\approx0.19\text{mm}$$

于是，动荷系数为

$$k_d=1+\sqrt{1+\frac{2h}{\Delta_{st}}}=1+\sqrt{1+\frac{2\times0.075}{0.00019}}=29.1$$

梁的危险截面为 C 截面，危险点为该截面的上、下边缘处各点。C 截面的弯矩为

$$M_{\max} = \frac{W}{3}\frac{2l}{3} = \frac{2}{9} \times 150 \times 2 = 66.7(\text{N} \cdot \text{m})$$

危险点处的静应力为

$$\sigma_{st\max} = \frac{M_{\max}}{W_z} = \frac{66.7}{(0.05)^3/6} = 3.2(\text{MPa})$$

所以梁的最大冲击应力为

$$\sigma_{d\max} = k_d \sigma_{st\max} = 29.1 \times 3.2 = 93.1(\text{MPa})$$

梁跨中 D 点处的静变形为

$$\Delta_{Dst} = \frac{23Wl^3}{1296EI_z} = \frac{23 \times 150 \times 2^3}{1296 \times 2 \times 10^{11} \times (0.05)^4/12} = 0.204 \times 10^{-3}(\text{m}) = 0.204\text{mm}$$

所以 D 点处的冲击变形为

$$\Delta_{Dd} = k_d \Delta_{Dst} = 29.1 \times 0.204 = 5.95(\text{mm})$$

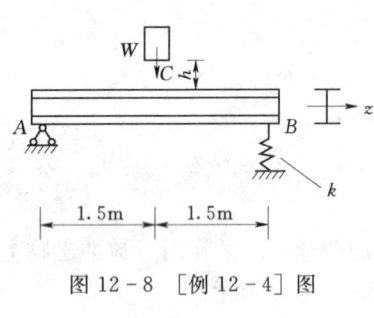

图 12-8 [例 12-4] 图

【例 12-4】 如图 12-8 所示 16 号工字钢梁，右端置于一弹簧常数 $k=0.16\text{kN/mm}$ 的弹簧上。重量 $W=2.0\text{kN}$ 的物体自高 $h=350\text{mm}$ 处自由落下，冲击在梁跨中 C 点。梁材料的 $[\sigma]=160\text{MPa}$，$E=2.1\times 10^5\text{MPa}$，试校核梁的强度。

解：梁受到自由落体冲击，应按式（12-5a）计算动荷系数，首先计算 Δ_{st}，将 W 作为静载荷作用在 C 点。由型钢表查得梁截面的 $I_z = 1130\text{cm}^4$ 和 $W_z = 141\text{cm}^3$。梁本身的变形为

$$\Delta_{Cst} = \frac{Wl^3}{48EI_z} = \frac{2 \times 10^3 \times 3^3}{48 \times 2.1 \times 10^{11} \times 1130 \times 10^{-8}} = 0.474 \times 10^{-3}(\text{m}) = 0.474\text{mm}$$

由于右端支座是弹簧，在支座反力 $F_{RB} = \dfrac{W}{2}$ 的作用下，其缩短量为

$$\Delta_{Bst} = \frac{0.5W}{k} = \frac{0.5 \times 2 \times 10^3}{0.16 \times 10^3} = 6.25(\text{mm})$$

故 C 点沿冲击方向的总静位移为

$$\Delta_{st} = \Delta_{Cst} + \frac{1}{2}\Delta_{Bst} = 0.474 + \frac{1}{2} \times 6.25 = 3.6(\text{mm})$$

再由式（12-5a），求得动荷系数为

$$k_d = 1 + \sqrt{1 + \frac{2h}{\Delta_{st}}} = 1 + \sqrt{1 + \frac{2 \times 0.35}{0.0036}} = 14.98$$

梁的危险截面为跨中 C 截面，危险点为该截面上、下边缘处各点。C 截面的弯矩为

$$M_{st,\max} = \frac{Wl}{4} = \frac{2 \times 10^3 \times 3}{4} = 1.5 \times 10^3(\text{N} \cdot \text{m})$$

危险点处的静应力为

$$\sigma_{st\max} = \frac{M_{st,\max}}{W_z} = \frac{1.5 \times 10^3}{141 \times 10^{-6}} = 10.64(\text{MPa})$$

所以，梁的最大冲击应力为

$$\sigma_{d\max}=k_d\sigma_{st\max}=14.98\times10.64=159.4(\text{MPa})<[\sigma]=160\text{MPa}$$

所以梁是安全的。

三、提高构件抗冲击能力的措施

从冲击动荷系数计算式（12-5）可知，在满足构件强度的前提下，增加构件的静位移是提高抗冲击能力的根本途径。具体措施可归结为以下几点。

(1) 选择适当的材料。由计算位移的公式看出，构件材料的 E 越小，Δ_{st} 越大，因此，可以选择 E 较低的材料制作受冲构件，但 E 较低的材料，其许用应力 $[\sigma]$ 往往也较低，要注意二者兼顾。

(2) 安装缓冲装置。工程中常采用缓冲装置来减少构件受冲击的损害，如汽车的底座与大梁间安装叠板弹簧、某些机器和零件下面安放橡皮垫或弹簧垫圈等。这样做增大了构件受冲击处的静位移 Δ_{st}，从而减小了动荷系数 k_d，避免构件产生过大的动荷应力。

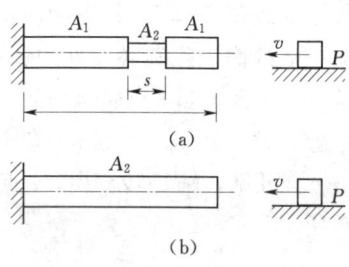

图 12-9 变截面杆与等截面杆的冲击
(a) 变截面杆；(b) 等截面杆

(3) 适当设计构件的长度。例如当材料和横截面面积相同时，适当增大构件的长度，实际上也就增大了静位移，降低冲击系数 k_d，从而减小冲击应力。但对压杆，要注意避免因杆过长导致出现失稳的问题。

(4) 避免构件局部削弱。如图 12-9 所示材料相同的两杆，一为变截面杆，一为等截面杆，受到同样重量和速度的物体的水平冲击，由于图 12-9 (a) 所示杆的静位移 $\Delta_{st,a}$ 小于图 12-9 (b) 所示杆的静位移 $\Delta_{st,b}$，所以图 12-9 (a) 杆的动荷系数 k_{da} 大于图 12-9 (b) 杆的动荷系数 k_{db}。同时，在危险面上，两杆的横截面面积同为 A_2，相应的最大静应力相等，其值均为 $\sigma_{st,\max}=P/A_2$；从而图 12-9 (a) 杆的最大动应力 $\sigma_{d,a\max}$ 大于图 12-9 (b) 杆的最大动应力 $\sigma_{d,b\max}$。因此，应尽可能避免使构件局部削弱。

第四节　交变应力和疲劳破坏

一、概念

工程中，某些构件所受的载荷是随时间作周期性变化的。例如图 12-10 (a) 所示的

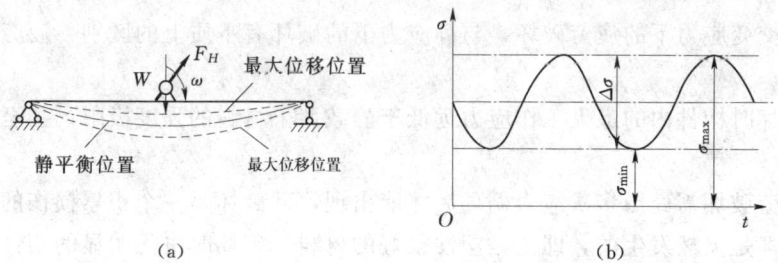

图 12-10 载荷随时间作周期性变化
(a) 计算简图；(b) 应力谱

梁,受电动机的重量 W 与电动机转动时引起的干扰力 $F_H\sin\omega t$ 作用,干扰力 $F_H\sin\omega t$ 就是随时间作周期性变化的。因而梁跨中截面下边缘危险点处的拉应力将随时间作周期性变化,如图 12-10(b)所示。这种应力随时间变化的曲线,称为应力谱。

此外,还有某些构件,虽然所受的载荷并没有变化,但由于构件本身在转动,因而构件内各点处的应力也随时间作周期性的变化。如图 12-11(a)所示的火车轮轴,承受车厢传来的载荷 F_p,F_p 并不随时间变化。轴的弯矩图如图 12-11(b)所示。但由于轴在转动,横截面上除圆心以外的各点处的正应力都随时间作周期性的变化。如对截面边缘上的某点 i 而言,当 i 点转至位置 1 时[图 12-11(c)],正处于中性轴上,$\sigma=0$;当 i 点转至位置 2 时,$\sigma=\sigma_{max}$;当 i 点转至位置 3 时,又在中性轴上,$\sigma=0$;当 i 点转至位置 4 时,$\sigma=\sigma_{min}$。可见,轴每转一周,i 点处的正应力经过了一个应力循环,其应力谱如图 12-11(d)所示。

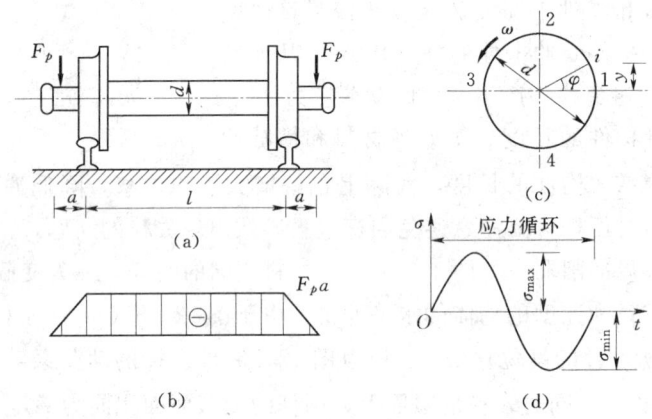

图 12-11 转动构件的应力谱
(a)火车轮轴;(b)轴的 M 图;(c)截面边缘上的某点 i 的转动情况;(d)应力谱

在上述两类情况下,构件中都将产生随时间作周期性交替变化的应力。这种应力称为交变应力。

实践表明,构件若长期处于交变应力下,则在最大工作应力远低于材料的屈服极限,且不产生明显的塑性变形情况下,也有可能发生骤然的断裂。这种破坏,习惯上称为疲劳破坏。

构件在交变应力下的疲劳破坏,与静应力下的破坏有本质上的区别,疲劳破坏具有以下特点:

(1)破坏时构件内的最大工作应力远低于静载荷下材料的强度极限,甚至低于材料的屈服极限。

(2)疲劳破坏需经历多次应力循环后才能出现,即破坏是一个积累损伤的过程。

(3)破坏是突然发生的,即使是塑性很好的材料,破坏时也无明显的塑性变形,即表现为脆性断裂。

(4)在破坏的断口上,通常呈现两个截然不同的区域,一个是光滑区域,另一个是粗粒状区域。例如,车轴疲劳破坏的断口如图 12-12 所示。

第四节 交变应力和疲劳破坏

以上现象可以通过疲劳破坏的形成过程加以说明。原来，当循环应力的大小超过一定限度并经历了足够多次的交替重复后，在构件内部应力最大或材质薄弱处，将产生细微裂纹（即所谓疲劳源或裂缝源），这种裂纹随着应力循环次数增加而不断扩展，并逐渐成为宏观裂纹。在扩展过程中，由于应力循环变化，裂纹两表面的材料时而互相挤压，时而分离，或时而正向错动，时而反向错动，从而形成断口的光滑区。另一方面，由于裂纹不断扩展，当达到其临界尺寸

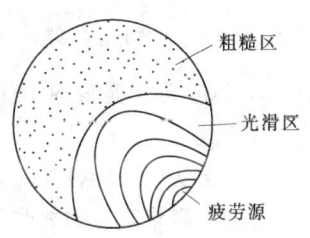

图 12-12　疲劳破坏断口

时，构件将发生突然断裂，断口的粗粒状区就是突然断裂造成的。因此，疲劳破坏的过程可理解为细微裂纹的形成、宏观裂纹的扩展以及突然失稳断裂的过程。

二、交变应力的基本参量

当交变应力稳定变化时，设某种交变应力的应力谱如图 12-13 所示。由应力谱可见，构件中某一点的应力在其最大值 $\sigma_{\max}$ 和最小值 $\sigma_{\min}$ 之间作周期性的变化。应力每重复变化一次，称为一个应力循环。重复的次数称为循环次数，又称为疲劳寿命。应力循环中最小应力与最大应力的比值，称为交变应力的应力比或循环特征，并用 r 表示，即

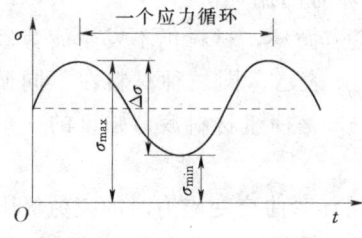

图 12-13　交变应力的应力谱

$$r = \frac{\sigma_{\min}}{\sigma_{\max}} \tag{12-7}$$

交变应力中的应力交替变化程度，可用最大应力与最小应力的差值来表示，称为交变应力的应力幅，即

$$\Delta\sigma = \sigma_{\max} - \sigma_{\min} \tag{12-8}$$

交变应力的特征可用上述 4 个参量 $\sigma_{\max}$、$\sigma_{\min}$、r 和 $\Delta\sigma$ 来表示。交变应力的基本参量，通常用最大应力 $\sigma_{\max}$ 和应力比 r 来表示，也可用最大应力 $\sigma_{\max}$ 和应力幅 $\Delta\sigma$ 来表示。值得注意的是，最大应力和最小应力都是带正负号的，这里以绝对值较大者为最大应力，并规定它为正号，而与正应力反向的最小应力则为负号。

在交变应力中，当循环特征 $r = \dfrac{\sigma_{\min}}{\sigma_{\max}} = -1$ 时，称为对称循环交变应力，此时，应力幅 $\Delta\sigma = 2\sigma_{\max}$，如图 12-14（a）所示；凡循环特征 $r \neq -1$ 的交变应力，统称为非对称循环的交变应力。若非对称循环的交变应力中的 $\sigma_{\min} = 0$，则循环特征 $r = 0$，称为脉动循环交变

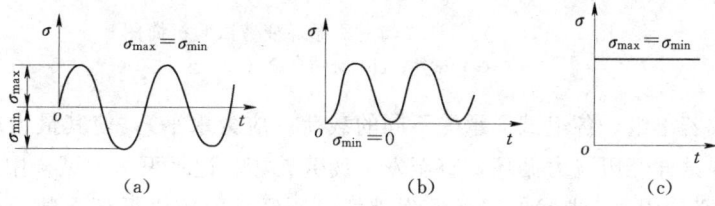

图 12-14　交变应力的种类
(a) 对称循环；(b) 脉动循环；(c) 静荷应力

应力，此时 $\Delta\sigma=\sigma_{\max}$，如图 12-14 (b) 所示；当循环特征 $r=\dfrac{\sigma_{\min}}{\sigma_{\max}}=1$ 时，即有 $\sigma_{\max}=\sigma_{\min}$，$\Delta\sigma=0$，这实际上是静应力作用，因此，静应力可看作是交变应力的一种特例，如图 12-14 (c) 所示。

以上交变应力的概念是以正应力 σ 来描述的，当构件承受交变切应力时，上述概念仍然适用，只需将正应力 σ 改为切应力 τ 即可。

第五节 疲劳极限和 S-N 曲线

构件在交变应力作用下，即使其最大工作应力小于屈服极限（或强度极限），也可能发生疲劳破坏。可见，材料的屈服极限等静荷强度指标不能用来说明构件在交变应力作用下的强度。

材料在交变应用力作用下是否发生破坏，不仅与最大应力 $\sigma_{\max}$ 有关，还与循环特征 r 和循环次数 N 有关。试验表明，在一定的循环特征 r 下，$\sigma_{\max}$ 越大，到达破坏时的循环次数 N 就越小，即寿命越短；反之，如 $\sigma_{\max}$ 越小，则到达破坏时的循环次数 N 就越大，即寿命越长。当 $\sigma_{\max}$ 减小到某一限值时，虽经"无限多次"应力循环，材料仍不发生疲劳破坏，这个应力限值就称为材料的持久极限或疲劳极限，以 σ_r 表示。同一种材料在不同循环特征下的疲劳极限是不相同的，对称循环下的疲劳极限 σ_{-1} 是衡量材料疲劳强度的一个基本指标，不同材料的 σ_{-1} 是不相同的。

材料的疲劳极限可由疲劳试验来测定，如材料在对称循环弯曲交变应力时的疲劳极限可按 GB 4337—2008 旋转弯曲疲劳试验来测定。在试验时，需要用若干光滑小尺寸试样 [图 12-15 (a)]，$d=7\sim10\text{mm}$，在专用的疲劳试验机上进行试验，图 12-15 (b) 所示为对称循环疲劳试验机。

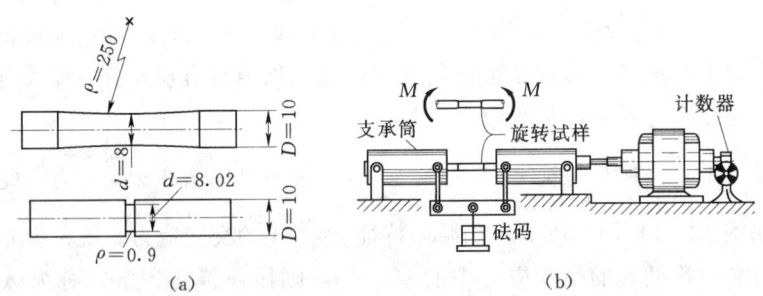

图 12-15 疲劳试样与对称循环疲劳试验机简图
(a) 试件；(b) 疲劳试验机

将试样分成若干组，各组试样承受不同的载荷（应力水平），使其最大应力值由高到低。然后让每根试样经历应力循环，直至发生疲劳破坏。记录下每根试样中最大应力 $S_{\max}$ [这里的 S 指广义应力（σ 或 τ）] 以及发生破坏时所经历的应力循环次数。将这些试验数据标在 S-N 坐标中，如图 12-16 所示。可以看出，疲劳试验结果具有明显的分散性，但是通过这些点可以画出一条曲线表明试件疲劳寿命随其承受的应力而变化的趋势。这条曲线称为应力-寿命曲线，简称 S-N 曲线。

应力比不同，S-N 曲线亦不同。图 12-17（a）和（b）所示为对称循环下两种典型的 S-N 曲线。

图 12-17（a）所示为每一应力水平只有一个试样的数据，这时用"最小二乘法"画出 S-N 曲线；图 12-17（b）为每一应力水平有一组试样的数据，如果每组有足够多的试样数据，则试验点形成分布带，S-N 曲线通常位于分布带的中央（又称均值）。S-N 曲线若有水平渐近线，则表示试样经历无穷多次应力循环而不发生破坏，渐近线的纵坐标即为光滑小试样的疲劳极限。对于应力比为 r 的情形，其疲劳极限用 S_r 表示；对称循环下的疲劳极限为 S_{-1}。

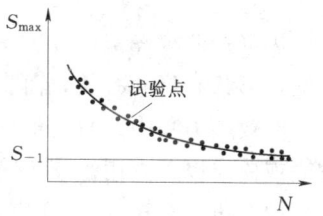

图 12-16 一般的 S-N 曲线

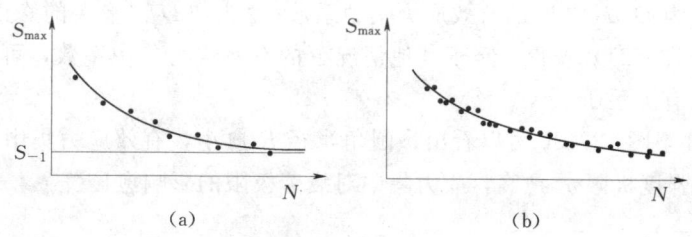

图 12-17 对称循环下的两种类型的 S-N 曲线
(a) 每一应力水平只有一个试样的数据；(b) 每一应力水平有一组试样的数据

所谓"无穷多次"应力循环，在试验中是难以实现的。工程设计中通常规定：对于 S-N 曲线有水平渐近线的材料（如结构钢），若经历 10^7 次（称为循环基数，用 N_0 表示）应力循环而不破坏，即认为可承受无穷多次应力循环；对于 S-N 曲线没有水平渐近线的材料（例如铝合金），规定某一循环次数（例如 $N_0 = 2 \times 10^7$ 次）下不破坏时的最大应力作为条件疲劳极限。

第六节　影响构件疲劳极限的主要因素

前面用光滑小试件测得的疲劳极限，称为材料的疲劳极限。试验表明，构件的疲劳极限与材料的疲劳极限不同，它不仅与材料有关，而且与构件的外形、截面尺寸及表面状态等有关。下面就介绍影响疲劳极限的几种主要因素。

一、构件外形

构件外形的突然变化，例如构件上有往往有槽、孔、缺口、轴肩等，将引起应力集中。在应力集中的局部区域更容易形成疲劳裂纹，使构件的疲劳极限明显降低，即使在塑性材料中也不可避免。

在对称循环交变应力作用下，无应力集中的光滑试件的疲劳极限 σ_{-1} 或 τ_{-1} 与同样尺寸但有应力集中试件的疲劳极限 $(\sigma_{-1})^*$ 或 $(\tau_{-1})^*$ 之比，称为有效应力集中系数或疲劳缺口系数，并用 K_σ 或 K_τ 表示，即

$$K_\sigma = \frac{\sigma_{-1}}{(\sigma_{-1})^*}, \quad K_\tau = \frac{\tau_{-1}}{(\tau_{-1})^*} \tag{12-9}$$

因 $(\sigma_{-1})^* > \sigma_{-1}$，$(\tau_{-1})^* > \tau_{-1}$，所以 K_σ 或 K_τ 的值恒大于 1，它的大小不仅与构件的几何形状和尺寸有关，而且与加载方式以及材料的力学性能有关。

有效应力集中系数是根据试验得出的，这方面已经积累了相当多的实验资料，并制成图表或曲线以备查用。图 12-18 至图 12-20 分别给出了阶梯形圆截面钢轴在对称循环下的弯曲、扭转和拉-压交变应力作用时的有效应力集中系数 $K_{\sigma 0}$ 和 $K_{\tau 0}$。

应该指出，上述曲线都是在 $D/d = 2$ 且 $d = 30 \sim 50 \text{mm}$ 的条件下测得的。如果 $D/d < 2$，则有效应力集中系数为

$$K_\sigma = 1 + \xi(K_{\sigma 0} - 1) \tag{12-10}$$

$$K_\tau = 1 + \xi(K_{\tau 0} - 1) \tag{12-11}$$

式中：$K_{\sigma 0}$ 和 $K_{\tau 0}$ 为 $D/d = 2$ 时的有效应力集中系数；ξ 为与 D/d 有关的修正系数，其值可由经验曲线（图 12-21）查得。至于其他情况下的有效应力集中系数，可查阅本章表 12-2、表 12-3 及有关手册。

由图 12-18 至图 12-20 可以看出，圆角半径 R 愈小，有效应力集中系数 $K_{\sigma 0}$ 和 $K_{\tau 0}$ 愈大；材料的静强度极限 σ_b 愈高，应力集中对疲劳极限的影响愈显著。

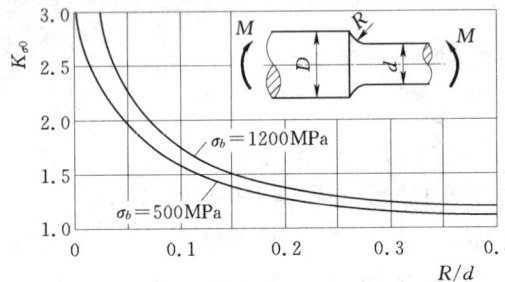

图 12-18 阶梯形圆截面钢轴在对称循环下的弯曲有效应力集中系数 $K_{\sigma 0}$ 和 $K_{\tau 0}$

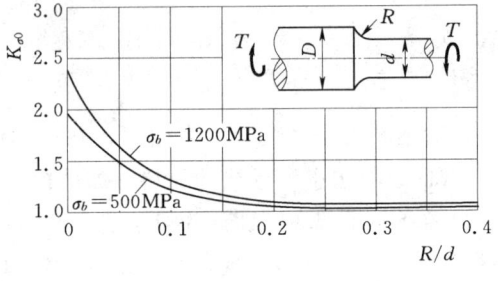

图 12-19 阶梯形圆截面钢轴在对称循环下的扭转有效应力集中系数 $K_{\sigma 0}$ 和 $K_{\tau 0}$

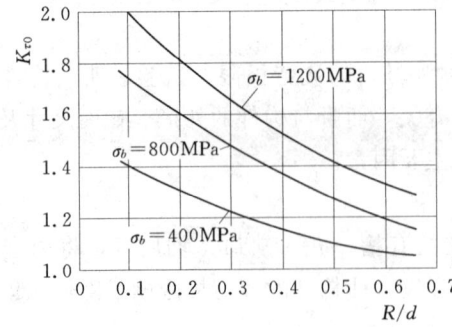

图 12-20 阶梯形圆截面钢轴在对称循环下的拉—压交变应力作用时的有效应力集中系数 $K_{\sigma 0}$ 和 $K_{\tau 0}$

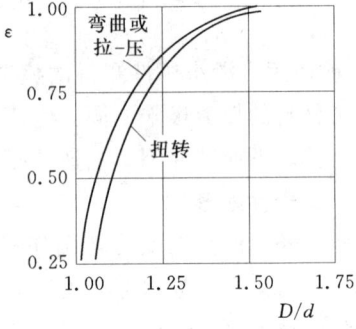

图 12-21 经验曲线

所以，对于交变应力工作下的零构件，尤其是用高强度材料制成的零构件，设计时应

尽量减小应力集中。例如使构件的外部轮廓做得尽可能平滑，增大内圆角的半径和将必要的孔或沟槽配置在低应力区内等。这些措施均能显著构件的疲劳强度。

二、构件尺寸

前面所讲的疲劳极限为光滑小试样（直径 $d=7\sim10\mathrm{mm}$）的试验结果，称为"试样的疲劳极限"或"材料的疲劳极限"。弯曲和扭转疲劳试验结果均表明：随着构件横截面尺寸的增加，疲劳极限将降低。这种现象称为尺寸效应。因此，当构件尺寸大于标准试样尺寸时，必须考虑尺寸的影响。

截面尺寸对疲劳极限的影响，用尺寸效应系数 ε_σ 或 ε_τ 表示。它代表光滑大尺寸试样的疲劳极限与光滑小尺寸试样的疲劳极限之比值，即

$$\varepsilon_\sigma=\frac{(\sigma_{-1})_d}{\sigma_{-1}},\varepsilon_\tau=\frac{(\tau_{-1})_d}{\tau_{-1}} \tag{12-12}$$

式中：$(\sigma_{-1})_d$ 和 $(\tau_{-1})_d$ 为对称循环下光滑大试件的疲劳极限；σ_{-1} 和 τ_{-1} 为对称循环下光滑小试件的疲劳极限。系数 ε_σ 或 ε_τ 之值小于1。实验指出，同样尺寸的构件在弯曲扭转时的尺寸效应系数相同，即 $\varepsilon_\sigma=\varepsilon_\tau$。此外，尺寸对于轴向拉压的疲劳极限并无影响，即 $\varepsilon_\sigma=1$。

图12-22给出了圆截面钢轴对称循环弯曲与扭转时的尺寸效应系数。可以看出：试样的直径 d 愈大，尺寸效应系数 ε_σ 或 ε_τ 越小，疲劳极限降低愈多；同时，材料的静强度愈高，截面尺寸的大小对构件疲劳极限的影响愈显著。

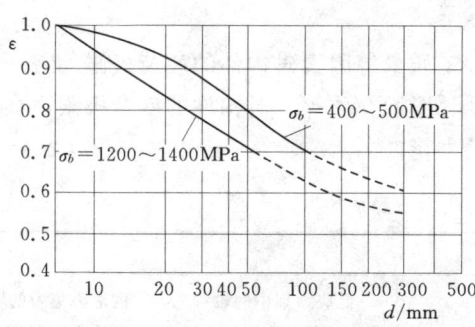

图12-22 尺寸效应系数

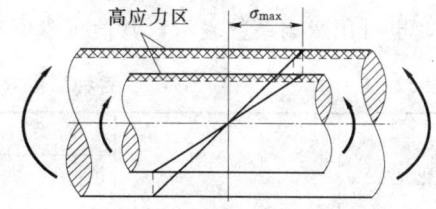

图12-23 不同试样的高应力区

弯曲和扭转疲劳极限随截面尺寸增大而降低的原因，可利用图12-23加以说明。图中所示为承受弯曲作用的两根直径不同的试样，在最大弯曲正应力相同的条件下，大试样的高应力区比小试样的高应力区厚，因而处于高应力状态的晶粒多。所以，在大试样中，疲劳裂纹更易于形成并扩展，疲劳极限因而降低。另一方面，高强度钢的晶粒较小，在尺寸相同的情况下，晶粒愈小，则高应力区所包含的晶粒愈多，愈易产生疲劳裂纹。

三、表面加工质量

最大应力一般发生在构件表层，同时，构件表层又常常存在各种缺陷（刀痕与擦伤等），因此，构件表面的加工质量和表面状况，对构件的疲劳强度也存在显著影响。

表面加工质量对构件疲劳极限的影响，可用表面质量系数 β 表示，即

$$\beta=\frac{\sigma_{-1}^*}{\sigma_{-1}} \tag{12-13}$$

式中：σ_{-1}^* 为某种方法加工试件的疲劳极限；σ_{-1} 为光滑试件（磨削加工）的疲劳极限。显然，β 是一个小于 1 的系数。表面质量系数 β 与加工方法的关系如图 12-24 所示。

由图可以看出：表面加工质量愈低，β 值越小，疲劳极限降低愈多；同时，材料的静强度愈高，加工质量对构件疲劳极限的影响愈显著。

另一方面，如构件经淬火、渗碳、氮化等热处或化学处理，使表层得到强化；或者经滚压、喷丸等机械处理，使表层形成预压应力，减弱容易引起裂纹的工作拉应力，这些都会明显提高构件的疲劳极限，得到大于 1 的表面质量系数 β。各种强化方法的表面质量系数列入表 12-1 中。

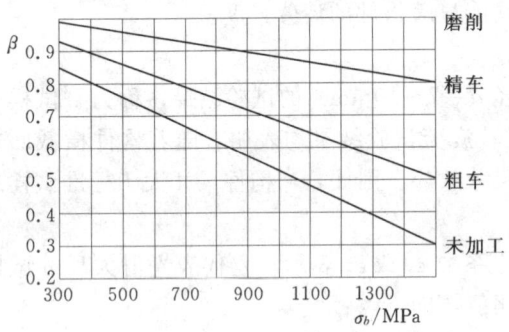

图 12-24 表面质量系数 β 与加工方法的关系

综合上述 3 种因素，在对称循环下，构件的疲劳极限应为

$$\sigma_{-1}^0 = \frac{\varepsilon_\sigma \beta}{K_\sigma} \sigma_{-1} \tag{12-14}$$

式中，σ_{-1} 是光滑小试件的疲劳极限。式（12-14）是对正应力写出的，如为扭转可写成

$$\tau_{-1}^0 = \frac{\varepsilon_\tau \beta}{K_\tau} \tau_{-1} \tag{12-15}$$

综上所述，构件外形、截面尺寸和表面加工质量等因素对构件的疲劳极限均有一定的影响。此外，构件所处的工作环境，例如高温、腐蚀介质等，对构件的疲劳极限也会产生影响，也可用影响系数表示，其值可参阅有关书籍。

表 12-1　　　　　　　　各种强化方法的表面质量系数

强化方法	心部强度 σ_b/MPa	β 光轴	低应力集中的轴 $K_\sigma \leq 1.5$	内应力集中的轴 $K_\sigma \geq 1.8 \times 2$
高频淬火	600～800 800～1000	1.5～1.7 1.3～1.5	1.6～1.7	2.4～2.8
氮化	900～1200	1.1～1.25	1.5～1.7	1.7～2.1
渗碳	400～600 700～800 1000～1200	1.8～2.0 1.4～1.5 1.2～1.3	3 2	
喷丸硬化	600～1500	1.1～1.25	1.5～1.6	1.7～2.1
滚子滚压	600～1500	1.1～1.3	1.3～1.5	1.6～2.0

注　1. 高频淬火是根据直径为 10～20mm、淬硬层厚度为 (0.05～0.20)d 的试件试验求得的数据，对大尺寸的试件强化系数的值会有某些降低。
　　2. 氮化层厚度 0.01d 时用小值；(0.03～0.04)d 时用大值。
　　3. 喷丸硬化是根据 8～40mm 的试件求得的数据。喷丸速度低时用小值，速度高时用大值。
　　4. 滚子滚压是根据 17～130mm 的试件求得的数据。

螺纹、键槽和花键的有效应力集中系数见表12-2。
横孔处的有效应力集中系数见表12-3。

表 12-2　　　　　　　螺纹、键槽和花键的有效应力集中系数

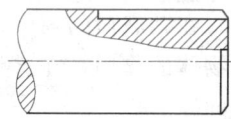
A 型

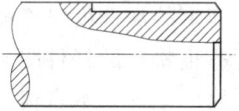
B 型

σ_b/MPa	螺纹 ($K_\tau=1$) K_σ	键槽			花槽		
		K_σ		K_τ	K_σ	K_τ	
		A 型	B 型	A,B 型		矩形	渐开线型
400	1.45	1.51	1.30	1.20	1.35	2.10	1.40
500	1.78	1.64	1.38	1.37	1.45	2.25	1.43
600	1.96	1.76	1.46	1.54	1.55	2.35	1.46
700	2.20	1.89	1.54	1.71	1.60	2.45	1.49
800	2.32	2.01	1.62	1.88	1.65	2.55	1.52
900	2.47	2.14	1.69	2.05	1.70	2.65	1.55
1000	2.61	2.26	1.77	2.22	1.72	2.70	1.58
1200	2.90	2.50	1.92	2.39	1.75	2.80	1.60

表 12-3　　　　　　　横孔处的有效应力集中系数

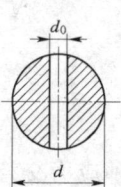

σ_b/MPa	K_σ		K_τ
	$\dfrac{d_0}{d}=0.05\sim 0.15$	$\dfrac{d_0}{d}=0.15\sim 0.25$	$\dfrac{d_0}{d}=0.05\sim 0.25$
400	1.90	1.70	1.70
500	1.95	1.75	1.75
600	2.00	1.80	1.80
700	2.05	1.85	1.80
800	2.10	1.90	1.85
900	2.15	1.95	1.90
1000	2.20	2.00	1.90
1200	2.30	2.10	2.00

小　结

本章讨论的动载荷问题与前面各章讨论的静载荷问题不同。在静载荷问题中，杆件本身处于静止（或匀速直线运动）状态，而载荷是从 0 开始逐渐缓慢增加到最终值，因此对加载过程中杆件各质点产生的加速度可忽略不计。在动载荷问题中，或者是杆件本身处于加速运动状态，或者是静止状态的杆件受到运动物体的作用，在这些情况下，杆件或运动物体产生的加速度不能忽略不计。本章讨论 3 类问题。

(1) 惯性力载荷问题。构件作匀加速直线运动或匀速转动时，其内力和应力的计算，都可以采用动静法，即对作加速运动的杆件假想地加上惯性力，并使杆件在外力和惯性力共同作用下处于平衡状态，再通过静力平衡条件求出杆件中的内力和应力，即把求动载荷的问题转化为在载荷和惯性力作用下的静载荷问题。

对动静法应很好地掌握。动静法中重要的一步是计算惯性力，对惯性力应明确：① 惯性力是作加速运动的物体对施力物体的反作用力，将它加在作加速运动的杆件上是假想的；② 惯性力的方向总是与加速度的方向相反。

(2) 冲击载荷问题。用能量法求解，因为冲击时在极短的时间内发生了很大的速度变化，加速度难以准确算出，所以很难采用动静法。能量法实际上是一种近似的计算方法，因为它采用了一系列的基本假设。基本公式为

$$T+V=V_{ed}$$

应力和变形计算可按下式进行：

$$F_d = k_d P, \sigma_d = k_d \sigma_{st}, \Delta_d = k_d \Delta_{st}$$

自由落体冲击：$k_d = 1+\sqrt{1+\dfrac{2h}{\Delta_{st}}}$ 或 $k_d = 1+\sqrt{1+\dfrac{v^2}{g\Delta_{st}}}$

水平冲击：$k_d = \sqrt{\dfrac{v^2}{g\Delta_{st}}}$

强度条件：$\sigma_{d\max} \leqslant [\sigma]$

(3) 交变应力问题。交变应力是一种应力交替变化反复作用的应力，构件在这种应力作用下，产生疲劳破坏，即由裂纹萌生、扩展和失稳引起的破坏，它具有以下特征：

1) 破坏时应力远低于静载荷作用的强度指标；
2) 破坏出现在多次应力循环之后；
3) 破坏突然发生，属于脆性破坏，即使塑性良好的材料也不产生明显的塑性变形；
4) 破坏断口有明显的光滑区和粗糙区。

交变应力的基本参量，通常用 $\sigma_{\max}$ 和 r 来表示，也可用 $\sigma_{\max}$ 和 $\Delta\sigma$ 来表示。根据交变应力循环特征 r 的不同，可分为对称循环（$r=-1$）、非对称循环（$r\neq-1$），脉动循环（$r=0$）属于非对称循环，静应力（$r=1$）是交变应力的特例。

在循环特征 r 作用下，试件经历无限多次循环而不破坏的最大应力为材料的疲劳极限 σ_r，材料的疲劳极限可由疲劳试验绘出的 $S-N$ 曲线得到。

构件的疲劳极限与材料的疲劳极限不同，它不仅与材料有关，而且构件外形、截面尺寸和表面加工质量等因素对构件的疲劳极限均有一定的影响，可用相应的影响系数来

表示。

有效应力集中系数：$K_\sigma = \dfrac{\sigma_{-1}}{(\sigma_{-1})^*}$，$K_\tau = \dfrac{\tau_{-1}}{(\tau_{-1})^*}$，其值恒大于 1。

尺寸效应系数：$\varepsilon_\sigma = \dfrac{(\sigma_{-1})_d}{\sigma_{-1}}$，$\varepsilon_\tau = \dfrac{(\tau_{-1})_d}{\tau_{-1}}$，其值小于 1。

表面质量系数：$\beta = \dfrac{\sigma_{-1}^*}{\sigma_{-1}}$，其值一般小于 1。

在对称循环下，构件的疲劳极限应为 $\sigma_{-1}^0 = \dfrac{\varepsilon_\sigma \beta}{K_\sigma} \sigma_{-1}$

思 考 题

12-1 列举在生活中或工程中见到的若干动载荷的例子。

12-2 构件作匀速转动或转轴突然制动时的动应力计算，不能使用动荷系数，为什么？

12-3 为什么转动飞轮都有一定的转速限制？若飞轮转速过高，将会产生什么后果？

12-4 在求解动载荷问题时，如果已知加速度，主要采用什么分析方法？分析冲击问题时为什么采用能量守恒方法？

12-5 冲击时的动荷系数与哪些因素有关？为什么刚度越大的杆越容易被冲坏？为什么缓冲弹簧可以承受很大的冲击而不致损坏？

12-6 降低构件冲击应力的主要措施是什么？

12-7 悬臂梁上方有重物落下，落于悬臂梁自由端的动荷系数与落于梁中点的动荷系数是否相等？落于中点危险还是自由端危险？为什么？若落于悬臂梁的近固定端处，动荷系数、动应力又如何变化？为什么？

12-8 工程上常见的交变应力有几种？试举其工程实例，并说明其循环特征。

12-9 疲劳破坏有哪些特点？疲劳破坏的主要原因是什么？

12-10 影响构件疲劳极限的主要因素有哪些？

习 题

12-1 习题 12-1 图所示均质等截面杆，长为 l，重为 P，横截面面积为 A，水平放置在一排光滑的滚子上。杆的两端受轴向力 F_1 和 F_2 作用，且 $F_1 > F_2$。试求杆内正应力沿杆件长度分布的情况（设滚动摩擦可以忽略不计）。

12-2 习题 12-2 图所示，用钢索起吊 $P = 60\text{kN}$ 的重物，并在第一秒钟内以等加速上升 2.5m。试求钢索横截面上的轴力 F_{Nd}（不计钢索的质量）。

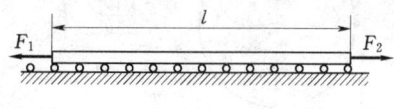

习题 12-1 图

12-3 习题 12-3 图所示，长为 l、横截面面积为 A 的杆以加速度 a 向上提升。若材料单位体积的质量为 ρ，试求杆内的最大应力。

12-4 习题 12-4 图所示桥式起重机上悬挂一重量 $P = 50\text{kN}$ 的重物，以匀速度 $v = 1\text{m/s}$ 向前移（在图中，移动的方向垂直于纸面）。当起重机突然停止时，重物像单摆一样向前摆动。若梁为 14 号工字钢，吊索横截面面积 $A=5\times10^{-4}\text{m}^2$，问此时吊索内及梁内的最大应力增加多少？设吊索的自重以及由重物摆动引起的斜弯曲影响都忽略不计。

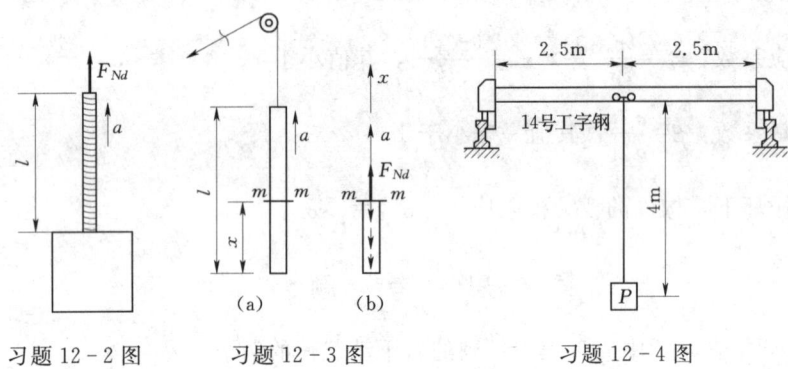

习题 12-2 图　　　习题 12-3 图　　　习题 12-4 图

12-5 一杆以角速度 ω 绕铅垂轴在水平面转动。已知杆长为 l，杆的横截面面积为 A，重量为 P_1。另有一重量为 P 的重物连接在杆的端点，如习题图 12-5 所示。试求杆的伸长。

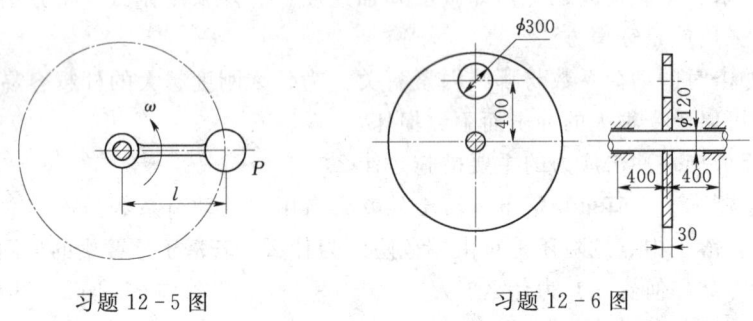

习题 12-5 图　　　　　习题 12-6 图

12-6 习题 12-6 图所示钢质圆盘以 $\omega=40\text{rad/s}$ 的匀角度旋转，盘上有一个圆孔。若钢的密度 $\rho=7800\text{kg/m}^3$，试求由于这一圆孔使轴内引起的最大弯曲正应力。

12-7 习题 12-7 图所示机车车轮以 $n=300\text{r/min}$ 的转速旋转。平行杆 AB 的横截面为矩形，$h=5.6\text{cm}$，$b=2.8\text{cm}$，长度 $l=2\text{m}$，$r=25\text{cm}$，材料的密度为 $\rho=7800\text{kg/m}^3$。试确定平行杆最危险的位置和杆内最大正应力。

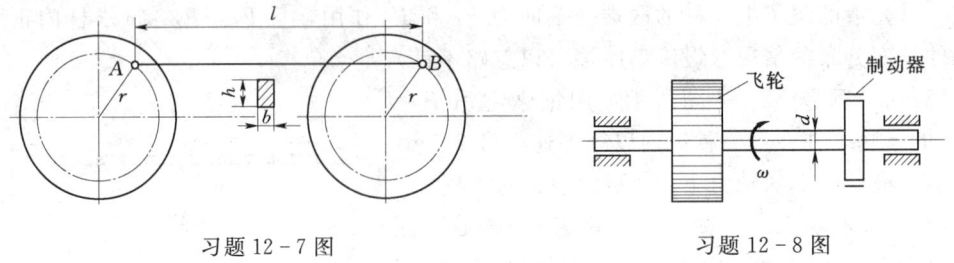

习题 12-7 图　　　　　习题 12-8 图

12-8 习题 12-8 图所示，在直径 $d=100\text{mm}$ 的轴上，装有转动惯量 $I_0=0.5\text{kN}\cdot\text{m}\cdot\text{s}^2$ 的飞轮，轴以 $n=300\text{r/min}$ 的匀角速度旋转，如图所示。现用制动器使飞轮在 4s 内停止转动，试求轴内的最大切应力（不计轴的质量和轴承的摩擦力）。

12-9 习题12-9图所示重量为 P 的重物自高度 h 下落冲击于梁上的 C 点。设梁的 E,I 及抗弯截面模量 W 皆为已知量。试求梁内最大正应力及梁的跨度中点的挠度。

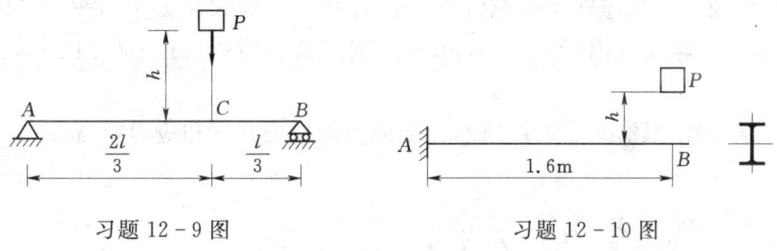

习题12-9图   习题12-10图

12-10 重量为 $P=5\text{kN}$ 的重物自高度 $h=15\text{mm}$ 处自由下落,冲击到 20b 号工字钢梁上的 B 点处,如习题12-10图所示。已知钢的弹性模量 $E=210\text{GPa}$。试求梁内最大冲击正应力(不计梁的自重)。

12-11 重量为 $P=5\text{kN}$ 的重物,自高度 $h=15\text{mm}$ 处自由下落,冲击到外伸梁的 C 点处,如习题12-11图所示。已知梁为 20b 号工字钢,其弹性模量 $E=210\text{GPa}$。试求梁内最大冲击正应力(不计梁的自重)。

12-12 习题12-12图所示 AB 杆下端固定,长度为 l,在 C 点受到沿水平运动的物体的冲击。物体的重量为 P,当其与杆件接触时的速度为 v。设杆件的 E,I 及 W 皆为已知量。试求 AB 杆的最大应力。

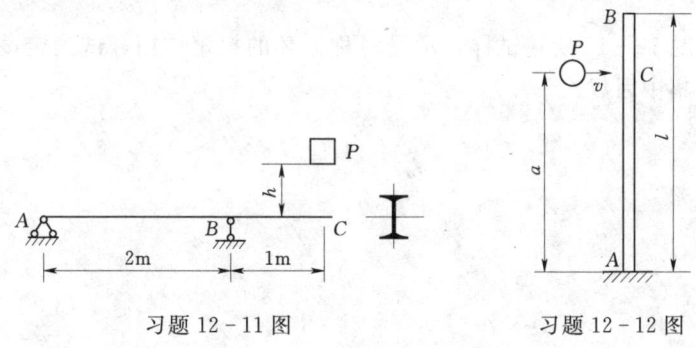

习题12-11图   习题12-12图

12-13 重量 $P=2\text{kN}$ 的冰块,以 $v=1\text{m/s}$ 的速度沿水平方向冲击在木桩的上端,如习题12-13图所示。木桩长 $l=3\text{m}$,直径 $d=200\text{mm}$,弹性模量 $E=11\text{GPa}$。试求木桩的最大冲击正应力(不计木桩自重)。

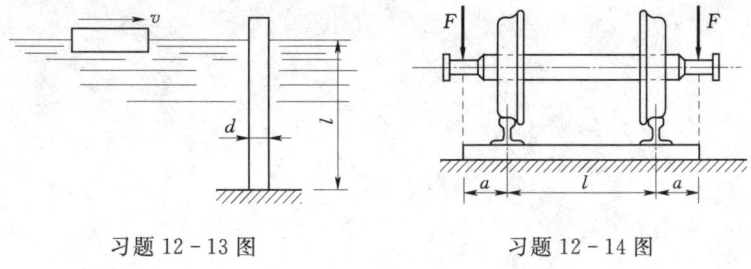

习题12-13图   习题12-14图

12-14 火车轮轴受力情况如习题12-14图所示。$a=500\text{mm}$,$l=1435\text{mm}$,轮轴中

段直径 $d=15\text{cm}$。若 $F=50\text{kN}$，试求轮轴中段截面边缘上任一点的最大应力 $\sigma_{\max}$，最小应力 $\sigma_{\min}$，应力比 r，并作出 σ-t 曲线。

12-15　柴油发动机连杆大头螺钉在工作时受到的最大拉力 $F_{\max}=58.3\text{kN}$，最小拉力 $F_{\min}=55.8\text{kN}$。螺纹处内径 $d=11.5\text{mm}$。试求其应力幅 $\Delta\sigma$，应力比 r，并作出 τ-t 曲线。

12-16　试计算习题 12-16 图所示交变应力的应力比 r 和应力幅 $\Delta\sigma$。

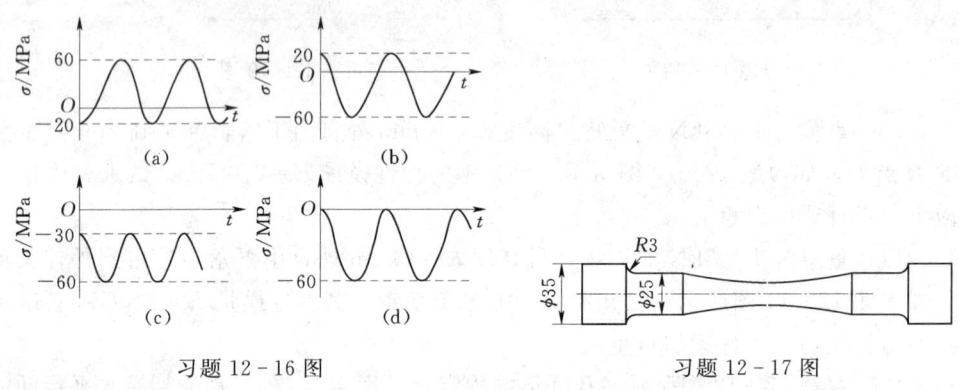

习题 12-16 图　　　　习题 12-17 图

12-17　如习题 12-17 图所示疲劳试样，由钢制成，强度极限 $\sigma_b=600\text{MPa}$，试验时承受对称循环的轴向载荷作用，试确定试样夹持部位圆角处的有效应力集中因数。试样表面经磨削加工。

12-18　习题 12-17 所述试样，承受对称循环的扭矩作用，试确定试样夹持部位圆角处的有效应力集中因数。

第十三章 考虑材料塑性的极限分析

第一节 塑性变形·塑性极限分析的假设

在前面的章节中,构件承载能力的讨论仅仅被限定在材料的弹性范围内,并按照弹性理念建立了构件的设计准则。

弹性理念的基本要点是:①材料的应力-应变关系是单一的,变形是可逆的;②按照弹性理念研究构件的强度、刚度、稳定性时,只要构件中有一点的应力到达了材料的极限应力,即使是塑性材料,也认为构件即行失效。这样的讨论显然不够全面,有时也不符合实际。

首先,当构件受力时,即使在力不太大的情况下,体内的某些局部区域也常常由于应力集中而产生一定的塑性变形,例如在铆、焊、销、键等的结合处以及截面突变处等。所以,要使构件处处都处于弹性状态,许多时候很难做到;其次,对塑性材料制作的构件,在静载荷作用下,即使有一定的超载,材料产生了一定的塑性变形但尚未断裂,构件或结构仍能正常工作。例如,在圆截面杆的扭转和梁的弯曲中,当达到材料屈服极限的最大应力仅仅出现于危险截面的边缘点时,截面内部绝大部分材料仍处于弹性范围。如果继续增加荷载,使截面的塑性区到达一定的深度,构件也不会失效,但是这样可以更好的发挥材料的效能,节省许多材料。

由此可见,规定材料不得出现塑性变形的弹性设计理念,并不完善。对于在某些情况下工作的构件,容许一定的塑性变形,对于充分发挥材料的作用是有工程意义的。

现代科学技术的发展,使人们对材料的力学性能有了更多更深入的认识。从理论上已经解决了塑性分析的计算方法,因此将设计理念引申至塑性范围,不仅在工程上是需要的,理论上也已具备条件。

一、塑性变形的特征

由拉伸实验可知,低碳钢等金属材料在达到一定的应力水平后,会产生明显的塑性变形。图 13-1(a)是根据单向拉伸实验的统计资料绘出的 σ-ε 曲线,图中在 σ 轴负方向的曲线是全部卸除拉伸载荷后,逐渐加上压缩载荷而得到的 σ-ε 关系,图中拉伸屈服极限 σ_s 与压缩屈服极限 σ'_s 在数值上接近相等,这是简化处理的结果。

根据实验曲线和实验结果,塑性变形的主要特征可归结为:

(1) 塑性变形是不可逆的永久变形,一旦产生以后,即使载荷卸除也不会消失。而且产生塑性变形后若再卸除载荷,构件体内会产生残余应力。

(2) 应力超过弹性范围后,应力-应变呈非线性关系。

(3) 塑性变形与加载的历程有关。应力超过弹性范围后($\sigma \geqslant \sigma_s$,$\tau \geqslant \tau_s$),加载时应

-应变呈非线性关系，卸载时的应力-应变呈线性关系，而且基本上平行于线弹性阶段的直线、直至达到材料在反向时的屈服极限 σ'_s ［图 13-1（a）］，这就是材料的卸载规律。因此，在考虑材料的塑性变形时，应力-应变关系是多值的。对于同一应力水平、不同的加载历程所对应的应变值不同，如图 13-1（b）所示，将材料从初始状态加载至应力水平 σ（曲线上的点 1），和将材料加载超过应力水平 σ，至曲线上的点 2 或点 3，再卸载至应力水平 σ，对应的应变各不相同，分别为 ε_1，ε_2，ε_3。反之，对于同一应变值，不同加载历程所对应的应力值也不相同。如图 13-1（c）所示，将材料加载至曲线上的点 1 或点 2，再卸载至相同的应变值，相应的应力则分别为 σ_1 和 σ_2。只有明确了加载历程，才能得到应力、应变间的对应关系。

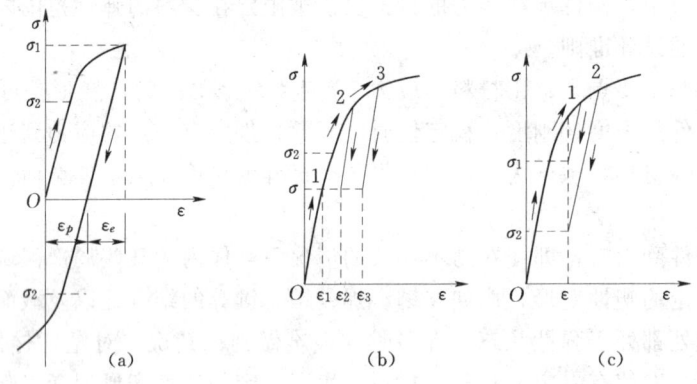

图 13-1 不同加载历程下的 σ-ε 曲线
(a) 单向拉伸；(b) σ 相同，ε 不同；(c) ε 相同，σ 不同

二、塑性分析的基本假设和简化计算模型

由于塑性变形与加载历程有关，而且在加载时应力-应变呈非线性关系，使求解变得复杂。一般在不对塑性理论进行十分严密考虑的条件下，可以将实际问题作必要的简化，作如下假设。

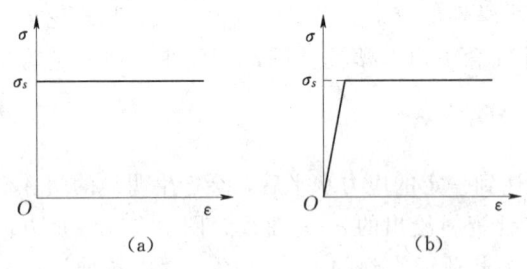

图 13-2 理想塑性材料的 σ-ε 曲线的简化模型
(a) 刚性-理想塑性模型；(b) 弹性-理想塑性模型

1. 理想塑性材料假设

认为塑性体材料初始各向同性（即初次屈服前为各向同性）且均匀、连续。

2. 简化计算模型

理想塑性材料的应力-应变曲线的简化模型有两种，如图 13-2 所示。其中图 13-2（a）表示刚性-理想塑性模型，图 13-2（b）表示弹性-理想塑性模型。

根据刚性-理想塑性模型，材料在到达屈服极限之前应变为 0，到达屈服极限之后，应变可以持续增长。实际上，材料在屈服之前不可能没有变形，但是，当弹性应变比塑性应变小很多时，忽略弹性变形对估算结构的最大承载能力没有多大影响，又可以简化计算，在这种情况下采用这种模型是可行的。

根据弹性-理想塑性模型，材料在到达屈服极限之前，应力-应变呈线性关系，适用胡克定律，到达屈服极限之后，应力保持不变，应变可以继续增长。例如低碳钢，材料的弹性模量 $E=210\mathrm{GPa}$，屈服极限 $\sigma_s \cong 210\mathrm{MPa}$，与之对应的应变 $\varepsilon_s \cong 0.1\%$，此后的屈服阶段应力基本不变，在屈服阶段终了时的应变 $\varepsilon=10\varepsilon_s$，然后进入强化。当所讨论的应变未进入强化阶段时，采用这个计算模型就比较合适。

上述的材料模型是塑性分析时可用的两种物理关系。考虑刚刚接触塑性问题，为便于比较塑性分析与弹性分析的区别，掌握塑性分析的基本方法，在下面的讨论中采用弹性-理想塑性模型。按此模型，对超静定结构的内力问题或某些构件（如扭转、平面弯曲）中超静定的应力问题，变形过程可分为3个阶段，即完全弹性变形阶段，弹塑性变形阶段和塑性变形阶段，如图13-3所示。

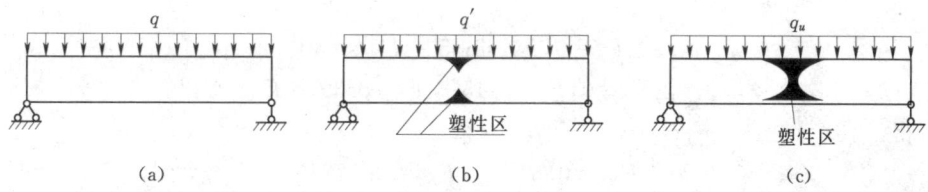

图13-3 简支梁在均布载荷下的变形过程
(a) 完全弹性变形阶段；(b) 弹塑性变形阶段；(c) 塑性变形阶段

图13-3所示为一受均布载荷的简支梁。当梁上任意一点都没有出现塑性变形时，即为完全弹性变形阶段，如图13-3(a)所示；当梁的中间部位靠近上下边缘的部分范围内出现塑性变形时，即为弹塑性变形阶段，如图13-3(b)所示；当梁的中间截面全部进入塑性状态，整个梁形成如图13-3(c)所示的塑性区时，即为塑性变形阶段。

3. 简单加载条件

简单加载条件是指满足如下特点的加载方式：就其一载荷来说，载荷的数值是单调增加的，当有多个载荷作用时，各个载荷按同一比例同时由0增加到最大值。

4. 极限状态条件

结构（或构件）到达极限状态之前，始终保持为几何不变体系。当结构（或构件）由于塑性变形而变为几何可变机构时，则称结构（或构件）的变形到达了极限状态，与极限状态对应的载荷即极限载荷。考虑材料塑性的极限分析的目的即是确定结构或构件的极限载荷。

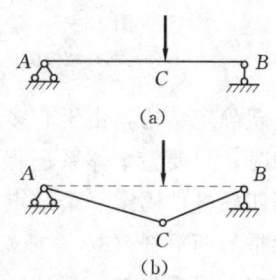

图13-4 几何体系
(a) 几何不变体系；(b) 几何可变体系

所谓几何不变体系，即在不考虑材料变形也未发生破坏的情况下，其几何形状和位置能够保持不变的体系。例如图13-4(a)中的梁就是几何不变体系，而图13-4(b)中的体系就是几何可变体系。

但是应该强调，在塑性极限分析中，图13-4(b)中C处的铰不是机械铰，而是由于塑性变形而形成的"铰"（后面即将讨论的塑性铰）。也就是说，是由于塑性变形使原来几何不变的结构变成几何可变的机构。例如图13-3(c)中的体系，中间截面处就已形成了这样的塑性铰，从而变成机构，失去了承载能力。

第二节 拉压杆系的极限载荷

拉压杆系（包括桁架）从结构的几何特点上来说可分为静定和超静定两种情况。

对静定拉压杆系，只要其中一根杆件截面应力达到材料的屈服极限，结构的位移在载荷不增加的条件下就可以持续增加，亦即成为机构。所以，结构的极限载荷与弹性分析中杆件开始屈服（$\sigma_{\max}=\sigma_s$）时的载荷相同。例如图 13-5（a）所示的两杆结构，设两杆截面面积均为 A，材料相同，屈服应力为 σ_s。则结点 A［受力图如图 13-5（b）］的平衡方程为

$$\sum F_x=0, F_{N1}\sin45°=F_{N2}\sin30°$$
$$\sum F_y=0, F_{N1}\cos45°+F_{N2}\cos30°=F$$

由此解得

$$F_{N1}=0.516F, \quad F_{N2}=0.728F$$

因为 $F_{N1}>F_{N2}$，当 F 增加时，F_{N2} 先达到极限值：$F_{N2,u}=\sigma_s A$。故结构的极限载荷：

$$F_u=\frac{F_{N2,u}}{0.728}=1.37\sigma_s A$$

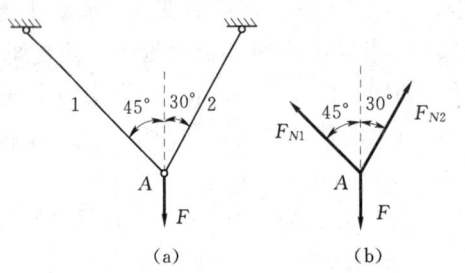

图 13-5 静定拉压杆系
(a) 两杆结构图；(b) A 点受力图

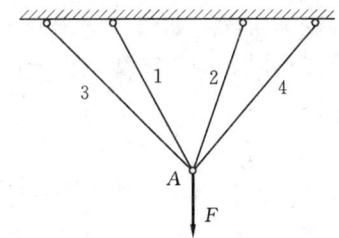

图 13-6 超静定拉压杆系

对超静定结构，由于有多余约束，当一部分杆件中的应力到达屈服极限 σ_s 而失去承载能力时，只要整个体系还保持几何不变，就仍然有承载能力。例如，图 13-6 中的结构，用四根杆件固定一个结点 A，当其中的两根杆（如 1、2 杆）中的应力到达屈服极限时，但是另两根杆（3、4 杆）仍使体系保持几何不变，载荷还可以增加，直至 3 杆或 4 杆中再有一根杆失效，就到达了极限状态。

这个过程就是从完全弹性变形，至弹塑性变形，最后到达塑性变形 3 个阶段。弹塑性变形起始于只有一根杆中的应力到达 σ_s，这时的载荷称为屈服载荷 F_s。当体系除一根杆之外，其余各杆中的应力均达到 σ_s 时，即进入极限状态，这时的载荷就是极限载荷 F_u。若按弹性设计，结构的最高载荷为屈服载荷 F_s；若按极限设计，结构的最高载荷可以达到极限载荷 F_u。可见，极限设计使结构的承载能力得到充分发掘。

【例 13-1】 设三杆铰结桁架如图 13-7 所示，三根杆的材料均为理想弹塑性材料，弹性模量为 E。三杆的横截面积均为 A，结点处的铅垂载荷为 F。试求结构的屈服载荷 F_s

和极限载荷 F_u。

解： 对超静定结构进行塑性分析计算时，基本依据仍然是平衡条件、物理关系和变形几何相容关系。其中平衡条件和变形几何相容关系与弹性分析是相同的，不同的仅仅是物理关系。

取分离体如图 13-7（b）所示，考虑到结构的对称性，由平衡方程 $\sum F_y=0$ 有

$$2F_{N3}\cos\theta + F_{N1} = F$$

在轴向拉压杆件中应力均匀分布，即 $F_{N1}=\sigma_1 A$，$F_{N3}=\sigma_3 A$，代入上式得

$$A(2\sigma_3\cos\theta + \sigma_1) = F \tag{1}$$

变形几何相容方程为

$$\Delta l_1 \cos\theta = \Delta l_3$$

式中，$\Delta l_1 = \varepsilon_1 l$，$\Delta l_3 = \varepsilon_3 \dfrac{l}{\cos\theta}$，代入上式，整理后得

$$\varepsilon_1 \cos\theta = \varepsilon_3 \tag{2}$$

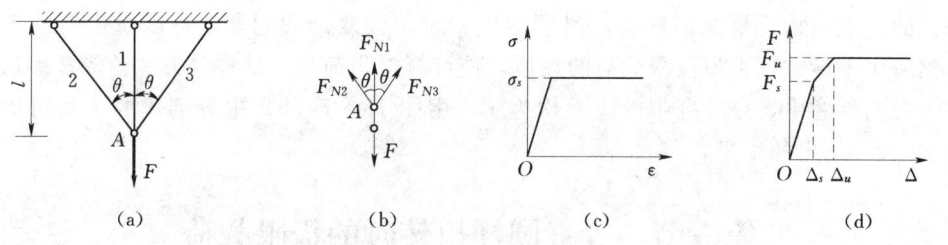

图 13-7　三杆铰结桁架
(a) 结构图；(b) A 点受力图；(c) 杆件 σ-ε 曲线；(d) 系统 F-Δ 曲线

平衡条件与变形几何相容条件与变形的性质无关，不论材料变形处于什么状态，式（1）、式（2）都成立。但是材料的变形状态不同，应力-应变之间的物理关系也不同，结构承载能力的解答也不同。

(1) 弹性解。材料在弹性范围：

$$\varepsilon_1 = \frac{\sigma_1}{E}, \quad \varepsilon_3 = \frac{\sigma_3}{E} \tag{3}$$

联解式（1）、式（2）、式（3）可得

$$\begin{cases} \sigma_1 = \dfrac{F}{A(1+2\cos^3\theta)} \\ \sigma_2 = \sigma_3 = \dfrac{F\cos^2\theta}{A(1+2\cos^3\theta)} \end{cases} \tag{4}$$

由式（4）看出，$\sigma_1 > \sigma_2$（σ_3），若增大载荷 F，杆 1 中的应力将首先达到材料的屈服极限 σ_s，结构开始产生塑性变形。由 $\sigma_1 = \sigma_s$，求出对应的屈服载荷：

$$F_s = A\sigma_s(1+2\cos^3\theta) \tag{5}$$

F_s 是桁架作为弹性材料来设计时所能承受的最大载荷。这时杆 1 已经屈服，不再有承载能力，但是从理论上其可以随意伸长［图 13-7（c）］。由于杆 2、3 尚未屈服，结构仍然几何不变，还有承载能力。

(2) 弹塑性解。令载荷继续增加，杆 2、3 中的应力继续增加，将杆 1 中的应力 $\sigma_1 = \sigma_s$ 代入式 (1)，得

$$\sigma_2 = \sigma_3 = \frac{\frac{F}{A} - \sigma_s}{2\cos\theta} \tag{6}$$

当杆 2、3 中的应力也达到材料的屈服应力时，整个结构进入塑性状态，由式 (6) 可得结构的极限载荷：

$$F_u = A\sigma_s(1 + 2\cos\theta) \tag{7}$$

由式 (5) 和式 (7)，可得极限载荷与屈服载荷的比值：

$$\frac{F_u}{F_s} = \frac{1 + 2\cos\theta}{1 + 2\cos^3\theta} \tag{8}$$

可以算出：当 $\theta = 30°$ 时，$\frac{F_u}{F_s} = 1.33$；当 $\theta = 45°$ 时，$\frac{F_u}{F_s} = 1.41$。

在上面的例子中，我们是采用逐渐加载的方法确定极限载荷，这种方法也称静力法，静力法的优点是物理概念清晰，但过程繁琐。对比较复杂的问题，可以直接判断极限状态，然后用平衡方程求出极限载荷的数值，使计算过程简化，这样的方法称为机动法。例如在上面的例题中，令各杆中的应力均为 σ_s，由图 13-7 (b) 中分离体的平衡可以直接得出式 (7) 给出的结果。

第三节 等直圆杆扭转时的极限载荷

一、屈服扭矩和极限扭矩

与轴向拉压杆件不同，圆轴在扭转时横截面上应力的计算是超静定问题。对弹性-理想塑性材料的圆轴，变形存在弹性、弹-塑性、塑性三个阶段。

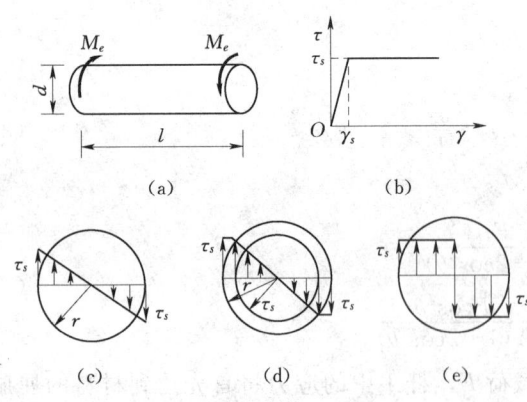

图 13-8 圆杆扭转的变形
(a) 受力图；(b) τ-γ 曲线；(c) 弹性变形阶段；
(d) 弹-塑性变形阶段；(e) 塑性变形阶段

设图 13-8 (a) 所示圆杆的直径为 d，长度为 l，两端受扭转外力偶矩 M_e 作用，圆杆材料的 τ-γ 曲线示于图 13-8 (b) 中，材料的剪切弹性模量为 G。

弹性变形阶段，截面上的切应力沿半径呈线性规律分布，截面的最大切应力：

$$\tau_{\max} = \frac{M_x}{W_p} \tag{13-1}$$

杆件两端面的相对扭转角：

$$\varphi = \frac{M_x l}{G I_p} = \frac{2\tau_{\max} l}{G d} \tag{13-2}$$

弹性变形阶段的最后状态是横截面上最大的切应力 $\tau_{\max}$ 到达材料的剪切屈服极限 τ_s，截面上切应力的分布如图 13-8 (c) 所示，杆件的表层材料开始屈服，产生塑性

变形。横截面上的扭矩值达到

$$M_{xs} = W_p \tau_s = \frac{\pi d^3}{16}\tau_s \tag{13-3}$$

这个扭矩值是圆杆在线弹性范围内工作时扭矩的极限值，称为屈服扭矩。在弹性范围内，杆件两端面间的相对扭转角：

$$\varphi_s = \frac{M_{xs} l}{G I_p} = \frac{2l}{Gd}\tau_s \tag{13-4}$$

若继续增大扭转外力偶矩，截面的扭矩 $M_x > M_{xs}$，塑性变形的范围将从截面的边缘向中心扩展，形成如图 13-8（d）所示的环形塑性区，塑性区内部为半径为 r_s 的弹性核，圆杆的变形即进入弹-塑性变形阶段。由于平面假设仍然成立，截面上各点的切应变沿半径方向仍按直线规律变化。截面上的切应力分两个区：在塑性区内各点的切应力均为 τ_s；在弹性核内，应力沿 r_s 的变化仍为弹性规律（胡克定律适用），整个截面的应力分布如图 13-8（d）所示。由静力关系可得扭矩：

$$M_x = \int_0^{r_s}\rho'(\tau \times 2\pi\rho' d\rho') + \int_{r_s}^{r}\rho(\tau_s \times 2\pi\rho d\rho) \tag{13-5}$$

对实心圆截面 $r_0 = 0$，由式（13-5）的积分可得

$$M_s = \pi\tau_s\left(\frac{2r^3}{3} - \frac{r_0^3}{6}\right) \tag{13-6}$$

当弹性核的半径 $r_s = 0$ 时，截面各点的切应力均已达到 τ_s，整个截面都进入塑性变形，杆件的扭转变形在载荷不增加的条件下可以随意增加，也即达到了极限状态，对应的扭矩即极限扭矩 M_{xu}，其值可由式（13-6）求出。其大小为

$$M_{xu} = \pi\tau_s \frac{2}{3}\left(\frac{d}{2}\right)^3 = \frac{\pi d^3}{12}\tau_s \tag{13-7}$$

由式（13-3）和式（13-7）可以得到 $M_{xu} = \frac{4}{3}M_{xs}$。这一结果表明，实心圆杆的极限扭矩比屈服扭矩增加了 33.3%，同时应该强调的是材料进入到弹塑性阶段后，M_x-φ 的关系（图 13-9）已不再是线性关系（M_{xs}、M_{xu} 分别为对应的屈服扭矩和极限扭矩）。

二、残余应力

受扭圆轴进入塑性变形（$M_x > M_{xs}$）后，如果再将载荷卸除，则在杆的截面上将产生残余应力。残余应力可以用叠加法计算。设圆杆在极限状态下截面上的扭矩为 M_{xu}，应力沿截面半径均匀分布，如图 13-10（a）所示。

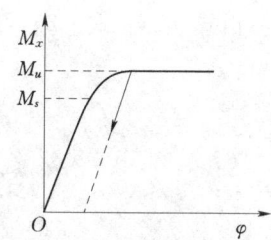

图 13-9 弹-塑性阶段的 M_x-φ 曲线

卸载的过程可以作为施加反向外力偶矩的过程，$M_e = -M_{xu}$。由于卸载是弹性的，则截面边缘最大应力：

$$\tau_{max} = \frac{M_{xu}}{W_p} = \frac{\frac{\pi d^3}{12}\tau_s}{\pi d^3/16} = \frac{4}{3}\tau_s \tag{13-8}$$

卸载时的应力分布如图 13-10（b）所示。叠加图 13-10（a）、（b）两种应力分布，得

到图 13-10（c）所示的应力分布，这就是圆轴中保留的残余应力。残余应力是自相平衡的应力，因为卸载后，作用在圆杆上的外力偶矩为 0；残余应力的最大值即材料的屈服应力 τ_s。

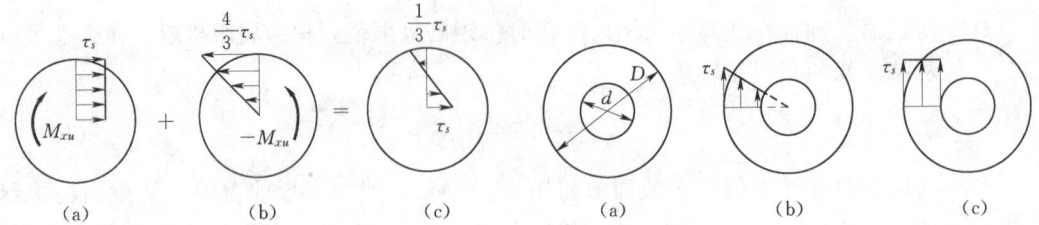

图 13-10　圆杆扭转的残余应力　　　　　图 13-11　扭转空心圆轴
a）加载时应力分布；b）卸载时应力分布；c）残余应力　（a）截面尺寸；（b）弹性变形阶段；（c）塑性变形阶段

【例 13-2】 试求如图 13-11（a）所示空心圆轴的极限扭矩和屈服扭矩的比。设轴的材料为 Q235 钢，计算时可视为理想弹性-塑性材料。截面的内外半径分别为 d 和 D。

解：当圆轴截面边缘的切应力为 τ_s 时 [图 13-11（b）]，截面上的扭矩为屈服扭矩，其大小为

$$M_{xs} = W_p \tau_s = \frac{\pi D^3 (1-\alpha^4)}{16} \tau_s \tag{1}$$

式中：$\alpha = \dfrac{d}{D}$。

当圆轴处于极限状态时，截面上各点的应力均达到 τ_s，由静力关系可求得极限扭矩的大小为

$$M_{xu} = \int_{\frac{d}{2}}^{\frac{D}{2}} (\tau_s \times 2\pi\rho d\rho)\rho = \frac{\pi D^3 (1-\alpha^3)}{12} \tau_s \tag{2}$$

由式（1）、式（2）可得极限扭矩和屈服扭矩的比：

$$\frac{M_{xu}}{M_{xs}} = \frac{4}{3} \frac{1-\alpha^3}{1-\alpha^4} \tag{3}$$

第四节　梁的极限弯矩·塑性铰

一、纯弯曲梁的极限弯矩

与圆轴扭转类似，平面弯曲梁横截面上正应力的计算也是超静定问题。先讨论等刚度梁的纯弯曲，在这种情况下梁中各截面的应力和变形的发展均相同，对整个梁的讨论变成了对一个截面的讨论。

设平面弯曲梁的材料为弹性-理想塑性材料，材料的拉、压弹性模数为 E 和屈服极限 σ_s 均相同，材料的 σ-ε 关系曲线如图 13-12 所示。

载荷作用下，梁的变形从完全弹性到完全塑性的过程也涵盖弹性、弹-塑性、塑性 3 个阶段。

弹性变形阶段，截面上任一点正应力 σ 与该点到中性轴的距离成正比。当截面上的最大正应力 σ_{max} 达到材料的屈服极限时，即 $\sigma_{max} = \sigma_s$ 时，最大应力作用点开始屈服，如图 13

-13(b)所示,梁的变形发展至弹性变形阶段的最后状态,此时的弯矩即为屈服弯矩,其值为

$$M_s = W\sigma_s \qquad (13-9)$$

梁的曲率:

$$\left(\frac{1}{\rho}\right)_s = \frac{\varepsilon_s}{y_{\max}} \qquad (13-10)$$

宽、高分别为 b 和 h 的矩形截面梁, $M_s = \dfrac{bh^2}{6}\sigma_s$, $\left(\dfrac{1}{\rho}\right)_s = \dfrac{2\sigma_s}{Eh}$。

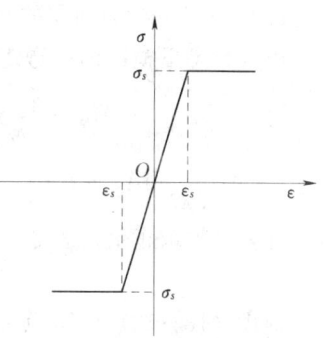

图 13-12 弹性-理想塑性材料的 σ-ε 关系曲线

当梁的横截面上的弯矩 $M > M_s$ 时,塑性变形的范围将从横截面的上下边缘向中性轴扩展,形成两个塑性区,两个塑性区之间是弹性区,也称弹性核。由于塑性区是有限的,这一阶段属于弹-塑性阶段。根据实验,平面假设仍然成立,但是,横截面上应力的分布将重新调整,如图 13-13(c)所示:在弹塑性区的边界处 $\varepsilon = \varepsilon_s$,$\sigma = \sigma_s$;在塑性区,线应变 $\varepsilon > \varepsilon_s$,各点应力保持为 σ_s 不变;在弹性区,线应变 $\varepsilon < \varepsilon_s$,应力按线性规律分布。

弹塑性阶段的最后状态是整个截面上各点处的正应力都到达 σ_s,整个截面(也即整个梁)完全进入塑性状态,这时梁的弯曲变形是无限的,这个状态即极限状态,如图 13-13(d)所示。

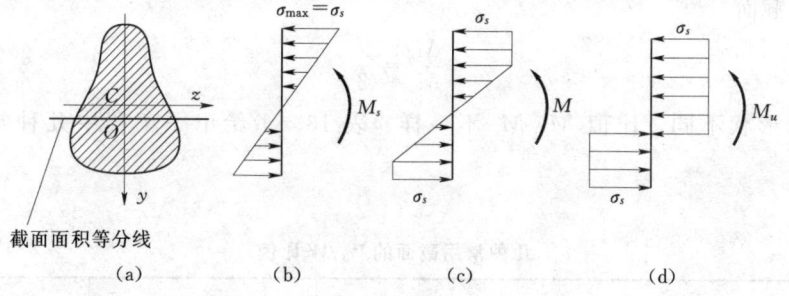

图 13-13 弹性-理想塑性材料梁的弯曲变形
(a) 横截面形状;(b) 弹性变形阶段;(c) 弹-塑性变形阶段 $M_s < M < M_u$;(d) 塑性变形阶段

极限状态下,中性轴的位置可由静力条件 $F_N = 0$ 得出,即

$$\int_{A_t} \sigma_s \mathrm{d}A + \int_{A_c} (-\sigma_s) \mathrm{d}A = 0$$

由此得出

$$A_t = A_c \qquad (13-11)$$

式中:A_t、A_c 分别为横截面上拉伸区和压缩区的面积。

式(13-11)表明:在极限状态下,中性轴将截面分割为面积相等的两部分。如果截面的中性轴,就是截面的对称轴,则在弹-塑性变形的过程中,中性轴的位置始终不变;如果截面的中性轴不是截面的对称轴,则中性轴的位置将随塑性区的发展由最初的位置向拉、压两区中面积较大的一侧移动,直至变形的极限状态,拉压两区面积相等,这时中性

轴与过 O 点平分截面面积的直线 [图 13-3 (a)] 重合。

极限状态下横截面的弯矩即极限弯矩，由静力关系可得

$$M_u = \int_{A_t} y\sigma_s \mathrm{d}A + \int_{A_c} (-y)(-\sigma_s)\mathrm{d}s = \sigma_s(S_t + S_c) \quad (13-12)$$

式中，$S_t = \int_{A_t} y\mathrm{d}A$，$S_c = \int_{A_c} y\mathrm{d}A$ 分别为横截面拉、压两部分面积 A_t、A_c 对中性轴的静矩，计算时均取正值。若令

$$W_s = S_t + S_c \quad (13-13)$$

则式 (13-12) 可写为

$$M_u = \sigma_s W_s \quad (13-14)$$

式中，W_s 为塑性抗弯截面模量。当截面的中性轴即截面的对称轴 $S_t = S_c$ 时，对宽和高分别为 b，h 的矩形截面，中性轴 z 与 h 垂直，则有 $S_t = S_c = \dfrac{bh}{2}\dfrac{h}{4} = \dfrac{bh^2}{8}$，塑性抗弯截面模量 $W_s = \dfrac{bh^2}{4}$。矩形截面梁的极限弯矩：

$$M_u = \sigma_s W_s = \frac{bh^2}{4}\sigma_s \quad (13-15)$$

由式 (13-9) 和式 (13-14) 可得极限弯矩与屈服弯矩的比：

$$\frac{M_u}{M_s} = \frac{W_s}{W} \quad (13-16)$$

对矩形截面

$$\frac{M_u}{M_s} = \frac{3}{2} \quad (13-17)$$

截面的形状不同，比值 M_u/M_s 不一样。表 13-1 给出了工程中几种常见截面的 $\dfrac{W_s}{W}$ 值。

表 13-1　　　　　　　　　　几种常用截面的 W_s/W 比值

截面形状	I	○	▨	●
$\dfrac{W_s}{W}$	1.15~1.17	1.27	1.50	1.70

等截面纯弯曲梁上各个截面的应力和变形情况是一样的，所以当载荷增加时，整个梁的所有截面是同时进入极限状态的。

极限弯矩确定以后，根据极限弯矩与梁上载荷的关系，可以确定纯弯曲梁的极限载荷。

二、残余应力

当梁的变形进入弹-塑性阶段以后，若再卸除载荷，则梁中将存在残余应力。与圆轴弹-塑性扭转残余应力的计算一样，梁的残余应力计算也用叠加法。图 13-14 (a) 给出

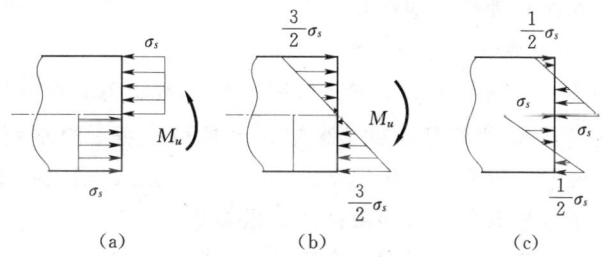

图 13-14 叠加法求梁的残余应力
(a) 加载；(b) 卸载；(c) 残余应力状态

了矩形截面梁在极限弯曲状态下截面上的应力分布，图 13-14 (b) 给出的是卸载应力分布，叠加图 13-14 (a)、(b) 两种状态下的应力分布，即得截面上残余应力的分布，如图 13-14 (c) 所示。弯曲残余应力的最大值为材料的拉压屈服极限。

残余应力的产生可以对结构或构件的强度产生不利影响，也可以利用其规律发挥有利作用。例如，承受弯曲或扭转的构件，使用前先让其受到与工作载荷同方向的弹-塑性加载和卸载，就可以使构件内部出现残余应力。使用时，由于在最大工作应力作用点处有与其符号相反的残余应力，使实际的工作应力降低，构件的承载能力从而得到提高，这就是预应力钢筋构件的制作原理。

【例 13-3】 试计算如图 13-15 所示截面简支梁的塑性抗弯截面模量。

解： 由式 (13-13)，塑性抗弯截面模量：

$$W_s = S_t + S_c \quad (1)$$

设上翼缘、腹板、下翼缘的面积分别为 A_1，A_2，A_3，则由截面尺寸可得

$$A_1 = 100 \times 50 = 5000 (mm^2)$$
$$A_2 = 25 \times 200 = 5000 (mm^2)$$
$$A_3 = 250 \times 50 = 12500 (mm^2)$$

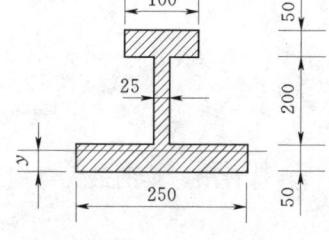

图 13-15 [例 13-3] 图

由于 $A_3 > A_1 + A_2$，所以截面面积等分线在 A_3 范围内。设截面面积等分线距截面底边的高度为 y，按截面面积等分线的意义，应有

$$250y = 250 \times (50-y) + (A_1 + A_2) \quad (2)$$

将 A_1，A_2 的值代入上式，得

$$y = 45 \text{mm} \quad (3)$$

计算等分线两侧面积对等分线的静矩，列式后代入 y 的值，可得

$$S_t = 250 \times 45 \times \frac{45}{2} = 253.1 \times 10^3 (mm^3)$$

$$S_c = 250 \times (50-45) \times \frac{50-45}{2} + 25 \times 200 \times [100 + (50-45)] + 50 \times 100 \times [(50-45) + 125]$$
$$= 1178 \times 10^3 (mm^3)$$

将 S_t，S_c 的值代入式 (1)，得

$$W_s = 1431 \times 10^3 \ (mm^3) = 1.431 \times 10^{-3} m^3$$

三、横力弯曲梁的极限载荷·塑性铰

1. 横力弯曲梁的极限载荷

在横向外力作用下的平面弯曲静定梁,各截面上的弯矩不完全一样。当载荷增加时,危险截面的变形首先进入弹-塑性变形的极限状态,所以在考虑材料塑性时,横力弯曲梁的极限载荷是由危险截面的极限弯矩决定的。若梁为等刚度,最大弯矩截面即危险截面。这时,梁的极限载荷可以根据最大弯矩截面的极限弯矩来计算。

为了对横力弯曲梁的弹塑性变形有一个完整、清晰和形象的了解,下面结合一个实例来讨论。图 13-16 所示为一个中点受到集中载荷 F 作用的矩形截面简支梁,梁的长度和截面尺寸表示于图中。梁的材料可以理想化为弹性-理想塑性模型,设其拉压弹性模量为 E、屈服极限为 σ_s。

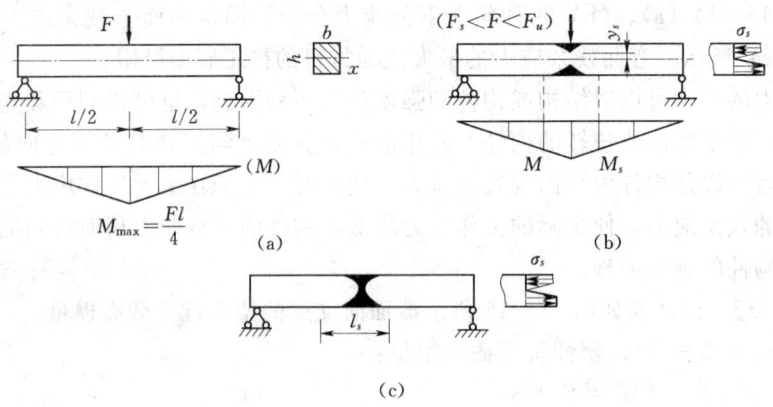

图 13-16 矩形截面简支梁横力弯曲的极限载荷
(a) 弹性变形阶段;(b) 弹-塑性变形阶段;(c) 塑性变形区

容易看出,梁的最大弯矩发生在中间截面,其值为

$$M_{\max} = \frac{Fl}{4}$$

弹性阶段截面上的拉、压应力呈线性分布。当危险截面上下边缘点的最大应力达到材料的屈服极限,即 $\sigma_{\max} = \sigma_s$ 时,截面的弯矩即屈服弯矩,相应的载荷亦即屈服载荷 F_s。因为 $M_s = W\sigma_s$,于是可以得到如下关系:

$$\frac{F_s l}{4} = W\sigma_s$$

由此解得

$$F_s = \frac{2}{3}\frac{bh^2}{l}\sigma_s \tag{13-18}$$

在屈服载荷作用下,梁在跨度中点的曲率:

$$\left(\frac{1}{\rho}\right)_s = \frac{\varepsilon}{h/2} = \frac{2\sigma_s}{Eh} \tag{13-19}$$

如果载荷 F 继续增加,使 $F > F_s$,跨中截面上的弯矩 $M_s < M < M_u$,梁的变形进入弹-塑性阶段,梁上塑性区的范围随着载荷的增加既向梁的深部发展,又沿梁的纵向从跨中

截面向两侧延伸,如图 13-16（b）所示。设截面上的弹性核的边界到中性轴的距离为 y_s,由静力条件 $\int(\sigma dA)y = M$ 可得

$$2\left[\sigma_s \times \left(\frac{h}{2}-y_s\right)b \times \frac{1}{2}\left(\frac{h}{2}+y_s\right)+\frac{1}{2}\sigma_s b y_s \frac{2}{3}y_s\right]=M$$

整理后得到,弹塑性阶段横截面上的弯矩 M 与截面核心的高度 $2y_s$ 的关系式:

$$M=\frac{bh^2}{4}\sigma_s\left[1-\frac{1}{3}\left(\frac{y_s}{h/2}\right)^2\right] \tag{13-20}$$

弹塑性阶段,梁在跨度中点相应的曲率 $\frac{1}{\rho}=\frac{\varepsilon_a}{y_s}$,考虑到式（13-19）,得

$$\frac{1}{\rho}=\frac{\varepsilon_a}{y_s}=\left(\frac{1}{\rho}\right)_s\frac{h}{2y_s} \tag{13-21}$$

当上下塑性区刚好连通时,中间截面即到达极限状态,其弯矩即极限弯矩 M_u。这时梁上的载荷即极限载荷 F_u。令 $M_{\max}=M_u$,则有

$$\frac{1}{4}F_u l=\frac{bh^2}{4}\sigma_s$$

由此解得

$$F_u=\frac{bh^2}{l}\sigma_s \tag{13-22}$$

由式（13-18）和式（13-22）可得极限载荷与屈服载荷的比值:

$$\frac{F_u}{F_s}=\frac{M_u}{M_s}=\frac{3}{2} \tag{13-23}$$

因为塑性区两端边界处的弯矩为 M_s,如果设塑性区的长度为 l_s [图 13-16（c）],则极限载荷状态下应有

$$\frac{F_u}{2}\frac{l-l_s}{2}=M_s$$

将 F_u 和 M_s 带入上式,可以解得

$$l_s=\frac{l}{3}$$

【例 13-4】 受均布载荷作用的简支梁如图 13-17 所示,该梁横截面的尺寸与 [例 13-3] 中的完全相同。设该梁的材料可视为弹性-理想塑性,屈服极限 $\sigma_s=235\text{MPa}$,试求梁的极限载荷。

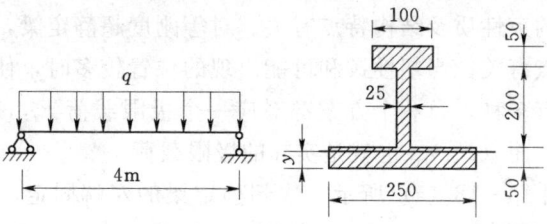

图 13-17 [例 13-4] 图

解： 该梁的最大弯矩 $M_{\max}=\dfrac{1}{8}ql^2$，当 $M_{\max}=M_u$ 时，梁上的载荷达到极值，即

$$\frac{1}{8}ql^2=M_u \tag{1}$$

由计算极限载荷的公式（13-14）可知

$$M_u=W_s\sigma_s \tag{2}$$

由［例 13-3］的结果：

$$W_s=S_t+S_c=1.431\times10^{-3}(\mathrm{m}^3) \tag{3}$$

联解式（1）、式（2）、式（3），最后解得

$$q_u=\frac{8W_s\sigma_s}{l^2}=\frac{8\times1.431\times10^{-3}}{4^2}\times235\times10^6=168.2(\mathrm{kN/m})$$

2. 塑性铰

对横力弯曲梁，极限载荷下的危险截面刚好处于完全塑性状态，由式（13-21）可知，梁在该处的曲率 $\dfrac{1}{\rho}\to\infty$，这时该截面两侧的两段梁在极限弯矩不变的条件下，将绕该截面的中性轴转动，这种情景就好像在该截面处给梁安置了一个铰链，通常称为塑性铰。与结构铰相比，塑性铰有如下特点：①它是由于截面达到完全塑性面形成的，具有有限承载性，所能承受的弯矩值即截面的极限弯矩 M_u；②单向性，它只允许其两侧的两段梁沿 M_u 的相反方向转动；③可消失性，当梁卸载（即施加与 F_u 反向载荷）、且反向载荷 $F<F_u$ 时，塑性铰现象不复存在。

第五节　超静定梁的极限载荷

对静定梁，只要梁上出现一个塑性铰，体系即变为具有一个自由度的机构，其上载荷也就达到了极限载荷。同样道理，对超静定体系，塑性变形的结果只要使体系变成具有一个自由度的机构，则其上载荷即为极限载荷。按此分析，确定静定梁极限载荷的问题就归结为确定塑性铰的数量、位置和极限状态的分析判断。

根据上述概念，塑性铰的数目必须比体系超静定的次数多一个。例如，要将一次超静定结构变成具有一个自由度的机构，必须产生两个塑性铰；要将二次超静定结构变成具有一个自由度的机构，必须产生 3 个塑性铰，依此类推。

塑性铰出现的位置，概括起来说，即是弯矩出现极值的位置。一般情况下，这样的位置与载荷分布特点、约束性质及结构特点有关。对等刚度超静定梁，塑性铰的位置只与约束性质及载荷分布特点有关。当塑性铰和可能出现的位置较多时，使体系变成具有一个自由度机构的可能方案有多种，每一个方案都对应一个极限载荷 F_{u1}，其中 $(F_{u1})_{\min}$ 的方案就是实际的极限状态，而 $(F_{u1})_{\min}$ 也就是实际的极限载荷。

【例 13-5】 如图 13-18（a）所示一次超静定梁的左端固定，右端为辊座。设梁的截面为 $b\times h$ 的矩形，梁的长度为 l，材料的屈服极限为 σ_s。集中载荷 F 作用于梁的中点。试确定其极限载荷 F_u。

解： 方法一，逐段加载法。先解超静定问题，画出弯矩图，如图 13-18（b）所示。

可以看出,最大弯矩发生在梁的固定端截面 A 处,当此弯矩达到 M_u 时,该处出现一个塑性铰,如图 13-18 (c) 所示。设此时载荷的大小为 F_1,根据弯矩图 13-18 (b),应有

$$\frac{3}{16}F_1 l = M_u \tag{1}$$

由此解得

$$F_1 = \frac{16M_u}{3l}$$

由于截面 C 处的弯矩小于截面 A 处的弯矩,梁在截面 C 处尚未达到极限状态,体系是几何不变的,还有承载能力,不过这时原来的超静定梁已变成简支梁。

为了求出载荷能够继续增长的空间,利用弯矩图 13-18 (b),可以得出,当 $M_A = M_u$ 时,截面 C 的弯矩与极限弯矩 M_u 的关系为:

$$M_c = \frac{5}{32} \times \frac{16M_u}{3l} \times l = \frac{5M_u}{6} \tag{2}$$

式 (2) 表明,截面 C 还有 $M_u/6$ 的承载能力。继续增加载荷,新增载荷 ΔF 的弯矩图示于图 13-18 (d) 中,令

$$\frac{\Delta F l}{4} = \frac{M_u}{6} \tag{3}$$

由式 (3) 解得

$$\Delta F = \frac{2M_u}{3l}$$

结构的极限载荷为 F_1 与 ΔF 之和,即

$$F_u = F_1 + \Delta F = \frac{6M_u}{l} = \frac{3bh^2}{2l}\sigma_s \tag{4}$$

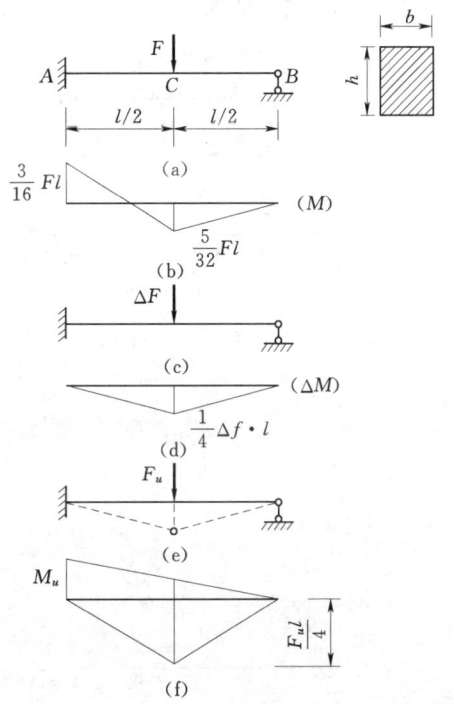

图 13-18 [例 13-5] 图
(a) 结构简图;(b) 弯矩图;(c) ΔF 作用图;
(d) ΔF 弯矩图;(e) 极限载荷作用图;
(f) 极限载荷下弯矩图

方法二,极限状态法。极限状态法不考虑变形过程,计算比较简单。本例中的梁为一次超静定,$F = F_u$ 的条件是体系产生两个塑性铰。由弯矩图 13-18 (b) 可知,两个塑性铰只能出现在 A、C 两个截面。两个截面的弯矩值均为 M_u。用叠加法画出梁在极限载荷下的弯矩图,如图 13-18 (f) 所示。令

$$\frac{F_u l}{4} - \frac{M_u}{2} = M_u \tag{5}$$

由式 (5) 解得

$$F_u = \frac{6M_u}{l} = \frac{3bh^2}{2l}\sigma_s$$

【例 13-6】 如图 13-19（a）所示一次超静定梁的左端固定，右端为辊座，梁的长度为 l。两个集中载荷 F 和 $2F$ 分别作用于梁上 C、D 两点。试确定其极限载荷 F_u。

解： 极限载荷状态下，体系将成为具有一个自由度的机构，为此需要出现两个塑性铰。有 3 种可能出现塑性铰的情况，分别如图 13-19（b）、(c)、(d) 所示。现在讨论各个情况下的极限载荷，情况（b）在 A、C 处有塑性铰。极限弯矩图示于图 13-19（b）下方，由此得出

$$\frac{F_u' l}{2} - \frac{M_u}{2} = M_u$$

$$F_u' = \frac{3M_u}{l}$$

情况（c）在 A、D 处有塑性铰。极限弯矩图示图 13-19（c）下方，由此得出

$$\frac{F_u'' l}{2} - \frac{M_u}{4} = M_u$$

$$F_u'' = \frac{5M_u}{2l}$$

情况（d）在 C、D 处有塑性铰。极限弯矩图示于图 13-19（d）下方，由此得出

$$\frac{F_u''' l}{4} - \frac{M_u}{2} = M_u$$

$$F_u''' = \frac{6M_u}{l}$$

比较上述 3 种方案，可得梁的极限承载能力与情况（c）相同，即

$$F_u'' = \frac{5M_u}{2l}$$

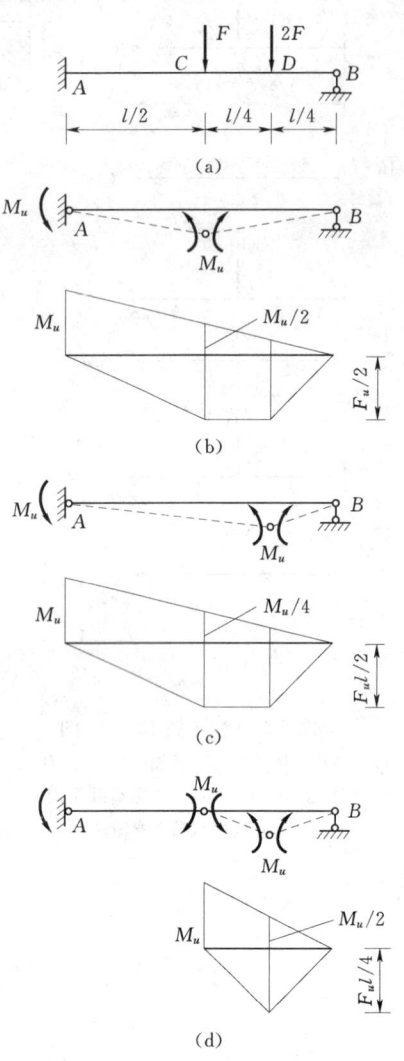

图 13-19 ［例 13-6］图
(a) 结构简图；(b) A、C 处有塑性铰；(c) A、D 处有塑性铰；(d) C、D 处有塑性铰

小 结

本章的内容包括两部分。

1. 塑性变形和塑性分析的基本概念

材料塑性变形表现的最主要特点：①不可逆性；②应力-应变关系，加载时表现为非线性，卸载时表现为线性。只有在明确加载路径的条件下，应力-应变才有确定的关系。

塑性分析的基本假设和简化计算模型是塑性分析和极限设计的基础。塑性分析计算的依据是：变形几何关系、物理关系、平衡关系。除物理关系之外，几何关系、平衡关系与

弹性分析相同,所以物理关系是至关重要的概念。本章在讨论中,物理关系采用弹性-理想塑性模型。

2. 简单的极限载荷计算问题

(1) 拉压杆系的极限载荷。

静定拉压杆系的极限载荷即弹性分析中杆件开始屈服时的载荷。

超静定拉压杆系的极限载荷即当体系除一根杆之外,其余各杆中的应力均达到 σ_s 时载荷。

(2) 等直圆杆扭转时的极限载荷。

当截面上各点的切应力均为 τ_s 时,截面上的扭矩为极限扭矩 M_{xu},此时的外力即极限载荷。直径为 d 的实心圆轴 $M_{xu} = \dfrac{\pi d^3}{12}\tau_s = \dfrac{4}{3}M_{xs}$。

(3) 梁的极限弯矩·塑性铰。

当梁的整个截面完全进入塑性状态,截面上的弯矩为极限转矩 M_u,相应的载荷为极限载荷。矩形截面梁的极限弯矩 $M_u = \dfrac{bh^2}{4}\sigma_s = \dfrac{3}{2}M_s$。在极限状态下,中性轴截面分割为相等的两部分。塑性抗弯截面模量 $W_s = S_t + S_c$。

完全进入塑性状态的截面,形成塑性铰。对超静定梁,**塑性铰的数目比体系超静定的次数多一个时**,变成具有一个自由度的机构,这时的载荷即极限载荷。

材料进入塑性变形的超静定问题,卸载时有残余应力。残余应力用叠加法计算。

思 考 题

13-1 试比较弹性变形与塑性变形的主要特征。

13-2 在考虑材料塑性的极限分析中,试问作了哪些假设。

13-3 为什么在拉、压静定结构中考虑材料塑性不再能提高结构的承载能力;而在静定的直杆扭转和梁的对称弯曲中,考虑材料塑性能提高其承载能力?

13-4 材料为弹性-理想塑性的矩形截面梁承受纯弯曲 [图 13-13 (a)],若外力偶矩处于 $M_s < M < M_u$,即梁处于弹性-塑性阶段 [图 13-13 (c)],弹性区边缘距中性轴为 y_s,试推导横截面上弯矩的表达式。

13-5 截面处于完全塑性状态时的中性轴有什么特点?试写出矩形截面梁的塑性抗弯截面模量 W_s 与抗弯截面模量 W 的比值。

13-6 何谓残余应力?如何计算?它有什么特点?

13-7 试问塑性铰与结构铰有何区别,在静定梁和一次超静定梁中,各出现了几个塑性铰,整个梁便达到极限状态?为什么?

习 题

13-1 一组合圆筒,承受载荷 F,如习题 13-1 图 (a) 所示。内筒材料为低碳钢,横截面面积为 A_1,弹性模量为 E_1,屈服极限为 σ_s;外筒材料为铝合金,横截面面积为 A_2,弹性模量为 E_2,屈服极限为 σ_s。假设两种材料均为弹性-理想塑性,其应力-应变关系如习题 13-1 图 (b) 所示。试求组合筒的屈服载荷 F_s 和极限载荷 F_u。

13-2 水平刚性杆 AC，A 端为固定铰链支承，在 C，D 处分别与长度 l、横截面面积 A 和材料均相同的等直竖杆铰接，如习题 13-2 图所示。两杆的材料可理想化为弹性-理想塑性模型，其弹性模量为 E，屈服极限为 σ_s，在刚性杆的 D 处承受集中载荷 F，试求结构的屈服载荷 F_s 和极限载荷 F_u。

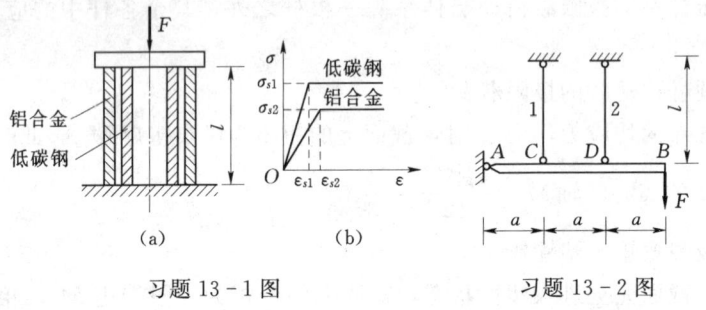

习题 13-1 图　　　　习题 13-2 图

13-3 如习题 13-3 图所示各杆材料及截面均相同，试计算各体系的极限载荷 F_u。

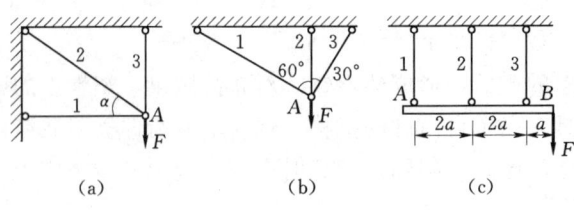

习题 13-3 图

13-4 在习题 13-3 中，若在载荷达到极限载荷 F_u 后，卸除载荷，试求杆 1，2 中的残余应力。

13-5 等直圆轴的截面形状如习题 13-5 图所示，实心圆轴的直径 $d=60\text{mm}$，空心圆轴的内、外径分别为 $d_0=35\text{mm}$，$D=80\text{mm}$。材料可视为弹性-理想塑性，其剪切屈服极限 $\tau_s=100\text{MPa}$。试求两轴的极限扭矩。

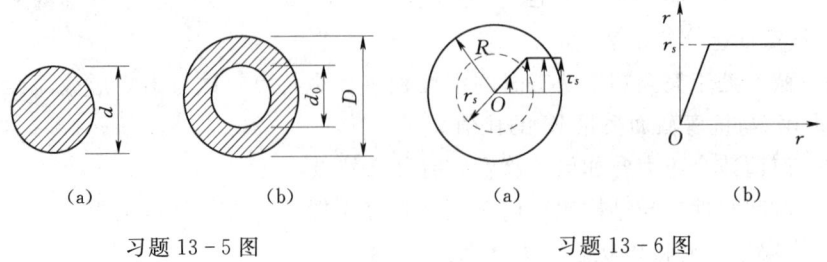

习题 13-5 图　　　　习题 13-6 图

13-6 半径为 R 的等直实心圆轴，材料可视为弹性-理想塑性，如习题 13-6 图所示。在扭转时处于弹性-塑性阶段，即横截面扭矩 $M_{xs}<M_x<M_{xu}$。若弹性核半径 $r_s=\dfrac{R}{2}$ 时卸除载荷，试计算截面上的残余应力，并画出截面上残余应力分布图。

13-7 试计算习题 13-7 图所示槽形截面和薄壁环形截面（$\delta \ll r_0$）的塑性抗弯截面

模量 W_s，并计算与其弹性抗弯截面模量的比值 W_s/W。

13-8 习题 13-8 图所示 T 形截面梁的材料可视为弹性-理想塑性，其屈服极限 $\sigma_s = 240\mathrm{MPa}$，试求该梁的极限弯矩。

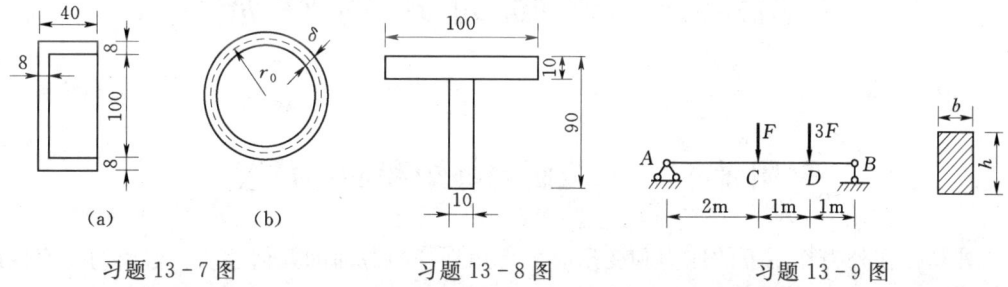

习题 13-7 图 习题 13-8 图 习题 13-9 图

13-9 矩形截面简支梁受载如习题 13-9 图所示。已知梁的截面尺寸 $b=70\mathrm{mm}$，$h=120\mathrm{mm}$；梁的材料可视为弹性-理想塑性，屈服极限 $\sigma_s=235\mathrm{MPa}$，试求梁的极限载荷。

13-10 简支梁由 25 号工字钢制成，受载如习题 13-10 图所示。梁的材料可视为弹性-理想塑性，屈服极限 $\sigma_s=235\mathrm{MPa}$，试求梁的极限载荷（计算时不考虑截面圆角和过渡圆弧的影响，将腹板和翼缘都作为矩形计算）。

13-11 等截面双跨梁受载如习题 13-11 图所示，梁的材料可视为弹性-理想塑性，屈服极限 $\sigma_s=240\mathrm{MPa}$，截面的塑性抗弯截面模量 $W_s=30\mathrm{cm}^3$，图中 $l=1\mathrm{m}$ 试求梁的极限载荷。

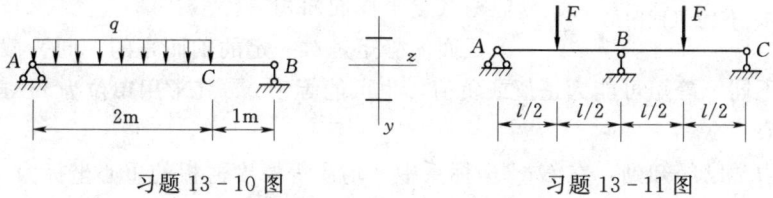

习题 13-10 图 习题 13-11 图

附录Ⅰ 截面的几何性质

附录Ⅰ-1 截面的静矩和形心位置

计算杆在外力作用下的应力和变形时,将用到杆横截面的几何性质。截面的几何性质包括截面的面积 A、极惯性矩以及静矩、惯性矩和惯性积等。

一、静矩

设一任意形状的截面如附图Ⅰ-1所示,其截面面积为 A。从截面中坐标 (x,y) 处取一微面积元素 $\mathrm{d}A$,则 $x\mathrm{d}A$ 和 $y\mathrm{d}A$ 分别称为该面积元素 $\mathrm{d}A$ 对于 y 轴和 x 轴的静矩或面积矩,而以下两积分:

$$S_x = \int_A y\mathrm{d}A, \quad S_y = \int_A x\mathrm{d}A \qquad (\mathrm{I}\text{-}1)$$

分别定义为该截面对 x 轴和 y 轴的静矩或面积矩。上述积分应遍及整个截面面积 A。

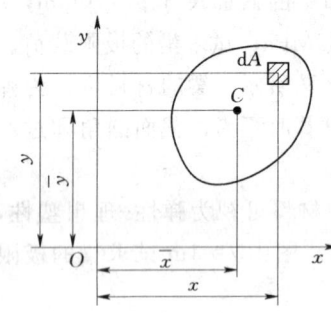

附图Ⅰ-1 任意平面图形

截面的静矩是对一定的轴而言的,同一截面对不同坐标轴的静矩不同。静矩可能为正值或负值,也可能等于 0,其常用单位为 m^3 或 mm^3。

二、形心

由理论力学已经知到,在 Oxy 坐标系中,均质等厚度薄板的重心坐标为

$$\bar{x} = \frac{\int_A x\mathrm{d}A}{A}, \quad \bar{y} = \frac{\int_A y\mathrm{d}A}{A}$$

均质薄板的重心与该薄板平面图形的形心是重合的,故上式可用于计算截面(附图Ⅰ-1)的形心坐标。由于上式中的 $\int_A x\mathrm{d}A$ 和 $\int_A y\mathrm{d}A$ 是截面的静矩,于是可将上式改写为

$$\bar{x} = \frac{\int_A x\mathrm{d}A}{A} = \frac{S_y}{A}, \quad \bar{y} = \frac{\int_A y\mathrm{d}A}{A} = \frac{S_x}{A} \qquad (\mathrm{I}\text{-}2\mathrm{a})$$

因此,在知道截面对轴 x 和 y 轴的静矩以后,即可求得截面形心的坐标。将上式可写为

$$S_x = A\bar{y}, \quad S_y = A\bar{x} \qquad (\mathrm{I}\text{-}2\mathrm{b})$$

反之,如果已知截面的面积 A 及其形心的坐标 $\bar{x}$、$\bar{y}$ 时,就可求得截面对 x 轴和 y 轴的静矩。

由以上式可见,截面对通过其形心的轴的静矩恒等于 0。反之,若截面对于某一轴的静矩等于 0,则该轴必通过截面的形心。

附录 Ⅰ-1 截面的静矩和形心位置

当截面由若干简单图形（如圆形、矩形或三角形等）组成时，由于简单图形的面积及其形心位置很容易确定，而由静矩定义可知，截面各组成部分对某一轴的静矩之代数和等于该截面对同一轴的静矩，即得整个截面的静矩为

$$S_x = \sum_{i=1}^{n} A_i \overline{y_i}, \quad S_y = \sum_{i=1}^{n} A_i \overline{x_i} \tag{Ⅰ-3}$$

式中：A_i、x_i 和 y_i 分别为任一简单图形的面积及其形心的坐标；n 为组成截面的简单图形的个数。

将按式（Ⅰ-3）求得的 S_x 和 S_y 代入式（Ⅰ-2a），则可得组合截面的形心坐标为

$$\overline{x} = \frac{S_y}{A} = \frac{\sum_{i=1}^{n} A_i \overline{x_i}}{\sum_{i=1}^{n} A_i}, \quad \overline{y} = \frac{S_x}{A} = \frac{\sum_{i=1}^{n} A_i \overline{y_i}}{\sum_{i=1}^{n} A_i} \tag{Ⅰ-4}$$

【例Ⅰ-1】 试计算如附图Ⅰ-2所示三角形截面对其底边重合的 x 轴和对称轴 y 轴的静矩，并确定形心位置。

解：(1) 计算 S_x。

取平行于 x 轴的狭长矩形条作为微面积元素，则 $\mathrm{d}A = b(y)\mathrm{d}y$。由相似三角形定理可知，$b(y) = \dfrac{b}{h}(h-y)$，故 $\mathrm{d}A = b(y)\mathrm{d}y = \dfrac{b}{h}(h-y)\mathrm{d}y$，将其代入式（Ⅰ-1）中得，

$$S_x = \int_A y \mathrm{d}A = \int_0^b \frac{b}{h}(h-y) y \mathrm{d}y = \frac{bh^2}{6}$$

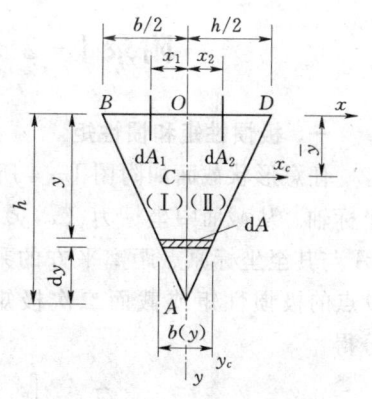

附图Ⅰ-2 ［例Ⅰ-1］图

(2) 计算 S_y。

为利用图形的对称性，将图形如图示分为（Ⅰ）和（Ⅱ）两部分，它们的面积分别为 A_1 和 A_2，根据静矩定义式（Ⅰ-1）有

$$S_y = \int_A x \mathrm{d}A = \int_{A_1} x_1 \mathrm{d}A + \int_{A_2} x_2 \mathrm{d}A$$

又注意到，等号右边前一个积分中 x_1 恒为负值，后一积分中 x_2 恒为正值，它们的计算原理同 S_x，所以

$$S_y = \int_A x \mathrm{d}A = \int_{A_1} x_1 \mathrm{d}A + \int_{A_2} x_2 \mathrm{d}A = -\frac{h\left(\dfrac{b}{2}\right)^2}{6} + \frac{h\left(\dfrac{b}{2}\right)^2}{6} = 0$$

(3) 确定形心 C 的位置。

由 $S_y = 0$ 可知截面形心在 y 轴上，即 $x_c = 0$，形心的另一个坐标为

$$\overline{y} = \frac{S_x}{A} = \left(\frac{bh^2}{6}\right) \Big/ \left(\frac{bh}{2}\right) = \frac{h}{3}$$

【例Ⅰ-2】 试确定如附图Ⅰ-3所示截面形心 C 的位置。

解：将截面分为Ⅰ、Ⅱ两个矩形。取 x 轴和 y 轴分别与截面的底边和左边缘重合，

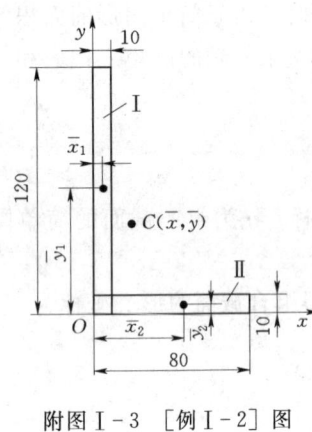

附图Ⅰ-3 [例Ⅰ-2]图

如图所示。先计算每一矩形的面积 A 和形心坐标 $(\bar{x}, \bar{y})$：

$A_1 = 10 \times 120 = 1200(\text{mm}^2)$，$\overline{x_1} = 5\text{mm}$，$\overline{y_1} = 60\text{mm}$

$A_2 = 10 \times 70 = 700(\text{mm}^2)$，$\overline{x_2} = 45\text{mm}$，$\overline{y_2} = 5\text{mm}$

将其代入式（Ⅰ-4），即得截面形心 C 的坐标为

$$\bar{x} = \frac{\sum_{i=1}^{n} A_i \bar{x}_i}{\sum_{i=1}^{n} A_i} = \frac{1200 \times 5 + 700 \times 45}{1200 + 700} \approx 20(\text{mm})$$

$$\bar{y} = \frac{\sum_{i=1}^{n} A_i \bar{y}_i}{\sum_{i=1}^{n} A_i} = \frac{1200 \times 60 + 700 \times 5}{1200 + 700} \approx 40(\text{mm})$$

附录Ⅰ-2 极惯性矩·惯性矩·惯性积

一、极惯性矩和惯性矩

任意形状截面如附图Ⅰ-4所示。其面积为 A，y 轴和 x 轴为图形平面内任意给定的坐标轴。从截面中坐标为 (x, y) 处取一微面积元素 $\mathrm{d}A$，则 $\mathrm{d}A$ 与其至坐标原点距离平方的乘积 $\rho^2 \mathrm{d}A$，称为面积元素对 O 点的极惯性矩或截面二次极矩。将它们遍及整个图形积分得

$$I_\rho = \int_A \rho^2 \mathrm{d}A \qquad (\text{Ⅰ-5})$$

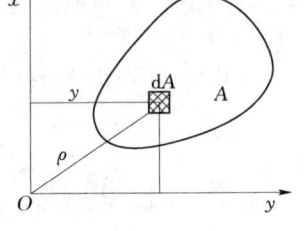

附图Ⅰ-4 任意平面图形

定义为整个截面对 O 点的极惯性矩。显然，极惯性矩的数值恒为正值，其单位为 m^4 或 mm^4。

微面积元素 $\mathrm{d}A$ 与其至 x 轴或 y 轴距离平方的乘积 $y^2 \mathrm{d}A$ 或 $x^2 \mathrm{d}A$，分别称为该面积元素对 x 轴或 y 轴的惯性矩或轴惯性矩。而以下两积分：

$$\left. \begin{array}{l} I_x = \int_A y^2 \mathrm{d}A \\ I_y = \int_A x^2 \mathrm{d}A \end{array} \right\} \qquad (\text{Ⅰ-6})$$

则分别定义为整个截面对 x 轴或 y 轴的惯性矩。同样，上述积分应遍及整个截面的面积 A。

由附图4可见，$\rho^2 = x^2 + y^2$，故有

$$I_\rho = \int_A \rho^2 \mathrm{d}A = \int_A (x^2 + y^2) \mathrm{d}A = I_x + I_y \qquad (\text{Ⅰ-7})$$

即任意截面对一点的极惯性矩的数值，等于截面对以该点为原点的任意两正交坐标轴的惯性矩之和。

二、惯性积

微面积元素 dA 与其分别至 x 轴和 y 轴距离的乘积 $xydA$，称为该面积元素对两坐标轴的惯性积。而以下积分：

$$I_{xy} = \int_A xy\,dA \qquad (\text{I}-8)$$

定义为整个截面对 x、y 两坐标轴的惯性积，其积分也应遍及整个截面的面积 A。其单位为 m^4 或 mm^4。

从上述定义可见，同一截面对于不同坐标轴的惯性矩或惯性积一般是不同的。惯性矩的数值恒为正值，而惯性积则可能为正值或负值，也可能等于 0。若 x、y 两坐标轴中有一为截面的对称轴，则其惯性积 I_{xy} 恒等于 0。因为在对称轴的两侧，处于对称位置的两面积元素 dA 的惯性积 $xydA$，数值相等而正负号相反，致使整个截面的惯性积必等于 0。

当截面由若干简单图形（如圆形、矩形或三角形等）组成时，组合图形对某一点的极惯性矩或对某一轴的轴惯性矩分别等各组分图形对同一点的极惯性矩或对同一轴的轴惯性矩之和。即

$$I_\rho = \sum_{i=1}^n I_{\rho_i} = \sum_{i=1}^n \int_{A_i} \rho^2\,dA \qquad (\text{I}-9a)$$

$$I_x = \sum_{i=1}^n I_{x_i} = \sum_{i=1}^n \int_{A_i} y^2\,dA \qquad (\text{I}-9b)$$

$$I_y = \sum_{i=1}^n I_{y_i} = \sum_{i=1}^n \int_{A_i} x^2\,dA \qquad (\text{I}-9c)$$

【例 I-3】 试计算如附图 I-5（a）所示矩形截面对其对称轴（即形心轴）x 和 y 的惯性矩。

解：取平行于 x 轴的狭长条 [附图 I-5（a）] 作为面积元素，即 $dA = b\,dy$，根据式（I-6）的第一式，可得

$$I_x = \int_A y^2\,dA = \int_{-\frac{h}{2}}^{\frac{h}{2}} by^2\,dy = \frac{bh^3}{12}$$

同理，在计算对 y 轴的惯性矩 I_y 时，可取 $dA = h\,dx$ [附图 I-5（a）]，即得

$$I_y = \int_A x^2\,dA = \int_{-\frac{b}{2}}^{\frac{b}{2}} hx^2\,dx = \frac{b^3 h}{12}$$

若截面是高度为 h 的平行四边形 [附图 I-5（b）]，则其对形心轴 x 的惯性矩同样为

$$I_x = \frac{bh^3}{12}$$

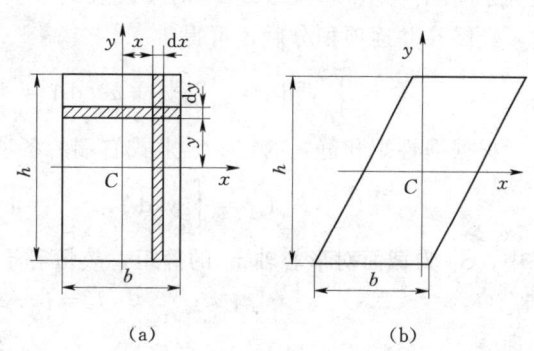

附图 I-5 [例 I-3]

【例 I-4】 试计算如附图 I-6 所示圆截面对其形心轴（即直径轴）的惯性矩。

解：建立极坐标 (α, ρ)，取微面积 $dA = \rho\,d\alpha\,d\rho$，距 x 轴离为 $\rho\sin\alpha$。按式（I-6）的

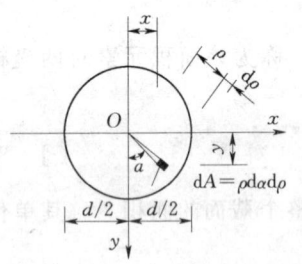

附图Ⅰ-6 [例Ⅰ-4] 图

第一式得

$$I_y = \int_A x^2 dA = \int_A (\rho\sin\alpha)^2 dA = \int_0^{\frac{d}{2}} \rho^3 d\rho \int_0^{2\pi} \sin^2\alpha d\alpha$$

$$= \left[\frac{\rho^4}{4}\right]_0^{\frac{d}{2}} \left[\frac{\alpha}{2} - \frac{1}{2}\sin(2\alpha)\right]_0^{2\pi} = \frac{\pi d^4}{64}$$

由于圆截面对任一形心轴的惯性矩均相等,因而 $I_x = I_y$。

再利用圆截面的极惯性矩 $I_\rho = \pi d^4/32$,由式 (Ⅰ-7) 得

$$I_x = I_y = \frac{I_\rho}{2} = \frac{\pi d^4}{64}$$

附录Ⅰ-3 惯性矩和惯性积的平行移轴公式·组合截面的惯性矩和惯性积

一、惯性矩和惯性积的平行移轴公式

设一面积为 A 的任意形状的截面如附图Ⅰ-7所示。截面对任意的 x、y 两坐标轴的惯性矩和惯性积分别为 I_x、I_y 和 I_{xy}。通过截面图形的形心 C 有分别与 x、y 轴平行的 x_c、y_c 轴,称为形心轴。截面对形心轴的惯性矩和惯性积分别为 I_{x_c}、I_{y_c} 和 $I_{x_c y_c}$。

由附图Ⅰ-7可见,截面上任一面积元素 dA 在两坐标系内的坐标 (x,y) 与 (x_c,y_c) 间的关系为

$$x = x_c + b, \quad y = y_c + a \tag{a}$$

式中,a、b 是截面形心在 Oxy 坐标系内的坐标值,即两平行坐标系间的间距。将式 (a) 中的 y 代入式 (Ⅰ-6) 中的第一式,经展开并逐项积分后,可得

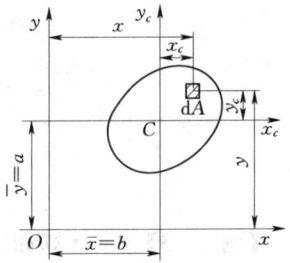

附图Ⅰ-7 平面任意图形

$$I_x = \int_A y^2 dA = \int_A (y_c + a)^2 dA = \int_A y_c^2 dA + 2a\int_A y_c dA + a^2 \int_A dA \tag{b}$$

根据惯性矩和静矩的定义,上式右端的各项积分分别为

$$I_{x_c} = \int_A y_c^2 dA, \quad S_{x_c} = \int_A y_c dA, \quad A = \int_A dA$$

式中,S_{x_c} 为截面对形心轴 x_c 的静矩,故恒等于 0。于是,式 (b) 可写为

$$I_x = I_{x_c} + a^2 A \tag{Ⅰ-10a}$$

同理

$$I_y = I_{y_c} + b^2 A \tag{Ⅰ-10b}$$

$$I_{xy} = I_{x_c y_c} + abA \tag{Ⅰ-10c}$$

注意,上式中的 a、b 两坐标值有正负号,可由截面形心 C 所在的象限来确定。

式 (Ⅰ-10) 称为惯性矩和惯性积的平行移轴公式。应用上式即可根据截面对形心轴的惯性矩或惯性积,计算截面对与形心轴平行的坐标轴的惯性矩或惯性积,或者进行相反的运算。

由式 (Ⅰ-10) 可知,只要形心 C 在 xy 坐标系中的坐标值 a、b 不为 0,则 $I_x > I_{x_c}$、

附录 Ⅰ-3 惯性矩和惯性积的平行移轴公式·组合截面的惯性矩和惯性积

$I_y > I_{y_c}$，这表明在所有相互平行的轴中，平面图形对形心轴的惯性矩最小。

二、组合截面的惯性矩及惯性积

在工程中常遇到组合截面。根据惯性矩和惯性积的定义可知，组合截面对某坐标的惯性矩（或惯性积）就等于其各组成部分对同一坐标轴的惯性矩（或惯性积）之和。若截面是由 n 个部分组成，则组合截面对 x、y 两轴的惯性矩和惯性积分别为

$$I_x = \sum_{i=1}^n I_{x_i} = \sum_{i=1}^n \int_{A_i} y^2 \mathrm{d}A \qquad (Ⅰ\text{-}11\mathrm{a})$$

$$I_y = \sum_{i=1}^n I_{y_i} = \sum_{i=1}^n \int_{A_i} x^2 \mathrm{d}A \qquad (Ⅰ\text{-}11\mathrm{b})$$

$$I_{xy} = \sum_{i=1}^n I_{xy_i} = \sum_{i=1}^n \int_{A_i} xy \mathrm{d}A \qquad (Ⅰ\text{-}11\mathrm{c})$$

式中：I_{x_i}、I_{y_i} 和 I_{xy_i} 分别为组合截面中组成部分 i 对 x、y 两轴的惯性矩和惯性积。

【例 Ⅰ-5】 试求如附图 Ⅰ-8 所示截面对于其形心轴 x_c 的惯性矩 I_{x_c}。

解：(1) 确定形心坐标。把截面图形看作是由两个狭长矩形 Ⅰ 和 Ⅱ 所组成。整个截面图形的形心必在对称坐标轴 y 上。为确定 y_c，取参考轴 x，x 轴通过狭长矩形 Ⅰ 的形心。这样，可得

$$y_c = \frac{A_1 y_1 + A_2 y_2}{A_1 + A_2}$$

$$= \frac{140 \times 20 \times 80 + 100 \times 20 \times 0}{140 \times 20 + 100 \times 20} = 46.7 \text{ (mm)}$$

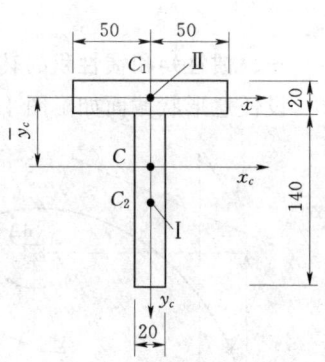

附图 Ⅰ-8 [例 Ⅰ-5] 图

(2) 计算各分图形对形心轴的惯性矩。利用平行移轴公式，分别算出矩形 Ⅰ 和 Ⅱ 对 x_c 的惯性矩

$$I_{x1} = \frac{1}{12} \times 20 \times 140^3 + (80-46.7)^2 \times 140 \times 20 = 7.68 \times 10^6 (\mathrm{mm}^4)$$

$$I_{x2} = \frac{1}{12} \times 100 \times 20^3 + 46.7^2 \times 100 \times 20 = 4.43 \times 10^6 (\mathrm{mm}^4)$$

(3) 计算组合图形对形心轴的惯性矩。

$$I_{x_c} = I_{x1} + I_{x2} = 7.68 \times 10^6 + 4.43 \times 10^6 = 12.11 \times 10^6 (\mathrm{mm}^4)$$

【例 Ⅰ-6】 试计算如附图 Ⅰ-9 所示半圆形，对于平行于直径边的形心轴 x_c 的惯性矩 I_{x_c}。

解：先确定半圆形的形心 C 的坐标 $\bar{y}$。取微面积 $\mathrm{d}A = \rho \mathrm{d}\rho \mathrm{d}\alpha$，由静矩定义得

$$S_x = \int_A y \mathrm{d}A = \int_0^\pi \sin\alpha \mathrm{d}\alpha \int_0^{\frac{d}{2}} \rho^2 \mathrm{d}\rho = \frac{d^3}{12}$$

半圆面积 $A = \pi d^2/8$，由式（Ⅰ-2a）得

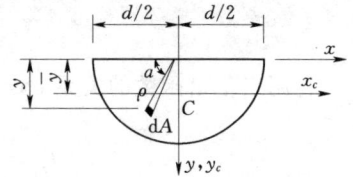

附图 Ⅰ-9 [例 Ⅰ-6] 图

$$\bar{y} = \frac{S_x}{A} = \left(\frac{d^3}{12}\right) \bigg/ \left(\frac{\pi d^2}{8}\right) = \frac{2d}{3\pi}$$

半圆形对直径 x 轴的惯性矩 I_x，等于整个圆形对 x 轴的惯性矩的一半，即

$$I_x = \frac{\pi d^2/64}{2} = \frac{\pi d^2}{128}$$

根据惯性矩的平行移轴公式（Ⅰ-10a），这里有 $\quad I_x = I_{x_c} + A\bar{y}^2$

所以

$$I_{x_c} = I_x - \bar{y}^2 A = \frac{\pi d^4}{128} - \left(\frac{2d}{3\pi}\right)^2 \times \left(\frac{\pi d^2}{8}\right) = \left(\frac{\pi}{128} - \frac{1}{18\pi}\right) d^4$$

附录Ⅰ-4 惯性矩和惯性积的转轴公式·截面的主惯性轴和主惯性矩

一、惯性矩和惯性积的转轴公式

设任意形状截面如附图Ⅰ-9所示，其面积为 A。已知截面对通过其上任意一点 O 的

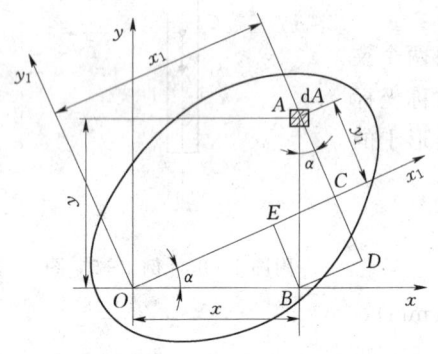

附图Ⅰ-10 任意平面图形

两坐标轴 x、y 的惯性矩和惯性积分别为 I_x、I_y 和 I_{xy}。若坐标轴 x、y 绕 O 点旋转 α 角（α 角以 x 轴逆时针转向 x_1 为正，反之为负）至 x_1、y_1 位置，则该截面对新坐标轴 x_1、y_1 的惯性矩和惯性积分别为 I_{x_1}、I_{y_1} 和 $I_{x_1 y_1}$。

如附图Ⅰ-10所示，截面上任一微面积元素 dA 在新、旧两坐标 (x_1, y_1) 与 (x, y) 间的关系为

$$x_1 = \overline{OC} = \overline{OE} + \overline{BD} = x\cos\alpha + y\sin\alpha$$
$$y_1 = \overline{AC} = \overline{AD} - \overline{BE} = y\cos\alpha - x\sin\alpha$$

将 y_1 代入式（Ⅰ-6）中的第一式，经过展开并逐项积分后，即得该截面对坐标轴 x_1 的惯性矩 I_{x_1} 为

$$I_{x_1} = \int_A y_1^2 dA = \cos^2\alpha \int_A y^2 dA - 2\sin\alpha\cos\alpha \int_A xy\, dA + \sin^2\alpha \int_A x^2 dA \tag{a}$$

由惯性矩和惯性积的定义，上式右端的各项积分分别为

$$I_x = \int_A y^2 dA, \quad I_y = \int_A x^2 dA, \quad I_{xy} = \int_A xy\, dA$$

将其代入式（a）得

$$I_{x_1} = I_x \cos^2\alpha - I_{xy} \sin 2\alpha + I_y \sin^2\alpha$$

利用二倍角函数的关系 $\cos^2\alpha = \dfrac{(1+\cos 2\alpha)}{2}$ 和 $\sin^2\alpha = \dfrac{(1-\cos 2\alpha)}{2}$ 得

$$I_{x_1} = \frac{I_x + I_y}{2} + \frac{I_x - I_y}{2}\cos 2\alpha - I_{xy}\sin 2\alpha \tag{Ⅰ-12a}$$

$$I_{y_1} = \frac{I_x + I_y}{2} - \frac{I_x - I_y}{2}\cos 2\alpha + I_{xy}\sin 2\alpha \tag{Ⅰ-12b}$$

附录 I-4 惯性矩和惯性积的转轴公式·截面的主惯性轴和主惯性矩

$$I_{x_1 y_1} = \frac{I_x - I_y}{2}\sin 2\alpha + I_{xy}\cos 2\alpha \qquad (\text{I}-12\text{c})$$

以上三式就是惯性矩和惯性积的转轴公式。

将式（I-12a）和式（I-12b）相加，可得

$$I_{x_1} + I_{y_1} = I_x + I_y$$

上式表明，截面对于通过同一点的任意一对正交坐标轴的两惯性矩之和为一常数，并等于截面对该坐标原点的极惯性矩。

二、截面的主惯性轴和主惯性矩

由转轴公式可知，I_x、I_y 及 I_{xy} 随 α 角的变化而变化，所以都是新旧坐标间夹角 α 的函数。当坐标轴旋转时，惯性积 I_{xy} 将随着 α 角作周期性变化，且有正有负。因此，必有一特定的角度 α_0，使截面对该坐标轴 x_0，y_0 的惯性积等于 0。凡是使截面图形惯性积等于 0 的一对正交坐标轴，称为该图形的主惯性轴。截面图形对于主惯性轴的惯性矩，称为主惯性矩。当一对主惯性轴的交点与截面的形心重合时，则称为形心主惯性轴。截面对于形心主惯性轴的惯性矩，称为形心主惯性矩。

为确定主惯性轴的位置，设 α_0 角为主惯性轴与原坐标轴之间的夹角（附图 I-10），则将 α_0 角代入惯性积的转轴公式（I-12c）并令其等于 0，即

$$\frac{I_x - I_y}{2}\sin 2\alpha_0 + I_{xy}\cos 2\alpha_0 = 0$$

上式移项整理后，得

$$\tan 2\alpha_0 = \frac{-2I_{xy}}{I_x - I_y} \qquad (\text{I}-13)$$

由上式解得的 α_0 值，即为两主惯性轴中 x_0 轴的位置。

将所得 α_0 值代入式（I-12a）和式（I-12b），即得截面的主惯性矩。为直接导出主惯性矩的计算公式，结合式（I-13），并将 $\cos 2\alpha_0$，$\sin 2\alpha_0$ 写成

$$\cos 2\alpha_0 = \frac{1}{\sqrt{1+\tan^2 2\alpha_0}} = \frac{I_x - I_y}{\sqrt{(I_x - I_y)^2 + 4I_{xy}^2}}$$

$$\sin 2\alpha_0 = \frac{\tan 2\alpha_0}{\sqrt{1+\tan^2 2\alpha_0}} = \frac{-2I_{xy}}{\sqrt{(I_x - I_y)^2 + 4I_{xy}^2}}$$

将上述两式代入式（I-12a）和式（I-12b）经化简即得主惯性矩的计算公式：

$$\left.\begin{array}{l} I_{x_0} = \dfrac{I_x + I_y}{2} + \dfrac{1}{2}\sqrt{(I_x - I_y)^2 + 4I_{xy}^2} \\[2mm] I_{y_0} = \dfrac{I_x + I_y}{2} - \dfrac{1}{2}\sqrt{(I_x - I_y)^2 + 4I_{xy}^2} \end{array}\right\} \qquad (\text{I}-14)$$

此外，由式（I-12a）和式（I-12b）可见，惯性矩 I_{x_1} 和 I_{y_1} 都是 α 角的正弦和余弦函数，而 α 角可在 0°和 360°的范围内变化，因此 I_{x_1} 和 I_{y_1} 必定有极值。由于对通过同一点的任意一对正交坐标轴的两惯性矩之和为一常数，因此其中的一个将为极大值，另一个

则为极小值。由

$$\frac{dI_{x_1}}{d\alpha}=0 \text{ 和 } \frac{dI_{y_1}}{d\alpha}=0$$

解得使惯性矩取得极值的坐标值位置的表达式，与式（Ⅰ-13）是完全一致。从而可知，截面图形对通过任一点的主惯性轴的主惯性矩之值，即为通过该点所有轴的惯性矩中的极大值和极小值。从式（Ⅰ-14）可见，I_{x_0} 就是 I_{max}，而 I_{y_0} 则为 I_{min}。

对于截面图形的形心主惯性轴和形心主惯性矩，同样可用上述类似的方法确定。若已知截面图形对通过其形心的某一对轴的惯性矩 I_x、I_y 和惯性积 I_{xy}，则由式（Ⅰ-13）和式（Ⅰ-14），便可得到截面图形的形心主惯性轴和形心主惯性矩。

由以上分析可以得到：

(1) 当截面图形有两个以上对称轴时，任一对称轴都是截面的形心主惯性轴，且截面图形对任一形心轴的主惯性矩都相等。如附图Ⅰ-11（a）、(b)、(c) 所示。

(2) 当截面图形有两个对称轴时。这两个轴都是截面图形的形心主惯性轴。如附图Ⅰ-11（d）、(e) 所示。

(3) 当截面图形只有一个对称轴时，则该轴必是一个形心主惯性轴，另一个形心主惯性轴为通过截面形心且与对称轴垂直的轴。如附图Ⅰ-11（f）、(g) 所示。

(4) 当截面图形没有对称轴时，通过计算得到形心主惯性轴及形心主惯性矩的值。如如附图Ⅰ-11（h）、(i) 所示。

在附录Ⅱ中所列的惯性矩除三角形截面的以外，都是形心主惯性矩。

在计算组合截面的形心主惯性矩时，首先应确定其形心位置，然后通过形心选择一对便于计算惯性矩和惯性积的坐标轴，算出组合截面对这一对坐标轴的惯性矩和惯性积。最后应用式（Ⅰ-13）和式（Ⅰ-14），即可确定形心主惯性轴的位置和形心主惯性矩的数值。若组合截面具有对称轴，则包含对称轴的一对正交的形心轴就是形心主惯性轴。此时，再利用移轴平行公式（Ⅰ-10），便可得截面的形心主惯性矩。

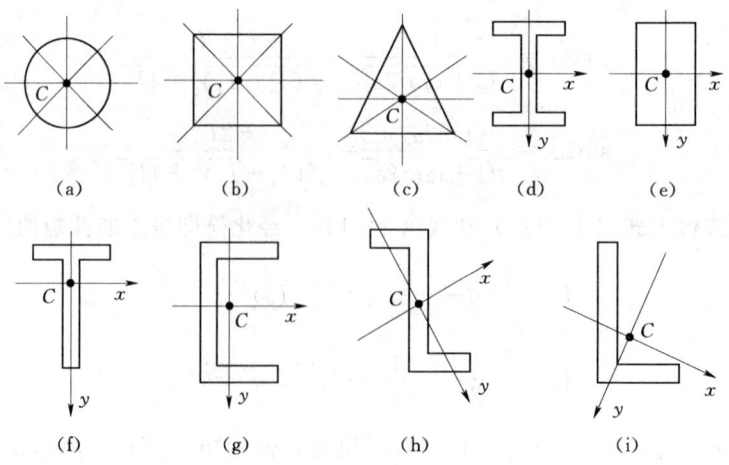

附图Ⅰ-11 组合图形形心轴示意图

下面通过例题说明。

【例 I-7】 试确定如附图 I-12 所示图形的形心主惯性轴的位置，并计算形心主惯矩。

解：首先确定图形的形心，由于图形有一对称中心 C，C 即为图形的形心。

选取通过形心的水平轴及垂直轴作为 x 和 y 轴，把图形看作是由Ⅰ、Ⅱ、Ⅲ三个矩形组成的，矩形Ⅰ的形心坐标为 $(-35, 74.5)$，矩形Ⅱ的形心坐标为 $(35, -74.5)$，矩形Ⅲ的形心与 C 点重合。利用平行移轴公式分别求出各矩形对 x 轴和 y 轴的惯性矩和惯性积。

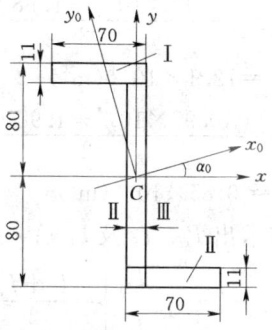

附图 I-12 [例 I-7]图

矩形Ⅰ $I_{x_1} = \frac{1}{12} \times 0.059 \times 0.011^3 + 0.0745^2 \times 0.011 \times 0.059 = 3.607 \times 10^{-6} (\text{m}^4)$

$I_{y_1} = \frac{1}{12} \times 0.011 \times 0.059^3 + (-0.035)^2 \times 0.011 \times 0.059 = 0.982 \times 10^{-6} (\text{m}^4)$

$I_{xy_1} = 0 + (-0.035) \times 0.0745 \times 0.011 \times 0.059 = -1.69 \times 10^{-6} (\text{m}^4)$

矩形Ⅱ $I_{x_2} = \frac{1}{12} \times 0.011 \times 0.16 = 3.76 \times 10^{-6} (\text{m}^4)$

$I_{y_2} = \frac{1}{12} \times 0.16 \times 0.011^3 = 0.0178 \times 10^{-6} (\text{m}^4)$

$I_{xy_2} = 0$

矩形Ⅲ $I_{x_3} = \frac{1}{12} \times 0.059 \times 0.011^3 + (-0.0745)^2 \times 0.011 \times 0.059 = 3.607 \times 10^{-6} (\text{m}^4)$

$I_{y_3} = \frac{1}{12} \times 0.011 \times 0.059^3 + 0.035^2 \times 0.011 \times 0.059 = 0.982 \times 10^{-6} (\text{m}^4)$

$I_{xy_3} = 0 + 0.035 \times (-0.0745) \times 0.011 \times 0.059 = -1.69 \times 10^{-6} (\text{m}^4)$

整个图形对 x 轴和 y 轴的惯性矩和惯性积为

$I_x = I_{x_1} + I_{x_2} + I_{x_3} = (3.607 + 3.76 + 3.607) \times 10^{-6} = 10.97 \times 10^{-6} (\text{m}^4)$

$I_y = I_{y_1} + I_{y_2} + I_{y_3} = (0.982 + 0.0178 + 0.982) \times 10^{-6} = 1.98 \times 10^{-6} (\text{m}^4)$

$I_{xy} = I_{xy_1} + I_{xy_2} + I_{xy_3} = (-1.69 + 0 - 1.69) \times 10^{-6} = -3.38 \times 10^{-6} (\text{m}^4)$

把求得的 I_x、I_y 及 I_{xy} 代入式（I-13）得

$$\tan 2\alpha_0 = \frac{-2I_{xy}}{I_x - I_y} = \frac{-2(-3.38 \times 10^{-6})}{10.97 \times 10^{-6} - 1.98 \times 10^{-6}} = 0.752$$

由三角函数关系可知，$\tan 2\alpha_0 = \frac{\sin 2\alpha_0}{\cos 2\alpha_0}$，故代表 $\tan 2\alpha_0$ 的分数 $\frac{6.76 \times 10^{-6}}{8.99 \times 10^{-6}}$ 的分子和分母的正负号也反映了 $\sin 2\alpha_0$ 和 $\cos 2\alpha_0$ 的正负号。$\sin 2\alpha_0 > 0$，$\cos 2\alpha_0 > 0$，故 $2\alpha_0$ 应在第一象限。由此解得

$$2\alpha_0 \approx 37°, \quad \alpha_0 \approx 18.5°$$

将 α_0 的值分别代入式（I-12a）、式（I-12b）、式（I-12c），求出图形的形心主惯性矩为

$$I_{x_0} = \frac{10.97 \times 10^{-6} + 1.98 \times 10^{-6}}{2} + \frac{10.97 \times 10^{-6} - 1.98 \times 10^{-6}}{2} \cos 37° - (-3.38 \times 10^{-6}) \sin 37°$$
$$= 12.1 \times 10^{-6} (m^4)$$
$$I_{y_0} = \frac{10.97 \times 10^{-6} + 1.98 \times 10^{-6}}{2} - \frac{10.97 \times 10^{-6} - 1.98 \times 10^{-6}}{2} \cos 37° + (-3.38 \times 10^{-6}) \sin 37°$$
$$= 0.85 \times 10^{-6} (m^4)$$

在求出 I_x、I_y 及 I_{xy} 后，还可按另一种方法计算形心主惯性矩：

$$\left.\begin{array}{c} I_{x_0} \\ I_{y_0} \end{array}\right\} = \frac{I_x + I_y}{2} \pm \frac{1}{2}\sqrt{(I_x - I_y)^2 + 4I_{xy}^2} = \frac{10.97 \times 10^{-6} - 1.98 \times 10^{-6}}{2}$$
$$\pm \frac{1}{2}\sqrt{(10.97 \times 10^{-6} - 1.98 \times 10^{-6})^2 + 4(-3.38 \times 10^{-6})^2}$$
$$= \left.\begin{array}{c} 12.1 \times 10^{-6} (m^4) \\ 0.85 \times 10^{-6} (m^4) \end{array}\right\}$$

附录 I-5 回 转 半 径

在力学计算中，有时将惯性矩表示为截面面积 A 与某一长度平方的乘积，即

$$I_x = i_x^2 A, \quad I_y = i_y^2 A \tag{I-15}$$

式中，i_x 和 i_y 分别称为截面对 x 轴和 y 轴的惯性半径或回转半径，其单位为 m 或 mm。当截面面积 A 和惯性矩 I_x 和 I_y 已知时，惯性半径即可从下式求得

$$i_x = \sqrt{\frac{I_x}{A}}, \quad i_y = \sqrt{\frac{I_y}{A}} \tag{I-16}$$

对于通过形心的形心主轴 x_0、y_0 轴，则相应有主惯性半径，其取值为

$$i_{x_0} = \sqrt{\frac{I_{x_0}}{A}}, \quad i_{y_0} = \sqrt{\frac{I_{y_0}}{A}} \tag{I-17}$$

在附录 II 中给出了一些常用截面的几何性质计算公式以备查用。

【例 I-8】 试计算如附图 I-13 所示图形对形心主轴的主惯性半径。

解： 对于矩形截面，对称轴 x、y 轴即为形心轴，由式（I-17）得

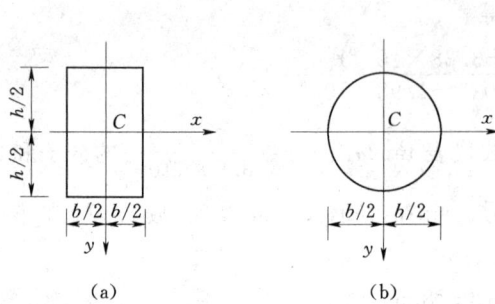

附图 I-13 ［例 I-8］图
(a) 矩形截面；(b) 圆形截面

$$i_{x_0} = \sqrt{\frac{I_{x_0}}{A}} = \sqrt{\left(\frac{bh^3}{12}\right)/(bh)} = \frac{h}{2\sqrt{3}}$$

$$i_{y_0} = \sqrt{\frac{I_{y_0}}{A}} = \sqrt{\left(\frac{hb^3}{12}\right)/(bh)} = \frac{b}{2\sqrt{3}}$$

对于附图 I-13（b）所示圆形截面，任一直径轴均是形心主轴，由轴对称知其形心主惯性半径为

$$i_{x_0} = i_{y_0} = \sqrt{\frac{I_{x_0}}{A}} = \sqrt{\left(\frac{\pi d^4}{64}\right)/\left(\frac{\pi d^2}{4}\right)} = \frac{d}{4}$$

小　结

附录Ⅰ从定义出发，研究讨论了平面图形的几何性质，重点是静矩、形心、惯性矩和惯性积的概念和惯性矩的计算；另外还讨论了主惯性轴和主惯性矩的定义及计算公式。

（1）掌握建立平面图形的静矩、形心、惯性矩、惯性积的概念，牢记矩形和圆形截面（包括空心截面）惯性矩和抗弯截面模量的计算结果。圆形截面和空心截面的极惯性矩和抗扭截面模量的计算结果。

（2）掌握惯性矩的平行移轴和转轴公式，学会应用平行移轴公式计算组合图形对形心轴的惯性矩。

（3）了解形心主轴和形心主惯性矩的意义。

（4）学会使用型钢表。

思　考　题

Ⅰ-1　截面的几何性质与下列哪些因素有关？（　　）

（1）截面的形状；（2）截面的几何尺寸；（3）材料性质；（4）载荷状况；（5）坐标轴的位置

Ⅰ-2　静矩与形心有何关系？静矩为0的条件是什么？

Ⅰ-3　下列说法哪些是正确的？（　　）

（1）截面的对称轴必定通过截面形心。

（2）截面如有两条对称轴，则该两对称轴的交点必为形心。

（3）截面对于对称轴的静矩恒为0值。

（4）若截面对某轴的静矩为0，则该轴必为对称轴。

Ⅰ-4　为什么在一组平行坐标轴中，以截面对其形心轴的惯性矩最小？

Ⅰ-5　为什么截面对于包括对称轴在内的正交坐标系的惯性积一定等于0？如思考题Ⅰ-5图所示，各截面图形中 C 是形心。试问哪些截面图形对坐标轴的惯性积等于0？

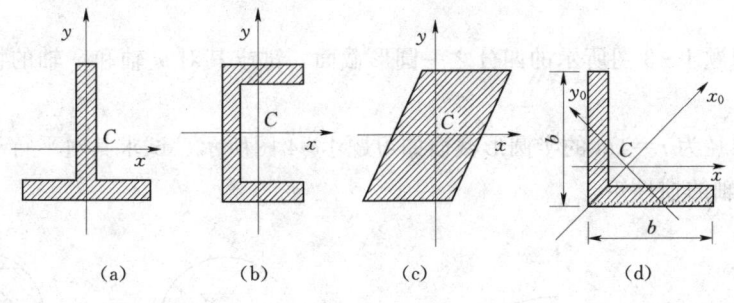

思考题Ⅰ-5图

Ⅰ-6　试问如思考题Ⅰ-6图所示两截面的惯性矩 I_x 和 I_y 是否可按照 $I_x = \dfrac{bh^3}{12} - \dfrac{b_0 h_0^3}{12}$ 和 $I_y = \dfrac{bh^3}{12} - \dfrac{b_0 h_0^3}{12}$ 来计算？

Ⅰ-7 直角三角形截面斜边中点 D 处的一对正交坐标轴 x、y 如思考题Ⅰ-7图所示。试问：

(1) x、y 是否为一对主惯性轴？(2) 不用积分，计算其 I_x 和 I_y 的值。

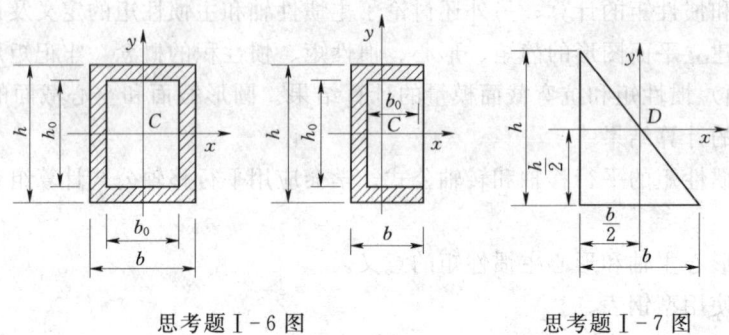

思考题Ⅰ-6图　　　　思考题Ⅰ-7图

习　题

Ⅰ-1　试求习题Ⅰ-1图所示各截面的阴影线面积对 x 轴的静矩。

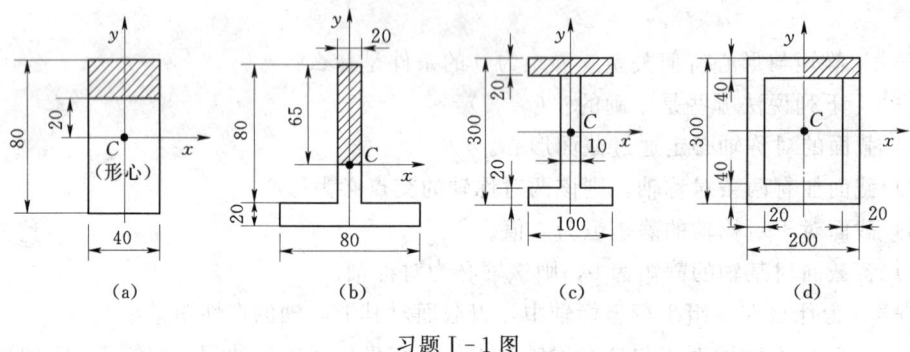

习题Ⅰ-1图

Ⅰ-2　试用积分法求习题Ⅰ-2图所示半圆形截面对 x 轴的静矩，并确定其形心的坐标。

Ⅰ-3　习题Ⅰ-3图所示的四分之一圆形截面，试求其对 x 轴和 y 轴的惯性矩 I_x、I_y 和惯性积 I_{xy}。

Ⅰ-4　半径为 $r=1\mathrm{m}$ 的半圆形截面如习题Ⅰ-4图所示。试求其对平行于底边，并相距为 $1\mathrm{m}$ 的 x 轴的惯性矩。

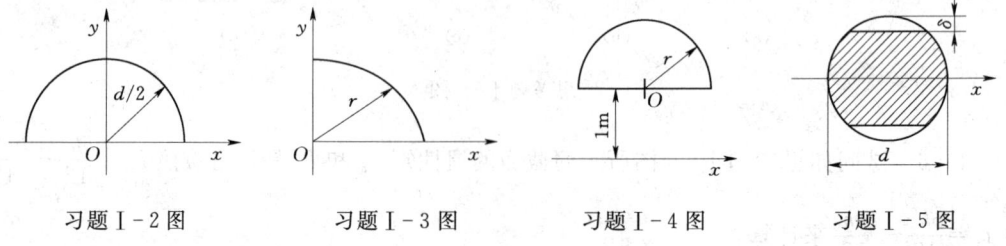

习题Ⅰ-2图　　　习题Ⅰ-3图　　　习题Ⅰ-4图　　　习题Ⅰ-5图

Ⅰ-5　习题Ⅰ-5图所示直径为 $d=200\mathrm{mm}$ 的圆形截面，在其上、下对称地切去两个

高为 $\delta=20$mm 的弓形。试用积分法求余下阴影部分对其对称轴 x 的惯性矩。

Ⅰ-6 试分别求习题Ⅰ-6图所示环形和箱形截面对其对称轴 x 的惯性矩。

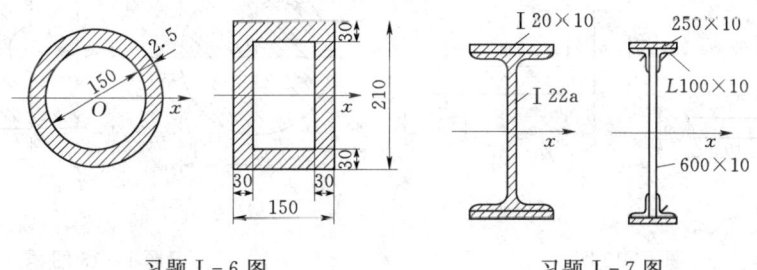

习题Ⅰ-6图   习题Ⅰ-7图

Ⅰ-7 两组合截面如习题Ⅰ-7图所示。试求截面对其对称轴 x 的惯性矩。

Ⅰ-8 各截面图形如习题Ⅰ-8图所示。试求截面对其形心轴 x 的惯性矩。

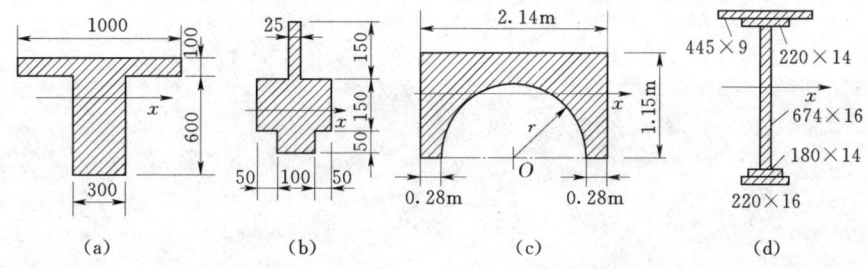

习题Ⅰ-8图

Ⅰ-9 习题Ⅰ-9图所示截面由两根 20a 号槽钢组成，如欲使此截面对两对称轴的惯性矩 $I_x=I_y$ 相等，则两槽钢的间距 a 应为多少？

Ⅰ-10 试求习题Ⅰ-10图所示截面的惯性积 I_{xy}。

Ⅰ-11 试求习题Ⅰ-11图所示截面图形对形心轴的惯性矩。

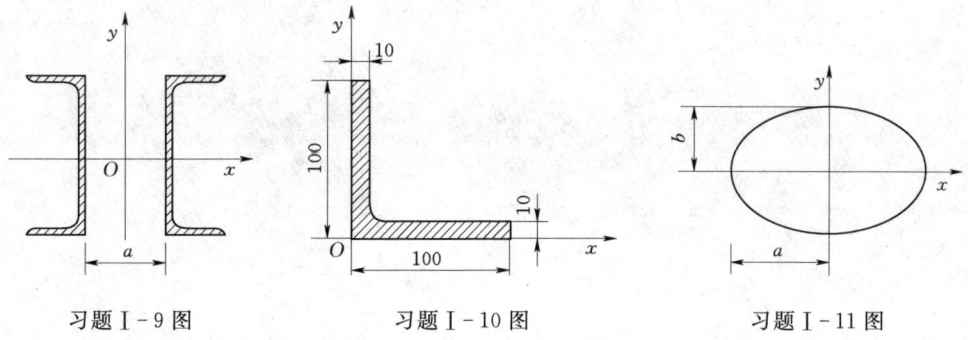

习题Ⅰ-9图   习题Ⅰ-10图   习题Ⅰ-11图

Ⅰ-12 两截面图形如习题Ⅰ-12图所示。试求截面的形心主惯性轴位置及形心主惯性矩。

Ⅰ-13 试求习题Ⅰ-13图所示截面图形对 x 轴和 y 轴的惯性矩。

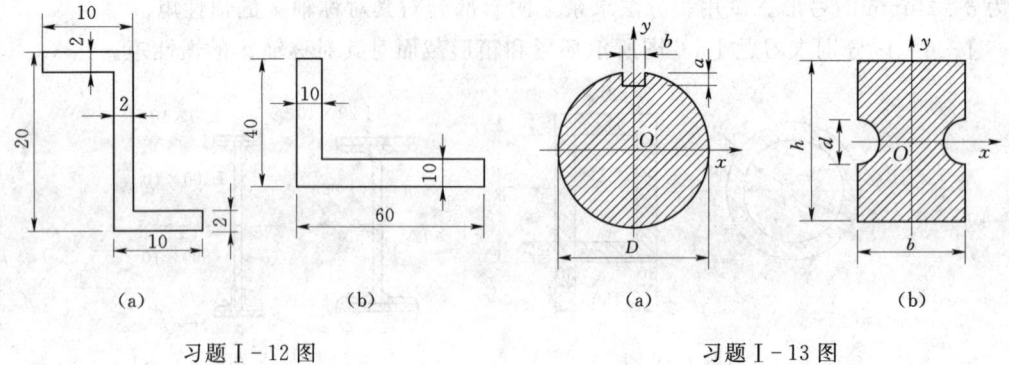

(a) 习题I-12图 (b) (a) 习题I-13图 (b)

附录 Ⅱ 常用截面的几何性质计算公式

附表 Ⅱ.1　　　　　常用截面的几何性质计算公式

截面形状和形心轴的位置	面积 A	惯性矩 I_x	惯性矩 I_y	惯性半径 i_x	惯性半径 i_y
矩形	bh	$\dfrac{bh^3}{12}$	$\dfrac{b^3h}{12}$	$\dfrac{h}{2\sqrt{3}}$	$\dfrac{b}{2\sqrt{3}}$
直角三角形	$\dfrac{bh}{2}$	$\dfrac{bh^3}{36}$	$\dfrac{b^3h}{36}$	$\dfrac{h}{3\sqrt{2}}$	$\dfrac{b}{3\sqrt{2}}$
圆形	$\dfrac{\pi d^2}{4}$	$\dfrac{\pi d^4}{64}$	$\dfrac{\pi d^4}{64}$	$\dfrac{d}{4}$	$\dfrac{d}{4}$
圆环 $\alpha=\dfrac{d}{D}$	$\dfrac{\pi D^2}{4}(1-\alpha^2)$	$\dfrac{\pi D^4}{64}(1-\alpha^4)$	$\dfrac{\pi D^4}{64}(1-\alpha^4)$	$\dfrac{D}{4}\sqrt{1+\alpha^2}$	$\dfrac{D}{4}\sqrt{1+\alpha^2}$
薄壁圆环 $\delta \ll r_0$	$2\pi r_0 \delta$	$\pi r_0^3 \delta$	$\pi r_0^3 \delta$	$\dfrac{r_0}{\sqrt{2}}$	$\dfrac{r_0}{\sqrt{2}}$
椭圆	πab	$\dfrac{\pi}{4}ab^3$	$\dfrac{\pi}{4}a^3b$	$\dfrac{b}{2}$	$\dfrac{a}{2}$

附录 Ⅱ 常用截面的几何性质计算公式

续表

截面形状和形心轴的位置	面积 A	惯性矩 I_x	惯性矩 I_y	惯性半径 i_x	惯性半径 i_y
$\dfrac{d}{2}$, $\dfrac{d\sin\theta}{3\theta}$	$\dfrac{\theta d^2}{4}$	$\dfrac{d^4}{64}\left(\theta+\sin\theta\cos\theta -\dfrac{16\sin^2\theta}{9\theta}\right)$	$\dfrac{d^4}{64}(\theta-\sin\theta\cos\theta)$		
$\dfrac{d}{2}$; $y_1-\dfrac{d-\delta}{2}\left(\dfrac{\sin\theta}{\theta}-\cos\theta\right)+\dfrac{\delta\cos\theta}{2}$	$\theta\left[\left(\dfrac{d}{2}\right)^2-\left(\dfrac{d}{2}-\delta\right)^2\right]$ $\approx\theta\delta d$	$\dfrac{\delta(d-\delta)^3}{8}\left(\theta+\sin\theta\times\cos\theta-\dfrac{2\sin^2\theta}{\theta}\right)$	$\dfrac{\delta(d-\delta)^3}{8}\times(\theta-\sin\theta\cos\theta)$		

附录 Ⅲ 型钢表

附表 Ⅲ.1 热轧等边角钢（GB 9787—1998）

符号意义：b—边宽度；
d—边厚度；
r—内圆弧半径；
r_1—边端内圆弧半径；

I—惯性矩；
i—惯性半径；
W—抗弯截面模量；
z_0—重心距离。

角钢号数	尺寸/mm b	尺寸/mm d	尺寸/mm r	截面面积/cm²	理论重量/(kg·m⁻¹)	外表面积/(m²·m⁻¹)	参考数值 x-x I_x/cm⁴	i_x/cm	W_x/cm³	x_0-x_0 I_{x0}/cm⁴	i_{x0}/cm	W_{x0}/cm³	I_{y0}/cm⁴	y_0-y_0 i_{y0}/cm	W_{y0}/cm³	x_1-x_1 I_{x1}/cm⁴	z_0/cm
2	20	3	3.5	1.132	0.889	0.078	0.40	0.59	0.29	0.63	0.75	0.45	0.17	0.39	0.20	0.81	0.60
		4		1.459	1.145	0.077	0.50	0.58	0.36	0.78	0.73	0.55	0.22	0.38	0.24	1.09	0.64
2.5	25	3		1.432	1.124	0.098	0.82	0.76	0.46	1.29	0.95	0.73	0.34	0.49	0.33	1.57	0.73
		4		1.859	1.459	0.097	1.03	0.74	0.59	1.62	0.93	0.92	0.43	0.48	0.40	2.11	0.76
3.0	30	3	4.5	1.749	1.373	0.117	1.46	0.91	0.68	2.31	1.15	1.09	0.61	0.59	0.51	2.71	0.85
		4		2.276	1.786	0.117	1.84	0.90	0.87	2.92	1.13	1.37	0.77	0.58	0.62	3.63	0.89
3.6	36	3	4.5	2.109	1.656	0.141	2.58	1.11	0.99	4.09	1.39	1.61	1.07	0.71	0.76	4.68	1.00
		4		2.756	2.163	0.141	3.29	1.09	1.28	5.22	1.38	2.05	1.37	0.70	0.93	6.25	1.04
		5		3.382	2.654	0.141	3.95	1.08	1.56	6.24	1.36	2.45	1.65	0.70	1.09	7.84	1.07
4.0	40	3	5	2.359	1.852	0.157	3.59	1.23	1.23	5.69	1.55	2.01	1.49	0.79	0.96	6.41	1.09
		4		3.086	2.422	0.157	4.60	1.22	1.60	7.29	1.54	2.58	1.91	0.79	1.19	8.56	1.13
		5		3.791	2.976	0.156	5.53	1.21	1.96	8.76	1.52	3.10	2.30	0.78	1.39	10.74	1.17

附录Ⅲ 型 钢 表

续表

角钢号数	尺寸/mm b	尺寸/mm d	尺寸/mm r	截面面积/cm²	理论重量/(kg·m⁻¹)	外表面积/(m²·m⁻¹)	x-x I_x/cm⁴	x-x i_x/cm	x-x W_x/cm³	x_0-x_0 I_{x0}/cm⁴	x_0-x_0 i_{x0}/cm	x_0-x_0 W_{x0}/cm³	y_0-y_0 I_{y0}/cm⁴	y_0-y_0 i_{y0}/cm	y_0-y_0 W_{y0}/cm³	x_1-x_1 I_{x1}/cm⁴	z_0/cm
4.5	45	3	5	2.659	2.088	0.177	5.17	1.40	1.58	8.20	1.76	2.58	2.14	0.89	1.24	9.12	1.22
		4		3.486	2.736	0.177	6.65	1.38	2.05	10.56	1.74	3.32	2.75	0.89	1.54	12.18	1.26
		5		4.292	3.369	0.176	8.04	1.37	2.51	12.74	1.72	4.00	3.33	0.88	1.81	15.25	1.30
		6		5.076	3.985	0.176	9.33	1.36	2.95	14.76	1.70	4.64	3.89	0.88	2.06	18.36	1.33
5	50	3	5.5	2.971	2.332	0.197	7.18	1.55	1.96	11.37	1.96	3.22	2.98	1.00	1.57	12.50	1.34
		4		3.897	3.059	0.197	9.26	1.54	2.56	14.70	1.94	4.16	3.82	0.99	1.96	16.69	1.38
		5		4.803	3.770	0.196	11.21	1.53	3.13	17.79	1.92	5.03	4.64	0.98	2.31	20.90	1.42
		6		5.688	4.465	0.196	13.05	1.52	3.68	20.68	1.91	5.85	5.42	0.98	2.63	25.14	1.46
5.6	56	3	6	3.343	2.624	0.221	10.19	1.75	2.48	16.14	2.20	4.08	4.24	1.13	2.02	17.56	1.48
		4		4.390	3.446	0.220	13.18	1.73	3.24	20.92	2.18	5.28	5.46	1.11	2.52	23.43	1.53
		5		5.415	4.251	0.220	16.02	1.72	3.97	25.42	2.17	6.42	6.61	1.10	2.98	29.33	1.57
		8		8.367	6.568	0.219	23.63	1.68	6.03	37.37	2.11	9.44	9.89	1.09	4.16	46.24	1.68
6.3	63	4	7	4.978	3.907	0.248	19.03	1.96	4.13	30.17	2.46	6.78	7.89	1.26	3.29	33.35	1.70
		5		6.143	4.822	0.248	23.17	1.94	5.08	36.77	2.45	8.25	9.57	1.25	3.90	41.73	1.74
		6		7.288	5.721	0.247	27.12	1.93	6.00	43.03	2.43	9.66	11.20	1.24	4.46	50.14	1.78
		8		9.515	7.469	0.247	34.46	1.90	7.75	54.56	2.40	12.25	14.33	1.23	5.47	67.11	1.85
		10		11.657	9.151	0.246	41.09	1.88	9.39	64.85	2.36	14.56	17.33	1.22	6.36	84.31	1.93
7	70	4	8	5.570	4.372	0.275	26.39	2.18	5.14	41.80	2.74	8.44	10.99	1.40	4.17	45.74	1.86
		5		6.875	5.397	0.275	32.21	2.16	6.32	51.08	2.73	10.32	13.34	1.39	4.95	57.21	1.91
		6		8.160	6.406	0.275	37.77	2.15	7.48	59.93	2.71	12.11	15.61	1.38	5.67	68.73	1.95
		7		9.424	7.398	0.275	43.09	2.14	8.59	68.35	2.69	13.81	17.82	1.38	6.34	80.29	1.99
		8		10.667	8.373	0.274	48.17	2.12	9.68	76.37	2.68	15.43	19.98	1.37	6.98	91.92	2.03
7.5	75	5	9	7.412	5.818	0.295	39.97	2.33	7.32	63.30	2.92	11.94	16.63	1.50	5.77	70.56	2.04
		6		8.797	6.905	0.294	46.95	2.31	8.64	74.38	2.90	14.02	19.51	1.49	6.67	84.55	2.07
		7		10.160	7.976	0.294	53.57	2.30	9.93	84.96	2.89	16.02	22.18	1.48	7.44	98.71	2.11
		8		11.503	9.030	0.294	59.96	2.28	11.20	95.07	2.88	17.93	24.86	1.47	8.19	112.97	2.15
		9		14.126	11.089	0.293	71.98	2.26	13.64	113.92	2.84	21.48	30.05	1.46	9.56	141.71	2.22

附录Ⅲ 型 钢 表

续表

角钢号数	尺寸/mm b	d	r	截面面积/cm²	理论重量/(kg·m⁻¹)	外表面积/(m²·m⁻¹)	参 考 数 值										
							$x-x$			x_0-x_0			y_0-y_0			x_1-x_1	z_0/cm
							I_x/cm⁴	i_x/cm	W_x/cm³	I_{x0}/cm⁴	i_{x0}/cm	W_{x0}/cm³	I_{y0}/cm⁴	i_{y0}/cm	W_{y0}/cm³	I_{x1}/cm⁴	
8	80	5	9	7.912	6.211	0.315	48.79	2.48	8.34	77.33	3.13	13.67	20.25	1.60	6.66	81.36	2.15
		6		9.397	7.376	0.314	57.35	2.47	9.87	90.98	3.11	16.08	23.72	1.59	7.65	102.50	2.19
		7		10.860	8.525	0.314	65.58	2.46	11.37	104.07	3.10	18.40	27.09	1.58	8.58	119.70	2.23
		8		12.303	9.658	0.314	73.49	2.44	12.83	116.60	3.08	20.61	30.39	1.57	9.46	136.97	2.27
		10		15.126	11.874	0.313	88.43	2.42	15.64	140.09	3.04	24.76	36.77	1.56	11.08	171.74	2.35
9	90	6	10	10.637	8.350	0.354	82.77	2.79	12.61	131.26	3.51	20.63	34.28	1.80	9.95	145.87	2.44
		7		12.301	9.656	0.354	94.83	2.78	14.54	150.47	3.50	23.64	39.18	1.78	11.19	170.30	2.48
		8		13.944	10.946	0.353	106.47	2.76	16.42	168.97	3.48	26.55	43.97	1.78	12.35	194.80	2.52
		10		17.167	13.476	0.353	128.58	2.74	20.07	203.90	3.45	32.04	53.26	1.76	14.52	244.07	2.59
		12		20.306	15.940	0.352	149.22	2.71	23.57	236.21	3.41	37.12	62.22	1.75	16.49	293.76	2.67
10	100	6	12	11.932	9.366	0.393	114.95	3.10	15.68	181.98	3.90	25.74	47.92	2.00	12.69	200.07	2.67
		7		13.796	10.830	0.393	131.86	3.09	18.10	208.97	3.89	29.55	54.74	1.99	14.26	233.54	2.71
		8		15.638	12.276	0.393	148.24	3.08	20.47	235.07	3.88	33.24	61.41	1.98	15.75	267.09	2.76
		10		19.261	15.120	0.392	179.51	3.05	25.06	284.68	3.84	40.26	74.35	1.96	18.54	334.48	2.84
		12		22.800	17.898	0.391	208.90	3.03	29.48	330.95	3.81	46.80	86.84	1.95	21.08	402.34	2.91
		14		26.256	20.611	0.391	236.53	3.00	33.73	374.06	3.77	52.90	99.00	1.94	23.44	470.75	2.99
		16		29.227	23.257	0.390	262.53	2.98	37.82	414.16	3.74	58.57	110.89	1.94	25.63	539.80	3.06
11	110	7	12	15.196	11.928	0.433	177.16	3.41	22.05	280.94	4.30	36.12	73.38	2.20	17.51	310.64	2.96
		8		17.238	13.532	0.433	199.46	3.40	24.95	316.49	4.28	40.69	82.42	2.19	19.39	355.20	3.01
		10		21.261	16.690	0.432	242.19	3.38	30.60	384.39	4.25	49.42	99.98	2.17	22.91	444.65	3.09
		12		25.200	19.782	0.431	282.55	3.35	36.05	448.17	4.22	57.62	116.93	2.15	26.15	534.60	3.16
		14		29.056	22.809	0.431	320.71	3.32	41.31	508.01	4.18	65.31	133.40	2.14	29.14	625.15	3.24

附录Ⅲ 型钢表

续表

角钢号数	尺寸/mm b	d	r	截面面积/cm²	理论重量/(kg·m⁻¹)	外表面积/(m²·m⁻¹)	参考数值 $x-x$ I_x/cm⁴	i_x/cm	W_x/cm³	x_0-x_0 I_{x0}/cm⁴	i_{x0}/cm	W_{x0}/cm³	y_0-y_0 I_{y0}/cm⁴	i_{y0}/cm	W_{y0}/cm³	x_1-x_1 I_{x1}/cm⁴	z_0/cm
12.5	125	8	14	19.750	15.504	0.492	297.03	3.88	32.52	470.89	4.88	53.28	123.16	2.50	25.86	521.01	3.37
		10		24.373	19.133	0.491	361.67	3.85	39.97	573.89	4.85	64.93	149.46	2.48	30.62	651.93	3.45
		12		28.912	22.696	0.491	423.16	3.83	41.17	671.44	4.82	75.96	174.88	2.46	35.03	783.42	3.53
		14		33.367	26.193	0.490	481.65	3.80	54.16	763.73	4.78	86.41	199.57	2.45	39.13	915.61	3.61
14	140	10	14	27.373	21.488	0.551	514.65	4.34	50.58	817.27	5.46	82.56	212.04	2.78	39.20	915.11	3.82
		12		32.512	25.522	0.551	603.68	4.31	59.80	958.79	5.43	96.85	248.57	2.76	45.02	1099.28	3.90
		14		37.567	29.490	0.550	688.81	4.28	68.75	1093.56	5.40	110.47	284.06	2.75	50.45	1284.22	3.98
		16		42.539	33.393	0.549	770.24	4.26	77.46	1221.81	5.36	123.42	318.67	2.74	55.55	1470.07	4.06
16	160	10	16	31.502	24.729	0.630	779.53	4.98	66.70	1237.30	6.27	109.36	321.76	3.20	52.76	1365.33	4.31
		12		37.441	29.391	0.630	916.58	4.95	78.98	1455.68	6.24	128.67	377.49	3.18	60.74	1639.57	4.39
		14		43.296	33.987	0.629	1048.36	4.92	90.95	1665.02	6.20	147.17	431.70	3.16	68.244	1914.68	4.47
		16		49.067	38.518	0.629	1175.08	4.89	102.63	1865.57	6.17	164.89	484.59	3.14	75.31	2190.82	4.55
18	180	12	16	42.241	33.159	0.710	1321.35	5.59	100.82	2100.10	7.05	165.00	542.61	3.58	78.41	2332.80	4.89
		14		48.896	38.388	0.709	1514.48	5.56	116.25	2407.42	7.02	189.14	625.53	3.56	88.38	2723.48	4.97
		16		55.467	43.542	0.709	1700.99	5.54	131.13	2703.37	6.98	212.40	698.60	3.55	97.83	3115.29	5.05
		18		61.955	48.634	0.708	1875.12	5.50	145.64	2988.24	6.94	234.78	762.01	3.51	105.14	3502.43	5.13
20	200	14	18	54.642	42.894	0.788	2103.55	6.20	144.70	3343.26	7.82	236.40	863.83	3.98	111.82	3734.10	5.46
		16		62.013	48.680	0.788	2366.15	6.18	163.65	3760.89	7.79	265.93	971.41	3.96	123.96	4270.39	5.54
		18		69.301	54.401	0.787	2620.64	6.15	182.22	4164.54	7.75	294.48	1076.74	3.94	135.52	4808.13	5.62
		20		76.505	60.056	0.787	2867.30	6.12	200.42	4554.55	7.72	322.06	1180.04	3.93	146.55	5347.51	5.69
		24		90.661	71.186	0.785	2338.25	6.07	236.17	5294.97	7.64	374.41	1381.53	3.90	166.55	6457.16	5.87

注 截面图中的 $r_1 = \dfrac{d}{3}$ 及表中 r 值,用于孔型设计,不作为交货条件。

附表Ⅲ.2　　热轧不等边角钢（GB 9788—1998）

符号意义：
B—长边宽度；
b—短边宽度；
d—边厚度；
r—内圆弧半径；
r_1—边端内圆弧半径；
I—惯性矩；
i—惯性半径；
W—抗弯截面模量；
x_0—形心坐标；
y_0—形心坐标。

角钢号数	尺寸/mm B	b	d	r	截面面积/cm²	理论重量/(kg·m⁻¹)	外表面积/(m²·m⁻¹)	x-x I_x/cm⁴	i_x/cm	W_x/cm³	y-y I_y/cm⁴	i_y/cm	W_y/cm³	x_1-x_1 I_{x1}/cm⁴	y_0/cm	y_1-y_1 I_{y1}/cm⁴	x_0/cm	u-u I_u/cm⁴	i_u/cm	W_u/cm³	$\tan\alpha$
2.5/1.6	25	16	3	3.5	1.162	0.912	0.080	0.70	0.78	0.43	0.22	0.44	0.19	1.56	0.86	0.43	0.42	0.14	0.34	0.16	0.392
			4		1.499	1.176	0.079	0.88	0.77	0.55	0.27	0.43	0.24	2.09	0.90	0.59	0.46	0.17	0.34	0.20	0.381
3.2/2	32	20	3	3.5	1.492	1.171	0.102	1.53	1.01	0.72	0.46	0.55	0.30	3.27	1.08	0.82	0.49	0.28	0.43	0.25	0.382
			4		1.939	1.22	0.101	1.93	1.00	0.93	0.57	0.54	0.39	4.37	1.12	1.12	0.53	0.35	0.42	0.32	0.374
4/2.5	40	25	3	4	1.890	1.484	0.127	3.08	1.28	1.15	0.93	0.70	0.49	5.39	1.32	1.59	0.59	0.56	0.54	0.40	0.385
			4		2.467	1.936	0.127	3.93	1.26	1.49	1.18	0.69	0.63	8.53	1.37	2.14	0.63	0.71	0.54	0.52	0.381
4.5/2.8	45	28	3	5	2.149	1.687	0.143	4.45	1.44	1.47	1.34	0.79	0.62	9.10	1.47	2.23	0.64	0.80	0.61	0.51	0.383
			4		2.806	2.203	0.143	5.69	1.42	1.91	1.70	0.78	0.80	12.13	1.51	3.00	0.68	1.02	0.60	0.66	0.380
5/3.2	50	32	3	5.5	2.431	1.908	0.161	6.24	1.60	1.84	2.02	0.91	0.82	12.49	1.60	3.31	0.73	1.20	0.70	0.68	0.404
			4		3.177	2.494	0.160	8.02	1.59	2.39	2.58	0.90	1.06	16.65	1.65	4.45	0.77	1.53	0.69	0.87	0.402
5.6/3.6	56	36	3	6	2.743	2.153	0.181	8.88	1.80	2.32	2.92	1.03	1.05	17.54	1.78	4.70	0.80	1.73	0.79	0.87	0.408
			4		3.590	2.818	0.180	11.45	1.79	3.03	3.76	1.02	1.37	23.39	1.82	6.33	0.85	2.23	0.79	1.13	0.408
			5		4.415	3.466	0.180	13.86	1.77	3.71	4.49	1.01	1.65	29.25	1.87	7.94	0.88	2.67	0.78	1.36	0.404
6.3/4	63	40	4	7	4.058	3.185	0.202	16.49	2.02	3.87	5.23	1.14	1.70	33.30	2.04	8.63	0.92	3.12	0.88	1.40	0.398
			5		4.993	3.920	0.202	20.02	2.00	4.74	6.31	1.12	2.71	41.63	2.08	10.86	0.95	3.76	0.87	1.71	0.396
			6		5.908	4.638	0.201	23.36	1.96	5.59	7.29	1.11	2.43	49.98	2.12	13.12	0.99	4.34	0.86	1.99	0.393
			7		6.802	5.339	0.201	26.53	1.98	6.40	8.24	1.10	2.78	58.07	2.15	15.47	1.03	4.97	0.86	2.29	0.389

311

附录Ⅲ 型 钢 表

续表

角钢号数	尺寸/mm B	b	d	r	截面面积/cm²	理论重量/(kg·m⁻¹)	外表面积/(m²·m⁻¹)	$x-x$ I_x/cm⁴	i_x/cm	W_x/cm³	$y-y$ I_y/cm⁴	i_y/cm	W_y/cm³	x_1-x_1 I_{x1}/cm⁴	y_0/cm	y_1-y_1 I_{y1}/cm⁴	x_0/cm	$u-u$ I_u/cm⁴	i_u/cm	W_u/cm³	$\tan\alpha$
7/4.5	70	45	4	7.5	4.547	3.570	0.226	23.17	2.26	4.86	7.55	1.29	2.17	45.92	2.24	12.26	1.02	4.40	0.98	1.77	0.410
			5		5.609	4.403	0.225	27.95	2.23	5.92	9.13	1.28	2.65	57.10	2.28	15.39	1.06	5.40	0.98	2.19	0.407
			6		6.647	5.218	0.225	32.54	2.21	6.95	10.62	1.26	3.12	68.35	2.32	18.58	1.09	6.35	0.98	2.59	0.404
			7		7.657	6.011	0.225	37.22	2.20	8.03	12.01	1.25	3.57	79.99	2.36	21.84	1.13	7.16	0.97	2.94	0.402
(7.5/5)	75	50	5	8	6.125	4.808	0.245	34.86	2.39	6.83	12.61	1.44	3.30	70.00	2.40	21.04	1.17	7.41	1.10	2.74	0.435
			6		7.260	5.699	0.245	41.12	2.38	8.12	14.70	1.42	3.88	84.30	2.44	25.37	1.21	8.54	1.08	3.19	0.435
			8		9.467	7.431	0.244	52.39	2.35	10.52	18.53	1.40	4.99	112.50	2.52	34.23	1.29	10.87	1.07	4.10	0.429
			10		11.590	9.098	0.244	62.71	2.33	12.79	21.96	1.38	6.04	140.80	2.60	43.43	1.36	13.10	1.06	4.99	0.423
8/5	80	50	5	8	6.375	5.005	0.255	41.96	2.56	7.78	12.82	1.42	3.32	85.21	2.60	21.06	1.14	7.66	1.10	2.74	0.388
			6		7.560	5.935	0.255	49.49	2.56	9.25	14.95	1.41	3.91	102.53	2.65	25.41	1.18	8.85	1.08	3.20	0.387
			7		8.724	6.848	0.255	56.16	2.54	10.58	16.96	1.39	4.48	119.33	2.69	29.82	1.21	10.18	1.08	3.70	0.384
			8		9.867	7.745	0.254	62.83	2.52	11.92	18.85	1.38	5.03	136.41	2.73	34.32	1.25	11.38	1.07	4.16	0.381
9/5.6	90	56	5	9	7.212	5.661	0.287	60.45	2.90	9.92	18.32	1.59	4.21	121.32	2.91	29.53	1.25	10.98	1.23	3.49	0.385
			6		8.557	6.717	0.286	71.03	2.88	11.74	21.42	1.58	4.96	145.59	2.95	35.58	1.29	12.90	1.23	4.18	0.384
			7		9.880	7.756	0.286	81.01	2.86	13.49	24.36	1.57	5.70	169.66	3.00	41.71	1.33	14.67	1.22	4.72	0.382
			8		11.183	8.779	0.286	91.03	2.85	15.27	27.15	1.56	6.41	194.17	3.04	47.93	1.36	16.34	1.21	5.29	0.380
10/6.3	100	63	6	10	9.617	7.550	0.320	99.06	3.21	14.64	30.94	1.79	6.35	199.71	3.24	50.50	1.43	18.42	1.38	5.25	0.394
			7		11.111	8.722	0.320	113.45	3.20	16.88	35.26	1.78	7.29	233.00	3.28	59.14	1.47	21.00	1.38	6.02	0.393
			8		12.584	9.878	0.319	127.37	3.18	19.08	39.39	1.77	8.21	266.32	3.32	67.88	1.50	23.50	1.37	6.78	0.391
			10		15.467	12.142	0.319	153.81	3.15	23.32	47.12	1.74	9.98	333.06	3.40	85.73	1.58	28.33	1.35	8.24	0.387
10/8	100	80	6	10	10.637	8.350	0.354	107.04	3.17	15.19	61.24	2.40	10.16	199.83	2.95	102.68	1.97	31.65	1.72	8.37	0.627
			7		12.301	9.656	0.354	122.73	3.16	17.52	70.08	2.39	11.71	233.20	3.00	119.98	2.01	36.17	1.72	9.60	0.626
			8		13.944	10.946	0.353	137.92	3.14	19.81	78.58	2.37	13.21	266.61	3.04	137.37	2.05	40.58	1.71	10.80	0.625
			10		17.167	13.476	0.353	166.87	3.12	24.24	94.65	2.35	16.12	333.63	3.12	172.48	2.13	49.10	1.69	13.12	0.622

附录Ⅲ 型钢表

续表

角钢号数	尺寸/mm B	b	d	r	截面面积/cm²	理论重量/(kg·m⁻¹)	外表面积/(m²·m⁻¹)	参考数值 $x-x$ I_x/cm⁴	i_x/cm	W_x/cm³	$y-y$ I_y/cm⁴	i_y/cm	W_y/cm³	x_1-x_1 I_{x1}/cm⁴	y_0/cm	y_1-y_1 I_{y1}/cm⁴	x_0/cm	$u-u$ I_u/cm⁴	i_u/cm	W_u/cm³	$\tan\alpha$
11/7	110	70	6	10	10.637	8.350	0.354	133.37	3.54	17.85	42.92	2.01	7.90	265.78	3.53	69.08	1.57	25.36	1.54	6.53	0.403
			7		12.301	9.656	0.354	153.00	3.53	20.60	49.01	2.00	9.09	310.07	3.57	80.82	1.61	28.95	1.53	7.50	0.402
			8		13.944	10.946	0.353	172.04	3.51	23.30	54.87	1.98	10.25	354.39	3.62	92.70	1.65	32.45	1.53	8.45	0.401
			10		17.167	13.467	0.353	208.39	3.48	28.54	65.88	1.96	12.48	443.13	3.70	116.83	1.72	39.20	1.51	10.29	0.397
12.5/8	125	80	7	11	14.096	11.066	0.403	227.98	4.02	26.86	74.42	2.30	12.01	454.99	4.01	120.32	1.80	43.81	1.76	9.92	0.408
			8		15.989	12.551	0.403	256.77	4.01	30.41	83.49	2.28	13.56	519.99	4.06	137.85	1.84	49.15	1.75	11.18	0.407
			10		19.712	15.474	0.402	312.04	3.98	37.33	100.67	2.26	16.56	650.09	4.14	173.40	1.92	59.45	1.74	13.64	0.404
			12		23.351	18.330	0.402	364.41	3.95	44.01	116.67	2.24	19.43	780.39	4.22	209.67	2.00	69.35	1.72	16.01	0.400
14/9	140	90	8	12	18.038	14.160	0.453	365.64	4.50	38.48	120.69	2.59	17.34	730.53	4.50	195.79	2.04	70.83	1.98	14.31	0.411
			10		22.261	17.475	0.452	445.50	4.47	47.31	146.03	2.56	21.22	913.20	4.58	245.92	2.12	85.82	1.96	17.48	0.409
			12		26.400	20.724	0.451	521.59	4.44	55.87	169.79	2.54	24.95	1096.09	4.66	296.89	2.19	100.21	1.95	20.54	0.406
			14		30.456	23.908	0.451	594.10	4.42	64.18	192.10	2.51	28.54	1279.26	4.74	348.82	2.27	114.13	1.94	23.52	0.403
16/10	160	100	10	13	25.315	19.872	0.512	668.69	5.14	62.13	205.03	2.85	26.56	1362.89	5.24	336.59	2.28	121.74	2.19	21.92	0.390
			12		30.054	23.592	0.511	784.91	5.11	73.49	239.06	2.82	31.28	1635.56	5.32	405.94	2.36	142.33	2.17	25.79	0.388
			14		34.709	27.247	0.510	896.30	5.08	84.56	271.20	2.80	35.83	1908.50	5.40	476.42	2.43	162.23	2.16	29.56	0.385
			16		39.281	30.835	0.510	1003.04	5.05	95.33	301.60	2.77	40.24	2181.79	5.48	548.22	2.51	182.57	2.16	33.44	0.382
18/11	180	110	10	14	28.373	22.273	0.571	956.25	5.80	78.96	278.11	3.13	32.49	1940.40	5.89	447.22	2.44	166.50	2.42	26.88	0.376
			12		33.712	26.464	0.571	1124.72	5.78	93.53	325.03	3.10	38.32	2328.38	5.98	538.94	2.52	194.87	2.40	31.66	0.374
			14		38.967	30.589	0.570	1286.91	5.75	107.76	369.55	3.08	43.97	2716.60	6.06	631.95	2.59	222.30	2.39	36.32	0.372
			16		44.139	34.649	0.569	1443.06	5.72	121.64	411.85	3.06	49.44	3105.15	6.14	726.46	2.67	248.94	2.38	40.87	0.369
20/12.5	200	125	12	14	37.912	29.761	0.641	1570.90	6.44	116.73	483.16	3.57	49.99	3193.85	6.54	787.74	2.83	285.79	2.74	41.23	0.392
			14		43.867	34.436	0.640	1800.97	6.41	134.65	550.83	3.54	57.44	3726.17	6.62	922.47	2.91	326.58	2.73	47.34	0.390
			16		49.739	39.045	0.639	2023.35	6.38	152.18	615.44	3.52	64.69	4258.86	6.70	1058.86	2.99	366.21	2.71	53.32	0.388
			18		55.526	43.588	0.639	2238.30	6.35	169.33	677.19	3.49	71.74	4792.00	6.78	1197.13	3.06	404.83	2.70	59.18	0.385

注: 1. 括号内角钢号数不推荐使用。

2. 截面图中的 $r_1 = \dfrac{d}{3}$ 及表中 r 值，用于孔型设计，不作为交货条件。

附录Ⅲ 型 钢 表

附表Ⅲ.3 热轧工字钢（GB 706—1988）

符号意义：
- h — 高度；
- b — 腿宽度；
- d — 腰厚度；
- t — 平均腿厚度；
- r — 内圆弧半径；
- r_1 — 腿端圆弧半径；
- I — 惯性矩；
- W — 抗弯截面模量；
- i — 惯性半径；
- S — 半截面的静矩。

型号	尺寸 /mm						截面面积 /cm²	理论重量 /(kg·m⁻¹)	参考数值						
									x-x				y-y		
	h	b	d	t	r	r_1			I_x /cm⁴	W_x /cm³	i_x /cm	$I_x:S_x$ /cm	I_y /cm⁴	W_y /cm³	i_y /cm
10	100	68	4.5	7.6	6.5	3.3	14.345	11.261	245	49.0	4.14	8.59	33.0	9.72	1.52
12.6	126	74	5.0	8.4	7.0	3.5	18.118	14.223	488	77.5	5.20	10.8	46.9	12.7	1.61
14	140	80	5.5	9.1	7.5	3.8	21.516	16.890	712	102	5.76	12.0	64.4	16.1	1.73
16	160	88	6.0	9.9	8.0	4.0	26.131	20.513	1130	141	6.58	13.8	93.1	21.2	1.89
18	180	94	6.5	10.7	8.5	4.3	30.756	24.143	1660	185	7.36	15.4	122	26.0	2.00
20a	200	100	7.0	11.4	9.0	4.5	35.578	27.929	2370	237	8.15	17.2	158	31.5	2.12
20b	200	102	9.0	11.4	9.0	4.5	39.578	31.069	2500	250	7.96	16.9	169	33.1	2.06
22a	220	110	7.5	12.3	9.5	4.8	42.128	33.070	3400	309	8.99	18.9	225	40.9	2.31
22b	220	112	9.5	12.3	9.5	4.8	46.528	36.524	3570	325	8.78	18.7	239	42.7	2.27
25a	250	116	8.0	13.0	10.0	5.0	48.541	38.105	5020	402	10.2	21.6	280	48.3	2.40
25b	250	118	10.0	13.0	10.0	5.0	53.541	42.030	5280	423	9.94	21.3	309	52.4	2.40
28a	280	122	8.5	13.7	10.5	5.3	55.404	43.492	7110	508	11.3	24.6	345	56.6	2.50
28b	280	124	10.5	13.7	10.5	5.3	61.004	47.888	7480	534	11.1	24.2	379	61.2	2.49
32a	320	130	9.5	15.0	11.5	5.8	67.156	52.717	11100	692	12.8	27.5	460	70.8	2.62
32b	320	132	11.5	15.0	11.5	5.8	73.556	57.741	11600	726	12.6	27.1	502	76.0	2.61
32c	320	134	13.5	15.0	11.5	5.8	79.956	62.765	12200	760	12.3	26.3	544	81.2	2.61

附录Ⅲ 型钢表

续表

型号	尺寸 /mm						截面面积 /cm²	理论重量 /(kg·m⁻¹)	参考数值						
									x—x				y—y		
	h	b	d	t	r	r_1			I_x /cm⁴	W_x /cm³	i_x /cm	$I_x:S_x$ /cm	I_y /cm⁴	W_y /cm³	i_y /cm
36a	360	136	10.0	15.8	12	6.0	76.480	60.037	15800	875	14.4	30.7	552	81.2	2.69
36b	360	138	12.0	15.8	12	6.0	83.680	65.689	16500	919	14.1	30.3	582	84.3	2.64
36c	360	140	14.0	15.8	12	6.0	90.880	71.341	17300	962	13.8	29.9	612	87.4	2.60
40a	400	142	10.5	16.5	12.5	6.3	86.112	67.598	21700	1090	15.9	34.1	660	93.2	2.77
40b	400	144	12.5	16.5	12.5	6.3	94.112	73.878	22800	1140	16.5	33.6	692	96.2	2.71
40c	400	146	14.5	16.5	12.5	6.3	102.112	80.158	23900	1190	15.2	33.2	727	99.6	2.65
45a	450	150	11.5	18.0	13.5	6.8	102.446	80.420	32200	1430	17.7	38.6	855	114	2.89
45b	450	152	13.5	18.0	13.5	6.8	111.446	87.485	33800	1500	17.4	38.0	894	118	2.84
45c	450	154	15.5	18.0	13.5	6.8	120.446	94.550	35300	1570	17.1	37.6	938	122	2.79
50a	500	158	12.0	20.0	14.0	7.0	119.304	93.654	46500	1860	19.7	42.8	1120	142	3.07
50b	500	160	14.0	20.0	14.0	7.0	129.304	101.504	48600	1940	19.4	42.4	1170	146	3.01
50c	500	162	16.0	20.0	14.0	7.0	139.304	109.354	50600	2080	19.0	41.8	1220	151	2.96
56a	560	166	12.5	21.0	14.5	7.3	135.435	106.316	65600	2340	22.0	47.7	1370	165	3.18
56b	560	168	14.5	21.0	14.5	7.3	146.635	115.108	68500	2450	21.6	47.2	1490	174	3.16
56c	560	170	16.5	21.0	14.5	7.3	157.835	123.900	71400	2550	21.3	46.7	1560	183	3.16
63a	630	176	13.0	22.0	15	7.5	154.658	121.407	93900	2980	24.5	54.2	1700	193	3.31
63b	630	178	15.0	22.0	15	7.5	167.258	131.298	98100	3160	24.2	53.5	1810	204	3.29
63c	630	180	17.0	22.0	15	7.5	179.858	141.189	102000	3300	23.8	52.9	1920	214	3.27

注：截面图和表中标注的圆弧半径 r 和 r_1 值，用于孔型设计，不作为交货条件。

附表Ⅲ.4 热轧槽钢（GB 707—1988）

符号意义：
- h—高度；
- b—腿宽度；
- d—腰厚度；
- t—平均腿厚度；
- r—内圆弧半径；
- r_1—腿端圆弧半径；
- I—惯性矩；
- W—抗弯截面模量；
- i—惯性半径；
- z_0—y-y轴与y_1-y_1轴间距。

型号	尺寸/mm						截面面积/cm²	理论重量/(kg·m⁻¹)	参考数值								
									x-x			y-y				y_1-y_1	z_0/cm
	h	b	d	t	r	r_1			W_x/cm³	I_x/cm⁴	i_x/cm	W_y/cm³	I_y/cm⁴	i_y/cm		I_{y1}/cm⁴	
5	50	37	4.5	7	7.0	3.5	6.928	5.438	10.4	26.0	1.94	3.55	8.30	1.10		20.9	1.35
6.3	63	40	4.8	7.5	7.5	3.8	8.451	6.634	16.1	50.8	2.45	4.50	11.9	1.19		28.4	1.36
8	80	43	5	8	8.0	4.0	10.248	8.045	25.3	101	3.15	5.79	16.6	1.27		37.4	1.43
10	100	48	5.3	8.5	8.5	4.2	12.748	10.007	39.7	198	3.95	7.8	25.6	1.41		54.9	1.52
12.6	126	53	5.5	9	9.0	4.5	15.692	12.318	62.1	391	4.95	10.2	38.0	1.57		77.1	1.59
14a	140	58	6.0	9.5	9.5	4.8	18.516	14.535	80.5	564	5.52	13.0	53.2	1.70		107	1.71
14b	140	60	8.0	9.5	9.5	4.8	21.316	16.733	87.1	609	5.35	14.1	61.1	1.69		121	1.67
16a	160	63	6.5	10	10.0	5.0	21.962	17.240	108	866	6.28	16.3	73.3	1.83		144	1.80
16	160	65	8.5	10	10.0	5.0	25.162	19.752	117	935	6.10	17.6	83.4	1.82		161	1.75
18a	180	68	7.0	10.5	10.5	5.2	25.699	20.174	141	1270	7.04	20.0	98.6	1.96		190	1.88
18	180	70	9.0	10.5	10.5	5.2	29.299	23.000	152	1370	6.84	21.5	111	1.95		210	1.84
20a	200	73	7.0	11	11.0	5.5	28.837	22.637	178	1780	7.86	24.2	128	2.11		244	2.01
20	200	75	9.0	11	11.0	5.5	32.837	25.777	191	1910	7.64	25.9	144	2.09		268	1.95
22a	220	77	7.0	11.5	11.5	5.8	31.846	24.999	218	2390	8.67	28.2	158	2.23		298	2.10
22	220	79	9.0	11.5	11.5	5.8	36.246	28.453	234	2570	8.42	30.1	176	2.21		326	2.03

续表

附录Ⅲ 型 钢 表

型号	尺寸/mm							截面面积/cm²	理论重量/(kg·m⁻¹)	参 考 数 值							
										$x-x$			$y-y$			y_1-y_1	z_0
	h	b	d	t	r	r_1				W_x /cm³	I_x /cm⁴	i_x /cm	W_y /cm³	I_y /cm⁴	i_y /cm	I_{y1} /cm⁴	/cm
25a	250	78	7.0	12	12.0	6.0	34.917	27.410	270	3370	9.82	30.6	176	2.24	322	2.07
25b	250	80	9.0	12	12.0	6.0	39.917	31.335	282	3530	9.41	32.7	196	2.22	353	1.98
25c	250	82	11.0	12	12.0	6.0	44.917	35.260	295	3690	9.07	35.9	218	2.21	384	1.92
28a	280	82	7.5	12.5	12.5	6.2	40.034	31.427	340	4760	10.9	35.7	218	2.33	388	2.10
28b	280	84	9.5	12.5	12.5	6.2	45.634	35.823	366	5130	10.6	37.9	242	2.30	428	2.02
28c	280	86	11.5	12.5	12.5	6.2	51.234	40.219	393	5500	10.4	40.3	268	2.29	463	1.95
32a	320	88	8.0	14	14.0	7.0	48.513	38.083	475	7600	12.5	46.5	305	2.50	552	2.24
32b	320	90	10.0	14	14.0	7.0	54.913	43.107	509	8140	12.2	52.6	336	2.47	593	2.16
32c	320	92	12.0	14	14.0	7.0	61.313	48.131	543	8690	11.9	59.2	374	2.47	643	2.09
36a	360	96	9.0	16	16.0	8.0	60.910	47.814	660	11900	14.0	63.5	455	2.73	818	2.44
36b	360	98	11.0	16	16.0	8.0	68.110	53.466	703	12700	13.6	66.9	497	2.70	880	2.37
36c	360	100	13.0	16	16.0	8.0	75.310	59.118	746	13400	13.4	70.0	536	2.67	948	2.34
40a	400	100	10.5	18	18.0	9.0	75.068	58.928	879	17600	15.3	78.8	592	2.81	1070	2.49
40b	400	102	12.5	18	18.0	9.0	83.068	65.208	932	18600	15.0	82.5	640	2.78	1140	2.44
40c	400	104	14.5	18	18.0	9.0	91.068	71.488	986	19700	14.7	86.2	688	2.75	1220	2.42

附录 Ⅳ 简单载荷作用下梁的挠度和转角

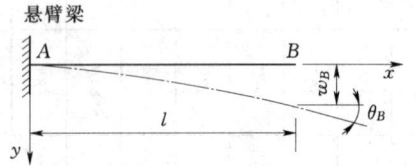

悬臂梁

w 沿 y 方向的挠度
$w_B = w(l)$ 梁右端处的挠度
$\theta_B = w'(l)$ 梁右端处的转角

序号	梁上载荷及弯矩图	挠曲线方程	挠度和转角
1		$w = \dfrac{M_e x^2}{2EI}$	$\theta_B = \dfrac{M_e l}{EI}$ $w_B = \dfrac{M_e l^2}{2EI}$
2		$w = \dfrac{Fx^2}{6EI}(3l - x)$	$\theta_B = \dfrac{Fl^2}{2EI}$ $w_B = \dfrac{Fl^3}{3EI}$
3		$w = \dfrac{Fx^2}{6EI}(3a - x)\ (0 \leqslant x \leqslant a)$ $w = \dfrac{Fa^2}{6EI}(3x - a)\ (a \leqslant x \leqslant l)$	$\theta_B = \dfrac{Fa^2}{2EI}$ $w_B = \dfrac{Fa^2}{6EI}(3l - a)$
4		$w = \dfrac{qx^2}{24EI}(x^2 + 6l^2 - 4lx)$	$\theta_B = \dfrac{ql^3}{6EI}$ $w_B = \dfrac{ql^4}{8EI}$
5		$w = \dfrac{q_0 x^2}{120EIl}(10l^3 - 10l^2 x + 5lx^2 - x^3)$	$\theta_B = \dfrac{q_0 l^3}{24EI}$ $w_B = \dfrac{q_0 l^4}{30EI}$

附录 Ⅳ 简单载荷作用下梁的挠度和转角

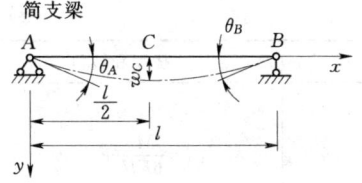

简支梁

w 沿 y 方向的挠度
$w_C = w\left(\dfrac{l}{2}\right)$ 梁的中点挠度
$\theta_A = w'(0)$ 梁左端处的转角
$\theta_B = w'(l)$ 梁右端处的转角

序号	梁上载荷及弯矩图	挠曲线方程	挠度和转角
6		$w = \dfrac{M_A x}{6EIl}(l-x)(2l-x)$	$\theta_A = \dfrac{M_A l}{3EI}$ $\theta_B = -\dfrac{M_A l}{6EI}$ $w_C = \dfrac{M_A l^2}{16EI}$
7		$w = \dfrac{M_B x}{6EIl}(l^2 - x^2)$	$\theta_A = \dfrac{M_B l}{6EI}$ $\theta_B = -\dfrac{M_B l}{3EI}$ $w_C = \dfrac{M_B l^2}{16EI}$
8		$w = \dfrac{qx}{24EI}(l^3 - 2lx^2 + x^3)$	$\theta_A = \dfrac{ql^3}{24EI}$ $\theta_B = -\dfrac{ql^3}{24EI}$ $w_C = \dfrac{5ql^4}{384EI}$
9		$w = \dfrac{q_0 x}{360EIl}(7l^4 - 10l^2 x^2 + 3x^4)$	$\theta_A = \dfrac{7q_0 l^3}{360EI}$ $\theta_B = -\dfrac{q_0 l^3}{45EI}$ $w_C = \dfrac{5q_0 l^4}{768EI}$
10		$w = \dfrac{Fx}{48EI}(3l^2 - 4x^2)\ \left(0 \leqslant x \leqslant \dfrac{l}{2}\right)$	$\theta_A = \dfrac{Fl^2}{16EI}$ $\theta_B = -\dfrac{Fl^2}{16EI}$ $w_C = \dfrac{Fl^3}{48EI}$
11		$w = \dfrac{Fbx}{6EIl}(l^2 - x^2 - b^2)\ (0 \leqslant x \leqslant a)$ $w = \dfrac{Fb}{6EIl}\left[\dfrac{l}{b}(x-a)^3 + (l^2 - b^2)x - x^3\right]$ $(a \leqslant x \leqslant l)$	$\theta_A = \dfrac{Fab(l+b)}{6EIl}$ $\theta_B = -\dfrac{Fab(l+a)}{6EIl}$ $w_C = \dfrac{Fb(3l^2 - 4b^2)}{48EI}$ （当 $a \geqslant b$ 时）

附录 Ⅳ　简单载荷作用下梁的挠度和转角

续表

序号	梁上载荷及弯矩图	挠曲线方程	挠度和转角
12	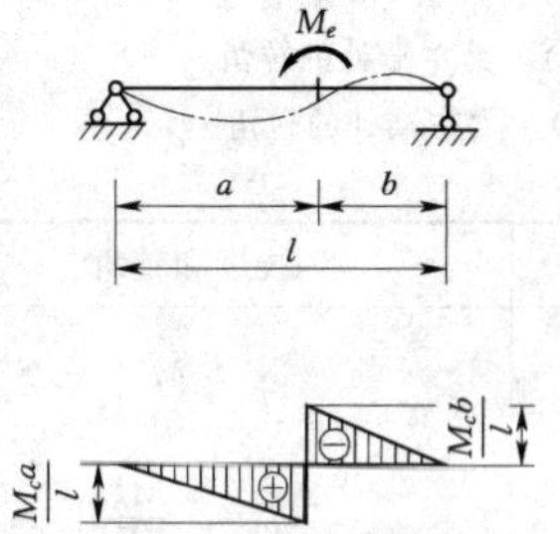	$w = \dfrac{M_e x}{6EIl}(l^2 - 3b^2 - x^2)$ $w = \dfrac{M_e}{6EI}[-x^3 + 3l(x-a)^2 + (l^2 - 3b^2)x]$	$\theta_A = \dfrac{M_e}{6EIl}(l^2 - 3b^2)$ $\theta_B = \dfrac{M_e}{6EIl}(l^2 - 3a^2)$ 当 $a = b = l/2$ 时 $w_C = 0$
13	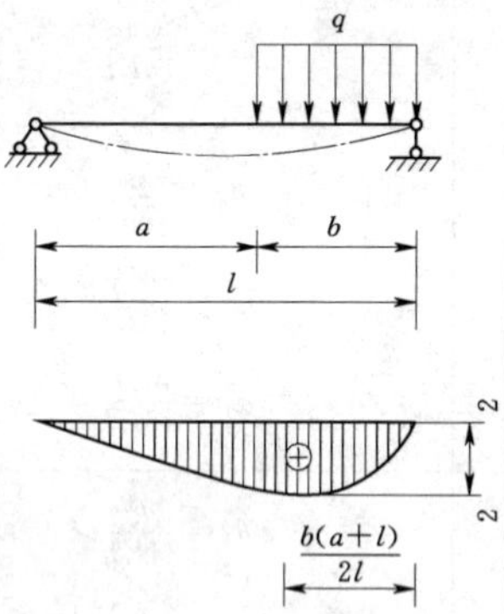	$w = -\dfrac{qb^5}{24EIl}\left[2\dfrac{x^3}{b^3} - \dfrac{x}{b}\left(2\dfrac{l^2}{b^2} - 1\right)\right]$ $(0 \leqslant x \leqslant a)$ $w = -\dfrac{q}{24EI}\left[2\dfrac{b^2 x^3}{l} - \dfrac{b^2 x}{l}(2l^2 - b^2)\right.$ $\left. - (x-a)^4\right]$ $(a \leqslant x \leqslant l)$	$\theta_A = \dfrac{qb^2(2l^2 - b^2)}{24EIl}$ $\theta_B = -\dfrac{qb^2(2l-b)^2}{24EIl}$ $w_c = \dfrac{qb^3}{24EIl}\left(\dfrac{3}{4}\dfrac{l^3}{b^3} - \dfrac{1}{2}\dfrac{l}{b}\right)$ （当 $a > b$ 时） $w_c = \dfrac{qb^3}{24EIl}\left[\dfrac{3}{4}\dfrac{l^3}{b^3} - \dfrac{1}{2}\dfrac{l}{b}\right.$ $\left. + \dfrac{1}{16}\dfrac{l^5}{b^5} \times \left(1 - \dfrac{2a}{l}\right)^4\right]$ （当 $a < b$ 时）

部分习题参考答案

第 二 章

2-1 (a) $F_{NAB}=F$, $F_{NBC}=0$, $F_{NCD}=F$
   (b) $F_{NAB}=F$, $F_{NBC}=-3F$, $F_{NCD}=-F$
   (c) $F_{NAB}=-20$kN, $F_{NBC}=10$kN, $F_{NCD}=30$kN
   (d) $F_{NAB}=40$kN, $F_{NBC}=20$kN, $F_{NCD}=-10$kN

2-3 (a) $\sigma_{max}=100$MPa, (b) $\sigma_{max}=75$MPa

2-4 $\sigma_1=-20$MPa, $\sigma_2=5$MPa, $\sigma_3=15$MPa

2-5 $\sigma_{AB}=25$MPa, $\sigma_{BC}=-41.7$MPa, $\sigma_{AC}=33.3$MPa, $\sigma_{CD}=-25$MPa

2-6 $\sigma_{左上}=-0.6$MPa, $\sigma_{左中}=-1.0$MPa, $\sigma_{左下}=-0.85$MPa
   $\sigma_{右上}=-0.3$MPa, $\sigma_{右中}=-0.2$MPa, $\sigma_{右下}=-0.65$MPa

2-7 $\theta=55°44'$

2-8 (1) $\sigma_{\frac{\pi}{6}}=0.75$MPa, $\tau_{\frac{\pi}{6}}=0.433$MPa;
   (2) $\theta=0°$, $\sigma_{max}=1$MPa; $\theta=45°$, $\tau_{max}=0.5$MPa

2-9 $\varepsilon_1=0.05\%$, $\varepsilon_3=-0.05\%$, $\Delta l_1=0.5$mm, $\Delta l_3=-1$mm

2-10 $x=\dfrac{E_2A_2}{E_1A_1+E_2A_2}l$

2-11 $\Delta_A=10.2$mm, 与水平轴成 $74.1°$

2-12 $\Delta_{AB}=\dfrac{Pl}{EA}(2+\sqrt{2})$

2-13 $\Delta l=-0.239\times10^{-3}$m, $\varepsilon_d=0.018\%$

2-14 $\sigma_{AB}=159$MPa, 安全; $\sigma_{AB}=150$MPa, 安全

2-15 $D_{AC}=78$mm $D_{AC}=78$mm

2-16 CD 杆取 $\angle 63\times63\times6$, AC 杆取 $\angle 40\times40\times5$

2-17 $a=228$mm, $b=398$mm

2-18 $[F_p]=420$kN

2-19 $W=30$kN

2-20 $\sigma_{上}=-64$MPa

2-21 $\sigma_s=44.3$MPa

2-22 $F_{N2}=\dfrac{3F-\dfrac{EA}{a}\delta}{1+\sqrt{2}}$

2-23 $\sigma_{DF}=145.5$MPa, $\sigma_{AB}=\sigma_{AC}=168$MPa

第 三 章

3-1 $\tau=63.7$MPa, $\sigma_{bs}=200$MPa, 主板 $\sigma=125$MPa, 盖板 $\sigma=119$MPa

部 分 习 题 参 考 答 案

3-2　$d=13$mm

3-3　最小厚度 80mm

3-4　$d=14$mm

3-5　$\tau=28.6$MPa，$\sigma_{bs}=95.3$MPa

3-6　$P_1=1.47$kN，$P_2=5.88$kN

第 四 章

4-1　(a) $M_{x\max}=2M_e$；(b) $M_{x\max}=3$kN·m；(c) $M_{x\max}=20$kN·m；(d) $M_{x\max}=5$kN·m

4-2　(1) $M_{x\max}=2.006$kN·m；(2) $M_{x\max}=1.433$kN·m

4-3　$m=0.0135$kN·m/m

4-4　$P=18.47$kW

4-5　$\tau_{10}=35.06$MPa，$\tau_{\max}=87.6$MPa

4-6　$\tau_{\max}=48.9$MPa

4-7　(1) $M_{x\max}=3$kN·m；(2) $\tau_{\max}=15.3$MPa；(3) $\varphi_{CD}=1.273\times10^{-3}$rad，$\varphi_{AD}=1.91\times10^{-3}$rad

4-8　(1) $\tau_{\max}=71.4$MPa，$\varphi=1.02°$；(2) $\tau_A=\tau_B=71.4$MPa，$\tau_C=35.7$MPa；(3) $\gamma_C=0.446\times10^{-3}$

4-9　$\tau_{\max}=19.25$MPa$<[\tau]$，满足强度要求。

4-10　$\tau_{AB\max}=17.9$MPa$<[\tau]$，$\tau_{H\max}=17.5$MPa$<[\tau]$，$\tau_{C\max}=16.6$MPa$<[\tau]$，各轴均满足强度要求。

4-11　$d_1\geqslant45$mm，$D_2\geqslant46$mm

4-12　(1) $d_1\geqslant84.6$mm，$d_2\geqslant74.5$mm；(2) $d_1\geqslant84.6$mm；(3) 主动轮 1 放在从动轮 2，3 之间较合理

4-13　$d_1\geqslant26.76$mm

4-14　(1) $d\geqslant68$mm；(2) $D\geqslant78$mm，节约材料 53%

4-15　$\tau_{\max}=49.4$MPa$<[\tau]$，$\theta_{\max}=1.76°$/m$<[\theta]$，两段轴的强度和刚度均满足要求。

4-16　$\tau_{\max}=71.3$MPa$<[\tau]$，$\theta_{\max}=1.02°$/m$<[\theta]$，该轴的强度和刚度均满足要求。

4-17　$\tau_A=\dfrac{I_{\rho A}G_a}{I_{\rho A}G_a+I_{\rho B}G_b}\times\dfrac{M_r}{I_{\rho A}}$ ($0\leqslant r\leqslant R_A$)，$\tau_B=\dfrac{I_{\rho B}G_b}{I_{\rho A}G_a+I_{\rho B}G_b}\times\dfrac{M_r}{I_{\rho B}}$ ($R_A\leqslant r\leqslant R_B$)

4-18　$\tau_{\max}=59.8$MPa，$\varphi_C=0.714°$

4-19　(1) $\tau_{\max}=40.1$MPa；(2) $\tau'_{\max}=34.4$MPa；(3) $\theta=0.565°$/m

第 五 章

5-2　(a) $F_{QA}=-qa$，$M_A=0$，$F_{QB}=3qa$，$M_B=-7qa^2$，
　　　　$F_{QC}=2qa$，$M_C=-\dfrac{3qa^2}{2}$，$F_{QD}=-3qa$，$M_D=-4qa^2$

部分习题参考答案

5-3 (a) $F_{QA}=\dfrac{3qa}{4}$, $M_A=0$, $F_{QB}=0$, $M_B=0$;

(b) $F_{QC左}=\dfrac{3qa}{4}$, $F_{QC右}=\dfrac{3qa}{4}$, $M_{C左}=-\dfrac{3qa^2}{4}$, $M_{C右}=-\dfrac{qa^2}{4}$

$F_{QD左}=-\dfrac{qa}{4}$, $F_{QD右}=-qa$, $M_{D左}=M_{D右}=\dfrac{qa^2}{2}$

5-5 (a) $F_{Qmax}=0$, $M_{max}=M_e$;   (b) $F_{Qmax}=\dfrac{M_e}{l}$, $M_{max}=M_e$;

(c) $F_{Qmax}=\dfrac{q_0 l}{6}$, $M_{max}=\dfrac{q_0 l^2}{6}$;   (d) $F_{Qmax}=\dfrac{q_0 l}{3}$, $M_{max}=\dfrac{q_0 l^2}{9\sqrt{3}}$

5-6 (a) $F_{Qmax}=F$, $M_{max}=Fb$;   (b) $F_{Qmax}=\dfrac{M_e}{l}$, $M_{max}=\dfrac{M_e a}{l}$;

(c) $F_{Qmax}=2qa$, $M_{max}=2qa^2+$;   (d) $F_{Qmax}=2qa$, $M_{max}=qa^2$

(e) $F_{Qmax}=qa$, $|M_{max}|=\dfrac{qa^2}{2}$;   (f) $F_{Qmax}=F$, $|M_{max}|=2Fa$;

(g) $|F_{Qmax}|=3qa$, $|M_{max}|=6qa^2+$;   (h) $|F_{Qmax}|=2qa$, $M_{max}=qa^2$

5-8 (a) $M_{max}=\dfrac{Fl}{4}$, $F_{Qmax}=\dfrac{Fl}{6}$;   (b) $M_{max}=\dfrac{Fl}{6}$, $F_{Qmax}=\dfrac{F}{2}$;

(c) $M_{max}=\dfrac{Fl}{6}$, $F_{Qmax}=\dfrac{F}{2}$;   (d) $M_{max}=\dfrac{Fl}{8}$, $F_{Qmax}=\dfrac{F}{2}$

5-9 (a) $M_{max}=\dfrac{qa^2}{2}$, $F_{Qmax}=\dfrac{qa}{4}$;   (b) $M_{max}=\dfrac{qa^2}{4}$, $F_{Qmax}=\dfrac{qa}{4}$

5-10 $a=0.2l$

5-11 $a=0.207l$

5-12 (a) $|F_{Qmax}|=-5\text{kN}$, $M_{max}=6\text{kN·m}$;

(b) $|F_{Qmax}|=2\text{kN}$, $M_{max}=2.5\text{kN·m}$;

(c) $F_{Qmax}=-20\text{kN}$, $M_{max}=17.5\text{kN·m}$;

(d) $F_{Qmax}=10\text{kN}$, $M_{max}=10\text{kN·m}$

5-13 (a) $F_{Qmax}=\dfrac{qa}{2}$, $M_{max}=\dfrac{qa^2}{2}$;   (b) $F_{Qmax}=qa$, $M_{max}=qa^2$;

(c) $|F_{Qmax}|=\dfrac{3qa}{2}$, $|M_{max}|=\dfrac{5qa^2}{2}$;   (d) $F_{Qmax}=qa$, $M_{max}=qa^2$

5-16 (a) $F_{Nmax}=20\text{kN}$, $F_{Qmax}=20\text{kN}$, $M_{max}=15\text{kN·m}$, $F_{Nmax}=6\text{kN}$;

(b) $|F_{Nmax}|=17.5\text{kN}$, $F_{Qmax}=15\text{kN}$, $M_{max}=26.3\text{kN·m}$, $|F_{Nmax}|=17.5\text{kN}$;

(c) $F_{Nmax}=60\text{kN}$, $F_{Qmax}=60\text{kN}$, $M_{max}=180\text{kN·m}$, $|F_{Nmax}|=60\text{kN}$;

(d) $F_{Nmax}=45\text{kN}$, $F_{Qmax}=45\text{kN}$, $M_{max}=101.3\text{kN·m}$, $|F_{Nmax}|=27\text{kN}$

第 六 章

6-1 $\sigma_{max}=353\text{MPa}$

6-3 截面 $m-m$: $\sigma_A=-7.41\text{MPa}$, $\sigma_B=4.94\text{MPa}$, $\sigma_C=0$, $\sigma_D=7.41\text{MPa}$;

截面 $n-n$: $\sigma_A=9.26\text{MPa}$, $\sigma_B=-6.18\text{MPa}$, $\sigma_C=0$, $\sigma_D=-9.26\text{MPa}$。

6-4　强度比 $2:1$，刚度比 $4:1$。

6-5　(1) $W_a/W_b=\sqrt{2}$；

(2) 未切去尖角时 $W=9.43\times10^5\text{mm}^3$；切去尖角时 $W=9.87\times10^5\text{mm}^3$；

(3) $u=15.71\text{mm}$，W 增加 5.35%。

6-6　$\delta=0.011d$

6-7　$[F]=28.9\text{kN}$

6-8　$b\geqslant61.5\text{mm}$，$h\geqslant184.5\text{mm}$

6-9　$\delta\geqslant27\text{mm}$

6-10　选 120a 号工字钢

6-11　(1) $[F]=122\text{kN}$；(2) $\Delta l=0.25\text{mm}$

6-12　$q_A=\dfrac{3F}{4a}$，$q_B=\dfrac{9F}{4a}$，最大正剪力 $\dfrac{31}{32}F$，最大负剪力 $\dfrac{33}{32}F$，最大正弯矩 $\dfrac{17}{64}Fa$

6-13　最大正剪力 10.5kN，最大负剪力 10.5kN，最大正弯矩 9.09kN·m

习题号	最大正剪力	最大负剪力	最大弯矩	最大拉力	最大压力
6-14 (a)	20kN		80kN·m		10kN
(b)	15kN	17.5kN	26.3kN·m		17.5kN
(c)	60kN	45kN	18kN·m	0	60kN
(d)	70kN	70kN	105kN·m	70kN	0
(e)	6kN	0	15kN·m	6kN	0
(f)	45kN	27kN	101kN·m	27kN	27kN

6-15　选 28a 号工字钢。

6-16　$\sigma_{\max}=159.8\text{MPa}$，$\tau_{\max}=74.5\text{MPa}$

6-18　$b=122\text{mm}$，$h=183\text{mm}$

6-19　$F=47\text{kN}$

6-20　28b

6-21　$\sigma_{t\max}=154.2\text{MPa}<[\sigma_t]$；$\sigma_{c\max}=118.2\text{MPa}>[\sigma_c]$；$\tau=75.9\text{MPa}<[\tau]$

第 七 章

7-1　见附录Ⅳ

7-2　(a) $\theta_C=\dfrac{M_e a}{EI}$，$\omega_C=\dfrac{M_e a^2}{2EI}$；(b) $\theta_C=\dfrac{M_e}{6lEI}(l^2-3b^2-3a^2)$，$\omega_C=\dfrac{M_e a}{6lEI}(l^2-3b^2-a^2)$

(c) $\theta_C=\dfrac{M_e}{3EI}(2l+3a)$，$\omega_C=\dfrac{M_e a}{6EI}(2l+3a)$；

(d) $\theta_C=\dfrac{Fa}{6EI}(2l+3a)$，$\omega_C=\dfrac{Fa^2}{3EI}(l+a)$

7-3　$\omega_B=\dfrac{Fl^3}{3EI}$

部分习题参考答案

7-4 $\theta_A = \dfrac{5ql^3}{48EI}$, $\theta_B = \dfrac{ql^3}{24EI}$, $\omega_A = \dfrac{ql^4}{24EI}$, $\omega_B = \dfrac{ql^4}{384EI}$

7-5 $\theta_C = \dfrac{ql^3}{16EI}$, $\omega_C = \dfrac{11ql^4}{384EI}$

7-6 $\theta_{\max} = |\theta_A| = \dfrac{13ql^3}{6EI}$, $\omega_{\max} = \dfrac{71ql^4}{24EI}$

7-7 $\theta_A = \dfrac{7q_0 l^3}{360EI}$, $\theta_B = \dfrac{q_0 l^3}{45EI}$, $\omega_{\max} = 0.00652 \dfrac{q_0 l^4}{EI}$

7-8 $\theta_A = -\theta_B = \dfrac{5q_0 l^3}{192EI}$, $\omega_{\max} = \dfrac{q_0 l^4}{120EI}$

7-9 $\theta_A = -\dfrac{17ql^3}{48EI}$, $\omega_C = \dfrac{7ql^4}{24EI}$

7-10 $\omega_A = \dfrac{3Fl^3}{16EI}$

7-11 $\omega_B = 11.5\text{mm}$, $\omega_D = -5.75\text{mm}$

7-12 (a) $\omega_{\max} = \dfrac{ql^4}{8EI} + \dfrac{M_e l^2}{2EI}$, $\theta_{\max} = \dfrac{ql^3}{9EI} + \dfrac{M_e l}{EI}$;

(b) $\omega_{\max} = \dfrac{5ql^4}{384EI} + \dfrac{M_e l^2}{11EI}$, $\theta_{\max} = \dfrac{ql^3}{24EI} + \dfrac{M_e l}{3EI}$

7-13 (a) $\omega_C = \dfrac{qal^4}{24EI}$, $\theta_B = \dfrac{ql^3}{24EI}$; (b) $\omega_C = \dfrac{qa^4}{2EI}(4l+3a)$, $\theta_B = \dfrac{qa^2 l}{6EI}$

7-14 (a) $\omega = \dfrac{Fb^4}{6EI}(3l-b) - \dfrac{M_e l^2}{2EI}$, $\theta = \dfrac{Fb^2}{2EI} - \dfrac{M_e l}{EI}$; (b) $\omega_{\max} = \dfrac{41ql^4}{384EI}$, $\theta_{\max} = \dfrac{7ql^3}{48EI}$

7-15 $\Delta l = \dfrac{qal}{2EA}$, $\omega_{\frac{a}{2}} = \dfrac{qa}{4E}\left(\dfrac{5a^3}{8bh^2} + \dfrac{1}{A}\right)$

7-16 $20a$

7-17 (a) $F_B = \dfrac{14}{27}F$, (b) $F_B = \dfrac{11}{16}F$

7-18 (a) $F_B = \dfrac{17}{8}F$, (b) $M_A = \dfrac{ql^2}{12}$

第 八 章

8-1 (a) $\sigma_{60°} = 12.5\text{MPa}$, $\tau_{60°} = -65\text{MPa}$; (b) $\sigma_{157.5°} = 21.2\text{MPa}$, $\tau_{157.5°} = -21.2\text{MPa}$;

(c) $\sigma_a = 70\text{MPa}$, $\tau_a = 0$

8-2 (a) 平行于木纹方向切应力 $\tau = 0.6\text{MPa}$, 垂直于木纹方向正应力 $\sigma = -3.84\text{MPa}$;

(b) 切应力 $\tau = -1.08\text{MPa}$, 正应力 $\sigma = -0.625\text{MPa}$

8-3 (a) $\sigma_1 = 57\text{MPa}$, $\sigma_3 = -7\text{MPa}$, $\alpha_0 = -19°20'$, $\tau_{\max} = 32\text{MPa}$

(b) $\sigma_1 = 57\text{MPa}$, $\sigma_3 = -7\text{MPa}$, $\alpha_0 = -19°20'$, $\tau_{\max} = 32\text{MPa}$

(c) $\sigma_1 = 25\text{MPa}$, $\sigma_3 = -25\text{MPa}$, $\alpha_0 = -45°$, $\tau_{\max} = 25\text{MPa}$

(d) $\sigma_1 = 11.2\text{MPa}$, $\sigma_3 = -71.2\text{MPa}$, $\alpha_0 = -19°20'$, $\tau_{\max} = 32\text{MPa}$

(e) $\sigma_1 = 4.7\text{MPa}$, $\sigma_3 = -84.7\text{MPa}$, $\alpha_0 = -13°17'$, $\tau_{\max} = 32\text{MPa}$

(f) $\sigma_1 = 37\text{MPa}$, $\sigma_3 = -27\text{MPa}$, $\alpha_0 = -19°21'$, $\tau_{max} = 32\text{ MPa}$

8-4 (1) $\sigma_1 = 150\text{MPa}$, $\sigma_2 = 75\text{MPa}$, $\tau_{max} = 37.5\text{MPa}$;

(2) $\sigma_a = 131\text{MPa}$, $\tau_a = -32.5\text{MPa}$

8-5 $\sigma_x = -33.3\text{MPa}$, $\tau_{xy} = -\tau_{yx} = -57.7\text{MPa}$

8-7 $\sigma_1 = 56.1\text{MPa}$, $\sigma_2 = 0$, $\sigma_3 = -16.1\text{MPa}$, $\tau_{max} = 36.1\text{MPa}$

8-8 $\alpha = 31°$, $P = 27.2\text{kN}$

8-9 $\sigma_1 = 80\text{MPa}$, $\sigma_2 = 40\text{MPa}$, $\sigma_3 = 0$

8-10 (a) $\begin{cases} \sigma_1 \\ \sigma_2 \end{cases} = \dfrac{300+140}{2} \pm \sqrt{(300-140)^2 + 4 \times 150^2} = \begin{cases} 390\text{MPa} \\ 50\text{MPa} \end{cases}$
$\sigma_3 = 90\text{MPa}$
$\tau_{max} = \dfrac{390-50}{2} = 170\text{MPa}$

(b) $\begin{cases} \sigma_1 \\ \sigma_2 \end{cases} = \dfrac{200+40}{2} \pm \sqrt{(200-40)^2 + 4 \times 150^2} = \begin{cases} 290\text{MPa} \\ -50\text{MPa} \end{cases}$
$\sigma_3 = -90\text{MPa}$
$\tau_{max} = \dfrac{\sigma_1 - \sigma_3}{2} = \dfrac{290-(-50)}{2} = 190\text{MPa}$

8-11 (1) $\mu = 1/3$, $E = 68.7\text{GPa}$, $G = 25.77\text{GPa}$; (2) $\gamma_{xy} = 3.1 \times 10^{-3}$

8-13 (a) $v_e = \dfrac{1}{2G}(|r_0|)^2$; (b) $v_e = \dfrac{1+\mu}{2E}(|r_0|)^2$

8-14 $\sigma_{r1} = 24.3\text{MPa}$, $\sigma_{r2} = 26.6\text{MPa}$

8-15 $\sigma_{r3} = 300\text{MPa} = [\sigma]$, $\sigma_{r4} = 264\text{MPa} < [\sigma]$ 安全

8-16 $\sigma_{r3} = 900\text{MPa}$, $\sigma_{r4} = 842\text{MPa}$

8-17 (a) $\sigma_{r1} = \sigma_1 = 50$, $\sigma_{r2} = 50$, $\sigma_{r3} = 100$, $\sigma_{r4} = 100$;
(b) $\sigma_{r1} = 52.17$, $\sigma_{r2} = 49.8$, $\sigma_{r3} = 50$, $\sigma_{r4} = 43.3$;
(c) $\sigma_{r1} = 130$, $\sigma_{r2} = 130$, $\sigma_{r3} = 160$, $\sigma_{r4} = 140$

8-18 (b) $\sigma_{r1} = 57$, $\sigma_{r2} = 58.8$, $\sigma_{r3} = 64$, $\sigma_{r4} = 64$;
(c) $\sigma_{r1} = 25$, $\sigma_{r2} = 31.3$, $\sigma_{r3} = 50$, $\sigma_{r4} = 43.3$
(d) $\sigma_{r1} = 11.2$, $\sigma_{r2} = 29$, $\sigma_{r3} = 82.4$, $\sigma_{r4} = 77.4$;
(e) $\sigma_{r1} = 4.7$, $\sigma_{r2} = 25.9$, $\sigma_{r3} = 64$, $\sigma_{r4} = 55.7$
(f) $\sigma_{r1} = 37$, $\sigma_{r2} = 43.8$, $\sigma_{r3} = 64$, $\sigma_{r4} = 55.7$

8-19 $\delta = 14.2\text{mm}$ (第三强度理论); $\delta = 12.3\text{mm}$ (第四强度理论)

8-20 $\sigma_{max} = 172\text{MPa} > [\sigma]$, 但仅超过1.2%, 安全。
$\tau_{max} = 81.5\text{MPa} < [\tau]$, 集中载荷作用截面上点 a 处 $\sigma_{r4} = 157.7\text{MPa}$

8-21 $\sigma_{r2} = 28.6\text{MPa}$, $\sigma_{rm} = 28.6\text{MPa}$, 安全

8-22 $\sigma_{rm} = 58\text{MPa}$

8-23 $P = 8\text{kN}$, $m = 8\text{kN·m}$, $\sigma_{r4} = 123.6\text{MPa}$

8-24 (1) $p = 1.04\text{MPa}$; (2) $p = 1.20\text{MPa}$

第 九 章

9-1 $b=90\text{mm}$,$h=180\text{mm}$,$f_C=19.7\text{mm}$

9-2 最大拉应力 $\dfrac{8P}{a^2}$,最大压应力 $\dfrac{4P}{a^2}$

9-3 核心边界为一正方形,其对角顶点在两对称轴上,相对两顶点间的距离为 36.4mm。

9-4 $b=75\text{mm}$,$h=112\text{mm}$

9-5 $M_1=214\text{N}\cdot\text{m}$,$M_2=278\text{N}\cdot\text{m}$

9-6 满足强度要求

9-7 $\sigma_{\max}=0.648\text{MPa}$,$h=0.372\text{m}$,$\sigma_{\min}=-4.33\text{MPa}$

9-8 $\sigma_{\max}=12\text{MPa}$,$\dfrac{f_{\max}}{l}=\dfrac{1}{200}$

9-9 $b=1.35\text{m}$

9-10 $P=18.4\text{kN}$,$e=1.785\text{mm}$

第 十 章

10-1 $V_\varepsilon = m^2 l^3/(6GI_p)$

10-2 $V_\varepsilon = \dfrac{3P^2 l}{2EA}$

10-3 (a) $V_\varepsilon = \dfrac{19q^2 l^5}{15360EI}$;(b) $V_\varepsilon = \dfrac{3q^2 l^5}{20EI}$

10-4 $\Delta_c = \dfrac{Pl^3}{64EI}$ (↓)

10-5 (a) $\Delta_{CV} = \dfrac{3Pl^3}{256EI}$ (↓);(b) $\Delta_{CV} = \dfrac{q}{24EI_2}(3a^4 - 4ca^3 + c^4)$ (↓);

(c) $\Delta_{CV} = \dfrac{17ql^4}{128EI}$ (↓)

10-6 $\varphi_{DB-EB} = -0.84 \times 10^{-3}\text{rad}$

第 十 一 章

11-1 $F_{pcr,4} > F_{pcr,2} > F_{pcr,1} = F_{pcr,5} > F_{pcr,6} > F_{pcr,3}$

11-2 (1) $F_{pcr}=37.8\text{kN}$; (2) $F_{pcr}=52.6\text{kN}$; (3) $F_{pcr}=459\text{kN}$

11-3 $F_{pcr,1}=24540\text{kN}$,$F_{pcr,2}=4705\text{kN}$,$F_{pcr,3}=4820\text{kN}$

11-4 $l_{\min}=860\text{mm}$

11-5 $\lambda_p=92.6$,$\lambda_0=52.5$

11-6 $F_{pcr}=400\text{kN}$,$\sigma_{cr}=665\text{MPa}$

11-7 $[F_p]=770\text{kN}$

11-8 $F_{pcr}=234.7\text{kN}$,不安全

11-9 $\theta = \arctan(\cot^2\beta)$

11-10 $n = 2.49$

11-11 $n = 2.58 < n_{st}$，不安全

11-12 $[F_p] = 160\text{kN}$

11-13 $\dfrac{F_p}{\varphi A} = 137.4\text{MPa} < [\sigma]$，稳定

11-14 $a = 44\text{mm}$，$F_{pcr} = 444\text{kN}$

11-15 $[F_p] = 51.5\text{kN}$

11-16 横梁 $\sigma_{\max} = 163\text{MPa}$，超出 $[\sigma]$ 的 1.9%，安全；
       竖杆 $\varphi A [\sigma] = 27\text{kN}$，安全

11-17 $d = 97\text{mm}$

第 十 二 章

12-1 $\sigma_d = \dfrac{1}{A}\left[F_1 + \dfrac{x}{l}(F_2 - F_1)\right]$

12-2 $F_{Nd} = 90.6\text{kN}$

12-3 $\sigma_{d\max} = \rho g l\left(1 + \dfrac{a}{g}\right)$

12-4 梁中央截面上的最大应力的增量 $\Delta\sigma_{\max} = 15.6\text{MPa}$；
      吊索应力的增量 $\Delta\sigma_{\max} = 2.55\text{MPa}$。

12-5 $\Delta l = \dfrac{\omega^2 l^2}{3EAg}(3P + P_1)$

12-6 $\sigma_{d\max} = 12.5\text{MPa}$

12-7 $\sigma_{d\max} = 107\text{MPa}$

12-8 $\tau_{d\max} = 20\text{MPa}$

12-9 $\sigma_{d\max} = 88\text{MPa}$

12-10 $\sigma_{d\max} = 160\text{MPa}$

12-11 $\sigma_{d\max} = 134\text{MPa}$

12-12 $\sigma_{d\max} = \sqrt{\dfrac{3EIv^2 P}{gaW^2}}$

12-13 $\sigma_{d\max} = 16.9\text{MPa}$

12-14 $\sigma_{\max} = \sigma_{\min} = -75.5\text{MPa}$，$r = -1$

12-15 $\Delta\sigma = 12\text{MPa}$，$r = 0.957$

12-17 $K_\sigma = 1.53$

12-18 $K_\tau = 1.19$

第 十 三 章

13-1 $F_s = \sigma_{s1} A_1 + E_2 \varepsilon_{s1} A_2$；$F_u = \sigma_{s1} A_1 + \sigma_{s2} A_2$

13-2 $F_s = 5\sigma_s A/6$；$F_u = \sigma_s A$

13-3 (a) $F_u=(1+\sin\alpha)\sigma_s A$; (b) $F_u=(1+3^{-1/2}\cos60°+\cos30°)\sigma_s A=2.15\sigma_s A$;
(c) $F_u=1.2\sigma_s A$

13-4 $\sigma_{01}=2\sigma_s/5$（拉）；$\sigma_{02}=-\sigma_s/5$（压）

13-5 (a) $M_{xu}=\pi d^3\tau_s/12=9.043\text{kN}\cdot\text{m}$; (b) $M_{xu}=\pi D^3(1-\alpha^3)\tau_s/12=12.3\text{kN}\cdot\text{m}$

13-6 在半径 $r=R/2$ 圆上，$\tau_{\theta,\max}=17/48\tau_s$

13-7 槽形 $W_s=54560\text{mm}^3$，$W_s/W=1.25$；薄壁圆环 $W_s=4r_o^3\delta$，$W_s/W=1.27$

13-8 $W_s=36.9\times10^3\text{mm}^3$，$M_u=8.67\text{kN}\cdot\text{m}$

13-9 $F_u=21.5\text{kN}$

13-10 $q=60.3\text{kN/m}$

13-11 $F_u=43.2\text{kN}$

附 录 Ⅰ

Ⅰ-1 (a) $S_x=24\times10^3\text{mm}^3$，(b) $S_x=42.25\times10^3\text{mm}^3$；(c) $S_x=280\times10^3\text{mm}^3$，
(d) $S_x=520\times10^3\text{mm}^3$

Ⅰ-2 $S_x=\dfrac{2}{3}r^3$，$\bar{y}=\dfrac{2d}{3\pi}$

Ⅰ-3 $I_x=I_y=\dfrac{\pi R^4}{16}$，$I_{xy}=\dfrac{R^4}{8}$

Ⅰ-4 $I_x=3.3\text{m}^4$

Ⅰ-5 $I_x=5.32\times10^7\text{mm}^4$

Ⅰ-6 $I_x=5.37\times10^7\text{mm}^4$，$I_x=9.05\times10^7\text{mm}^4$

Ⅰ-7 (a) $I_x=6.58\times10^7\text{mm}^4$，(b) $I_x=1.22\times10^9\text{mm}^4$

Ⅰ-8 (a) $I_x=1.377\times10^{10}\text{mm}^4$，(b) $I_x=1.987\times10^8\text{mm}^4$；
(c) $I_x=1.34\times10^{11}\text{mm}^4$，(d) $I_x=2.03\times10^9\text{mm}^4$

Ⅰ-9 $a=111\text{mm}$

Ⅰ-10 $I_{xy}=4.98\times10^5\text{mm}^4$

Ⅰ-11 $I_x=\dfrac{\pi ab^3}{4}$，$I_y=\dfrac{\pi ba^3}{4}$

Ⅰ-12 (a) $\alpha_0=22°$ 或 $112°$，$I_{x_0}=4522\text{mm}^4$，$I_{y_0}=398\text{mm}^4$
(b) $\alpha_0=-22.5°$ 或 $67.5°$，$I_{x_0}=34.89\times10^4\text{mm}^4$，$I_{y_0}=6.61\times10^4\text{mm}^4$

Ⅰ-13 (a) $I_x=\dfrac{\pi d^4}{64}-\dfrac{ab}{4}\left[\dfrac{a^2}{3}+(D-a)^2\right]$，$I_y=\dfrac{\pi d^4}{64}-\dfrac{ab^3}{16}$；
(b) $I_x=\dfrac{bh^3}{12}-\dfrac{\pi d^4}{64}$，$I_y=\dfrac{b^3h}{12}-\dfrac{\pi d^4}{64}-\dfrac{\pi b^2d^2}{16}+\dfrac{bd^3}{6}$

参 考 文 献

[1] 刘鸿文. 材料力学 [M]. 5 版. 北京：高等教育出版社，2011.
[2] 范钦珊. 材料力学 [M]. 2 版. 北京：高等教育出版社，2005.
[3] 单辉祖. 材料力学 [M]. 3 版. 北京：高等教育出版社，2009.
[4] 孙训方，方孝淑，关来泰. 材料力学 [M]. 5 版. 北京：高等教育出版社，2009.
[5] 徐道远，等. 材料力学 [M]. 南京：河海大学出版社，2001.
[6] 龚志钰，李章政. 材料力学 [M]. 北京：科学出版社，1999.
[7] 申向东. 材料力学 [M]. 北京：中国水利水电出版社，2012.
[8] 邱棣华. 材料力学 [M]. 北京：高等教育出版社，2004.
[9] 许德刚. 材料力学 [M]. 郑州：郑州大学出版社，2007.
[10] 范存新. 材料力学 [M]. 重庆：重庆大学出版社，2011.
[11] 戴景军，郭少春. 材料力学 [M]. 北京：中国水利水电出版社，2009.